Der gesellschaftsrechtliche Minderheitenschutz in Deutschland, England und Frankreich

EUROPÄISCHE INTEGRATION UND INTERNATIONALE WIRTSCHAFTSBEZIEHUNGEN

Rechtswissenschaftliche Studien

Herausgegeben von Peter Behrens

Band 18

PETER LANG
Frankfurt am Main · Berlin · Bern · Bruxelles · New York · Oxford · Wien

Jörg Arzt-Mergemeier

Der gesellschaftsrechtliche Minderheitenschutz in Deutschland, England und Frankreich

Eine rechtsvergleichende Untersuchung zur Ermittlung gemeinsamer Prinzipien des europäischen Gesellschaftsrechts

PETER LANG
Europäischer Verlag der Wissenschaften

Bibliografische Information Der Deutschen Bibliothek
Die Deutsche Bibliothek verzeichnet diese Publikation in der Deutschen Nationalbibliografie; detaillierte bibliografische Daten sind im Internet über <http://dnb.ddb.de> abrufbar.

Zugl.: Hamburg, Univ., Diss., 2005

D 18
ISSN 0948-8774
ISBN 3-631-54926-1

www.peterlang.de

„Die nationale Nabelschau, wie sie in vielen EU-Mitgliedsstaaten von manchen (dort) führenden Gesellschaftsrechtlern betrieben wird, ist Sache des bald vergangenen Jahrhunderts."

Forum Europaeum Konzernrecht,
ZGR 1998, 672 (683)

Vorwort

Vorliegende Analyse zum Minderheitenschutz im europäischen Gesellschaftsrecht lag im Jahre 2005 der Fakultät für Rechtswissenschaften der Universität Hamburg als Dissertation vor. Ich bedanke mich an dieser Stelle ganz herzlich bei meinem Doktorvater, Prof. Dr. Peter Behrens, für die Betreuung, die Unterstützung und das Vertrauen, die diese Untersuchung maßgeblich gefördert haben. Dank gebührt auch Prof. Dr. Dr. h.c. Jürgen Basedow für die Mitbegutachtung sowie dem Max-Planck-Institut für internationales und ausländisches Privatrecht in Hamburg, dessen Bibliothek (fast) kein wissenschaftliches Begehren unerfüllt lässt.

Auch anderen, die diese Arbeit bewusst oder unbewusst gefördert haben spreche ich meinen herzlichen Dank aus: Zu nennen sind insbesondere die Doktorandengruppe zu dem Projekt, das Gesellschaftsrecht rechtsvergleichend aufzuarbeiten, die mit zahlreichen Sitzungen und unermüdlichen Diskussionen viele Unklarheiten beseitigt und ebenso viele zu Tage gefördert hat, sowie mein Freund Dr. Sören Delfs, den es als „Öffentlich-Rechtler" nicht geschreckt hat, mein Manuskript gegenzulesen und hart aber herzlich zu kommentieren.

Ich danke meinen Eltern, deren ungebremste Unterstützung meine Ausbildung und nicht zuletzt die Fertigstellung dieser Arbeit ermöglicht hat; sie haben daran geglaubt. Ein ganz besonderer Dank schließlich gilt meiner lieben Ehefrau Dr. Dorit Arzt, die als Nicht-Juristin beeindruckend viel Verständnis für mich und die Zeit, die die Fertigstellung dieser Arbeit gekostet hat, aufgebracht hat. In der Zwischenzeit leisten uns zudem drei Töchter Gesellschaft, die zwar inspirierend wirkten, deren Spieltrieb allerdings nicht immer förderlich für die Zügigkeit dieser Untersuchung war.

Inhaltsübersicht

Inhaltsverzeichnis

* * *

Verzeichnis der Abbildungen

Abkürzungsverzeichnis

A. & E. .... *Adolphus & Ellis Queen's Bench Reports* (1834-40)
A.C. .... *Law Reports, Appeal Cases*
a.F. .... alte Fassung
ABl.EG .... Amtsblatt der Europäischen Gemeinschaften:
Nr. C: Mitteilungen und Bekanntmachungen
Nr. L: Rechtsvorschriften
AcP .... Archiv für die civilistische Praxis
AG .... (1) Aktiengesellschaft (Gesellschaftsform)
(2) Aktiengesellschaft (Zeitschrift)
AktG .... Aktiengesetz von 1965
All E.R. .... *The All England Law Reports*
All E.R. Rep. .... *The All England Law Reports Reprint* (Nachdruck einer Auswahl aus den *Law Times Reports* 1843-1935)
Arb.Int. .... *Arbitration International*
Art. .... Artikel oder *Article* (frz.)
Artt. .... Artikel (pl.) oder *Articles* (frz.)
B.C.C.A. .... *British Columbia Court of Appeal*
B.R.D.A. .... *Bulletin rapide de droit des affaires Francis Lefebvre*
BB .... Betriebs-Berater
BCLC .... *Butterworths Company Law Cases*
Beav. .... *Beavan's English Rolls Court Reports* (1838-1866)
BGB .... Bürgerliches Gesetzbuch von 1896
BGH .... Bundesgerichtshof
BGHZ .... Entscheidungen des Bundesgerichtshofes in Zivilsachen
Bull.civ. .... *Bulletin des arrêts de la Cour de Cassation, Chambres civiles*
Bull.Joly .... *Bulletin mensuel d'information des sociétés (Joly)*
C.A. .... *Court of Appeal*
C.App. .... *Cour d'Appel*
C.S. .... *Court of Session*
CA .... *Companies Act 1985*
CA 1948 .... *Companies Act 1948*
CA 1989 .... *Companies Act 1989*
Camp. .... *Campbell's English Nisi Prius Reports*
Cass.civ. .... *Cour de Cassation, Chambre Civile*
Cass.com. .... *Cour de Cassation* (Kassationshof), *Chambre Commerciale*
CBV .... *Conseil des Bourses de Valeurs*
CC .... *Code Civil* mit den Bestimmungen über die *Sociétés Civiles* von 1978 (Gesetz Nr. 78-9 vom 04. Januar 1978)

CCIP .... *Chambre de Commerce et d'Industrie de Paris*
CCom .... *Code de Commerce* mit den Bestimmungen über die *Sociétés Commerciales* (ehemals Gesetz Nr. 66-537 vom 24. Juli 1966)
Ch. .... *Law Reports, Chancery Division*
Ch. App. .... *Law Reports, Chancery Appeal Cases*
Ch.C. .... *Lord Chancellor's Court*
Ch.D. .... *Chancery Division*
CISG .... Übereinkommen der Vereinten Nationen über Verträge über den internationalen Warenkauf (*United Nations Convention on Contracts for the International Sale of Goods*) vom 11. April 1980
cl. .... *clause*
Clunet .... *Journal du Droit International*, gegründet von E. Clunet
Comp. Law. .... *The Company Lawyer*
Coop. temp. Cott. ... *C.P. Cooper's Cases temp. Cottenham* (1846-1848)
Cr. & M. .... *Crompton and Meeson's English Exchequer Reports* (1832-1834)
CSoc .... *Code de Sociétés*
D. .... *Recueil Dalloz Sirey* (bis 1964 *Recueil Dalloz*)
D.67-236 .... *Décret d'Application* (Anwendungsverordnung) Nr. 67-236 vom 23. März 1967 über die *Sociétés Commerciales*
D.78-704 .... *Décret d'Application* (Anwendungsverordnung) Nr. 78-704 vom 03. Juli 1978 über die *Sociétés Civiles*
D.L.R. (4th) .... *Dominion Law Reports* (*Fourth Series*)
D.P. .... *Dalloz, Recueil Périodique et Critique*
DB .... Der Betrieb
De G. & Sm. ..... *De Gex and Smale's Chancery Reports* (1846-1852)
De G. M. & G. .. *De Gex, Macnaghten and Gordon's English Chancery Reports* (1851-1857)
DJT .... Deutscher Juristentag
Dr. & Patr. .... *Droit et Patrimoine*
Dr.sociétés .... *Droit des sociétés (Bulletin du juris-classeur des sociétés)*
DStR .... Deutsches Steuerrecht
DTI .... *Department of Trade and Industry*
E.D. .... *Extra Division*
E.R. .... *The English Reports* (vollständige Neuausgabe von Entscheidungen englischer Gerichte vor 1866)
EG .... Europäische Gemeinschaften
EGV .... Konsolidierte Fassung des Vertrags zur Gründung der Europäischen Gemeinschaft

EPG .... Europäische Privatgesellschaft (*Société Privée Européenne, European Private Company*)
EU .... Europäische Union
EUGGES .... Europäische Gegenseitigkeitsgesellschaft
EUR .... Euro (einheitliche Währung in den Ländern, die an der Europäischen Währungsunion teilnehmen)
EUV .... Europäischer Verein
EuZW .... Europäische Zeitschrift für Wirtschaftsrecht
EWG .... Europäische Wirtschaftsgemeinschaft
EWIV .... Europäische Wirtschaftliche Interessenvereinigung
EWS .... Europäisches Wirtschafts- und Steuerrecht – Betriebs-Berater für Europarecht
FS .... Festschrift
FTLR .... *Financial Times Law Reports*
G.I.E. .... *Groupement d'Intérêt Économique*
Gaz.Pal. .... *Gazette du Palais*
GBP .... Britische Pfund
GbR .... Gesellschaft bürgerlichen Rechts
GmbH .... Gesellschaft mit beschränkter Haftung
GmbHG .... Gesetz betreffend die Gesellschaften mit beschränkter Haftung von 1892
GmbHR .... GmbH-Rundschau
H.L. .... *House of Lords*
H.L.C. .... *Clark's House of Lords Cases* (1847-1866)
Hare .... *Hare's English Vice-Chancellor's Reports* (1841-1853)
HGB .... Handelsgesetzbuch von 1897
I.L.R. .... *International Law Reports*
I.R. .... *Informations Rapides*, Rechtssprechungsübersicht in *Recueil Dalloz Sirey*
IA .... *Insolvency Act 1986*
ICC .... *International Chamber of Commerce*
INSEE .... *Institut National de la Statistique et des Études Économiques*
IPRax .... Praxis des Internationalen Privat- und Verfahrensrechts
J. & W. .... *Jacob and Walker's English Chancery Reports* (1819-1821)
J.B.L. .... *The Journal of Business Law*
J.C.P. .... *Juris Classeur Périodique: Semaine Juridique, édition générale*
J.C.P. éd. E. ...... *Juris Classeur Périodique: Semaine Juridique, édition entreprise*
J.Int.Arb. .... *Journal of International Arbitration*

J.S. .... *Journal des Sociétés Civiles et Commerciales* (ab 1975 zusammen mit *Revue des Sociétés*)
jurisPR-BGHZivilR ... Juris-Datenbank, PraxisReport zur zivilrechtlichen Rechtsprechung des BGH
JZ .... Juristenzeitung
K.B. .... *Law Reports, King's Bench Division* (1900-1952)
Kap. .... Kapitel
KGaA .... Kommanditgesellschaft auf Aktien
KonTraG .... Gesetz zur Kontrolle und Transparenz im Unternehmensbereich von 1998
L.Q.R. .... *The Law Quarterly Review*
L.T. .... *The Law Times Reports*
LANDO Prinzipien ... *Principles of European Contract Law* der Lando-Kommission
lit. .... *littera* (Buchstabe)
LL.M. .... *Master of Laws*
LLP .... *Limited Liability Partnership*
LLPA .... *Limited Liability Partnership Act 2000*
LLPR .... *Limited Liability Partnerships Regulation 2001*
LMCLQ .... *Lloyd's Maritime and Commercial Law Quarterly*
LPA .... *Limited Partnership Act 1907*
Ltd. .... *Private Limited Company*
MLR .... *Modern Law Review*
n.F. .... neue Fassung
N.S.C.A. .... *Nova Scotia Court of Appeal*
NAFTA .... *North American Free Trade Agreement*
NJW .... Neue Juristische Wochenschrift
NJW-RR .... NJW-Rechtsprechungs-Report Zivilrecht
O.C. .... *Ontario Court (General Division)*
OECD .... Organisation für wirtschaftliche Zusammenarbeit und Entwicklung (*Organization for Economic Cooperation and Development*)
OHG .... offene Handelsgesellschaft
OLG .... Oberlandesgericht
OLGZ .... Entscheidungen der Oberlandesgerichte in Zivilsachen
OxJLS .... *Oxford Journal of Legal Studies*
P.C. .... *Privy Council*
PA .... *Partnership Act 1890*
Para. .... Paragraph, Absatznummer
PartG .... Partnerschaftsgesellschaft
Phillips .... *Phillips' English Chancery Reports* (1841-1849)

plc .... *Public Limited Company*
PlPr .... Plenarprotokoll des Deutschen Bundestages
Price .... *Price's Exchequer Reports*
Q.B. .... *Law Reports, Queen's Bench Division* (1891-1901 und seit 1952)
Q.B.D. .... *Queen's Bench Division*
R. .... *Regina (The Queen)*
R.J.S. .... *Revue de jurisprudence sociale*
R.R. .... *The Revised Reports* (Neuveröffentlichung von Urteilen englischer *Common Law-* und *Equity*-Gerichte nach 1785, soweit sie noch immer von praktischer Bedeutung sind)
RabelsZ .... Rabels Zeitschrift für ausländisches und internationales Privatrecht
Re .... bei englischen Urteilen: „In Sachen ..."
Rev.jur.comm. .. *Revue de Jursiprudence Commerciale*
Rev.soc. .... *Revue des Sociétés* (seit 1975 auch *Journal des Sociétés*)
RG .... Reichsgericht
RGZ .... Entscheidungen des Reichsgerichts in Zivilsachen
RiL .... Richtlinie
RIW .... Recht der Internationalen Wirtschaft (ehemals: Außenwirtschaftsdienst des Betriebs-Beraters (AWD))
ROHG .... Reichs-Oberhandelsgericht
ROHGE .... Entscheidungen des Reichs-Oberhandelsgerichts
RTD civ. .... *Revue Trimestrielle de Droit Civil*
RTD com. .... *Revue Trimestrielle de Droit Commercial (et de Droit Économique)*
S.A. .... *Société Anonyme*
S.A.R.L. .... *Société à Responsabilité Limitée*
S.A.S. .... *Société par Actions Simplifiée*
S.C.A. .... *Société en Commandite par Actions*
S.C.S. .... *Société en Commandite Simple*
S.Civ. .... *Société Civile*
S.J. .... *Solicitor's Journal*
S.L.T. .... *The Scots Law Times Reports*
S.N.C. .... *Société en Nom Collectif*
S.T.C. .... *Simon's Tax Cases*
SCE .... Europäische Genossenschaft
Schmollers Jahrbuch .... Schmollers Jahrbuch für Gesetzgebung, Verwaltung und Volkswirtschaft im Deutschen Reiche
SE .... Europäische Aktiengesellschaft (*Societas Europaea / Société Européenne*)

SEAG .... Gesetz zur Ausführung der Verordnung EG Nr. 2157/2001 des Rates vom 08. Oktober 2001 über das Statut der Europäischen Gesellschaft (SE), Art. 1 des SEEG (Entwurf)
SEBG .... Gesetz über die Beteiligung der Arbeitnehmer in einer Europäischen Gesellschaft, Art. 2 des SEEG (Entwurf)
sec. .... *section / sections*
SEEG .... Gesetz zur Einführung der Europäischen Gesellschaft
Sess.C. .... *Scotch Session Cases*, darunter
- *Rettie, Crawford & Melville Session Cases, 4th Series* (1873-1898)
- *Fraser, Scotch Session Cases, 5th Series* (1898-1905)

T.L.R. .... *The Times Law Reports*
Table A .... *Table A* der *Companies (Tables A to F) Regulations 1985*, erlassen auf der Grundlage von sec. 3 und sec. 8(1) CA
TGI .... *Tribunal de Grande Instance*
Trib.com. .... *Tribunal de commerce*
U.K. .... *United Kingdom*
U.S.A. .... *United States of America*
UNCITRAL ...... *United Nations Commission on International Trade Law*
UNCTAD .... *United Nations Conference on Trade and Development*
UNIDROIT .... *Institut International pour l'Unification du Droit Privé / International Institute for the Unification of Private Law*
UNIDROIT Prinzipien .... UNIDROIT Prinzipien für internationale Handelsverträge
v. .... auch: *versus* (gegen)
V. & B. .... *Vesey and Beames Chancery Reports*
Vol. .... *Volume* [Band]
W.L.R. .... Weekly Law Reports
WM .... Wertpapier-Mitteilungen
WTO .... *World Trade Organization*
WÜG .... Gesetz zur Regelung von öffentlichen Angeboten zum Erwerb von Wertpapieren und von Übernehmensübernahmen von 2001
YbCA .... *Yearbook Commercial Arbitration*
ZEuP.................. Zeitschrift für Europäisches Privatrecht
ZGR .... Zeitschrift für Unternehmens- und Gesellschaftsrecht
ZHR .... Zeitschrift für das gesamte Handelsrecht und Wirtschaftsrecht
ZIP .... Zeitschrift für Wirtschaftsrecht und Insolvenzpraxis
ZVglRWiss .... Zeitschrift für vergleichende Rechtswissenschaft
ZZP .... Zeitschrift für Zivilprozess

1. Teil: Einleitung

„Men love power. Give all power to the many, they will oppress the few. Give all power to the few, they will oppress the many. Both therefore ought to have power, that each may defend itself against the other.“

Mit diesen Worten beschrieb der amerikanische Politiker *Alexander Hamilton*[1] seinerzeit das Dilemma, wonach eine Mehrheit, die über eine Minderheit bestimmt, ihre Macht zweckentfremden und zum alleinigen Nutzen ausüben kann, andererseits aber eine Begrenzung der Mehrheitsmacht ihrerseits die Gefahr des Missbrauchs in sich trägt. Versucht man, unter Gerechtigkeitsgesichtspunkten[2] ein Korrektiv zur Mehrheitsherrschaft zu definieren, steht man vor der Schwierigkeit, Mehrheitsmacht und Minderheitenschutz zu einem angemessenen Ausgleich zu bringen.

Diese Problematik ist praktisch von erheblicher Relevanz. Um trotz widerstreitender Interessen Entscheidungen treffen zu können, bieten sich in allen Bereichen des gesellschaftlichen Lebens grundsätzlich zwei Wege der Konfliktlösung an[3]: Konsens oder Mehrheitsentscheidung. Dabei hat sich das Mehrheitsprinzip (Majoritätsprinzip), also eine Herrschaft der Mehrheit über die Minderheit, ganz überwiegend durchgesetzt. Es soll dazu führen, dass größere Vereinigungen und Verbände, die von vielen Einzelinteressen geprägt sind, arbeitsfähig werden. Auf der politischen Ebene ist das Mehrheitsprinzip charakteristisches Element des Demokratieprinzips; es hat aber auch im privaten Bereich wie etwa bei der Entscheidungsfindung in privatrechtlichen Unternehmensverbänden überragende Bedeutung.

Die vorliegende Untersuchung untersucht, wie das eingangs erwähnte Dilemma im deutschen, englischen und französischen Gesellschaftsrecht gelöst wird, d.h., wie sich das Verhältnis von Mehrheitsprinzip – in England als *majority rule*, in Frankreich als *loi de majorité* bezeichnet – und Minderheitenschutz darstellt. Dabei weist die Untersuchung im Einzelnen aus, welche Regeln zum Schutz der Gesellschafterminderheit in Deutschland, England und Frankreich *de lege lata* bestehen. Im Rahmen einer rechtsvergleichenden Analyse werden länderübergreifende Gemeinsamkeiten eruiert. Die Würdigung solcher Gemeinsamkeiten erlangt durch die Internationalisierung der Wirtschaftsbeziehungen zunehmende Bedeutung.

---

[1] Alexander Hamilton im amerikanischen Verfassungskonvent (25. Mai bis 17. September 1787), wiedergegeben nach Robert A. Dahl, Democracy in the United States: Promise and Performance, 3. Auflage (1976), hier zitiert nach Wiedemann, S. 405.

[2] Hierauf stellt der BGH in seiner Entscheidung v. 14.04.1975, BGHZ 64, 238 (242) ausdrücklich ab.

[3] Sofern man diktatorische Maßnahmen außer Acht läßt.

A. Problemaufriss: Globalisierung unternehmerischer Beziehungen

In den letzten Jahrzehnten ist der Begriff der Globalisierung in zunehmendem Maße in den Mittelpunkt der volks- und betriebswirtschaftlichen sowie der gesellschaftspolitischen Diskussion gerückt[4]. Der Handelsverkehr bewegt sich immer unabhängiger von nationalen Grenzen und wird durch die Schaffung regionaler Wirtschaftszonen wie der Nordamerikanischen Freihandelszone[5] und der Europäischen Union[6] sowie auf globaler Ebene durch die Welthandelsrunden[7] und die Schaffung internationaler Institutionen[8] immer weiter liberalisiert. Parallel dazu werden Unternehmen in zunehmendem Umfang international ausgerichtet[9] und als Reaktion darauf richten sich auch die mit der Wirtschaft eng verknüpften freien Berufe wie beispielsweise Rechtsanwaltskanzleien international aus[10]. Mit der neuen Flexibilität und Mobilität sind zahlreiche Unwägbarkeiten verbunden: Unterschiedliche Mentalitäten

---

[4] Den negativen Höhepunkt dieser Diskussion stellen die Auseinandersetzungen zwischen sogenannten Globalisierungsgegnern und der italienischen Polizei am 21./22. Juli 2001 aus Anlass der G 8-Konferenz in Genua dar.

[5] *North American Free Trade Agreement* (NAFTA) vom 12. August 1992 zwischen den U-SA, Kanada und Mexiko (Trebilcock/Howse, S. 39 f.).

[6] Bereits am 18. April 1951 wurde der Vertrag zur Gründung der Europäischen Gemeinschaft für Kohle und Stahl (EGKS) unterzeichnet. Mit den Römischen Verträgen vom 25. März 1957 wurde die Europäische Wirtschaftsgemeinschaft (EWG) und durch die Maastrichter Verträge vom 09. und 10. Februar 1992 schließlich die Europäische Union (EU) gegründet.

[7] Siehe bisher Genf (1947), Annecy (1949), Torquay (1950), Genf (1956), Dillon (1961), Kennedy (1962-1967), Tokyo (1973-1979) und Uruguay (1987-1993): Jackson, S. 37 f. Im November 2001 sind in Doha (Katar) die Weichen für eine weitere Welthandelsrunde gestellt worden.

[8] Vorläufiger Höhepunkt dieser Entwicklung ist die Gründung der World Trade Organization (WTO, http://www.wto.org/) auf der Uruguay Runde (Dezember 1993) und der Konferenz von Marrakesch (April 1994): Trebilcock/Howse, S. 38; The Uruguay Round, S. i, iii.

[9] *Multinational Enterprises* (MNE's); siehe beispielsweise die großen Fusionen mit deutscher Beteiligung in den Jahren 1998 und 1999 zwischen Daimler-Benz und dem amerikanischen Autohersteller Chrysler, der Deutschen Bank und dem amerikanischen Geldinstitut Bankers Trust, DaimlerChrysler Aerospace und der spanischen Casa, Hoechst und dem französischen Chemie-Konzern Rhône-Poulenc sowie Siemens und dem japanischen Elektronik-Konzern Fujitsu (Spiegel-Online vom 27. September 1999, http://www.spiegel.de/wirtschaft/0,1518,43968,00.html (Stand: 16.08.2001)).

[10] Siehe neben vielen etwa die im Jahr 2000 erfolgten Fusionen der Kanzleien Bruckhaus Westrick Heller Löber (Deutschland/Österreich) mit Freshfields Deringer (England/Deutschland) sowie Feddersen Laule Ewerwahn Scherzberg Finkelnburg Clemm (Deutschland) mit White & Case (U.S.A.).

und Unternehmensphilosophien, Macht- und Prestigekämpfe oder rechtliche Unsicherheiten können in streitigen Auseinandersetzungen enden.

B. Lösungsansätze: Kollisionsrecht versus Rechtsintegration

I. Grundlagen

Auf die mit der Internationalisierung verbundenen Rechtsprobleme können Rechtsordnungen auf zwei Arten reagieren. Sie können rechtliche Konflikte nach den Grundsätzen des internationalen Privatrechts, dem Kollisionsrecht, lösen. Nach diesem Ansatz wird zuerst das zuständige nationale Recht ermittelt, welches dann auf die rechtliche Fragestellung angewendet wird[11]. Praktische Probleme dieser Lösung ergeben sich daraus, dass Juristen naturgemäß nicht in allen Rechtsordnungen ausgebildet sein können und fremden Rechtsordnungen daher mit Unbehagen begegnen. Zudem sind kollisionsrechtliche Regelungen – wie etwa im deutschen internationalen Gesellschaftsrecht[12] – nicht immer kodifiziert. Aus diesem Grund wird das internationale Privatrecht häufig als unübersichtlich, teilweise sogar als „*Dschungel*" kritisiert [13]. Außerdem bot die kollisionsrechtliche Lösung lange Zeit denjenigen eine Basis, die die Bedeutung des eigenen nationalen Rechts wahren und stärken wollten. So hieß es bei *Großfeld*, Deutschland müsse durch das internationale Gesellschaftsrecht

> „... eine Überflutung mit ausländischen Rechtsvorstellungen verhindern [...], gesellschaftsrechtlich Herr im eigenen Haus bleiben [und] einen gesellschaftsrechtlichen Flickenteppich vermeiden."[14]

Dieses Anliegen kann allerdings vor dem Hintergrund der Rechtsprechung zur europarechtlichen Niederlassungsfreiheit (Art. 43 ff. EGV) als überholt betrachtet werden: Danach ist jeder Mitgliedsstaat der EU verpflichtet, die Rechtsfähigkeit einer Gesellschaft anzuerkennen, die in einem anderen Mitgliedsstaat wirksam gegründet worden ist[15].

---

[11] Großfeld/Beckmann, ZVglRWiss 91 (1992), 351 (353); Koch/Magnus/Winkler von Mohrenfels, S. 7 ff.

[12] Vgl. Art. 37 Nr. 2 EGBGB.

[13] So der Titel von Mathias Reimann, Conflict of Laws in Western Europe, A Guide Through the Jungle (1995), zitiert nach Kadner, RabelsZ 63 (1999), 178 Fn. 2.

[14] Zuletzt in Großfeld/Beckmann, ZVglRWiss 91 (1992), 351 (353) unter Hinweis auf Großfeld/Yamauchi, AG 1985, 229 (237) und Großfeld, S. 40.

[15] Näher hierzu S. 41 f.

Einen anderen Ansatz als das Kollisionsrecht verfolgt die Rechtsintegration, die hier in Anlehnung an *Schwarz*[16] als Oberbegriff für Rechtsvereinheitlichung und Rechtsangleichung verstanden wird[17]. Die Schaffung transnationaler Normen führt im Zusammenhang mit der Globalisierung zu mehr Transparenz und Rechtssicherheit, da sich der betroffene Rechtskreis auf Gültigkeit und Inhalt dieser Normen einstellen kann. In der Europäischen Union ist die Rechtsintegration deshalb ausdrücklich erklärtes Ziel, *„soweit dies für das Funktionieren des gemeinsamen Marktes erforderlich ist"*[18]. Aber auch auf globaler Ebene werden rechtsintegrative Projekte wie beispielsweise die Formulierung von Leitsätzen für multinationale Unternehmen[19] durch die OECD[20] oder der Statuierung eines *Code of Conduct on Transnational Corporations*[21] durch die Vereinten Nationen verfolgt[22]. Als Vorteile transnationaler Normen werden neben der Rechtssicherheit[23] ihre bessere Eignung zur Lösung internationaler Probleme, eine verbesserte Chancengleichheit und die Erleichterung des internationalen Rechtsverkehrs[24] genannt. Im deutlichen Widerspruch zu *Großfeld*[25] prognostizierten Vertreter des rechtsintegrativen Ansatzes 1998:

> „Die nationale Nabelschau, wie sie in vielen EU-Mitgliedsstaaten von manchen (dort) führenden Gesellschaftsrechtlern betrieben wird, ist Sache des bald vergangenen Jahrhunderts."[26]

---

16 Schwarz, Rn. 5.

17 Siehe zur Terminologie auch Behrens in Hachenburg (7. Aufl.), Einl. Rn. 687, sowie Behrens, GmbH, Rn. EuR 2.

18 Art. 3 Abs. 1 lit. h) EGV; siehe auch Zweigert, Grundsatzfragen, S. 401. Siehe beispielsweise zu dem Bedürfnis nach Prinzipien eines europäischen Vertragsrechts Lando/Beale, S. xxi.

19 Die Leitsätze (*OECD Guidelines for Multinational Enterprises*) wurden von den Regierungen der 30 Mitgliedsstaaten der OECD sowie Argentinien, Brasilien und Chile in Paris am 27. Juni 2000 verabschiedet. Der Text der Leitsätze ist im Internet abrufbar über die Seite http://www.oecd.org//daf/investment/guidelines/mnetext.htm (Stand: 16. Juli 2001).

20 Organization for Economic Cooperation and Development / Organisation für wirtschaftliche Zusammenarbeit und Entwicklung.

21 Die Texte der Entwürfe des *Code of Conduct on Transnational Corporations* (1983 und 1990) sind im Internet abrufbar unter http://www.attac.org/fra/libe/ doc/unctad.htm (Stand: 16. Juli 2001).

22 Siehe hierzu auch den Vergleich der beiden Projekte durch die *United Nations Conference on Trade and Development* (UNCTAD) unter http://www.attac.org/fra/libe/doc/unctad.htm (Stand: 16. Juli 2001).

23 Vgl. Redfern/Hunter/Smith, S. 103.

24 Zweigert/Kötz, S. 24.

25 Siehe oben S. 29 (Fn. 14).

26 Forum Europaeum Konzernrecht, ZGR 1998, 672 (683).

II. Handelsrechtliche Entwicklung

Im internationalen Handelsverkehr wird seit langem ein Bedürfnis für transnationale Rechtsnormen insoweit geäußert, als häufig Gegenstand der Rechtswahl in internationalen Verträgen kodifiziertes internationales Einheitsrecht wie z.B. das UN-Kaufrecht (CISG)[27] ist. Nicht selten werden auch das in der Rechtswissenschaft viel diskutierte „*Lex Mercatoria*"[28] oder – gleichbedeutend – „*gemeinsame Rechtsprinzipien zivilisierter Nationen*"[29], „*in der modernen Welt vorherrschende Prinzipien des Rechts und der Praxis*"[30], „*solche allgemeinen Prinzipien des internationalen Handelsrecht, die von nationalen und internationalen Tribunalen angewendet worden sind,*"[31] oder „*allgemein anerkannte Prinzipien des Rechts, insbesondere des internationalen Rechts,*"[32] als materiell anwendbares Recht gewählt[33]. Auch diesem Bedürfnis begegnen Juristen teilweise mit Abscheu[34], weil es ihnen große

---

27 *United Nations Convention on Contracts for the International Sale of Goods* (CISG) vom 11. April 1980, BGBl. 1989 II, S. 588. Allerdings hat das UN-Kaufrecht auch ohne ausdrückliche Rechtswahl einen weiten Anwendungsbereich: Art. 1 Abs. 1 CISG. Vgl. Schlechtriem, Rn. 23; Staudinger-Magnus Art. 1 CISG Rn. 104.

28 ICC Case No. 4761 (1984), Clunet 113 (1986), 1137 f.; ICC Case No. 4761 (1987), Clunet 114 (1987), 1012 (1014). Beachte auch Art. 1:101 Abs. 3 lit.(a) der *Principles of European Contract Law*, abgedruckt bei Lando/Beale, S. 2. Die bedeutendsten Protagonisten der neuen *Lex Mercatoria* Diskussion sind Berthold Goldman und F.A. Mann (vgl. Goldman/Mann, S. xv-xxi). Aus der neueren deutschen Literatur siehe: Berger (1996); Kappus (1990); Stein (1995). Siehe auch die zusammenfassende Darstellung bei Rivkin, Arb.Int. 1993, 67 (68 ff.).

29 „*Legal principles familiar to civilized nations*": Petroleum Development (Qatar) Ltd. v. Ruler of Qatar, I.L.R. 18 (1951), 161 (162).

30 „*The principles of law and practice prevailing in the modern world*": Government of the State of Kuwait v. The American Independent Oil Company (AMINOIL), YbCA Vol. IX (1984), 71 (74).

31 „*Such general principles of international trade law as have been applied by national and international tribunals*": zitiert von Staughton in Channel Tunnel Group Ltd v. Balfour Beatty Construction Ltd, All E.R. 1992 (2), 609 (615). Ähnliche Rechtswahlklauseln finden sich in Texaco Overseas Petroleum Co. (US), California Asiatic Oil Company (US) v. The Government of the Libyan Arab Republic, YbCA Vol. IV (1979), 177 (181); British Petroleum Company (Libya) Ltd. v. The Government of the Libyan Arab Republic, YbCA Vol. V (1980), 143 (149); Libyan American Oil Company (LIAMCO) (USA) v. Government of the Libyan Arab Republic, YbCA Vol. VI (1981), 89 (92).

32 „*Generally recognized principles of law and in particular International Law*": Elf Aquitaine Iran v. National Iranian Oil Company, YbCA Vol. XI (1986), 97 (99).

33 Vgl. Lando/Beale, S. xxiv.

34 Vgl. Mustill, S. 181-182; Mustill/Boyd, S. 81; ICC Case No. 6149 (1990), YbCA Vol. XX (1995), 41 (56, Para. 53).

Schwierigkeiten bereitet, solche Prinzipien zu bestimmen und anzuwenden. Die Entwicklung des Rechts bleibt insoweit hinter den Anforderungen und Ansprüchen der wirtschaftlichen Praxis zurück, wenngleich 1994 die Veröffentlichung der UNIDROIT Prinzipien für internationale Handelsverträge[35] für Erleichterung und Anerkennung gesorgt hat[36].

III. Gesellschaftsrechtliche Entwicklung

Die Internationalisierung der unternehmerischen Beziehungen steht der Internationalisierung der Handelsbeziehungen nicht nach. Da die zunehmende Globalisierung zu immer mehr transnationalen Gesellschaften führt, könnte einheitliches Recht auch hier zum Nutzen der Praxis einfachere und sachgerechtere Antworten auf die rechtlichen Probleme bieten[37]. Dies gilt im besonderen Maße für Wirtschaftszonen wie etwa die EU. Die Kodifizierung transnationaler Regelungen allein ist allerdings nicht als ausreichend anzusehen, da bei jeder Kodifizierung beabsichtigte oder unbeabsichtigte Regelungslücken verbleiben. Solche Lücken auch im Gesellschaftsrecht durch allgemeine Rechtsprinzipien zu schließen, wurde kürzlich in einem Verordnungsentwurf für eine Europäische Privatgesellschaft (EPG)[38] konkret vorgeschlagen. Der Entwurf ist von Unternehmensvertretern[39] und Fachleuten für Gesellschaftsrecht[40] in Zusammenarbeit mit der CCIP[41] erarbeitet worden[42]. Dessen Lösungsansatz wird von *Ehricke* wie folgt zusammengefasst:

> „Zunächst ist zu versuchen, mit Hilfe der allgemeinen Prinzipien des Statuts, sodann mit Hilfe der allgemeinen Prinzipien des Gesellschaftsrechts der Gemeinschaft und schließlich mit den allgemeinen Prinzipien, die den nationalen Rechts-

[35] Veröffentlicht im Mai 1994 durch das International Institute for the Unifiction of Private Law (UNIDIROIT).

[36] Differenziert Hill, J.Int.Arb. 13 (1996), 163 ff.

[37] Behrens, EuZW 1990, 13 (sowie GmbHR 84 (1993), 129)).

[38] Zur EPG Hommelhoff/Helms, GmbHR 90 (1999), 53; Helms, GmbHR 90 (1999), 963 f., und GmbHR 91 (2000), 125 (126); Schwarz, Rn. 1462.

[39] Unter Mitwirkung des französischen Arbeitgeberverbandes (CNPF).

[40] Im Internet unter http://www.ccip.fr/etudes/dossiers/spe/gb/groupegb.htm (Stand: 01. Juni 2001) sind die Mitglieder der Arbeitsgruppe genannt. Von deutscher Seite ist die Mitarbeit von Dr. Dieter Helms und Prof. Dr. Peter Hommelhoff (Universität Heidelberg) sowie Jürgen Hahn (Rechtsanwalt, Bonn) zu nennen.

[41] Chambre de Commerce et d'Industrie de Paris.

[42] Der Entwurf sowie eine kurze Kommentierung sind im Internet unter http://www.ccip.fr/etudes/dossiers/spe/de/textde.htm (Stand: 01. Juni 2001) abrufbar. Siehe auch Schwarz, Rn. 1462; Hommelhoff, WM 1997, 2101 ff.

ordnungen gemeinsam sind, soweit sie dem Statut nicht widersprechen, die Lücke zu schließen."[43]

Der Verordnungsentwurf geht so weit, die Anwendung nationalen Rechts ganz auszuschließen[44]. Dies deutet an, dass sich auch auf dem Gebiet des Gesellschaftsrechts mit zunehmender Internationalisierung nicht nur ein Bedürfnis für transnationale Regelungen, sondern auch für die Erarbeitung allgemeiner Prinzipien – an anderer Stelle wird auch von Grundwertungen gesprochen[45] – verstärkt entwickeln wird[46]. Die Parallelen zur handelsrechtlichen Entwicklung sind evident.

C. Prinzipien zum Minderheitenschutz

Eine entsprechende systematische Auseinandersetzung in der Rechtswissenschaft mit Prinzipien eines internationalen oder wenigstens europäischen Gesellschaftsrechts liegt nur ansatzweise vor[47]. Ein Grund dafür mag in der überwiegend punktuellen[48] oder nationalen Betrachtungsweise zu sehen sein, mit der dieses Themengebiet überwiegend behandelt wird. Die hier vorliegende Untersuchung zum Minderheitenschutz hat – wie andere aktuelle Untersuchungen zum europäischen Gesellschaftsrecht am Seminar für ausländisches und internationales Privat- und Prozessrecht der Universität Hamburg[49]

---

43 Ehricke, RabelsZ 64 (2000), 497 (514). Der Wortlaut des Art. 12 des Verordnungsentwurfs lautet auszugsweise:

„(1) Auf eine EPG finden die Bestimmungen dieser Verordnung und ihre Satzungsregelungen, die dieser nicht widersprechen, Anwendung. Die in dieser Verordnung geregelten Bereiche sind der Anwendung des nationalen Rechts der Mitgliedstaaten entzogen; dies gilt auch für die nicht ausdrücklich geregelten Gegenstände.

(2) Subsidiär gelten in folgender Reihenfolge: die allgemeinen Prinzipien dieser Verordnung; die allgemeinen Prinzipien des Gesellschaftsrechts der Gemeinschaft und die allgemeinen Prinzipen, die den nationalen Rechtsordnungen gemeinsam sind, soweit sie dieser Verordnung nicht widersprechen."

44 Art. 12 Abs. 1 S. 2 des Entwurfs. Siehe auch die Kommentierung im Internet unter http://www.ccip.fr/etudes/dossiers/spe/de/commentd.htm#c12 (Stand: 01. Juni 2001). Siehe zur Diskussion Helms, GmbHR 90 (1999), 963 (964).

45 Hallstein, RabelsZ 12 (1938-39), 341 (369).

46 Ähnlich auch Schön, RabelsZ 64 (2000), 1 (5).

47 Siehe die rechtsvergleichende Analyse von Behrens in der Einleitung zum Kommentar von Hachenburg (7. Auflage); zum Minderheitenschutz siehe den Ansatz von Busch, S. 225 ff.

48 Schön, RabelsZ 64 (2000), 1 (4).

49 Einmahl, Die Verantwortlichkeit der Mitglieder von Geschäftsführungs- und Aufsichtsorganen im Innenverhältnis (2004); Krämer, Der Wechsel von Gesellschaftern bei Personen- und Kapitalgesellschaften in Deutschland, England und Frankreich (2004); Peitsmeyer, Die Vererbung von

– das Ziel, das Gesellschaftsrecht im deutschen, englischen und französischen Recht zu vergleichen und auf gemeinsame Prinzipien zurückzuführen.

I. Begriff des „Prinzips“

Ziel der Untersuchung ist die Bestimmung von „Prinzipien“. Bereits im einleitenden Teil dieser Untersuchung wurde der Begriff des Prinzips in unterschiedlichen Bedeutungszusammenhängen erwähnt, etwa als Mehrheits*prinzip*, Demokratie*prinzip*, Rechts*prinzip* und UNIDROIT *Prinzipien*. Zudem wurde auf die Prinzipien der Privatautonomie und der Gerechtigkeit Bezug genommen. Wegen seiner unterschiedlichen Verwendung ist es notwendig, den Begriff für die vorliegende Untersuchung näher zu definieren.

In der Methodenlehre findet sich eine normstrukturelle Systematisierung, wonach Rechtsprinzipien – auch Rechtsgrundsätze genannt – grundsätzlich von Rechtsregeln unterschieden werden[50]. In der englischen Rechtssprache werden neben *principles* und *rules* noch sogenannte *standards* erkannt[51]. Bei Rechtsprinzipien handelt es sich nach *Penski* um Normen bzw. *„normative Leitmaximen“*[52],

> „die nur allgemein die Verwirklichung eines Ziels fordern, ohne daß sie genauer bestimmen, durch welches Verhalten das geschehen soll.“[53]

Sie bedürfen in aller Regel der Konkretisierung[54] und verdichten sich nur ausnahmsweise zu einer unmittelbar anwendbaren Regel[55]. Kennzeichnendes Merkmal von Prinzipien ist neben ihrer Abstraktheit die Möglichkeit, zueinander in Widerspruch zu stehen. Im Fall der Konkurrenz müssen sie gewich-

---

Gesellschaftsanteilen an Personen- und Kapitalgesellschaften in Deutschland, Frankreich und England (2004); Schmidt-Tiedemann, Geschäftsführung und Vertretung im Gesellschaftsrecht Deutschlands, Frankreichs und Englands (2004); Schwanna, Die Gründung von Gesellschaften in Deutschland, Frankreich und Großbritannien (2002); Wendt, Die Kontrolle der Geschäftsführung in Personen- und Kapitalgesellschaften in Deutschland, Frankreich und England (2004).

50 Larenz, S. 165 ff.; Penski, JZ 1989, 105. Siehe auch die ausführliche Auseinandersetzung mit dem Begriff des Rechtsprinzips bei Esser, S. 2 ff; 87 ff., und Alexy, Grundrechte, S. 72 ff.

51 Bayles, S. 226. Diese Unterscheidung findet sich auch ab und zu in der Praxis: Der *City Code on Take-Overs and Mergers* (dazu unten S. 146) beispielsweise besteht aus zehn einleitenden *General Principles* und 38 *Rules*.

52 Bydlinski, S. 23. Vgl. auch Alexy, Argumentation, S. 81 (dort Fn. 81) und S. 319; Larenz, S. 165 ff. Teilweise wird auch der Begriff des Optimierungsgebots verwendet: Raisch, S. 169, und Alexy, Grundrechte, S. 75 f.

53 Penski, JZ 1989, 105 (107).

54 Larenz, S. 474.

55 „Rechtssatzförmige Prinzipien“: Larenz, S. 479.

tet und gegeneinander abgewogen werden[56]. In Bezug auf die erforderliche Konkretisierung erkennt *Larenz* verschiedene Konkretisierungsstufen. Als erste Stufe betrachtet *Larenz* das Rechtsstaatsprinzip, das Sozialstaatsprinzip und die Achtung der Menschenwürde[57]. Auf der zweiten Stufe würden sich diese beispielsweise zu den Prinzipien der Gleichbehandlung und von Treu und Glauben[58] verdichten. Die letzte Konkretisierung erfolge immer durch die Rechtsprechung in Bezug auf die Regelung eines Einzelfalls. Im Gegensatz dazu handelt es sich bei Rechtsregeln um solche Normen, die ein bestimmtes Verhalten gebieten oder verbieten[59]. Für sie gilt nach *Raisch* das *„Alles-oder-Nichts Prinzip"*, d.h. entweder eine Regel passt auf einen Sachverhalt und schreibt eine bestimmte Rechtsfolge vor oder sie passt nicht[60]. Im Verhältnis von Rechtsregel zu Rechtsprinzip soll letzteres ermöglichen, bei Bedarf neue Regeln zu kreieren, alte zu interpretieren und sie bei Konflikten zum Ausgleich zu bringen[61].

An anderer Stelle dagegen beschreibt *Raisch* Prinzipien als *„meist allgemeingehaltene Rechtsregeln oder Rechtsgrundsätze"*[62]. Dies leitet über zur Bedeutung der *„principles"*, wie ihn die englischen Gerichte anwenden. Im *common law* wird das Recht maßgeblich durch Präjudizien gebildet. Diese werden aus der *ratio decidendi* der Präzedenzfälle, den sogenannten *principles of case* entwickelt. Die *principles of case* spiegeln dabei eher allgemeingehaltene Rechtsregeln als bloße Optimierungsgebote wider[63]. Ein so verstandener Prinzipienbegriff wiederum nähert sich dem pragmatischen An-

---

56 Canaris, S. 52 f.; Larenz, S. 475; Raisch, S. 172.

57 Larenz, S. 474. Ähnlich erkennt Bydlinski, S. 3, sogenannte „Fundamentalprinzipien" wie Gerechtigkeit, Rechtssicherheit und Zweckmäßigkeit.

58 Vgl. auch Alexy, Argumentation, S. 81 (dort Fn. 81). Im Unterschied dazu spricht Bayles, S. 226, in diesem Zusammenhang von *standards*. Nach Raisch, S. 174, handelt es sich bloß um Generalklauseln, die Einfallstore für – beispielsweise römischrechtliche – Prinzipien sein.

59 Penski, JZ 1989, 105 (108); Alexy, Grundrechte, S. 76.

60 Raisch, S. 169.

61 Bayles, S. 226.

62 Raisch, S. 171.

63 Siehe den ausdrücklichen Bezug auf *principles* i.d.S. bei Herrschell in Birch v. Cropper, All E.R. Rep. 1886-1890, 628 (630); Sterndale in Sidebottom v. Kershaw, Leese and Company, Limited, Ch. 1920 (1), 154 (163); Keith in Scottish Co-Operative Wholesale Society, Ltd. v. Meyer, All E.R. 1958 (3), 66 (84 f.); Dilhorne in Boardman v. Phipps, All E.R. 1966 (3), 721 (735 f.); Wilberforce in Ebrahimi v. Westbourne Galleries Ltd, All E.R. 1972 (2), 492 (498 f.); Lightman in Don King Productions Inc v. Warren, All E.R. 1998 (2), 608 (631 ff.); Blackburne in Giles v. Rhind, BCLC 2001 (2), 582 (594). Siehe auch den pragmatischen Ansatz von Davies, *Preface*, in: *Gower's Principles of Modern Company Law*, S. v.; Raisch, S. 39.

satz, wier er im internationalen Recht beispielsweise im Rahmen der vorgenannten internationalen Schiedsverfahren[64], bei der Fassung der UNIDROIT Prinzipien und den *Principles of European Contract Law* der Lando-Kommission (nachfolgend LANDO Prinzipien) zu finden ist. Dort bezeichnen Prinzipien nicht anderes als gemeinsame Normen, die ihrer Art nach sowohl abstrakt als auch konkret sein können. Sie werden losgelöst von der zuvor geschilderten normstrukturellen Systematisierung als ein „*statement of the common core*" verstanden[65]. Hieraus ergibt sich, dass im internationalen – vergleichbar mit dem englischen – Recht ein pragmatischerer Prinzipienbegriff zur Anwendung gelangt, als er in der Methodenlehre entwickelt worden ist.

Entsprechend werden im Folgenden – abweichend vom normstrukturellen Ansatz – Prinzipien nicht nur als abstrakte Optimierungsgebote verstanden. Vielmehr werden dem pragmatischen Ansatz folgend als Prinzipien alle Gemeinsamkeiten des deutschen, englischen und französischen Rechts bezeichnet und zwar unabhängig davon, ob es sich um strukturelle Aspekte, abstrakt-normative Grundsätze oder konkret-normative Rechtsregeln handelt. Charakteristisches Element des Prinzips soll dessen transnationale Übereinstimmung sein. Insoweit stellen die Prinzipien, so wie sie hier verstanden werden sollen, ein *statement of the common core* dar. Die im Rahmen der Rechtsvergleichung gefundenen Prinzipien werden zum Abschluss der Untersuchung zusammenhängend dargestellt[66].

II. Bedeutung der Prinzipien

Die Hypothese dieser Untersuchung, dass gemeinsame Prinzipien des Gesellschaftsrechts in den drei genannten Rechtsordnungen bestehen, legitimiert sich daraus, dass die für das Gesellschaftsrecht so bedeutende Industrialisierung im 19. Jahrhundert die Nationalstaaten gleichermaßen geprägt hat. Die Bedürfnisse der Industrie in den Einzelstaaten waren ähnlich. Die nationalen Rechte mussten diese Bedürfnisse aufnehmen, wobei immer auch mit einem Blick auf die Lösung in anderen Staaten rechtlich reagiert wurde[67]. Die Frage

---

[64] Siehe oben S. 31 (insbesondere Fn. 28 bis 32).

[65] Hesselink, S. 12, unter Bezugnahme auf Lando/Beale, S. xxii.

[66] S. 271 ff.

[67] Schwarz, Rn. 215. Zur Bedeutung der Rechtsvergleichung für die nationale Gesetzgebung siehe Zweigert/Kötz, S. 15.

des angemessenen Schutzes einer Gesellschafterminderheit wurde schon früh gestellt und zwar auch rechtsvergleichend[68].

Die hier vorliegende Untersuchung zum Minderheitenschutz soll zwar eine wichtige Lücke in der Diskussion zum europäischen Gesellschaftsrecht mit Blick auf das zusammenwachsende Europa schließen. Aber auch für die Diskussion innerhalb des deutschen Gesellschaftsrechts ist die Fragestellung von Bedeutung. *Karsten Schmidt* merkt zum Minderheitenschutz im deutschen Gesellschaftsrecht kritisch an:

> „Minderheitenschutz stellt nur als rechtspolitisches Programm, nicht als juristische Kategorie ein einheitliches Ganzes dar. Dies erschwert nicht nur eine systematische Darstellung, sondern es belastet auch die Sachdiskussion."[69]

Die vergleichende Gegenüberstellung des deutschen Rechts mit anderen Rechtsordnungen und die Einbettung in die europäische Fragestellung sollen deshalb dazu beitragen, eine solche Sachdiskussion zu fördern.

III. Methodik

Die Erarbeitung der gemeinsamen Prinzipien erfolgt mittels der funktionalen Rechtsvergleichung. Diese Methode spielt angesichts der fortschreitenden Rechtsintegration eine immer bedeutendere Rolle[70]. Rechtsintegration erfolgt – unabhängig von dem verwendeten Integrationsinstrument[71] – regelmäßig derart, dass bewährtes Übereinstimmendes in den einzelnen nationalen Rechtsordnungen auch für das vereinheitlichte oder harmonisierte Recht übernommen und dass von dem Verschiedenen die überzeugendste Variante ausgewählt wird[72]. Dieser Schritt setzt eine fundierte rechtsvergleichende Analyse voraus[73]. Aber auch die nationale Gesetzgebung und Rechtsprechung stützt sich bei der Reform und Fortentwicklung des geltenden Rechts zunehmend auf rechtsvergleichende Vorarbeiten[74].

---

68 Siehe Böhm, S. 1 ff.; jetzt aber Busch, S. 23 f. und S. 225 ff.

69 Gesellschaftsrecht, S. 466.

70 Zweigert/Kötz, S. 23 f.; Esser, S. 349 ff.

71 Instrumente der Rechtsintegration sind auf globaler Ebene völkerstaatliche Verträge, Konventionen und Modellgesetze sowie auf europäischer Ebene Richtlinien und Verordnungen.

72 Zweigert/Kötz, S. 23 f.

73 Siehe als rechtsvergleichende Arbeiten, die einen Bezug zum Minderheitenschutz aufweisen, etwa Zechlin (1971); Pfitzmann (1974); Leistikow (1987); Bellinghausen (1994); Planck (1995); Kreß (1996); Brüls-Dehin (1999); Busch (2000).

74 Zweigert/Kötz, S. 15 und 17 ff.

Ausgangsposition des Funktionalitätsansatzes in der Rechtsvergleichung ist, dass im Recht nur das vergleichbar ist, was dieselbe Aufgabe erfüllt[75]. Zwar ist insgesamt die übergeordnete Funktion jeder der in der vorliegenden Untersuchung vorgestellten Regelungen bereits durch die Fragestellung der Untersuchung im Voraus festgelegt: Sie werden vorgestellt, weil sie direkt oder indirekt eine Schutzwirkung zugunsten einer Gesellschafterminderheit entfalten. Gleichwohl ist es zweckwidrig, im Anschluss an diese Feststellung in den ausländischen Rechtsordnungen nach bloßen Entsprechungen zu etwaigen Schutzinstrumenten aus dem deutschen Recht zu suchen. Vielmehr sind im Rahmen des Funktionalitätsansatzes – wie der Name bereits zum Ausdruck bringt – die Funktionen der Regelungen zu definieren und ins Verhältnis zu setzen sowie zu analysieren, wie andere Rechtsordnungen ähnlich gelagerte Probleme lösen.

---

[75] Behrens in Hachenburg (7. Aufl.), Einl. Rn. 670; Zweigert/Kötz, S. 23 f.; Esser, S. 348; 356 ff. Einen anderen Ansatz etwa nimmt Zechlin bei seinem „Vergleich" des Minderheitenschutzes im deutschen und französischen Aktienrecht, indem er Instrumente starr miteinander vergleicht.

2. Teil: Gegenstand und Grundlagen der Untersuchung

Im folgenden Teil der Untersuchung werden Gegenstand und Grundlagen der Untersuchung skizziert. Erstens bedarf der Begriff des europäischen Gesellschaftsrechts der Konkretisierung (nachstehender Abschnitt A.). Zweitens ist es erforderlich, die Bedeutung von Mehrheitsherrschaft und Minderheitenschutz in abstrakter Form zu verdeutlichen (nachstehender Abschnitt B.). Und drittens sind diejenigen Gesellschaftstypen, die Gegenstand der Untersuchung sind, zur Förderung des Verständnisses kurz vorzustellen (nachstehender Abschnitt C.).

A. Europäisches Gesellschaftsrecht

Der Begriff des europäischen Gesellschaftsrechts, der im (Unter-) Titel dieser Untersuchung verwendet wird, ist klärungsbedürftig. Er wird nicht einheitlich verwendet und verweist schon gar nicht auf ein in sich schlüssiges System kodifizierter gesellschaftsrechtlicher Normen[76]. Vielmehr lassen sich mehrere Ebenen eines europäischen Gesellschaftsrechts identifizieren.

I. Agglomeration nationaler Gesellschaftsrechte

Die nationalen Gesellschaftsrechte der EU sind zahlreich und entstammen unterschiedlichen Rechtskreisen. Wenn man angesichts dieser Vielheit von einem europäischen Gesellschaftsrecht spricht, so handelt es sich um einen Sammelbegriff und müsste richtigerweise „europäische Gesellschaftsrechte" lauten. Aus diesem Verständnis heraus heißt es bei *Schwarz*:

> „Das Gesellschaftsrecht der Mitgliedsstaaten bleibt auch im Rahmen der EG weiterhin grundsätzlich einzelstaatliches nationales Recht. Es gibt kein europäisches Gesellschaftsrecht, das an die Stelle der Gesellschaftsrechte der einzelnen Mitgliedsstaaten tritt."[77]

Aus den verschiedenen Rechtskreisen heraus entwickelten sich sehr unterschiedliche gesellschaftsrechtliche Strukturen. Die in einer Rechtsordnung als bedeutsam erachteten und daher scharf entwickelten Grenzziehungen zu einzelnen Aspekten finden sich in anderen Rechtsordnungen nicht notwendig wieder[78]. Beispielsweise handelt es sich in Deutschland nur bei Kapitalgesellschaften um juristische Personen, die somit eine eigene Rechtsfähigkeit

---

[76] Behrens, GmbH, Rn. EuR 6 f.

[77] Schwarz, Rn. 3; so auch Lutter, S. 4.

[78] Coing, Bd.II, S. 349 und S. 355 ff.

besitzen. Erst in neuerer Zeit wird die für Personengesellschaften maßgebliche Gesamthandslehre zu Gunsten einer Teilrechtsfähigkeit modifiziert. Ähnliches gilt für die Unterscheidung zwischen *companies* und *partnerships* im englischen Recht. Dagegen ist eine Differenzierung nach dem Kriterium der Rechtsfähigkeit dem französischen Recht fremd. Die *sociétés de personnes* sind – von einzelnen Ausnahmen abgesehen[79] – wie die *sociétés de capitaux* rechtsfähig und weisen etwa körperschaftlichere Strukturen auf als die deutschen und englischen Personengesellschaften. Es ist aber auch festzuhalten, dass sich trotz der Verschiedenheit der Gesellschaftsrechtsordnungen einzelne Strukturelemente auf gemeinsame Ursprünge zurückverfolgen lassen. Besonderen Einfluss übte länderübergreifend das römische Recht etwa in der Entwicklung einer Korporationslehre auf der Basis des Instituts der *universitas*[80] sowie einer Lehre von der Gesellschaft auf Basis des Instituts der *societas*[81] aus. Bedeutung hatte auch die Entwicklung eines Verständnisses der „moralischen Person" im Naturrecht des 18. Jahrhunderts sowie der „juristischen Person" in der deutschen Pandektistik[82].

Ein wesentlicher Teil der Untersuchung beschäftigt sich mit dem europäischen Gesellschaftsrecht in Form der Betrachtung nationaler Rechte. Dabei wird berücksichtigt, dass die Rechtsordnungen der einzelnen Mitgliedsstaaten der EU verschiedenen Rechtskreisen zuzuordnen sind[83]. Drei von den vier Rechtskreisen werden in der Untersuchung repräsentiert: Der angloamerikanische, der romanische und der germanische Rechtskreis. Die Beschränkung auf diese drei Rechtskreise – unter Nichtberücksichtigung des nordischen Rechtskreises – ist in praktischer Sicht mit Blick auf den Umfang der Untersuchung geboten. In sachlicher Hinsicht kann diese Beschränkung damit gerechtfertigt werden, dass die skandinavischen Rechte wesentlich an der kontinentaleuropäischen Rechtsentwicklung teilgehabt haben[84].

---

79 Ausnahmen stellen lediglich die Sociétés en Participation und die Société Créée de Fait dar.

80 Coing, Bd.I, S. 261 ff.

81 Coing, Bd.I, S. 464 ff.

82 Coing, Bd.II, S. 337 f. sowie S. 344 ff. (zum deutschen Einfluss in Bezug auf die Lehre der juristischen Person).

83 Diese Annahme basiert auf der Auffassung von Arminjon/Nolde/Wolff, S. 49 ff., dass insgesamt sieben Rechtskreise definiert werden können: französischer bzw. romanischer, germanischer, skandinavischer bzw. nordischer, englischer bzw. angloamerikanischer, russischer, islamischer und hinduistischer Rechtskreis. Vgl. auch Schwarz, Rn. 214; Zweigert/Kötz, S. 62ff. (insbesondere S. 73).

84 Zur eigenständigen Bedeutung des nordischen Rechtskreises siehe aber Zweigert/Kötz, S. 279 f.

Eine überstaatliche Komponente erhält die Agglomeration nationaler Rechte lediglich durch das europäische Kollisionsrecht, insbesondere die Anerkennung der unterschiedlichen Gesellschaftsformen außerhalb des Heimatlandes nach Regeln des internationalen Privatrechts[85]: Nach der Rechtsprechung des EuGH und der neueren Rechtsprechung des BGH ist dabei jeder europäische Mitgliedsstaat der EU verpflichtet, die Rechtsfähigkeit einer Gesellschaft anzuerkennen, die in einem anderen Mitgliedsstaat, in dem diese Gesellschaft ihren Satzungssitz hat, wirksam gegründet worden ist[86].

Ausgangspunkt dieser Rechtsprechung war die *Daily Mail*-Entscheidung des EuGH, wonach es dem Herkunftsstaat einer Gesellschaft verboten ist, eine nach seinem Recht gegründete Gesellschaft bei der Niederlassung in einem anderen Mitgliedstaat zu behindern. Gleichzeitig heißt es in dieser Entscheidung aber noch, dass Artt. 43 ff. EGV den Gesellschaften nationalen Rechts kein Recht gewähren, den Sitz ihrer Geschäftsleitung unter Bewahrung ihrer Eigenschaft als Gesellschaften des Mitgliedstaats ihrer Gründung in einen anderen Mitgliedstaat zu verlegen[87]. Nach der *Centros*-Entscheidung ändert auch die Tatsache, dass eine Gesellschaft nach britischem Recht gegründet wurde, um das dänische Recht in Bezug auf die Einzahlung einer Mindesteinlage zu umgehen, nichts daran, dass die Gründung einer Zweigniederlassung in Dänemark durch die britische Gesellschaft vom Schutz der Niederlassungsfreiheit nach Artt. 43 ff. EGV erfasst wird. Auch wenn eine Gesellschaft ihre Tätigkeit ausschließlich im Mitgliedstaat ihrer Zweigniederlassung ausübt, steht dahinter noch keine missbräuchliche Berufung auf die Niederlassungsfreiheit[88]. In der *Überseering*-Entscheidung ging es darum, dass eine in den Niederlanden rechtswirksam gegründete Gesellschaft ihren tatsächlichen Verwaltungssitz nach Deutschland verlagern wollte. Der EuGH sah die Nichtanerkennung der Parteifähigkeit der Gesellschaft durch ein deutsches Gericht – nach deutschem Recht hätte es einer Neugründung der Gesellschaft bedurft – als Verstoß gegen die Niederlassungsfreiheit an[89]. In konsequenter Fortführung dieser Rechtsprechung hat der EuGH in der *Inspi-*

---

85 Behrens in Hachenburg (7. Aufl.), Einl. Rn. 689.

86 EuGH v. 27.09.1988, C-81/87 („Daily Mail"); EuGH v. 09.03.1999, C-212/97, NJW 1999, 2027 („Centros"); EuGH v. 05.11.2002, C-208/00, NJW 2002, 3614 („Überseering"); BGH v. 01.07.2002, GmbHR 2002, 1021; BGH v. 13.03.2003, NJW 2003, 1461.

87 EuGH v. 27.09.1988, C-81/87 („Daily Mail").

88 EuGH v. 09.03.1999, C-212/97, NJW 1999, 2027 („Centros"); hierzu Behrens, IPRax 1999, 323..

89 EuGH v. 05.11.2002, C-208/00, NJW 2002, 3614 („Überseering"); hierzu Behrens, IPRax 2003, 193.

re Art-Entscheidung weitere Auflagen für im Ausland gegründete Gesellschaften als Verstoß gegen die Niederlassungsfreiheit zurückgewiesen und klargestellt, dass jede Kapitalgesellschaft, die in einem Mitgliedstaat gegründet wurde, auf Grund der Niederlassungsfreiheit ihren Geschäftssitz und ihre Aktivitäten in jeden anderen Mitgliedstaat verlegen darf, auch wenn dieser strengere Anforderungen an die Kapitalausstattung stellt als der Gründungsstaat dieser Gesellschaft[90].

II. Integriertes Gesellschaftsrecht

Abweichend zum vorgenannten Verständnis als Agglomeration nationaler Rechte wird der Begriff des europäischen Gesellschaftsrechts häufig benutzt, um das integrierte Gesellschaftsrecht innerhalb der Europäischen Union zu beschreiben. Dieses besteht zum einen aus harmonisiertem (angeglichenem) Recht, zum anderen aus vereinheitlichtem Recht[91]. Betrachtet man das europäische Gesellschaftsrecht im Sinne eines integrierten Gesellschaftsrechts, lässt sich - aus deutscher Sicht - seine Geschichte bis in die 20er Jahre des 20. Jahrhunderts zurückverfolgen[92].

1. Rechtsharmonisierung

Ein Standbein der Integration des europäischen Gesellschaftsrechts stellt die Harmonisierung der nationalen Rechte dar[93]. Im März 1968 verabschiedete der Ministerrat die „Erste Richtlinie zur Koordinierung gesellschaftsrechtlicher Schutzbestimmungen" (Publizitätsrichtlinie)[94]. Seit 1976 folgten insge-

---

[90] EuGH v. 30.09.2003, C-167/01, NJW 2003, 3331 („Inspire Art"); hierzu Altmeppen, NJW 2004, 97; Behrens, IPRax 2004, 20; Hirte, EWS 2003, 521.

[91] Behrens, GesR, Rn. 4 ff.; Schön, RabelsZ 64 (2000), 1 (2); Boucourechliev, RIW 1999, 1. Vgl. auch Behrens in Hachenburg (7. Aufl.), Einl. Rn. 689, sowie Behrens, GmbH, Rn. EuR 6, der von einem materiellrechtlichen Angleichungsprogramm (Rechtsharmonisierung) sowie von einem gemeinschaftsrechtlichen Programm (Rechtsvereinheitlichung) spricht.

[92] Auf dem 34. Deutschen Juristentag wurde 1926 die Frage diskutiert, ob bei einer zukünftigen Reform des Aktienrechts eine Annäherung an das englisch-amerikanische Recht in grundlegenden Fragen stattfinden sollte (Verhandlungen des 34. DJT zu Köln, I 258-331, II 611-798, 874-879).

[93] Siehe ausführlich Behrens, GmbH, Rn. EuR 8 ff.; Lutter, S. 8 ff. Allgemein zur Rechtsangleichung im europäischen Gesellschaftsrecht Timmermann, RabelsZ 48 (1984), 1 ff.

[94] Erste Richtlinie 68/151/EWG (Publizitätsrichtlinie), ABl.EG Nr. L 65 vom 14. März 1968, S. 8 ff; geändert durch Beschluss des Rates vom 01. Januar 1973 (73/101/EWG), ABl.EG Nr. L 2 vom 01. Januar 1973, S. 19 ff.

samt weitere 14 Richtlinien bzw. Richtlinienvorschläge und Richtlinienentwürfe, von denen bisher außer der bereits erwähnten Publizitätsrichtlinie[95], die Kapitalrichtlinie[96], Fusionsrichtlinie[97], Jahresabschlussrichtlinie[98], Spaltungsrichtlinie[99], Konzernbilanzrichtlinie[100], Prüferbefähigungsrichtlinie[101], Zweigniederlassungsrichtlinie[102] und die Einpersonen-GmbH-Richtlinie[103] in Kraft getreten sind[104].

Betrachtet man den Minderheitenschutz in den nationalen Rechtsordnungen, darf man nicht außer Acht lassen, dass die bisher erfolgte Rechtsangleichung diesbezüglich bereits Auswirkungen gezeigt hat. Schon die Erste Richtlinie (Publizitätsrichtlinie)[105], deren Ziel die Harmonisierung des Drittschutzes im Rechtsverkehr mit Kapitalgesellschaften war[106], hat erheblich in die nationale Ausgestaltung des Gesellschafterschutzes eingegriffen. In England führte die Umsetzung der Richtlinie in sec. 9 *European Community Act 1972* dazu, dass die im *common law* entwickelte *ultra vires*-Lehre[107], die insbesondere dem Schutz der Gesellschafter vor Kompetenzüberschreitungen des Vertretungsorgans diente, ihre ursprüngliche Bedeutung fast vollständig verlor[108]. Minderheitenschutz findet sich zudem auch in der besonderen Aus-

---

[95] Erste Richtlinie vom 09. März 1968 (68/151/EWG).

[96] Zweite Richtlinie vom 13. Dezember 1976 (77/91/EWG), ABl.EG Nr. L 26 vom 31. Januar 1977, S. 1 ff.

[97] Dritte Richtlinie vom 09. Oktober 1978 (78/855/EWG), ABl.EG Nr. L 295 vom 20. Oktober 1978, S. 36 ff.

[98] Vierte Richtlinie vom 25. Juli 1978 (78/660/EWG), ABl.EG Nr. L 222 vom 14. August 1978, S. 11 ff.; geändert durch zwei Richtlinien vom 08. November 1990, der sog. Mittelstandsrichtlinie (90/604/EWG) und der sog. GmbH & Co. KG-Richtlinie (90/605/EWG).

[99] Sechste Richtlinie vom 17. Dezember 1982 (82/891/EWG), ABl.EG Nr. L 378 vom 31. Dezember 1982, S. 47 ff.

[100] Siebente Richtlinie vom 13. Juni 1983 (83/349/EWG), ABl.EG Nr. L 193 vom 18. Juli 1983, S. 1 ff.

[101] Achte Richtlinie vom 10. April 1984 (84/253/EWG), ABl.EG Nr. L 126 vom 12. Mai 1984, S. 20 ff.

[102] Elfte Richtlinie vom 21. Dezember 1989 (89/666/EWG).

[103] Zwölfte Richtlinie vom 21. Dezember 1989 (89/667/EWG).

[104] Siehe die Übersicht bei Schwarz, Rn. 283.

[105] Erste Richtlinie 68/151/EWG (Publizitätsrichtlinie), ABl.EG Nr. L 65 vom 14. März 1968, S. 8 ff; geändert durch Beschluss des Rates vom 01. Januar 1973 (73/101/EWG), ABl.EG Nr. L 2 vom 01. Januar 1973, S. 19 ff.

[106] Schwarz, Rn. 298.

[107] Finlay und Parker in Cotman v. Brougham, All E.R. Rep. 1918-1919, 265 (266 f., 268 f.)

[108] Ausführlicher dazu unten Kapitel 3. Teil: A.II.1. b) (2)Schutzwirkung der objects und ultra vires-Lehre (S. 108).

gestaltung von Mehrheitserfordernissen bei Kapitalerhöhungen und -herabsetzungen wieder. Diesbezüglich sieht die Zweite Richtlinie (Kapitalrichtlinie)[109] für eine Kapitalherabsetzung das Erfordernis einer qualifizierten Mehrheit[110], für eine Kapitalerhöhung dagegen eine einfache Mehrheit vor[111], wobei das nationale Recht – wie in Deutschland geschehen[112] – allerdings höhere Anforderungen festlegen kann[113]. Auch geregelt sind in der Zweiten Richtlinie die formalen Voraussetzungen, unter denen das Bezugsrecht der Altaktionäre abbedungen werden kann[114]; die Regelung etwaiger materieller Voraussetzungen für einen Bezugsrechtsausschluss werden dagegen den nationalen Rechten überlassen. Schließlich soll gemäß Art. 42 Zweite RiL die Gleichbehandlung der Aktionäre sichergestellt werden. Damit ist der Grundsatz der Gleichbehandlung europarechtlich positiv normiert[115].

Die Dritte Richtlinie (Fusionsrichtlinie)[116] und die Sechste Richtlinie (Spaltungsrichtlinie)[117] berücksichtigen Belange von Gesellschafterminderheiten bei umwandlungsrechtlichen Vorgängen, indem die Aktionäre angemessen unterrichtet und in geeigneter Weise geschützt werden. Zudem soll sichergestellt werden, dass diese durch die Umwandlung keinen Schaden erleiden[118]. Die Entwürfe der übrigen gesellschaftsrechtlichen Richtlinien[119] sehen ebenfalls den Schutz von Minderheitsgesellschaftern vor, etwa indem die Richtlinie Fälle regelt, in denen eine andere Person die kontrollierende

---

[109] Zweite Richtlinie 77/91/EWG (Kapitalrichtlinie), ABl.EG Nr. L 26 vom 31. Januar 1977, S. 1 ff.; dazu Lutter, S. 52 ff.

[110] Art. 40 Abs. 1 Zweite RiL.

[111] Vgl. Art. 25 Zweite RiL.

[112] In Deutschland bedarf der Kapitalerhöhungsbeschluss einer Dreiviertelmehrheit (§ 181 Abs. 1 und Abs. 2 AktG).

[113] Schwarz, Rn. 615.

[114] Art. 29 Abs. 4 S. 2 und S. 4 i.V.m. Art. 40 Zweite RiL.

[115] Behrens, GesR, Rn. 36.

[116] Dritte Richtlinie 78/855/EWG (Fusionsrichtlinie), ABl.EG Nr. L 295 vom 20. Oktober 1978, S. 36 ff.

[117] Sechste Richtlinie 82/891/EWG (Spaltungsrichtlinie), ABl.EG Nr. L 378 vom 31. Dezember 1982, S. 47 ff.

[118] Schwarz, Rn. 665 und Rn. 674; Lutter, S. 56.

[119] Geänderter Vorschlag für eine Dreizehnte Richtlinie des Europäischen Parlaments und des Rates auf dem Gebiet des Gesellschaftsrechts über Übernahmeangebote vom 11. November 1997, KOM (97) 565 endg. (ABl.EG Nr. C 378 vom 13. Dezember 1997, S. 10 ff.); Vorschlag für eine Vierzehnte Richtlinie des Europäischen Parlaments und des Rates über die Verlegung des Sitzes einer Gesellschaft in einen anderen Mitgliedsstaat mit Wechsel des für die Gesellschaft maßgebenden Rechts vom 20. April 1997 (ZIP 1997, 1721 ff.).

Mehrheit über die Aktiengesellschaft erlangt[120] oder eine Gesellschaftermehrheit eine Sitzverlegung beschließt[121], oder indem die Richtlinie die Stellung der Aktionäre, die Möglichkeit der Einberufung der Hauptversammlung durch die Aktionäre, das Teilnahme-, Auskunfts- und Stimmrecht sowie etwaige Mehrheitserfordernisse für Beschlüsse zum Gegenstand hat[122].

2. Rechtsvereinheitlichung

Das zweite Standbein europäischer Rechtsintegration stellt die Schaffung von Einheitsrecht dar. Dabei stand im gesellschaftsrechtlichen Kontext insbesondere die Schaffung der Europäischen Aktiengesellschaft, der *Societas Europaea* (SE), im Mittelpunkt, für deren Schaffung nach jahrzehntelanger Diskussion erst auf dem EU-Gipfel in Nizza im Jahr 2001 der Durchbruch gelang[123] und die nun auf der Grundlage des Verordnungsvorschlags vom 16. Mai 1991[124] geschaffen wird[125]. Allerdings wurde für sie keine reine Einheitsrechtslösung gewählt, denn die streitige Mitbestimmungsfrage wird nicht in der Verordnung selbst, sondern in einer parallel erlassenen Richtlinie geregelt[126]. Zudem finden die nationalen Rechte aufgrund der Generalverweisung in Art. 7 Abs. 1 der Verordnung sowie aufgrund von zahlreichen Spezialverweisungen subsidiär Anwendung[127].

---

120 Art. 3 Abs. 1 Dreizehnte RiL (Vorschlag).

121 Die konkrete Ausgestaltung des Schutzes wird dabei den nationalen Rechten überlassen (Art. 7 Vierzehnte RiL (Vorschlag)). In materieller Hinsicht in Betracht kommt dafür insbesondere das Recht, die Gesellschaft zu verlassen (Schwarz, Rn. 828; Di Marco, ZGR 1999, 3 (10)).

122 Vgl. zur Fünften Richtlinie (Strukturrichtlinie) Behrens, GesR, Rn. 46 ff. und 62.

123 Ulmer, FAZ v. 21. März 2001.

124 KOM (91) 174 endg., ABl.EG Nr. C 176 vom 08. Juli 1991, S. 1 ff.

125 Verordnung (EG) Nr. 2157/2001 über das Statut der Europäischen Gesellschaft (Abl.EG Nr. L 294 vom 10. November 2001, S. 1 ff.), abgedruckt in NZG 2002, Sonderbeilage zu Heft 1.

126 Richtlinie 2001/86/EG zur Ergänzung des Statuts der Europäischen Gesellschaft hinsichtlich der Beteiligung der Arbeitnehmer (ABl.EG Nr. L. 294 vom 10. November 2001, S. 22 ff.), abgedruckt in NZG 2002, Sonderbeilage zu Heft 1; zur Umsetzung in das deutsche Recht siehe den Entwurf des SEBG (= Art. 2 des SEEG, Fn. 127). Siehe dazu Behrens, GmbH, Rn. EuR 50 f.; Hirte, NZG 2002, 1 (2); Ulmer, FAZ v. 21 März 2001.

127 Zur Umsetzung in das deutsche Recht dient das (Artikel-) Gesetz zur Einführung der Europäischen Gesellschaft (SEEG), dessen 2. und 3. Beratung im Bundestag am 30.09.2004 allerdings kurzfristig von der Tagesordnung abgesetzt worden ist (PlPr 15/129) und dessen Verabschiedung damit noch aussteht. Zur Umsetzung siehe im Übrigen Ihrig/Wagner, BB 2004, 1749.

Einheitsrechtsrechtlich geschaffen worden ist auch die Europäische Wirtschaftliche Interessenvereinigung (EWIV)[128], die ein Instrument für eine wirtschaftliche Kooperation darstellt, ohne selbst Trägerin eines Unternehmens zu sein. Ihre Tätigkeit soll lediglich eine Hilfstätigkeit bleiben[129]. Zudem gibt es seit Juli 2003 eine Rechtsgrundlage für eine Europäische Genossenschaft (SCE)[130]. Schließlich hat es – bisher erfolglose – Anstrengungen gegeben, eine Europäische Privatgesellschaft (EPG)[131], einen Europäischen Verein (EUV)[132], und eine Europäische Gegenseitigkeitsgesellschaft (EUGGES)[133] zu schaffen[134].

III. Europäische Prinzipien?

Ziel dieser Untersuchung ist es, eine dritte Ebene europäischen Gesellschaftsrechts durch die Definition von Gemeinsamkeiten der nationalen Rechtsordnungen zu identifizieren. Solche Prinzipien würden dem oben beschriebenen Verständnis des europäischen Gesellschaftsrechts eine weitere Komponente hinzufügen. Sie unterscheiden sich vom integrierten Gesellschaftsrecht dadurch, dass es sich nicht um Normen oder Rechtssätze handelt, die zum Zwecke der Rechtsintegration geschaffen werden, sondern um solche, die sich in den verschiedenen Rechtstraditionen ohne integrative Eingriffe parallel entwickelt haben. Es handelt sich damit im Gegensatz zur Rechtsintegration durch Verordnungen und Richtlinien um eine Harmonisierung „von unten", die sich aus den nationalen, aber häufig eben ähnlich gelagerten Bedürfnissen entwickelt hat. Diese Gemeinsamkeiten könnten das Bindeglied zwischen den nationalen Gesellschaftsrechten und einem einheitlichen oder wenigstens einheitlicheren europäischen Gesellschaftsrecht darstellen.

---

[128] Verordnung (EWG) Nr. 2137/85 vom 25. Juli 1985; siehe Behrens, GmbH, Rn. EuR 48 f. Im Februar 1997 waren 741 EWIV mit 1820 Mitgliedern in Europa tätig, darunter 65 in Deutschland, 86 im Vereinigten Königreich und 178 in Frankreich (Neye, DB 1997, 861).

[129] K. Schmidt, S. 1902 f.

[130] Verordnung (EG) Nr. 1435/2003 vom 22. Juli 2003 über das Statut der Europäischen Genossenschaft (SCE); siehe Behrens, GmbH, Rn. EuR 54 f.

[131] Siehe bereits oben S. 32.

[132] Vorschlag vom 05. März 1992, ABl.EG Nr. C 99 vom 21. April 1992, S. 1 ff.; geänderter Vorschlag vom 06. Juli 1993, ABl.EG Nr. C 236 vom 31. August 1993, S. 1 ff. Siehe Behrens, GmbH, Rn. EuR 52 f.

[133] Vorschlag vom 05. März 1992, ABl.EG Nr. C 99 vom 21. April 1992, S. 14 ff., 37 ff., 57 ff.; geänderter Vorschlag vom 06. Juli 1993, ABl.EG Nr. C 236 vom 31. August 1993, S. 1 ff., 36 ff., 56 ff. Siehe Behrens, GmbH, Rn. EuR 56 f.

[134] Zur Mitbestimmungsfrage auch bei diesen Gesellschaften Schwarz, Rn. 45.

B. Mehrheitsherrschaft und Minderheitenschutz

In der vorliegenden Untersuchung wird der Minderheitenschutz im deutschen, englischen und französischen Gesellschaftsrecht analysiert. Zum Verständnis der jeweils geltenden Regelungen ist es dabei erforderlich, die Bedeutung und Legitimation von Mehrheitsherrschaft und Minderheitenschutz zu klären, denn die Existenz von Mehrheitsherrschaft ist keine zwingende Notwendigkeit, sondern hat vielmehr eine lange Entwicklung hinter sich.

I. Begriff der Minderheit

Minderheitenschutz setzt begrifflich das Vorhandensein von Mehrheiten und Minderheiten voraus. Dabei werden als Minderheit nicht nur die bei Abstimmungen unterlegenen Gesellschafter (quantitative Minderheit) angesehen, sondern auch solche, deren Rechte durch Gesetz oder Gesellschaftsvertrag von vorne herein beschränkt sind (qualitative Minderheit)[135]. Dies lehnt sich an die Definition von *Wiedemann* an, der als Minderheit

> „[den] Personenkreis in einer Gesellschaft oder Körperschaft, der dauernd und institutionell auf die Willensbildung in einem Verband keinen Einfluß gewinnen kann [...],"[136]

ansieht. Teilweise wird die Thematik des Minderheitenschutzes vom Individual- und Kapitalanlegerschutz abgegrenzt[137]. Nach *Wiedemann* ist unter Individualschutz der Schutz der mitgliedschaftlichen Grundrechte zu verstehen, also ein

> „nach Gesetz und Statut unentziehbarer und möglicherweise auch unverzichtbarer Freiheitsraum"[138]

des einzelnen Gesellschafters, über den die Gesellschaft als Kollektiv nicht verfügen kann. In Abgrenzung zum Individualschutz sei der Minderheitenschutz an eine größere Stimmenzahl oder einen prozentualen Kapitalbesitz gebunden[139]. Beim Kapitalanlegerschutz handelt es sich nach *Wiedemann*

---

[135] Hierzu zählen beispielsweise Kommanditisten, *limited partners, commanditaires* sowie die Inhaber stimmrechtsloser Aktien oder *non-voting shares*. Siehe beispielsweise Immenga, ZGR 1974, 385 ff. Aber auch darüber hinaus finden sich „Gesellschafter minderen Rechts" (Partikel, S. 17 ff.).

[136] Wiedemann, S. 417.

[137] Wiedemann, § 7 (S. 357 ff.), § 8 (S. 404 ff.) und § 9 (S. 472 ff.).

[138] Wiedemann, S. 357 f.

[139] Wiedemann, S. 363. Minderheitenrechte in diesem Sinne werden daher nachfolgend auch als Gruppenrechte bezeichnet.

zwar ebenfalls um Gesellschafterschutz; jedoch sei ausschließlich die vermögensrechtliche und nicht die unternehmerische Beteiligung Schutzobjekt. Kapitalanlegerschutz genössen deshalb solche Personen, die

> „sich durch Vermittlung des öffentlichen Kapitalmarktes mittelbar oder unmittelbar an Unternehmen [...] zu Anlagezwecken beteiligen."[140]

Alle drei Bereiche haben jedoch eine gleiche Zielrichtung, nämlich den einzelnen Gesellschafter wegen seiner einflusslosen Stellung innerhalb der Gesellschaft zu schützen. Dies gilt beispielsweise für den Schutz vor Ausschluss aus der Gesellschaft oder etwa die Kontrollrechte, die sowohl beim Individualschutz als auch bei der gesellschaftsrechtlichen Komponente des Kapitalanlegerschutzes[141] eine Rolle spielen. Da in anderen Rechtsordnungen als der deutschen regelmäßig eine Differenzierung nach Individual-, Minderheits- und Kapitalanlegerschutz nicht erfolgt[142] und auch im Übrigen der Zielsetzung dieser Untersuchung nicht gerecht wird, wird sie vorliegend nicht vorgenommen. Der Minderheitenschutz wird deshalb umfassend als Gesellschafterschutz verstanden[143] und bezieht damit einzelne Aspekte des Individual- und Kapitalanlegerschutzes[144] mit ein. Gegenstand der Untersuchung ist ganz allgemein die Frage, wie Interessendivergenzen zwischen machtvollen und machtlosen Gesellschaftern bzw. Gesellschaftergruppen zu einem angemessenen Ausgleich gebracht werden können. Mit Blick auf den Umfang der Untersuchung konnten Besonderheiten des Minderheitenschutzes im Konzernrecht dabei keine Berücksichtigung finden[145]. Aufgrund der überwiegend kapitalmarktrechtlichen und weniger gesellschaftsrechtlichen Bedeutung hat zudem das sogenannte „squeeze-out", also das Recht, Minderheitsaktionäre gegen ihren Willen aus einer Aktiengesellschaft ausschließen zu können, keine eingehende Berücksichtigung gefunden[146].

---

140 Wiedemann, S. 475. Siehe zu neueren Entwicklungen im Kapitalanlagerecht, insbesondere der „neuen Rechtsform" der Investmentaktiengesellschaft Steck/Schmitz, AG 2004, 658 ff., sowie zum Gesetz zur Verbesserung des Anlegerschutzes vom 28.10.2004 Spindler, NJW 2004, 3449.

141 Siehe zu diesem Begriff Wiedemann, S. 488 f.

142 Brüls-Dehin, S. 9.

143 Siehe unten 2. Teil: BMehrheitsherrschaft und Minderheitenschutz (ab S. 47).

144 Nicht berücksichtigt werden dagegen insbesondere solche kapitalmarktrechtlichen Regelungen (Börsenrecht, Finanzmarktrecht), die die Kapitalanlage als solche zum Regelungsgegenstand haben. Siehe hierzu Hopt, ZHR 141 (1977), 389 (431); Kümpel, Rn. 14.56 ff.; Kümpel, WM 1992, 381 (384 ff.). Vgl. zu diesem Ansatz ingesamt auch Brüls-Dehin, S. 9 f.

145 Siehe hierzu auch S. 85, insbesondere Fn. 422.

146 Hierzu ausführlich Rühland, Der Ausschluss von Minderheitsaktionären aus der Aktiengesellschaft (Squeeze-out), (Diss., 2004); siehe auch unten S. 199. Zu aktuellen Entwicklungen im Kapitalmarktrecht siehe Spindler, NJW 2004, 3449 ff.

II. Legitimation und Ausgestaltung der Leitungsmacht

Von entscheidender Bedeutung für den Minderheitenschutz ist das Verhältnis von Mitgliedschaft[147] und Mitentscheidungskompetenz. Die Rolle eines Minderheitsgesellschafters ist vor dem Hintergrund seines aus der Mitgliedschaft abzuleitenden Anspruchs auf Leitung der Gesellschaft zu sehen. Sieht man von den Einpersonengesellschaften[148] ab, stellt sich eine Gesellschaft als Zusammenschluss mehrerer natürlicher oder juristischer Personen dar. Diese leiten die Gesellschaft entweder unmittelbar (Prinzip der Selbstorganschaft) oder mittelbar durch Organe, die von den Gesellschaftern bestimmt werden (Prinzip der Fremdorganschaft) [149]. Grundsätzlich beruhen Leitungsentscheidungen auf Gesellschafterebene auf einer kollektiven Willensbildung der Gesellschafter, die regelmäßig durch Beschlüsse erfolgt. Ein Beschluss wird je nach Wirksamkeitserfordernis entweder einstimmig oder mehrheitlich gefasst. Das Einstimmigkeitsprinzip stellt dabei die stärkste Form des Minderheitenschutzes dar, da es jegliche Beschlussfassung gegen den Willen einer Minderheit verhindert. Allerdings erschwert oder verhindert es jedwede Beschlussfassung mit zunehmender Intensität, je mehr Parteien beteiligt sind und je vielfältiger damit Interessen vertreten sein können[150]. Wegen des zuletzt genannten Aspekts spielt das Mehrheitsprinzip im Gesellschaftssrecht eine herausragende Rolle.

1. Ursprung und Funktion des Mehrheitsprinzips

a) Geschichtliche Entwicklung

Obwohl einem die Anwendung des Mehrheitsprinzips in allen Bereichen des

---

[147] Der Begriff der Mitgliedschaft wird im Zusammenhang dieser Untersuchung entgegen einer teilweise vorherrschenden Dogmatik für jede Form der Beteiligung an einem unternehmerischen Verband gewählt und ist somit nicht nur für Körperschaften reserviert.

[148] Einpersonengesellschaften sind zulässig in der Rechtsform der GmbH (§ 1 GmbHG), AG (§ 2 AktG, geändert durch das Gesetz für kleine Aktiengesellschaften und zur Deregulierung des Aktienrechts vom 02. August 1994), S.A.R.L. (Art. L. 223-1 Abs. 1 CCom), S.A.S. (Art. L. 227-1 Abs. 1 CCom, sog. *Société par Actions Simplifiée Unipersonnelle*) und *Private Limited Companies* (sec. 1(3A) CA). Siehe hierzu auch die Zwölfte Richtlinie vom 21. Dezember 1989 (89/667/EWG – Einpersonen-GmbH-Richtlinie).

[149] Aufgrund der von den Gesellschaftern abgeleiteten Leitungsmacht gilt dies selbst dann, wenn das Leitungsorgan die Gesellschaft wie etwa im deutschen Aktienrecht „unter eigener Verantwortung" (§ 76 Abs. 1 AktG) leitet.

[150] Prentice, OxJLS 8 (1988), 55 (59 Fn. 14).

wirtschaftlichen und politischen Lebens heute wie eine Selbstverständlichkeit vorkommt, hat es sich nur mühsam durchsetzen können. Zwar war das Mehrheitsprinzip bereits in der Antike bei Versammlungsbeschlüssen der Griechen und Römern bekannt[151]. Es fand jedoch im Übrigen keine Berücksichtigung, so dass – wie etwa im germanischen Rechtskreis[152] – lange das Einstimmigkeitsprinzip vorherrschte. Der Grund hierfür ist darin zu sehen, dass eine Versammlung als solche nicht von ihren einzelnen Teilnehmern unterschieden und deshalb bei gemeinschaftlichen Angelegenheiten eine Entscheidung nur getroffen werden konnte, wenn diese von allen getragen wurde[153]. Einstimmigkeit war allerdings nicht immer die Folge eines Konsenses; vielmehr wurde sie häufig durch Druck oder Gewalt erreicht. Eine dissentierende Minderheit war zwar nicht an einen Mehrheitsbeschluss gebunden. Sie spaltete sich durch ihr abweichendes Votum jedoch von der Gesamtheit ab, wurde als ihr Feind angesehen und war damit dem gewaltsamen Zwang der Mehrheit ausgesetzt[154].

Größere Bedeutung erlangte das Mehrheitsprinzip, nachdem es Mitte des 14. Jh. als Grundsatz des Reichsrechts für Königswahlen eingeführt wurde[155]. Am Ende des späten Mittelalters hatte es sich als allgemeine Regel in ständischen Versammlungen, Gerichten, Städten, Gilden und Zünften durchgesetzt[156]. Gleichwohl unterscheidet sich das damalige Verständnis der Mehrheitsherrschaft noch deutlich vom heutigen: Als Folge einer Mehrheitsentscheidung wurde die Minderheit nämlich rechtlich verpflichtet, der Mehrheit zu folgen[157], womit letztendlich wieder Einstimmigkeit hergestellt wurde[158]. Den Mehrheitsbeschluss als selbständige Entscheidung für und im Namen einer Versammlung gab es noch immer nicht. Der wesentliche Schritt zum heutigen Verständnis von Mehrheitsherrschaft konnte sich erst mit der mittelalterlichen Korporationslehre entwickeln, wonach Körperschaften – erstmals – als von den Einzelnen unabhängig und zu einer eigenen Willensbildung fähig angesehen wurden. Eine Körperschaft in diesem Sinne lag vor,

---

151 Baltzer, S. 187.

152 Siehe zum Mehrheitsprinzip aus französischer Sicht Terré, Rev.jur.comm. 35 (1991), Numéro Spécial, S. 9 ff.

153 Baltzer, S. 189.

154 Baltzer, S. 190; von Gierke, Schmollers Jahrbuch 39 (1915), 565 (567 f.).

155 „Goldenen Bulle“ von 1356. Siehe Baltzer, S. 190; von Gierke, Schmollers Jahrbuch 39 (1915), 565 (568 f.).

156 Baltzer, S. 192; von Gierke, Schmollers Jahrbuch 39 (1915), 565 (571).

157 Minor pars sequatur majorem.

158 Baltzer, S. 192; von Gierke, Schmollers Jahrbuch 39 (1915), 565 (571 f.).

wenn sich eine Anzahl Einzelner (Vielheit) zu einer Gesamtheit (*universitas*[159]) zusammenschloss[160]. Für die Beschlussfassung durch Mehrheitsentscheidungen war bedeutsam, dass eine dem antiken Verständnis ähnliche Fiktion galt, wonach es sich bei der Mehrheit um alle handelte. Eine Vielheit konnte sich im Gegensatz zur *universitas* aber auch dergestalt zusammenschließen, dass es sich nur um die Summe Einzelner (*plures et singuli*) handelte. In diesen Fällen galt das Einstimmigkeitsprinzip unverändert fort. Dies traf insbesondere auf die in dieser Zeit entstehenden Personengesellschaften zu, die nicht von der Korporationslehre erfasst wurden[161]. Das Verständnis des Zusammenschlusses als Summe Einzelner spiegelt sich bis in unsere Zeit in der traditonellen Gesamthandslehre wider. Die Entwicklung der mittelalterlichen Korporationslehre war im 14. Jh. weitgehend abgeschlossen und wurde in der neueren Zeit nur noch in Einzelheiten unter Einfluss der Naturrechtler, aber auch der bedeutenden Rechtsgelehrten des 19. und 20. Jh. wie etwa *Friedrich Karl von Savigny*[162] oder *Otto von Gierke*[163] weiterentwickelt[164].

b) *Funktion des Mehrheitsprinzips*

Die Funktion des Mehrheitsprinzips lässt sich aus dieser Entwicklung ableiten. Sie besteht darin, die Handlungsfähigkeit und -effektivität eines Verbandes zu verbessern. Durch die Einführung des Mehrheitsprinzips im Gesellschaftsrecht wird eine flexible Anpassung der geschäftlichen Grundlagen der Gesellschaft an sich ändernde steuerliche und wirtschaftliche Rahmenbedin-

---

159 Begrifflich wurde die Entwicklung im germanischen Recht vom römischen Recht beeinflusst: von Gierke, Schmollers Jahrbuch 39 (1915), 565 (573). Zum Begriff *universitas* auch von Savigny, § 88 S. 261 (Fn. x).

160 Baltzer, S. 194 ff.; von Gierke, Schmollers Jahrbuch 39 (1915), 565 (573 f.). Zur Entwicklung im englischen Recht siehe Gower's, S. 18 fff.; zur Bedeutung der Korporation siehe Gower's, S. 21 f.

161 Von Gierke, Schmollers Jahrbuch 39 (1915), 565 (573 ff.); Roitzsch, S. 17 f. Parallel ging im englischen Recht die *societas* in der *partnership* auf (Gower's, S. 19). Die rechtliche Ausgestaltung der englischen *partnerships* fand vor den *equity*-Gerichten im 18. und 19. Jh. statt. Im übrigen entwickelte sich in dieser Zeit als weitere Form des Zusammenschlusses noch die *commenda*, die Vorläuferin der heutigen Kommanditgesellschaft oder *Société en Commandite Simple*.

162 Siehe insbesondere die Abhandlungen über die juristischen Personen in von Savigny, System des heutigen römischen Rechts, Band 2 (1840).

163 Insbesondere von Gierke, Das deutsche Genossenschaftsrecht (1868 bis 1913).

164 Baltzer, S. 200 ff.

gungen angestrebt[165]. Gleichzeitig wird die Aktionsfähigkeit der Gesellschaft verbessert, da langwierige Beratungen zur Erreichung der sonst erforderlichen Einstimmigkeit unterbleiben können. Damit werden auch Transaktionskosten der Gesellschaft gesenkt. Daneben beinhaltet das Mehrheitsprinzip aber auch eine streitverhindernde Funktion[166]. Grundsätzliche und langwierige Phasen der Entscheidungsfindung können bei unterschiedlichen Interessenlagen zu tiefgreifenden Konflikten innerhalb der Gesellschaft führen. Durch das Mehrheitsprinzip wird dies weitgehend vermieden.

2. Legitimation des Mehrheitsprinzips

Die dogmatische Legitimation von Mehrheitsentscheidungen hat seit jeher Schwierigkeiten bereitet[167]. In der Antike wurde die Zulässigkeit von Mehrheitsentscheidungen mit der Fiktion gerechtfertigt, dass der Wille der Mehrheit gelten solle, als wären es alle[168]. Eine dogmatische Begründung für diese Fiktion wurde nicht gegeben[169]. Schließlich wurde die Begründung für eine Anerkennung des Mehrheitsprinzips maßgeblich von der römischen und kanonischen Überzeugung beeinflusst, dass Mehrere eher als Wenige das Wahre treffen würden und deshalb die Mehrheit bestimmen dürfe: *Quia per plures melius veritas inquiritur*[170]. Dieses Verständnis wurde im kanonischen Recht zur Lehre von dem *major et sanior pars* weiter entwickelt. Danach mussten Stimmen nicht nur gezählt, sondern auch gewichtet werden. Lediglich bei einer Zweidrittelmehrheit steigerte sich die Vermutung für *sanioritas* zur Gewissheit. Diese kirchliche Überzeugung, dass ein mindestens doppeltes Übergewicht der Stimmen eine Gewähr für die Richtigkeit einer Entscheidung bietet, ist historische Grundlage der heutigen qualifizierten Mehrheiten[171]. Neben diesem mittelalterlichen Ansatz wurde die Legitimation auch aus praktischen Erwägungen hergeleitet: Große Verbände ließen sich eben nur durch Mehrheitsentscheidungen als handlungsfähig erhalten[172]. Wiederum anders wurde die Berechtigung des Mehrheitsprinzips aus der Funktion

---

[165] Brändel, FS Stimpel, S. 104; Hennerkes/Binz, BB 1983, 715; Mecke, BB 1988, 2262; Schneider, AG 1979, 57 (60).

[166] Leenen, FS Larenz, S. 391.

[167] Vgl. Wiedemann, S. 406.

[168] Roitzsch, S. 15 f.

[169] Baltzer, S. 188; von Gierke, Schmollers Jahrbuch 39 (1915), 565 (567).

[170] Baltzer, 198; von Gierke, Schmollers Jahrbuch 39 (1915), 565 (575).

[171] von Gierke, Schmollers Jahrbuch 39 (1915), 565 (575 ff.).

[172] Unter Bezugnahme auf die Naturrechtler Baltzer, S. 203; von Savigny, § 97 S. 330.

als „*rechtstechnischer Ausgleich*“ zwischen zwei als unvereinbar geltenden Maximen, nämlich dem Gleichbehandlungsgrundsatz zwischen den Gesellschaftern und der Aktionsfähigkeit der Gesellschaft, hergeleitet[173].

Allen diesen Begründungsversuchen gemein ist der Ansatz, in einer Mehrheitsentscheidung die für die Gesellschaft „richtige“ Entscheidung zu sehen. Damit ist allerdings die Frage aufgeworfen, was die Richtigkeit einer Entscheidung ausmacht. *Schmidt-Rimpler* untersuchte den Aspekt der Richtigkeit im Vertragsrecht[174]. Aus seiner vertragsrechtlichen Analyse lassen sich auch Rückschlüsse für das Gesellschaftsrecht in Bezug auf die Reichweite von Mehrheitsentscheidungen und die Ansatzpunkte für einen Minderheitenschutz herleiten. Er schreibt:

> „Unter Richtigkeit verstehe ich einerseits die ethisch bestimmte Gerechtigkeit im engeren Sinne, andererseits aber auch die von der Gemeinschaft aus gesehene Zweckmäßigkeit, also das, was erforderlich ist, um das Gemeinschaftsdasein und das Gemeinschaftsleben zu verwirklichen [...]. Dabei ist das beherrschende Prinzip das der Gerechtigkeit, so daß das Zweckmäßige nur richtig ist, wenn es der Gerechtigkeit nicht widerspricht.“[175]

Im Kontext des Gesellschaftsrechts bedeutet dies, dass durchaus Zweckmäßigkeitserwägungen wie etwa die Verbesserung der Aktionsfähigkeit zur Begründung des Mehrheitsprinzips herangezogen werden können. Gleichwohl steht die Richtigkeitsgewähr privatautonomer Entscheidungen unter einem Gerechtigkeitsvorbehalt. Der Implementierung dieses Gerechtigkeitsvorbehalts dient der Minderheitenschutz[176].

3. Probleme des Mehrheitsprinzips

Das Mittel, mit dem Aktionsfähigkeit gesteigert werden soll, oder – negativ ausgedrückt – der Preis, der hierfür bezahlt werden muss, ist die Reduzierung der Legitimationsbasis von Entscheidungen, d.h. es wird Leitungsmacht denjenigen entzogen, die einen geldwerten Beitrag in den Verfügungsbereich der Gesellschaft überstellt haben und denen die Leitungsmacht daher kraft ihrer Mitgliedschaft eigentlich zustehen müßte. Eine Verfügung über die Gesellschaftsmittel durch Mehrheitsentscheidung beinhaltet somit notwendig eine Verfügung über fremdes Vermögen. In der ökonomischen und zunehmend auch in der juristischen Diskussion wird das Konzept einer solchen gesell-

---

173 Baltzer, S. 215; Swart, S. x.

174 Schmidt-Rimpler, AcP 147 (1941), 103 ff.

175 Schmidt-Rimpler, AcP 147 (1941), 103 (132 f.); zustimmend K. Schmidt, S. 451.

176 Dazu näher unten III. 2. Funktion des Minderheitenschutzes (ab S. 56).

schaftsrechtlichen Verfügung über fremdes Vermögen, insbesondere im Zusammenhang mit der Fremdorganschaft, und der damit verbundene Verlust von Entscheidungskompetenzen der originären Rechteinhaber als Auseinanderfallen von Eigentum und Kontrolle (*separation of ownership and control*) problematisiert[177].

Die vorgenannte Verfügung über fremdes Vermögen kann mit einem bedeutenden Risiko verbunden sein: Derjenige Personenkreis, der eine Entscheidung trägt, ist nicht mehr identisch mit demjenigen, der die Folgen der Entscheidung zu tragen hat[178]. Die damit verbundenen Probleme lassen sich anhand des *Principal-Agent* Modells veranschaulichen[179]. Das *Principal-Agent* Modell wurde in der Wirtschaftswissenschaft entwickelt und beschreibt eigentlich die Beziehungen innerhalb eines Vertrages, bei dem einzelne Personen (*principals* oder Prinzipale) andere Personen (*agents* oder Agenten) mit der Verrichtung bestimmter Aufgaben beauftragen und entsprechend bevollmächtigen. Offensichtliches Beispiel für eine solche *Principal-Agent* Beziehung ist die Stellvertretung. Darüber hinaus wird das Modell aber auch auf andere fiduziarische Rechtsverhältnisse angewendet[180], d.h. auf solche Rechtsverhältnisse, bei denen die Möglichkeit besteht, über fremdes Vermögen zu verfügen. Entsprechend eignet sich das Modell zur Beschreibung des Verhältnisses von Gesellschaftern und Geschäftsführung[181]. Es beschreibt, wie sich die Interessen des Agenten nicht immer mit denen des Prinzipals decken müssen. Ausgangspunkt der *Principal-Agent* Theorie ist dabei der Ansatz, dass ein Agent sich grundsätzlich rational-egoistisch verhält[182]. Durch dieses Verhalten verursacht er sogenannte Agencykosten, deren Reduzierung oder Vermeidung im Interesse des Prinzipals liegt. Als Agencykosten werden etwa die Kosten für die Kontrolle und Überwachung des Agenten angesehen[183]. Überwiegend wird der Begriff aber, angelehnt an die

---

177 Merkt, Rn. 36 f., 43; Riley, MLR 55 (1992), 782 ff. Die Theorien, die in diesem Zusammenhang entwickelt werden, um der Problematik Herr zu werden, werden unter dem Begriff *corporate governance* zusammengefasst, wobei die Begriffe der im amerikanischen Recht geführten Diskussion um die „*corporate theory*" entstammen.

178 Meier-Schatz, ZHR 149 (1985), 76 (89 und 91).

179 Ähnlich Meier-Schatz, ZHR 149 (1985), 76 (92); Walz in Schäfer/Ott, Unternehmensrecht, S. 53; Wendt, S. 40.

180 Siehe die knappe Darstellung bei Weiß, S. 40.

181 Meier-Schatz, ZHR 149 (1985), 76 (92), etwa zum Verhältnis Aktionären und Management.

182 Sogenannte REM-Hypothese. Siehe dazu Prentice, OxJLS 8 (1988), 55 (57); Schäfer/Ott, Lehrbuch, S. 56 ff.

183 Bspw. Schäfer/Ott, Lehrbuch, S. 594 (umfassender dagegen S. 599 f.).

Definition von *Jensen* und *Meckling,* wonach sich Agencykosten zusammensetzen aus

> „(1) the monitoring expenditures by the principal,
> (2) the bonding expenditures by the agent,
> (3) the residual loss“[184],

noch weiter gefasst[185] und schließt eben auch sonstige Kosten (*residual loss*) ein. Am Beispiel einer Aktiengesellschaft lassen sich letztere wie folgt verdeutlichen: Das Management einer Gesellschaft kann daran interessiert sein, Kontakte mit ausländischen Geschäftspartnern besonders zu pflegen, da sich damit trotz möglicherweise fehlender Rentabilität attraktive Auslandreisen verbinden lassen. Bei der Wahl von Flugtickets können Bonus-Programme wie etwa „Miles & More“ der Lufthansa das Management dazu verleiten, wegen persönlicher Vorteile eine bestimmte, aber nicht notwendig eine preiswerte Fluggesellschaft zu wählen. Im Interesse eines Vorstands kann es sein, sich gegen eine drohende Übernahme mit kostspieligen Mitteln zu wehren, um den eigenen Arbeitsplatz oder die eigene Machtposition zu erhalten oder eine höhere Abfindung zu erkämpfen[186]. Auch die Stilllegung eines unrentablen Werkes kann unterlassen werden, wenn der verantwortliche Manager sein persönliches Ansehen in der Umgebung nicht beeinträchtigen möchte. Um die Kosten aus diesem rational-egoistischen Verhalten zu steuern, bieten sich dem Prinzipal verschiedene Möglichkeiten. Diese aufzuzeigen ist wesentlicher Inhalt der *Principal-Agent* Theorie.

Diese insbesondere für das Verhältnis Aktionäre-Management bestehenden Probleme lassen sich auf das Verhältnis einer Gesellschaftermehrheit zu einer Gesellschafterminderheit übertragen. Ausgangssituation ist, dass sich ein einzelner Gesellschafter der Mehrheitsmacht unterwirft. Es besteht jedoch keine Garantie, dass eine Gesellschaftermehrheit ihr Handeln am Interesse der Gesellschaft ausrichtet. Vielmehr können bei einer rational-egoistisch handelnden Gesellschaftermehrheit Eigeninteressen wie z.B. die Sicherung der Mehrheitsmacht, das Erreichen persönlicher Vorteile und das

---

184 Jensen/Meckling, Journal of Financial Economics 3 (1976), 305 (308).

185 Blair, S. 97; Weiß, S. 41.

186 Siehe hierzu die „Übernahmeschlacht“ um den Kauf der deutschen Mannesmann AG durch die englische Vodafone: Ditz, Spiegel-Online vom 31. März 2000, http://www.spiegel.de/wirtschaft/0,1518,71163,00.html (Stand: 21.08.2001) und Spiegel-Online vom 05. Juni 2000, http://www.spiegel.de/wirtschaft/0,1518,79446,00.html (Stand: 21.08.2001); Busch, S. 113 f.; Fleischer, NJW 2004, 2335 (2336 f.); Riehmer/Schröder, NZG 2000, 820.

Hinausdrängen einer Gesellschafterminderheit aus der Gesellschaft Ziel von Mehrheitsentscheidungen sein[187].

III. Gegenstand und Bedeutung des Minderheitenschutzes

Der Minderheitenschutz als ein Instrument, mit dem den aufgezeigten Problemen begegnet werden kann, ist von der Stellung des einzelnen Gesellschafters innerhalb der Gesellschaft geprägt und abhängig von ihren grundlegenden wirtschaftlichen Triebkräften.

1. Bedeutung der Gesellschafterstellung

Zu den verschiedenen Motivationen, Gesellschafter einer Gesellschaft zu werden, kann einerseits ein unternehmerisches Interesse gehören. Der Gesellschafter will sich häufig als Unternehmer verwirklichen, die Geschicke seiner Gesellschaft persönlich leiten und aktiv an den Geschäften der Gesellschaft teilnehmen. Andererseits kann statt eines unternehmerischen Interesses auch ein bloßes Renditeinteresse im Vordergrund stehen, was typischerweise auf den Kleinanleger einer Aktiengesellschaft zutrifft, der auf Dividendenzahlungen und Kursgewinne hofft. Parallel zu den Interessen sind die Chancen und Risiken ausgestaltet. Ein Personengesellschafter hat hohe Gewinnmöglichkeiten, wenn er unmittelbar an dem Unternehmenserfolg partizipiert. Dem steht ein unbegrenztes Haftungsrisiko gegenüber. Ein Kleinanleger einer Aktiengesellschaft hat dagegen nur begrenzte Renditemöglichkeiten. Dafür ist sein Risiko auch auf den Verlust der Einlage begrenzt. Hieraus ergibt sich, dass Minderheitenschutz nicht einheitlich ausgestaltet sein kann, sondern Anforderungen verschiedener Gesellschaftsformen Rechnung tragen muss.

2. Funktion des Minderheitenschutzes

Die Funktion des Minderheitenschutzes ist es, trotz Steigerung der Aktionsfähigkeit der Gesellschaft durch die Zulässigkeit von Mehrheitsentscheidungen die Richtigkeit der zu treffenden Entscheidungen zu gewährleisten und

---

[187] Zur Anwendung der Erwägungen zum *Principal-Agent* Modells auf Personengesellschaften siehe etwa Collins in Bevan v. Webb, All E.R. Rep. 1900-1903, 206 (210); Farwell in Sadler v. Whiteman, K.B. 1910 (1), 868 (889).

damit dem Gerechtigkeitsgrundsatz zur Geltung zu verhelfen[188]. Was „gerecht“ ist, muss in Abhängigkeit der Stellung des einzelnen Gesellschafters innerhalb der Gesellschaft beurteilt werden, die – wie erläutert – zum einen von einer Vermögenskomponente, zum anderen von einer unternehmerischen Komponente geprägt sein kann. Gemäß diesen beiden Komponenten hat auch der Minderheitenschutz zwei Zielrichtungen, nämlich auf der einen Seite einen bloßen Vermögensschutz[189], etwa Sicherheit einer Investition oder Schutz vor persönlicher Haftung, auf der anderen Seite Bewahrung und Durchsetzung einer Leitungs- und Herrschaftsfunktion. Dabei stehen den einseitigen Vermögens- oder Herrschaftsinteressen der zu schützenden Gesellschafterminderheit allerdings nicht nur die Mehrheitsinteressen gegenüber, sondern auch eigene Interessen der Gesellschaft selbst[190].

Abbildung 1: Verhältnis der innerhalb einer Gesellschaft bestehenden Interessen

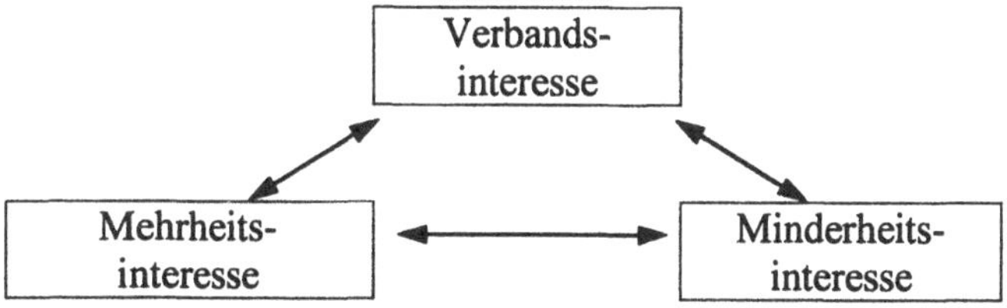

Dabei kann es beispielsweise im Interesse der Gesellschaft liegen, durch kurze Entscheidungswege flexibel und aktionsfähig zu sein, während gegengerichtetes Interesse eines risikoaversen Gesellschafters sein könnte, Geschäfte auf ihr Risiko genau zu überprüfen und riskante Geschäfte nur im allgemeinen Konsens durchzuführen. Es kann im Interesse der Gesellschaft liegen, Rechtssicherheit bezüglich der Verbindlichkeit von Beschlüssen zu erhalten, weshalb die Möglichkeit von Beschlussanfechtungen zu unerwünschter Rechtsunsicherheit führen kann; eine Minderheit dagegen wird daran interessiert sein, Beschlussanfechtungen zum Schutz der eigenen Rechtsposition geltend zu machen. Schließlich kann das Handeln einer Gesellschaftermehrheit darauf gerichtet sein, die eigene Machtposition zu stärken, während ein von der Geschäftsführung ausgeschlossener Minderheitsgesellschafter be-

[188] BGH v. 14.04.1975, BGHZ 64, 238 (242); K. Schmidt, S. 452; Tolley, Handbook, Para. 2.24 (S. 19).

[189] Vgl. BVerfG v. 23.08.2000, ZIP 2000, 1670 (1672).

[190] Siehe zum Verhältnis des Mehrheitswillens zum Verbandswillen auch D. Schmidt, Para. 66.

strebt sein wird, solche unternehmensfremden Erwägungen aus dem Geschäftsbetrieb der Gesellschaft fernzuhalten. Vor diesem Hintergrund dient Minderheitenschutz dazu, einen effizienten Ausgleich zwischen den beteiligten Interessen zu schaffen[191]. Dabei geht es darum, die Grenzen der Unterordnung des Einzelnen unter den Verband zu bestimmen[192], den Mindestinhalt der Mitgliedschaft und den mit der Einlage verfolgten Zweck zu sichern und die Gesellschafterminderheit vor einem Missbrauch der Mehrheitsmacht zu schützen[193].

Schließlich dienen – einem abstrakteren Ansatz folgend – die Minderheitsrechte auch dem Schutz der Gesellschaft selbst[194]. Nach diesem Ansatz stellt der Gesellschaftszweck den Grundkonsens zwischen den Gesellschaftern dar. Der Gesellschaftszweck ist hiernach gleichzusetzen mit dem Interesse der Gesellschaft selbst. Handelt eine Gesellschaftermehrheit gesellschaftszweckwidrig, dient es dem Verbandsinteresse und damit der Gesellschaft selbst, wenn die Minderheit den Gesellschaftszweck gegen die Mehrheit schützt und notfalls gerichtlich durchsetzt. So heißt es in einer Entscheidung des Reichsgerichts:

> „Jeder Gesellschafter hat ein Recht darauf, dass der Wille der Gesellschaft gemäß den gesetzlichen und statuarischen Vorschriften betätigt wird."[195]

Dieser Ansatz spiegelt sich in der Praxis etwa dann wider, wenn das Handeln einer Gesellschaftermehrheit am Maßstab eines fiktiven Gesellschaftsinteresses überprüft wird.

3. Probleme des Minderheitenschutzes

Die Probleme des Minderheitenschutzes lassen sich aus der zuvor erwähnten Funktion des Mehrheitsprinzips ableiten. Minderheitenschutz führt notwendig zu einer Begrenzung der Ausübung der Mehrheitsmacht zu Gunsten einer Gesellschafterminderheit, was Einbußen in Bezug auf die durch das Mehrheitsprinzip gewonnenen Vorteile beinhaltet. Der Grad der Einbußen hängt von der Intensität des Minderheitenschutzes ab. Ein übertriebener Minderheitenschutz kann lästig sein oder sogar die Aktionsfähigkeit der Gesellschaft

---

[191] Vgl. D. Schmidt, Para. 3; Tolley, Handbook, Para. 2.24 (S. 19): *„Striking a Balance"*.

[192] Eine Liste von Aspekten, bei denen eine bedingungslose Unterordnung zumindest in Frage zu stellen ist, zeigt Swart, S. xi.

[193] Wagner, ZZP 105 (1992), 294.

[194] Ott, S. 154 f.; im Ansatz auch D. Schmidt, Para. 15.

[195] RG v. 09.10.1914, RGZ 85, 311 (313).

bis hin zu einer Lähmung der gesellschaftlichen Aktivitäten einengen, etwa wenn wesentliche Richtungsentscheidungen innerhalb der Gesellschaft nicht getroffen werden können[196]. Teilweise wird daher heftige Kritik am Minderheitenschutz geübt:

> „Jahr für Jahr werden die Hauptversammlungen [...] zu grandiosen Schauveranstaltungen. Jedem Umweltschützer, jedem Entwicklungsfanatiker [...] bieten sie Bühne und Zuhörer. [...] Nur in wenigen Fällen geht es wirklich um diskussionswürdige Belange [...]. Aktionäre und Verwaltungen stellen – wie ich meine: Mit Recht – die Frage nach Sinn und Zweck der Minderheitenrechte."[197]

Darin klingt ein weiteres Problem des Minderheitenschutzes an, nämlich des Missbrauchs der „Minderheitsmacht". Das Ziel des Minderheitenschutzes, die Interessen der machtvollen und machtlosen Gesellschafter angemessen zum Ausgleich zu bringen, beinhaltet daher auch die Notwendigkeit, einen Missbrauch der zum Schutz der Minderheit dienenden Instrumente zu Lasten des Gesellschaftsinteresses zu verhindern.

C. Gesellschaftsrechtliche Grundlagen

Die im Rahmen der vorliegenden Untersuchung maßgeblichen nationalen Gesellschaftsformen werden nachfolgend kurz skizziert.

I. Gesellschaftsformen in Deutschland

Im deutschen Recht wird regelmäßig zwischen Personen- und Kapitalgesellschaften unterschieden. Kennzeichnendes Merkmal der Personengesellschaften ist ihre Abhängigkeit von der Individualität ihrer Gesellschafter[198], dasjenige der Kapitalgesellschaften ihre „überindividuelle Verselbständigung"[199]. Die anzuwendenden Rechtsnormen ergeben sich im Wesentlichen aus dem Bürgerlichen Gesetzbuch von 1896 (BGB), dem Handelsgesetzbuch von 1897 (HGB) sowie Spezialgesetzen für einzelne Gesellschaftsformen, namentlich dem Gesetz betreffend die Gesellschaften mit beschränkter Haftung von 1892 (GmbHG) und dem Aktiengesetz von 1965 (AktG).

---

[196] Prentice, OxJLS 8 (1988), 55 (59 Fn. 14), spricht im englischen *company law* von *„deadlock companies"*.

[197] Semler, AnwBl 1991, 440. Vgl. auch Krieger, ZHR 163 (1999), 343 (356); Kühn, BB 1992, 291.

[198] K. Schmidt, S. 46.

[199] K. Schmidt, S. 46.

Abbildung 2: Systematik der deutschen Gesellschaftsformen

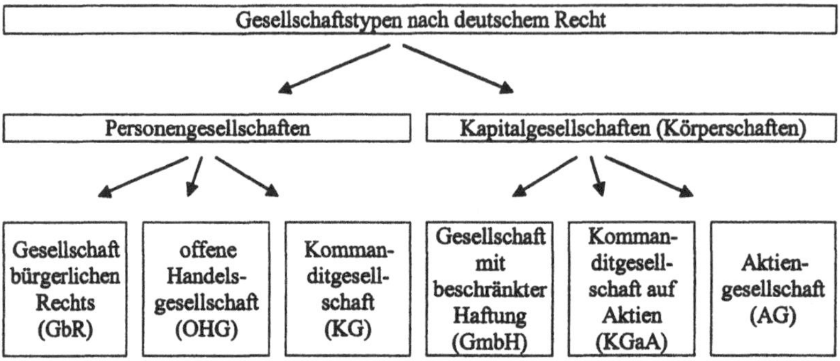

Die praktische Bedeutung der verschiedenen Gesellschaftsformen verdeutlicht die nachfolgende Abbildung[200]:

Abbildung 3: Umsatzsteuerpflichtige Unternehmen in Deutschland (1999)

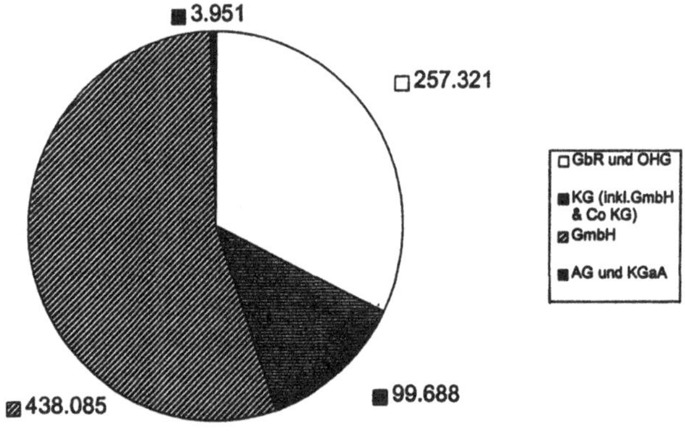

[200] Quelle: Statistisches Bundesamt Deutschland, Umsatzsteuerstatistik 1999, im Internet abrufbar unter http://www.statistik-bund.de/basis/d/fist/fistueb33.htm (Stand: 21.08.2001).

1. Gesellschaft bürgerlichen Rechts (GbR)

Die GbR ist eine vertragliche Verbindung mindestens zweier Personen zur Förderung eines gemeinsamen Zwecks[201]. Praktisch bedeutsam ist sie beispielsweise im Baugewerbe[202], im Bankrecht[203], im Zusammenschluss von Freiberuflern[204] sowie bei kleinen Betrieben[205]. Ihre Rechtsfähigkeit ist inzwischen insoweit anerkannt, als sie selbst Trägerin von Rechten und Pflichten sein kann[206]. Die Gesellschaft entsteht mit Abschluss des Gesellschaftsvertrages. Bei Fehlen besonderer Vereinbarungen obliegen Geschäftsführung und Vertretung allen Gesellschaftern gemeinsam[207]. Zudem sind diese einander zur Leistung der Beiträge[208] und zur Förderung des Gesellschaftszwecks[209] verpflichtet. Die Gesellschafter haften jedenfalls für alle Verbindlichkeiten der Gesellschaft „*kraft Gesetzes auch persönlich*"[210].

2. Offene Handelsgesellschaft (OHG)

Bei der OHG handelt es sich nach der Legaldefinition um eine Gesellschaft, deren Zweck auf den Betrieb eines Handelsgewerbes[211] unter gemeinsamer Firma gerichtet ist, wenn bei keinem der Gesellschafter die Haftung gegen-

---

201 § 705 BGB. Der Zweck kann auch ideeller Natur sein (Palandt-Sprau, § 705 Rn. 20).

202 MüKo-Ulmer, vor § 705 Rn. 43 ff., 47 ff.; K. Schmidt, S. 1701 f.

203 MüKo-Ulmer, vor § 705 Rn. 51; K. Schmidt, S. 1701 f.

204 MüKo-Ulmer, vor § 705 Rn. 36 ff.; K. Schmidt, S. 1705, mit dem Hinweis auf die „Konkurrenz" der Partnerschaftsgesellschaft nach dem PartGG (S. 1714).

205 § 1 Abs. 2 HGB, beachte aber § 2 S. 1 HGB.

206 BGH v. 29.01.2001, NJW 2001, 1056. Siehe hierzu K. Schmidt, NJW 2001, 993; Westermann, NZG 2001, 289 ff.; insbesondere in verfahrensrechtlicher Sicht kritisch Jauernig, NJW 2001, 2231.

207 §§ 709 Abs. 1, 714 BGB.

208 § 706 Abs. 1 BGB.

209 § 705 BGB.

210 Für rechtsgeschäftliche Verbindlichkeiten BGH v. 27.09.1999, NJW 1999, 3483; für gesetzliche Verbindlichkeiten BGH v. 24. Februar 2003, NJW 2003, 1445. Die Haftungsfrage war lange heftig umstritten (vgl. MüKo-Ulmer, vor 705 Rn. 9 ff. und § 714 Rn. 31 ff.; Palandt-Sprau, § 714 Rn. 13; Ulmer, ZIP 2001, 585 (597); Altmeppen, ZIP 1999, 1758 (1760); Blenske, NJW 2000, 3170 (3173)). Im Bereich des Steuerrechts hat der Bundesfinanzhof den GbR-Gesellschafter bereits seit längerem wie einen OHG-Gesellschafter für sämtliche Verbindlichkeiten kraft Gesetzes und „akzessorisch" zur Gesamthand haften lassen: BFH v. 27.06.1989, NJW 1990, 2086 (2087).

211 Zum Begriff des Handelsgewerbes siehe § 1 Abs. 2 HGB.

über den Gesellschaftsgläubigern beschränkt ist[212]. Die OHG ist besonders geeignet für kleine und mittlere Unternehmen. Sie entsteht als solche entweder mit dem Beginn der Geschäfte[213] oder mit Eintragung in das Handelsregister[214]. Für die Rechte und Pflichten der Gesellschafter ergeben sich aus dem HGB einige Sondervorschriften gegenüber dem GbR-Recht. Solche bestehen etwa für die Geschäftsführungsbefugnis sowie die Gewinn- und Verlustverteilung[215]. Für alle Gesellschaftsverbindlichkeiten haften die Gesellschafter neben der Gesellschaft[216] persönlich und unbeschränkt[217].

3. Kommanditgesellschaft (KG)

Die KG ist die typische Gesellschaftsform für mittelständische Unternehmen. Neben den persönlich haftenden Gesellschaftern (Komplementäre) hat die KG solche, die nicht persönlich haften (Kommanditisten)[218]. Die Haftungsbefreiung wird erreicht, indem im Gesellschaftsvertrag ein bestimmter Geldbetrag als Haftsumme festgesetzt wird und der Kommanditist seine Pflichteinlage leistet[219]. Kommanditisten sind grundsätzlich von der Geschäftsführung ausgeschlossen[220] und nicht berechtigt, die Gesellschaft organschaftlich zu vertreten[221]. Eine vertragliche Einräumung von Geschäftsführungsrechten und Vertretungsmacht ist aber möglich. Bei ungewöhnlichen Geschäften ist die Zustimmung der Kommanditisten erforderlich[222]. Eine besondere Rolle nimmt die häufig in der Rechtsform einer GmbH & Co. KG gegründete Publikumspersonengesellschaft ein. Diese Gesellschaftform ist abweichend vom gesetzlichen Leitbild der Personengesellschaft auf die Beteiligung zahlreicher

---

212 § 105 Abs. 1 HGB.

213 § 123 Abs. 2 HGB. . Sie muss aber ins Handelsregister eingetragen werden, § 106 Abs. 1 HGB.

214 K. Schmidt, S. 1370 f.

215 §§ 120 bis 122 HGB.

216 § 124 Abs. 1 HGB.

217 § 128 HGB.

218 § 161 Abs. 1 HGB.

219 § 171 Abs. 1 HGB. Zur Terminologie siehe K. Schmidt, S. 1560; Baumbach/Hopt-Hopt, § 171 Rn. 1.

220 § 164 HGB.

221 § 170 HGB.

222 Diese ganz h.M. geht über den Wortlaut des § 164 HGB hinaus: Rspr. seit RG v. 22.10.1938, RGZ 158, 302 (307); zustimmend Hueck, § 18 V 1; Baumbach/Hopt-Hopt, § 164 Rn. 1; K. Schmidt, S. 1538 f.

Gesellschafter ausgerichtet und regelmäßig körperschaftlich organisiert[223]. Sie erfährt von der Rechtsprechung eine vom Personengesellschaftsrecht abweichende Behandlung[224].

4. Gesellschaft mit beschränkter Haftung (GmbH)

Die GmbH ist primär eine Gesellschaftsform für kleinere und mittlere Unternehmen und nimmt dabei eine Mittelstellung zwischen den individualistischen Personengesellschaften und der kapitalistischen Aktiengesellschaft ein[225]. Sie wird durch einen oder mehrere Gesellschafter gegründet[226], die einen in notarieller Form zu beurkundenden Gesellschaftsvertrag abschließen[227]. Die durch ihre Stammeinlage an der Gesellschaft beteiligten Gesellschafter haften nicht persönlich gegenüber den Gläubigern der Gesellschaft. Der Gesellschaftsvertrag muss unter anderem den Betrag des Stammkapitals sowie den Betrag der von jedem Gesellschafter auf das Stammkapital zu leistenden Stammeinlage enthalten[228]. Das Stammkapital muss mindestens EUR 25.000 betragen[229]. Ist die Hälfte des Mindestkapitals eingezahlt, ist die Gesellschaft zur Eintragung in das Handelsregister anzumelden[230]. Mit Eintragung entsteht die GmbH als juristische Person[231]. Oberstes Willensbildungsorgan sind die Gesellschafter. Geschäftsführung und Vertretung oblie-

[223] BGH v. 14.04.1975, BGHZ 64, 238 (241); Schlegelberger-Martens, § 161 Rn. 128.

[224] BGH v. 14.04.1975, BGHZ 64, 238 (241). Sie kommt aber auch in Gestalt anderer Personengesellschaften vor, z.B. als GbR (MüKo-Ulmer, vor 705 Rn. 4 und § 705 Rn. 175).

[225] Schröer, S. 12.

[226] § 1 GmbHG.

[227] § 2 Abs. 1 GmbHG.

[228] § 3 Abs. 1 Nr. 3 und 4 GmbHG.

[229] § 5 Abs. 1 GmbHG.

[230] § 7 GmbHG.

[231] Vgl. § 11 Abs. 1 GmbHG. Bereits mit Abschluss des Gesellschaftsvertrages aber noch vor Eintragung in das Handelsregister besteht die Gesellschaft als sogenannte Vor-GmbH. Sie untersteht damit bereits dem Recht der GmbH, soweit dieses nicht die Eintragung voraussetzt (BGH v. 23.04.1956, BGHZ 20, 281 (285 f. zur Genossenschaft); BGH v. 12.07.1956, BGHZ 21, 242 (Leitsatz); BGH v. 02.05.1966, BGHZ 45, 338 (347); BGH v. 24.10.1968, BGHZ 51, 30 (32); anders noch die Rspr. des Reichsgerichts, vgl. RG v. 20.04.1904, RGZ 58, 55 (56); zuletzt RG v. 03.04.1936, RGZ 151, 86 (91)).

gen einem oder mehreren Geschäftsführern[232], die nicht Gesellschafter zu sein brauchen. Sie sind gegenüber den Gesellschaftern weisungsgebunden[233].

5. Aktiengesellschaft (AG)

Die AG besitzt eine eigene Rechtspersönlichkeit. Für ihre Verbindlichkeiten haftet den Gläubigern allein das Gesellschaftsvermögen[234]. Eine AG kann durch eine oder mehr Personen gegründet werden[235]. Die Gründung erfolgt durch formgerechte Feststellung der Satzung[236]. Letztere muss unter anderem die Höhe des Grundkapitals sowie dessen Zerlegung in Nennbetrags- oder Stückaktien bestimmen[237]. Rechtsfähig wird die Aktiengesellschaft mit ihrer Eintragung in das Handelsregister; davor besteht die Aktiengesellschaft als solche nicht[238]. Die AG hat zwingend drei Organe, nämlich Hauptversammlung, Aufsichtsrat und Vorstand[239], deren Aufgaben streng voneinander getrennt sind[240]. Die Hauptversammlung ist das Organ, in dem die Aktionäre ihre Rechte in Angelegenheiten der Gesellschaft ausüben[241]. Die Zusammensetzung des Aufsichtsrats richtet sich nach Art und Größe des Unternehmens[242]. Vertreten sind in jedem Fall die Aktionäre. Zentrale Aufgaben des Aufsichtsrates sind es, die Geschäftsführung zu überwachen[243] und die Gesellschaft gegenüber dem Vorstand zu vertreten[244]. Der Aufsichtsrat kann weder Geschäfte der Gesellschaft selbst führen noch dem Vorstand Weisun-

---

232 § 6 Abs. 1 GmbHG.

233 Vgl. § 46 Nr. 6 GmbHG: „Der Bestimmung der Gesellschafter unterliegen die Maßregeln zur Prüfung und Überwachung der Geschäftsführung."

234 § 1 Abs. 1 AktG.

235 § 2 AktG.

236 § 23 Abs. 1 AktG.

237 § 23 Abs. 2 AktG.

238 § 41 Abs. 1 S. 1 AktG. Ähnlich wie bei der GmbH existiert jedoch auch im Aktienrecht ein Verband in Form der Vor-AG. Auf diese finden die Bestimmungen des Aktienrechts Anwendung, soweit sie nicht die Eintragung voraussetzen (BGH v. 16.03.1992, BGHZ 117, 323 (326 f.)). Allerdings haften die für die Vor-AG Handelnden persönlich (§ 41 Abs. 1 S. 2 AktG).

239 Aufsichtsrat und Vorstand werden häufig mit dem Oberbegriff Verwaltung zusammengefasst (Hueck, § 23 I).

240 Siehe hierzu bereits oben S. 43.

241 § 118 Abs. 1 AktG.

242 Siehe hierzu die Bestimmungen in § 96 AktG.

243 § 111 Abs. 1 AktG.

244 § 112 AktG.

gen erteilen[245]. Der Vorstand, der aus einer oder mehreren Personen besteht[246], die keine Aktionäre zu sein brauchen, führt die Geschäfte der AG[247] und vertritt sie nach außen[248]. Er leitet die Gesellschaft unter eigener Verantwortung[249]. Das Recht der AG ist weitestgehend zwingender Natur[250].

6. Kommanditgesellschaft auf Aktien (KGaA)

Die Kommanditgesellschaft auf Aktien (KGaA) ist eine Mischform zwischen Personen- und Kapitalgesellschaft, die letztlich jedoch den Kapitalgesellschaften zugerechnet wird. In § 278 Abs. 1 AktG wird sie definiert als eine

> „Gesellschaft mit eigener Rechtspersönlichkeit, bei der mindestens ein Gesellschafter den Gesellschaftsgläubigern unbeschränkt haftet [...] und die übrigen an dem in Aktien zerlegten Grundkapital beteiligt sind, ohne persönlich für die Verbindlichkeiten der Gesellschaft zu haften (Kommanditaktionäre)."

Die Bedeutung der KGaA ist gering und schwankte in den 1950er bis 1990er Jahren zwischen 25 und 30 Gesellschaften[251]. In neuester Zeit ist diese Gesellschaftsform bei der Umwandlung von Fußballvereinen in Kapitalgesellschaften wieder in das öffentliche Interesse gerückt[252]. Aufgrund ihrer Nähe zur AG finden die Vorschriften über die AG entsprechende Anwendung[253]; allerdings enthält das AktG einige Sondernormen für die KGaA.. Die Rechtsstellung der Kommanditaktionäre entspricht im Wesentlichen derjenigen der Aktionäre einer AG. Lediglich das Rechtsverhältnis der persönlich haftenden Gesellschafter untereinander sowie gegenüber Dritten richtet sich nach dem Recht der KG[254].

---

245 Hueck, § 23 I 2.

246 Bei einem Grundkapital von mehr als EUR 3 Mio. allerdings aus mindestens zwei Personen.

247 § 77 AktG.

248 § 78 AktG.

249 § 76 Abs. 1 AktG.

250 Vgl. § 23 Abs. 5 AktG.

251 K. Schmidt, S. 972; Sethe, S. 561. Darunter waren allerdings einige bedeutende Unternehmen wie etwa große Privatbanken: Berliner Handels- und Frankfurter Bank KGaA (seit 1992 allerdings Aktiengesellschaft, jetzt ING BHF-BANK AG, http://www.bhf-bank.de) und HSBC Trinkaus & Burkhardt KGaA (http://www.hsbctrinkaus.de).

252 Siehe etwa die Umwandlung des BVB Dortmund 09 e.V. in die Borussia Dortmund GmbH & Co. KGaA sowie den anschließenden Börsengang Ende des Jahres 2000.

253 § 278 Abs. 3 AktG.

254 § 278 Abs. 2 AktG.

II. Gesellschaftsformen in England

Im englischen Recht bilden traditionell Präzedenzfälle (*judicial precedents*) die Basis des Rechts[255]. Das Fallrecht (*case law*) selbst hat sich historisch auf zwei Ebenen entwickelt: im *common law* und im *law of equity*[256]. Der Gesetzgeber greift im Grundsatz nur korrigierend und modifizierend in das Fallrecht ein. Gleichwohl hat die Kodifikation von Rechtsnormen im Gesellschaftsrecht eine über hundertjährige Geschichte; ihre Bedeutung hat in den letzten Jahrzehnten noch zugenommen[257].

Bei den englischen Gesellschaftsformen stehen sich *partnerships* und *companies* gegenüber[258]. Die *partnership*[259] ist eine bloße „Ansammlung" der einzelnen Gesellschafter ohne eigene Rechtspersönlichkeit[260]. Im Gegensatz dazu sind die *companies* vom Bestand ihrer Mitglieder unabhängig[261]. Auf *partnerships* finden der *Partnership Act 1890* (PA)[262] und der *Limited Partnership Act 1907* (LPA) Anwendung. Auf der Grundlage des neuen *Limited*

---

255 In Ermangelung eines englischen Präzedenzfalles werden auch Gerichtsentscheidungen aus anderen *Commonwealth* Nationen zur Lösung rechtlicher Probleme herangezogen; vgl. etwa den später zitierten Fall Dockrill v. Coopers & Lybrand Chartered Accountants, D.L.R. (4th) 111 (1994), 62, aus dem kanadischen Recht (S. 143).

256 Dabei handelte es sich ursprünglich um zwei verschiedene Gerichtszweige: Zum einen die königlichen Gerichte des *common law*, namentlich das *Court of Exchequer*, das *Court of Common Pleas* und das *Court of King's Bench*, die insbesondere zwischen dem 11. und 14. Jh. zur Rechtsvereinheitlichung beitrugen; zum anderen das *Court of Chancery*. Letzteres konnte angerufen werden, um in Einzelfällen Gerechtigkeit zu sprechen, die von den Prinzipien des *common law* abweichen konnte: „*Equity varied with the length of the Chancellor's foot*" (John Selden). Die formale Trennung der Gerichte wurde mit den *Judicature Acts 1873-1875* aufgehoben. Gleichwohl werden inhaltlich die sogenannten *equitable rights* noch immer vom *common law* unterschieden.

257 Insgesamt gelten die im *common law* und *law of equity* entwickelten Regeln fort, sofern sie mit den gesetzlichen Bestimmungen vereinbar sind; vgl. etwa Sec. 46 PA.

258 Bei der Unterscheidung finden sich ähnliche Strukturmerkmale wie im deutschen Recht wieder (vgl. Behrens in Hachenburg (7. Aufl.), Einl. Rn. 601).

259 Werden ausländische Termini nachfolgend nicht übersetzt, wird für sie derjenige deutsche Artikel benutzt, der auch für eine gängige Übersetzung benutzt würde. Beispielsweise wird aus dem französischen *Cour de cassation (f.)* „der *Cour de cassation*", da als gängige Übersetzung Kassationsgerichtshof (m.) in Betracht käme (Auskunft von Herrn Mackowiak von der Sprachberatungsstelle der Dudenredaktion, Postfach 1003, 68003 Mannheim, Telefon (0190) 870098).

260 Charlesworth & Morse, S. 25, sprechen von „*aggregate of the partners*". Anders ist dies im schottischen Recht (sec. 4(2) *Partnership Act 1890*).

261 Charlesworth & Morse, S. 25.

262 Bei den Regelungen des PA handelt es sich weitgehend um dispositives Recht (vgl. sec. 19 PA; Morse, S. 7). Eine Ausnahme bilden solche Vorschriften, die dem Gläubigerschutz dienen (Güthoff, S. 3).

Liability Partnerships Act 2000 (LLPA) ist zudem seit 2001 die Gründung einer *Limited Liability Partnership* (LLP) möglich[263]. Das englische Kapitalgesellschaftsrecht wird durch das Prinzip der einheitlichen Kapitalgesellschaftsform bestimmt, das sich in den gesetzlichen Regelungen des *Companies Act 1985* (CA)[264] widerspiegelt[265].

Abbildung 4: Systematik der englischen Gesellschaftstypen

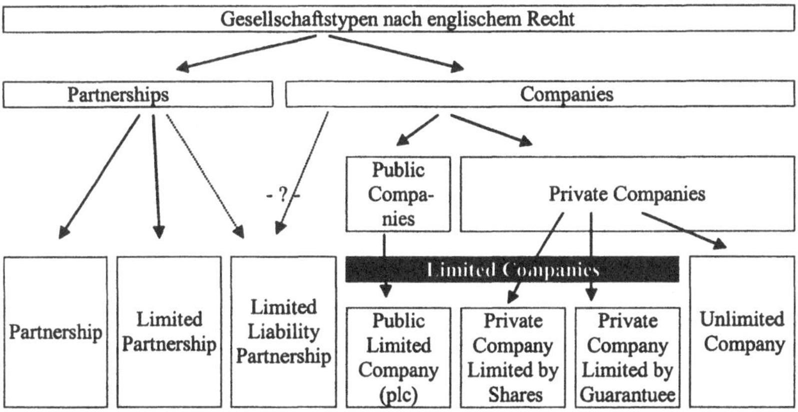

Die praktische Bedeutung der *partnerships* und *companies* ergibt sich aus der nachfolgenden Abbildung[266]. Wie die Graphik zeigt, spielen die *partnerships* – entgegen teilweise gegenteilig vertretener Auffassung – im Wirtschaftsleben eine bedeutende Rolle[267].

---

[263] HM Treasury, Pre-Budget Report 2000, Ziff. 3.52. Das *Department of Trade and Industry* (DTI) erwartet, dass nur ein kleiner Teil der *partnerships* eine Umwandlung in eine *Limited Liability Partnership* anstreben würde, dies aber insbesondere die freien Berufe täten (DTI, Limited Liability Partnership Bill: Consultation Document, Draft Regulatory Impact Assessment, http://www.dti.gov.uk/cld/llpbill/condoc99/4_ria.htm (Stand:20.08.2001)).

[264] In der durch den *Companies Act 1989* geänderten Fassung.

[265] Behrens in Hachenburg (7. Aufl.), Einl. Rn. 601, und Behrens, GmbH, Rn. GB/NI/EI 14.

[266] Quelle: National Statistics, Change in the number of businesses and employment by size of business and legal status, start 1998 - start 1999, im Internet abrufbar unter http://www.statistics.gov.uk/statbase/xsdataset.asp (Stand: 21.08.2001). Eine weitere Diversifizierung innerhalb der *partnerships* und *companies* findet sich in diesen Statistiken leider nicht.

[267] The Law Commission, Summary, Ziff. 4; Morse, S. 23. Eine andere Ansicht vertreten *Triebel/Karsten*, RIW 2001, 1. Danach haben *partnerships* in England eher geringe Bedeutung, da der

Abbildung 5: Anzahl der Partnerships und Companies im UK (1999)

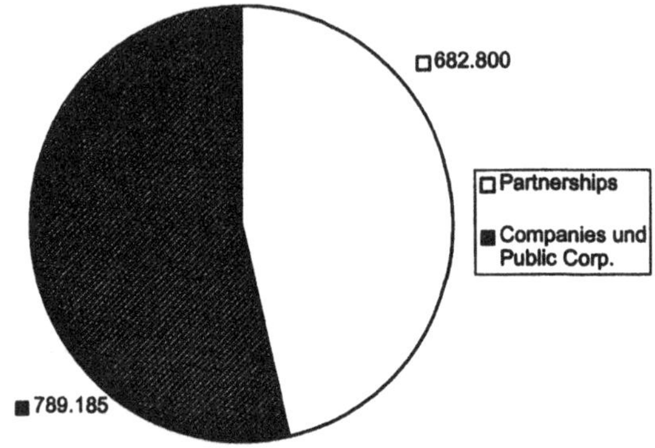

1. Partnership

Die *partnership* ist eine Rechtsbeziehung zwischen natürlichen oder juristischen Personen, die ein Geschäft gemeinsam mit Gewinnerzielungsabsicht betreiben[268]. Ihre Gründung erfolgt durch mindestens zwei bis höchstens 20[269] Gesellschafter, die einen Gesellschaftsvertrag (*partnership agreement*[270]) abschließen. Eine Registrierung oder Registereintragung erfolgt nicht[271]. Anders als schottische *partnerships*[272] haben englische keine eigene

„kleine englische Geschäftsmann" regelmäßig die Rechtsform der *Private Limited Company* bevorzuge. Dies liege daran, dass ihre Gründung einfach und preiswert und dabei kein Mindestkapital erforderlich sei. Zudem erwiese sich als großer Vorteil bei der Beschaffung von Fremdkapital, dass eine *company* als Sicherheit eine *floating charge* bestellen könne.

268 Sec. 1(1) PA; Morse, S. 10.

269 Sec. 716(1) CA.

270 Vgl. Morse, S. 37. Andere bezeichnen den Vertrag als *partnership articles* (Güthoff, S. 7). Eine Form ist nicht vorgeschrieben; häufig wird der Vertrag jedoch in Form eines *deed* abgeschlossen (vgl. sec. 2 PA; Morse, S. 37; Tolley, Handbook, Para. 2.1 (S. 9); ein *deed* setzt die Einhaltung bestimmter Formvorschriften voraus).

271 Morse, S. 70; Güthoff, S. 7.

272 Sec. 4(2) PA. Bedeutung und Reichweite dieser eigenen Rechtspersönlichkeit schottischer *partnerships* sind allerdings umstritten. Siehe hierzu die Gutachten von Murray und Gretton in Major (Inspector of Taxes) v. Brodie, S.T.C. 1998, 491 (499 ff., 501 ff.), sowie Park in Major (Inspector of Taxes) v. Brodie, S.T.C. 1998, 491 (510).

Rechtspersönlichkeit. Sie können jedoch unter ihrem eigenen Namen (*firm-name*)[273] klagen oder verklagt werden[274]. Wegen der fehlenden Rechtspersönlichkeit kann die Gesellschaft keine Rechte erwerben, Verbindlichkeiten eingehen und nicht Trägerin des Gesellschaftsvermögen sein[275]. Zwar bezeichnet das Gesetz Gesellschaftsvermögen (*partnership property*) als solches[276]. Träger des Vermögens sind aber die Gesellschafter[277]. Die Vermögenszuordnung wird in *Popat v. Shonchhatra* wie folgt beschrieben:

> „While each partner has a propriety interest in each and every asset he has no entitlement to any specific asset, and, in consequence no right, without the consent of the other partners or partner to require the whole or even a share of any particular asset to be vested in him."[278]

Jeder Partner ist zur Geschäftsführung und Vertretung berechtigt aber nicht unbedingt verpflichtet[279]. Im Übrigen ergeben sich die Rechte und Pflichten der Partner aus dem Gesellschaftsvertrag und sonstigen – auch konkludenten[280] – Vereinbarungen. Für vertragliche oder deliktische Ansprüche, die während der Zugehörigkeit eines Gesellschafters zur Gesellschaft begründet worden sind, haftet dieser gesamtschuldnerisch mit seinem gesamten Privatvermögen[281].

2. Limited Partnership

Auf *Limited Partnerships* finden die Vorschriften des PA Anwendung, sofern der LPA keine abweichenden Regelungen enthält. Bei der *Limited Partners-*

---

[273] Sec. 4(1) PA.

[274] Güthoff, S. 2 (Fn. 4).

[275] The Law Commission, S. 6.

[276] Vgl. sec. 20(1) PA: „*All property and rights and interests in property [...] are called in this Act partnership property [...].*"

[277] In sec. 20(1) PA heißt es weiter: „*[All property and rights and interests in property ...] must be held and applied by the partners exclusively for the purposes of the partnership and in accordance with the partnership agreeement.*"

[278] Nourse in Popat v. Shonchhatra, All E.R. 1997 (3), 800 (804). Diese Vermögenszuordnung ist hiernach funktional mit dem deutschen Rechtsinstitut der „Gesamthand" vergleichbar (vgl. Güthoff, S. 10).

[279] Sec. 24(5) PA (Geschäftsführung); sec. 5 PA (Vertretung); siehe Fn. 594 (S. 106).

[280] Langdale in Smith v. Jeyes, Beav. 4, 503 (505).

[281] Sec. 9 bis 13 PA. Die Unterscheidung zwischen *joint liability* in sec. 9 PA für vertragliche und *joint and several liability* in sec. 12 PA für deliktische Ansprüche ist durch sec. 3 *Civil Liability (Contribution) Act 1978* bedeutungslos geworden. Vgl. zur alten Rechtslage bis 1978 Cairns in Kendall v. Hamilton, All E.R. Rep. 1874-1880, 932 (934 ff.).

hip haftet mindestens ein Gesellschafter unbeschränkt und persönlich (*general partner*), während bei mindestens einem anderen Gesellschafter die Haftung beschränkt ist (*limited partner*)[282]. Sie bedarf der Registrierung beim *Registrar of Companies*[283]. Ohne Registrierung besteht sie als normale *Partnership* mit der Folge der unbeschränkten und persönlichen Haftung aller Gesellschafter[284]. Der *limited partner* haftet nicht persönlich, wenn er bei Eintritt in die Gesellschaft seine Einlage in voller Höhe erbringt. Von Geschäftsführung und Vertretung ist er ausgeschlossen. Die Folge eines Verstoßes gegen diesen Ausschluss ist die persönliche Haftung wie ein *general partner*[285]. Die praktische Bedeutung der *Limited Partnership* ist gering[286].

3. Limited Liability Partnership (LLP)

Durch die Einführung der LLP soll der Vorteil der Flexibilität einer *partnership* mit der Möglichkeit der Beschränkung der Gesellschafterhaftung auf die Einlage verbunden werden. Auf die LLP finden die Vorschriften des LLPA Anwendung. Da dieser aber nur sehr wenige Regelungen enthält, sind Verordnungen (*regulations*), die auf der Grundlage von sec. 15 LLPA erlassen werden, von großer Bedeutung. Im Rahmen der *Limited Liability Partnerships Regulations 2001* vom 19. März 2001 (nachfolgend LLPR) ist die weite Anwendung des Rechts der *companies* vorgesehen[287]. Das Recht der *partnerships* ist grundsätzlich nicht anwendbar[288]. Lediglich die Regelungen zum

---

282 Sec. 4(2) LPA.

283 *Limited Partnerships* in England werden registriert beim Registrar of Companies, Companies House, Crown Way, Cardiff CF14 3UZ.

284 Sec. 5 LPA.

285 Sec. 6(1) LPA.

286 Morse, S. 26; Wilkinson, S. 10 und 203; Güthoff, S. 3. Bei Wilkinson (S. 203) heißt es: „*In the 80 odd years since the Limited Partnership Act 1907 introduced this category there have been, and still are, only a handful of limited partnerships in the entire country.*" Gleichwohl ist die Limited Partnership in den letzten Jahren als Investmentvehikel für institutionelle Anleger entdeckt worden (Macfarlanes, S. 3).

287 Siehe sec. 3 und 4(1) LLPR. Siehe auch die Verordnungsentwürfe in DTI, http://www.dit.gov.uk/cld/llpbill/condoc99/index.htm (Stand:20.08.2001); dazu der britische Wettbewerbs- und Verbraucherminister Kim Howell in einer Presseerklärung, im Internet abrufbar unter DTI, http://www.dti.gov.uk/cld/llpbill/press_notice.htm (Stand: 21.02.2001); siehe auch Triebel/Karsten, RIW 2001, 1 (5).

288 Sec. 1(5) LLPA. Steuerlich wird die LLP allerdings wie eine *partnership* behandelt, sec. 10 LLPA. Siehe auch sec. 7 LLPR.

Innenverhältnis der Gesellschaft sind an das *partnership law* angelehnt[289]. Insgesamt wird der LLP eine Zwitterstellung zwischen *partnership* und *company* zugesprochen[290]. Es handelt sich um eine von zwei oder mehr Gesellschaftern[291] gegründete Gesellschaftsform, die eine eigene Rechtspersönlichkeit besitzt[292]. Das Innenverhältnis der Gesellschafter kann zwischen diesen frei vereinbart werden. Mangels einer solchen Vereinbarung ist jeder Gesellschafter gesetzlicher Vertreter (*agent*) der LLP[293] und hat ein Recht zur Geschäftsführung[294].

4. Companies

a) Gemeinsame Merkmale für alle Companies

Companies werden durch Unterzeichnung eines *memorandum of association* (Gründungsurkunde, nachfolgend auch *Memorandum*) und Registrierung gegründet[295]. Sie erlangen ihre Rechtsfähigkeit mit der Registrierung beim *Registrar of Companies*[296]. Das *Memorandum* enthält die grundsätzlichen Festlegungen zur Verfassung der Gesellschaft. Zum notwendigen Inhalt gehören Name und Sitz der Gesellschaft, die *objects* (Gesellschaftszweck oder -gegenstand), die Höhe des *share capital* (Gesellschaftskapitals) und die Nennbeträge der einzelnen *shares* (Gesellschaftsanteile)[297]. Sofern nicht ausdrücklich auf eine Haftungsbeschränkung hingewiesen wird, ist die Haftung der Gesellschafter unbegrenzt[298].

---

289 Sec. 7 LLPR. Sec. 5(1)(b) LLPA verweist auf sec. 15(c) LLPA: „*Regulations may make provisions [...] by applying or incorporating [...] any law relating to partnerships.*"

290 Payne, Comp. Law. 21/4 (2000), 133 (134); Triebel/Karsten, RIW 2001, 1.

291 Im Gegensatz zum „*partner*" in der *Partnership* wird bei der LLP von „*member*" gesprochen.

292 Sec. 1(2) LLPA.

293 Sec. 6(1) LLPA.

294 Sec. 7(3) LLPR.

295 Sec. 1(1) CA.

296 Halsbury in Salomon v. Salomon & Co., Ltd., All E.R. Rep. 1895-1899, 33 (35 f.). Zur Entstehung siehe sec. 10, 13(3) CA.

297 Sec. 2 CA.

298 Wilkinson, S. 6.

Die *articles of association* (nachfolgend *Articles*)[299] enthalten Regelungen zur internen Organisation[300]. Zu ihrem möglichen Inhalt zählen Bestimmungen zu den Rechten der Anteilseigner und zur Übertragung von Gesellschaftsanteilen, Regelungen zur Hauptversammlung oder Festlegungen der Befugnisse des *board of directors* (nachfolgend auch *Board*)[301]. *Companies Limited by Guarantee* und *Unlimited Companies* müssen ihre *Articles* registrieren lassen[302]. Dies trifft nicht zu auf *companies limited by shares*, für die bei Fehlen besonderer *Articles* die *model articles* gemäß *Table A* der *Companies (Tables A to F) Regulations 1985* (nachfolgend *Table A*) gelten[303]. Aufgrund ihrer Leitfunktion als offiziell erlassene Verordnung wird auf Letztere an späterer Stelle noch Bezug genommen. Das *Memorandum* und die *Articles* bilden nach traditionellem Verständnis einen Vertrag zwischen der Gesellschaft und ihren Gesellschaftern[304].

Die wesentlichen Organe der Gesellschaft sind die Hauptversammlung (*general meeting*) und der *Board*. Die Gesellschafter üben ihre Rechte im Rahmen der Jahreshauptversammlung (*annual general meeting*)[305], der außerordentlichen Hauptversammlungen (*extraordinary general meeting*)[306] und der sogenannten *class meetings*, bei denen bestimmte Klassen von Gesellschaftern über nur sie betreffende Fragen entscheiden, aus. Geschäftsführung und Vertretung der Gesellschaft obliegen dem *Board*[307]. Werden in den *Articles* keine abweichenden Regelungen wie etwa die Ernennung eines *managing director* getroffen, stehen die Befugnisse dem *Board* gemeinschaft-

---

[299] Sec. 7 ff. CA. Der Begriff *articles of association* wird im deutschen teilweise mit Gesellschaftsvertrag oder Satzung übersetzt. Richtigerweise spiegeln jedoch das *memorandum of association* und die *articles of association* gemeinsam den Gesellschaftsvertrag wider (so auch Güthoff, S. 20).

[300] Boyle & Birds, Kap. 4.16 (S. 82).

[301] Vgl. hierzu *Companies (Tables A to F) Regulations 1985*, auf der Grundlage von sec. 8 CA.

[302] Siehe hierzu Boyle & Birds, Kap. 3.4 (S. 48).

[303] Hierbei handelt es sich um eine auf der Grundlage von sec. 3 und sec. 8(1) CA erlassene Verordnung zur Regelung der Geschäftsführung von *companies limited by shares*.

[304] Stirling in Wood v. Odessa Waterworks Company, Ch. 42 (1889), 636 (642); Watson und Herschell in Welton v. Saffery, A.C. 1897, 299 (309 und 312); Vaisey in Rayfield v. Hands, Ch. 1960, 1 (4 ff.). Teilweise wird auch angenommen, dass hierdurch eine vertragliche Beziehung der Gesellschafter untereinander begründet wird: Stirling in Wood v. Odessa Waterworks Company, Ch. 42 (1889), 636 (642); Bastin, J.B.L. 1977, 17. Siehe auch sec. 14(1) CA.

[305] Sec. 366 CA.

[306] Sec. 386 CA.

[307] Dem englischen Recht ist die Differenzierung zwischen Vorstand als Geschäftsführungsorgan und Aufsichtsrat als Aufsichtsorgan fremd.

lich zu. Trägerin des Gesellschaftsvermögens ist die Gesellschaft; ihr obliegen Pflichten und Verbindlichkeiten aus Verträgen mit Dritten. Für Gesellschaftsschulden haftet alleine die *company* mit ihrem Gesellschaftsvermögen[308]. Die Gesellschafter haften nur ausnahmsweise persönlich (*lifting the veil of incorporation*)[309].

b) Public Limited Company (plc)

Die *Public Limited Company* (*plc*, kurz *Public Company* genannt) ist die bevorzugte Gesellschaftsform für große Unternehmen[310]. Sie wird von mindestens zwei Personen gegründet[311] und ist immer eine *company limited by shares*[312]. Die *Public Company* kann ihre Gesellschaftsanteile einer breiten Öffentlichkeit anbieten. Jede *Public Company* muss in der Regel zwei *directors* haben[313]. Die Gesellschaft darf die Geschäfte erst aufnehmen, wenn ihr neben der Gründungsbescheinigung ein weiteres Zertifikat, das *trading certificate*, ausgehändigt wird[314]. Hierfür muss der Nachweis erbracht werden, dass die Gesellschaft Anteile in Höhe des Mindestkapitals von GBP 50.000[315] ausgegeben hat und mindestens ein Viertel der Einlagen gezahlt sind[316].

c) Private Limited Companies (Ltd)

Private Limited Companies sind die *Private Company Limited by Shares* und die *Private Company Limited by Guarantuee*, die sich als kleinere, geschlossene „Aktiengesellschaften" entwickelt haben[317]. Sie können auch durch eine

---

308 Templeman in J. H. Rayner (Mincing Lane) Ltd. v. Department of Trade and Industry, A.C. 1990 (2), 418 (479 f.); Charlesworth/Morse, S. 18; Wilkinson, S. 6.

309 Boyle & Birds, Kap. 2.5 (S. 28 ff.); Charlesworth/Morse, S. 19 ff.

310 Wilkinson, S. 203.

311 Sec. 1(1) CA.

312 In seltenen alten Ausnahmefällen kann es sich auch um eine *company limited by guarantee*, welche trotzdem über ein *share capital* verfügt , handeln (Wilkinson, S. 28). Die Gründung einer solchen Gesellschaft ist allerdings seit dem 22. Dezember 1980 verboten, sec. 1(4) CA. Vgl. auch sec. 3(1)(b) CA.

313 Sec. 282(1) CA. Hinzu kommt ein Sekretär (*secretary*), der allgemeine Verwaltungsangelegenheiten erledigt (sec. 283(1), 286 CA).

314 Sec. 117(1) CA.

315 Sec. 11 und sec. 118(1) CA.

316 Wilkinson, S. 29.

317 Hallstein, RabelsZ 12 (1938-39), 341 (346). Gesetzlich definiert wurden sie erstmals 1907.

Person gegründet werden[318]. Die Gesellschaftsanteile sind grundsätzlich frei übertragbar[319]. Der *Board* muss aus mindestens einem *director* bestehen[320]. Die *Articles* bestimmen häufig, dass die Mitglieder des *Boards* eine bestimmte Anzahl von Anteilen halten müssen.

Die *Private Company Limited by Shares* ist die am weitesten verbreitete Form der *Private Companies*[321] und zahlenmäßig die häufigste Gesellschaftsform in Großbritannien[322]. Sie verfügt über ein Nominalkapital, hat aber im Gegensatz zur *Public Company* kein Mindestkapital. Im Falle der Liquidation der *Private Company Limited by Shares* haften die Gesellschafter nur gegenüber der Gesellschaft und zwar in Höhe der noch nicht erbrachten Einlagen. Im Übrigen ist die Haftung ausgeschlossen.

Die *Private Company Limited by Guarantuee* findet häufig dann Anwendung, wenn die Gesellschaft keine wirtschaftlichen Zwecke verfolgt[323]. Statt eines Nominalkapitals[324] verfügt sie über die im *Memorandum* betragsmäßig verbriefte Haftungspflicht der Gesellschafter. Die Haftung erfolgt gegenüber der Gesellschaft. Ein direkter Durchgriff der Gesellschaftsgläubiger gegen die Gesellschafter ist ausgeschlossen.

d) Unlimited Company

Die *Unlimited Company* hat kaum praktische Bedeutung. Diese Rechtsform wird gewählt, wenn die Gründung einer *Partnership* wegen der Begrenzung der Anzahl der Gesellschafter nicht möglich ist[325], wenn die Gesellschaft lediglich Vermögen halten soll oder wenn die Aktivitäten der Gesellschaft keine Verbindlichkeiten verursachen[326]. Die *Unlimited Company* hat in der Regel ein Nominalkapital, auch wenn dies gesetzlich nicht vorgeschrieben ist[327].

---

318 Sec. 1(3A) CA. Der *Companies Act 1985* wurde 1992 aufgrund der 12. EG-Richtlinie geändert.

319 Sec. 182(1)(b) CA.

320 Zudem muss die Gesellschaft einen Sekretär haben.

321 Güthoff, S. 48.

322 Güthoff, S. 58.

323 Güthoff, S. 49; Wilkinson, S. 27.

324 Während bis 1980 *Private Companies Limited by Guarantuee* gegründet werden konnten, die zusätzlich über ein Nominalkapital (*share capital*) verfügten, ist die Neugründung dieser Mischform gemäß sec. 1(4) CA nicht mehr zulässig. Siehe auch Wilkinson, S. 26.

325 Güthoff, S. 50.

326 Wilkinson, S. 27.

327 Wilkinson, S. 27.

Wesentliches Merkmal ist, dass die Gesellschafter für Verbindlichkeiten der Gesellschaft im Fall der Abwicklung persönlich und unbeschränkt haften[328].

III. Gesellschaftsformen in Frankreich

Im französischen Recht wird einerseits zwischen Zivil- und Handelsgesellschaften, andererseits zwischen Personen- und Kapitalgesellschaften (*sociétés de personnes* bzw. *sociétés de capitaux*) unterschieden. Kennzeichnendes Merkmal für die letztgenannte Unterscheidung ist, welche Bedeutung die Person des Gesellschafters bei der Ausgestaltung der Gesellschaft hat (*intuitus personae*)[329]. Das Recht der französischen Zivilgesellschaften ist in Artt.1832 bis 1870-1 *Code Civil* (CC) normiert, wobei die allgemeinen Vorschriften in den Artt. 1832 bis 1844-17 CC auch für die Handelsgesellschaften gelten[330]. Daneben bestehen im CC Sonderregeln für einzelne Gesellschaften wie die *Société en Participation*[331] und die *Société Créée de Fait*[332], die sowohl Handels- als auch Zivilgesellschaften sein können[333]. Das Recht der Handelsgesellschaften basiert im Wesentlichen auf dem Gesetz Nr. 66-537 vom 24. Juli 1966[334], das aber im Jahr 2000 in den *Code de Commerce* (CCom) übernommen wurde[335]. Die gesetzlichen Bestimmungen werden durch die *décrets d'application* (Anwendungsverordnungen) D.67-236 vom 23. März 1967 und D.78-704 vom 03. Juli 1978, soweit diese nach der Handelsrechtsreform noch in Kraft sind, sowie durch Richterrecht[336] ergänzt.

---

328 Güthoff, S. 49; Wilkinson, S. 27.

329 Bastian/Germain, S. 30.00-4 f.; Schwarz, Rn. 286. Zum Begriff der *intuitus personae* und die Bedeutung im französischen Recht siehe Sievert, S. 22 f.

330 Beachte Art. 1834 CC.

331 Artt.1871 bis 1872-2 CC.

332 Auf diese sind die Regelungen für die *Société en Participation* anwendbar, Art. 1873 CC.

333 Chaussade-Klein, S. 11.

334 Bastian/Germain, S. 30.00-1. Zuvor waren die Regelungen auf verschiedene Einzelgesetze verstreut.

335 Verordnung Nr. 2000-912 vom 18. September 2000. Die wesentlichen französischen Gesetze sind im Internet abrufbar unter http://www.legifrance.org/html/frame_codes1.htm.

336 Jestaz, RTD civ. 1996, 299 (305 f.), spricht von einer „*avènement*“ der Rechtsprechung seit Ende des 19. Jh.

Abbildung 6: Systematik der französischen Gesellschaftstypen

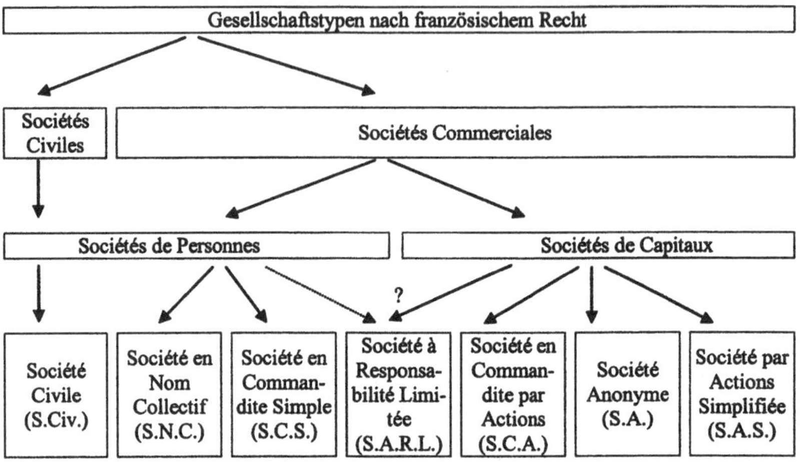

In Frankreich sind kleine Kapitalgesellschaften weit verbreitet. Dies führt zu der überragenden Bedeutung der S.A.R.L. in der wirtschaftlichen Praxis, erklärt aber auch die vergleichsweise große Anzahl der S.A. in Frankreich gegenüber der AG in Deutschland und der *plc* im Vereinigten Königreich[337]. In der Wirtschaft spielen die Personengesellschaften keine wesentliche Rolle[338], wie sich anhand der nachfolgenden Abbildung aufzeigen lässt[339]. Die Zahl der *Sociétés Civiles* hat sich von 1993 bis 1999 von 459.029 um rund 65 % auf 160.809 verringert[340].

---

[337] Zahlen aus 1995 zeigen, dass in Frankreich von 158.000 S.A. nur 724 (= 0,5 %) börsennotiert waren. In Deutschland gab es 3.000 AG, davon 700 (= 23,3 %) börsennotierte, und im Vereinigten Königreich 13.879 plc, davon 2.178 (= 15,7 %) börsennotierte (Untersuchung der Unternehmensberatungsgesellschaft Ernst & Young (jetzt Cap Gemini Ernst & Young, http://www.de.cgey.com), zitiert nach Schwarz, Rn. 530).

[338] Caussain, ZVglRWiss 91 (1992), 383 Fn. 3.

[339] Die Daten sind der Übersicht bei Merle, Rn. 2, entnommen und basieren auf Angaben des INSEE. Siehe auch Cozian/Viandier/Deboissy, Para. 9.

[340] Merle, Rn. 2.

Abbildung 7: Verteilung der Gesellschaftsformen in Frankreich (1999)

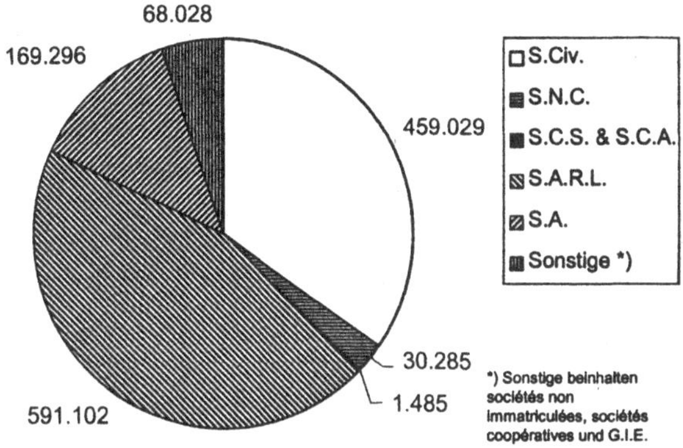

1. Société Civile (S.Civ.)

Die *Société Civile* (S.Civ.) kommt im französischen Wirtschaftsleben insbesondere in der Landwirtschaft, im Immobilien- und Bauwesen sowie im Bereich der freien Berufe vor[341]. Ihr Gegenstand ist eine zivilrechtliche Tätigkeit. Gegründet wird sie von mindestens zwei Personen durch Abschluss eines Gesellschaftsvertrages in schriftlicher Form[342]. Sie ist eine juristische Person, die ihre Rechtsfähigkeit mit der Eintragung in das *„registre du commerce et des sociétés"* erlangt[343]. Die Geschäftsführung obliegt einem oder mehreren Geschäftsführern, die nicht Gesellschafter sein müssen. Die Gesellschafter haften für die Verbindlichkeiten der Gesellschaft unbeschränkt, allerdings nur im Verhältnis ihres jeweiligen Geschäftsanteils[344]. Die Haftung ist subsidiär[345].

2. Société en Participation

Die *Société en Participation* war ursprünglich als reine Innengesellschaft konzipiert, kann aber seit 1978 nach außen tätig werden[346]. Sie wird durch

[341] Chaussade-Klein, S. 34.

[342] Art. 1835 CC.

[343] Art. 1842 Abs. 1 CC.

[344] Art. 1857 Abs. 1 CC.

[345] Art. 1858 CC.

Abschluss eines formlosen Vertrags gegründet. Ihre Besonderheit besteht darin, dass sie nicht in das *„registre du commerce et des sociétés“* einzutragen ist und dementsprechend keine eigene Rechtspersönlichkeit besitzt[347]. Sie führt keinen eigenen Namen, hat keinen Gesellschaftssitz und auch kein eigenes Gesellschaftsvermögen. Handelt es sich bei der *Société en Participation* um eine reine Innengesellschaft, haftet nur derjenige Gesellschafter, der das Geschäft getätigt hat[348]. Wird die *Société en Participation* als Außengesellschaft tätig, werden alle Gesellschafter durch Rechtsgeschäfte des Geschäftsführers verpflichtet. Der Umfang der Haftung sowie die im Übrigen anwendbaren Vorschriften richten sich danach, ob es sich um eine Zivil- oder Handelsgesellschaft handelt[349].

3. Société en Nom Collectif (S.N.C.)

Die *Société en Nom Collectif* (S.N.C.) ist eine Handelsgesellschaft, die sich insbesondere für Betriebe mit einer kleinen Zahl von Gesellschaftern eignet[350]. Ihre Gesellschafter haften alle persönlich, unbeschränkt und solidarisch[351]. Die Gründung erfolgt durch mindestens zwei Personen, die einen Gesellschaftsvertrag schriftlich schließen[352]. Mit der Eintragung in das *„registre du commerce et des sociétés“* erlangt die S.N.C. Rechtsfähigkeit[353]. Die gesetzlichen Regelungen können durch Gesellschaftsvertrag weitgehend modifiziert werden. Die Geschäftsführung (*gérance*) obliegt allen Gesellschaftern. Sie kann jedoch einem oder mehreren Geschäftsführern, die nicht Gesellschafter sein müssen[354], übertragen werden. Grundlegende Entscheidungen, die über die Befugnisse des Geschäftsführers hinausgehen, werden aber von den Gesellschaftern getroffen[355].

---

346 Gesetz Nr. 78-9 vom 04. Januar 1978.

347 Art. 1871 Abs. 1 CC.

348 Art. 1872-1 CC.

349 Artt. 1871-1, 1872-1 Abs. 2 CC.

350 Chaussade-Klein, S. 34.

351 Art. L. 221-1 Abs. 1 CCom.

352 Art. 1832 Abs. 1 CC.

353 Art. L. 210-6 Abs. 1 CCom.

354 Art. L. 221-3 Abs. 1 CCom.

355 Art. L. 221-6 Abs. 1 CCom.

4. Société en Commandite Simple (S.C.S.)

Die Gesellschaftsform der *Société en Commandite Simple* (S.C.S.) ist selten und stammt oft aus der Umwandlung einer S.N.C., wenn Geschäftsanteile durch minderjährige Erben übernommen werden[356]. Sie hat neben persönlich haftenden Gesellschaftern (*commandités*) solche, die nur beschränkt auf die Höhe ihres Anteils haften (*commanditaires*)[357]. Die Gründung einer S.C.S. erfolgt durch mindestens einen *commandité* und mindestens einen *commanditaire*. Im Wesentlichen sind die Vorschriften über die S.N.C. anwendbar[358]. Bei der S.C.S. müssen im Gesellschaftsvertrag die Beträge der Einlagen aller Gesellschafter sowie die jeweiligen Anteile der *commandités* und *commanditaires* genannt werden. Die *commanditaires* dürfen sich in die Geschäftsführung nicht einmischen. Tun sie es doch und sei es nur aufgrund einer Vollmacht, haften sie wie *commandités*[359].

5. Société à Responsabilité Limitée (S.A.R.L.)

Die 1925 nach dem deutschen Vorbild der GmbH[360] eingeführte Rechtsform der *Société à Responsabilité Limitée* (S.A.R.L.) ist heute zahlenmäßig am häufigsten vertreten. Sie ist die typische Gesellschaftsform für kleine Familienunternehmen[361]. Sie galt aufgrund ihrer personalistischen Züge lange Zeit als Personengesellschaft[362]. Seit ihr Recht durch das Gesetz Nr. 66-537 vom 24. Juli 1966 an das Aktienrecht angenähert ist, wird sie als Kapitalgesellschaft[363] oder jedenfalls als Hybridgesellschaft angesehen[364]. In der vorliegenden Untersuchung wird sie – soweit dies angemessen erscheint – angesichts der Möglichkeit des Gesellschafters, sich von der Gesellschaft zu lö-

---

356 Chaussade-Klein, S. 35.

357 Art. L. 222-1 Abs. 2 CCom.

358 Art. L. 222-2 CCom.

359 Art. L. 222-6 CCom.

360 Siehe zur Gesetzgebungsgeschichte Hallstein, RabelsZ 12 (1938-39), 341 (361 ff.).

361 Chaussade-Klein, S. 35.

362 Behrens in Hachenburg (7. Aufl.), Einl. Rn. 262.

363 Chaussade-Klein, S. 13.

364 Mercadal/Janin, Rn. 11; Cozian/Viandier/Deboissy, Para. 1251; Merle, Rn. 12; Bastian/Germain, S. 30.00-5; Pfitzmann, S. 80. Der alten Ansicht folgt noch Schwarz, Rn. 286.

sen[365], der Haftungsverfassung und der Kapitalvorschriften den Kapitalgesellschaften zugerechnet.

Die *Société à Responsabilité Limitée* kann zwischen einem und 50 Gesellschaftern haben[366]. Ihre Gründung erfolgt durch Abfassung eines schriftlichen Gesellschaftsvertrages (*statuts*, Statuten). Die Höhe des Gesellschaftskapitals wird in den Statuten festgelegt; ein Mindestkapital ist nicht (mehr) erforderlich. Das Gesellschaftskapital kann sich aus Geld- und Sacheinlagen zusammensetzen[367]. Die Bareinlagen müssen bei der Unterzeichnung der Statuten vollständig gezeichnet und eingezahlt werden. Die einzelnen Gesellschaftsanteile können nicht wertpapiermäßig verbrieft werden[368]. Die Gesellschafter haften für die Verbindlichkeiten der Gesellschaft nicht persönlich[369]. Geschäftsführung und Vertretung obliegen einem oder mehreren Geschäftsführern[370]. Bezüglich der Befugnisse des Geschäftsführers verweist das Gesetz auf die Befugnisse eines Geschäftsführers der S.N.C.[371]. Im Verhältnis zu Dritten kann der Geschäftsführer die Gesellschaft umfassend vertreten[372]. Entscheidungen, die die Befugnisse der Geschäftsführung übersteigen, werden von den Gesellschaftern in der Gesellschafterversammlung getroffen[373].

6. Société Anonyme (S.A.)

Die Rechtsform der *Société Anonyme* (S.A.) wird regelmäßig von großen und mittleren Unternehmen gewählt[374]. Unterschieden wird zwischen der einfachen S.A.[375] und der Publikums-S.A. (*société anonyme faisant publiquement appel à l'épargne*). Bei letzterer handelt es sich um eine S.A., die zur öffent-

---

365 Art. L. 223-14 Abs. 1 und 3 CCom, im Gegensatz etwa zur *Société en Nom Collectif*, vgl. Art. L. 221-13 Abs. 1 S. 2 CCom.

366 Artt. L. 223-1 Abs. 1, L. 223-3 CCom.

367 Art. L. 223-2; geändert durch *Ordonnance* Nr. 2000-916 vom 19. September 2000 Art. 4 und *Annexe II*, *Journal Officiel* vom 22. September 2000. Das Mindestkapitalerfordernis wurde mit dem Gesetz Nr. 2003-721 vom 01. August 2003 abgeschafft (Art. 1 Ziffer I; *Journal Officiel* vom 05. August 2003).

368 Art. L. 223-12 CCom.

369 Art. L. 223-1 CCom.

370 Art. L. 223-18 CCom.

371 Art. L. 223-18 Abs. 4.

372 Art. L. 223-18 Abs. 5 CCom.

373 Art. L. 223-29 Abs. 1 CCom.

374 Bastian/Germains, S. 30.10-1; Chaussade-Klein, S. 35.

375 Nachfolgend nur S.A.

lichen Zeichnung aufruft und deshalb besonderen Vorschriften unterliegt. Die einfache S.A. wird von mindestens sieben Personen durch schriftlichen Abschluss eines Gesellschaftsvertrages gegründet[376]. Die Gesellschafter haften nur mit ihrer Einlage[377]. Die Gesellschaft erlangt wie alle Gesellschaftstypen ihre Rechtsfähigkeit erst mit der Registereintragung[378]. Bei der Gründung muss das gesamte Kapital gezeichnet und zur Hälfte eingezahlt werden[379]. Zeichnung und Einzahlung werden in einem *certificat du dépositaire* festgestellt. Das Mindestkapital beträgt EUR 37.000[380]. Das Verfahren zur Gründung einer Publikums-S.A. (*société anonyme faisant publiquement appel à l'épargne*) ist dagegen formalisierter[381]. Ihr Mindestkapital beträgt EUR 225.000[382]. Die Aktien sind grundsätzlich frei veräußerlich. Die Statuten können allerdings Einschränkungen in Form eines Genehmigungserfordernisses vorsehen.

Oberstes Organ der S.A. ist die Hauptversammlung der Aktionäre[383]. Beschlüsse der Aktionäre (*décisions des actionnaires, déliberations*) werden in den Hauptversammlungen (*assemblées générales*) gefasst. Unterschieden werden die ordentliche Hauptversammlung (*assemblée générale ordinaire*)[384], die außerordentliche Hauptversammlung (*assemblée générale extraordinaire*)[385] sowie die außerordentliche konstituierende Hauptversammlung (*assemblée générale extraordinaire en forme constitutive*)[386]. Darüber hinaus kann es für besondere Gruppen von Aktionären (*catégories d'actionnaires*) eigene, kleinere Versammlungen (*assemblée spéciale*) geben[387]. Im Übrigen richten sich die Organe nach der gewählten Organisationsform. Seit 1966 sind folgende zwei Organisationsformen möglich.

---

376 Art. L. 225-1 CCom.

377 Art. L. 225-1 CCom.

378 Art. L. 210-6 Abs. 1 CCom.

379 Art. L. 225-12 i.V.m. Art. L. 225-3 CCom.

380 Art. L. 224-2 Abs. 1 CCom; geändert durch *Ordonnance* Nr. 2000-916 vom 19. September 2000 Art. 4 und *Annexe II Journal Officiel* vom 22. September 2000, gültig seit 01. Januar 2002.

381 Vgl. Art. L. 225 CCom; Bastian/Germains, S. 30.10-2 ff.

382 Art. L. 224-2 Abs. 1 CCom; geändert durch *Ordonnance* Nr. 2000-916 vom 19. September 2000 Art. 4 und *Annexe II Journal Officiel* vom 22. September 2000, gültig seit 01. Januar 2002.

383 Bastian/Germains, S. 30.10-49.

384 Artt. L. 225-98, L. 225-100 CCom: Sie wird mindestens einmal im Jahr für alle Maßnahmen, die für den ordentlichen Geschäftsablauf erforderlich sind, einberufen.

385 Art. L. 225-96 Abs. 1 CCom: Sie ist für Satzungsänderungen bestimmt.

386 Sie wird anlässlich einer Kapitalerhöhung einberufen.

387 Art. L. 225-99 Abs. 1 CCom.

Die klassische Organisationsform[388] wird durch den von der Hauptversammlung zu wählenden *conseil d'administration* (Verwaltungsrat) sowie dem für das Tagesgeschäft zuständigen *directeur générale* (Generaldirektor) geleitet[389]. Da dem *conseil d'administration* gleichzeitig die Leitungs- und Aufsichtsfunktion obliegt, wird auch von monistischer Organisationform gesprochen. Bei der neueren, alternativ zur Verfügung stehenden Organisationsform[390], der dualistischen Organisationsform, wählt die Hauptversammlung den *conseil de surveillance* (Aufsichtsrat), der wiederum das *directoire* (Direktorium, Vorstand) sowie den *président* (Vorstandsvorsitzenden) benennt[391]. Der *conseil de surveillance* besteht aus drei bis 18 Aktionären[392] und ist für die Kontrolle der Geschäftsführung zuständig[393]. Die Geschäftsführung selbst obliegt dem *directoire*[394]. Dieser besteht aus höchstens fünf Mitgliedern[395], die keine Aktionäre zu sein brauchen. Die Befugnisse des *directoire* können durch die Satzung dahingehend eingeschränkt werden, dass bestimmte Geschäfte der Zustimmung des *conseil de surveillance* bedürfen[396]. Nach außen wird die Gesellschaft allein durch den *président du directoire* vertreten[397]. Die Vertretungsbefugnis kann aber auf andere Vorstandsmitglieder (sogenannte *directeurs généraux*) übertragen werden, wenn die Satzung dies vorsieht[398].

7. Société par Actions Simplifiée (S.A.S.)

1994 wurde die Rechtsform der *Société par Actions Simplifiée* (S.A.S.) eingeführt, die in Artt. L. 227-1 bis L. 227-20 CCom geregelt ist[399]. Die S.A.S.

---

388 Artt. L. 225-17 bis L. 225-56 CCom.

389 Art. L. 225-18 Abs. 1 CCom.

390 Artt. L. 225-57 bis L. 225-93 CCom.

391 Art. L. 225-59 Abs. 1 CCom.

392 Die Anzahl ist in Art. L. 225-69 CCom, die Aktionärseigenschaft in Art. L. 225-72 Abs. 1 CCom geregelt.

393 Art. L. 225-68 Abs. 1 CCom.

394 Art. L. 225-58 Abs. 1 CCom.

395 Art. L. 225-58 Abs. 1 CCom.

396 Art. L. 225-68 Abs. 2 CCom.

397 Art. L. 225-66 Abs. 1 CCom.

398 Art. L. 225-66 Abs. 2 CCom.

399 Das Recht der S.A.S. wurde zuletzt durch Gesetz Nr. 2001-420 vom 15. Mai 2001 geändert (Journal Officiel vom 16. Mai 2001). Gegenstand der Änderung waren Artt. L. 227-1, L. 227-9, L. 227-10 und L. 227-11.

wurde bei ihrer Konzeption als eigenständige und ganz neue Kapitalgesellschaftsform angesehen[400] und dient im Wesentlichen Kooperationen und *joint venture*-Unternehmungen. Sie zeigt gegenüber der S.A. eine größere Satzungsfreiheit und ist damit flexibler[401]. Im Gegensatz zur S.A. genügt für die Gründung der S.A.S. eine Person[402]. Diese haftet nicht persönlich[403]. Der S.A.S. ist es verboten, zur öffentlichen Zeichnung aufzurufen[404]. Im Übrigen finden im Wesentlichen die Vorschriften über die S.A. Anwendung[405]. Ihre Gründung erfolgt nach den Vorschriften über die einfache S.A. In der Satzung der S.A.S. kann vereinbart werden, dass die Aktien für eine Dauer von bis zu zehn Jahren nicht veräußert werden dürfen[406]. Ebenso kann ein Genehmigungsvorbehalt für die Übertragung von Aktien vorgesehen werden[407]. Die Organisationsform kann grundsätzlich frei gewählt werden[408]. Gesetzlicher Vertreter der S.A.S. ist aber zwingend der *président*[409].

8. Société en Commandite par Actions (S.C.A.)

Die *Société en Commandite par Actions* (S.C.A.) ist wenig verbreitet[410]. Bei ihr handelt es sich um eine Mischform zwischen S.C.S. und S.A., weshalb neben den Sondervorschriften der Artt. L. 226-1 bis L. 226-14 die Vorschriften über die S.C.S. und die S.A. gelten[411]. Die *commanditaires* der S.C.A. halten ihre Anteile wie Aktionäre einer S.A.[412]. Im Gegensatz zur S.A. bietet die S.C.A. aber eine größere Freiheit bei der Ausgestaltung der Statuten, insbesondere im Hinblick auf die Geschäftsführung. Die Gründung erfolgt im

---

400 Guyon, ZGR 1994, 551 (552 f.). Die Gesellschafter der S.A.S. werden im Gesetz nicht *actionnaires* sondern *associés* genannt.

401 Siehe bspw. Artt. L. 227-5, L. 227-6 Abs. 1, L. 227-9 CCom.

402 Sogenannte *Société par Actions Simplifiée Unipersonelle* (S.A.S.U., Merle, Rn. 595-4): Siehe den zuletzt durch Art. 101 des Gesetzes Nr. 2001-420 vom 15. Mai 2001 (*Journal Officiel* vom 16. Mai 2001) geänderten Art. L. 227-1 Abs. 1 CCom.

403 Art. L. 227-1 Abs. 1 CCom.

404 Art. L. 227-2 CCom.

405 Art. L. 227-1 Abs. 3 CCom.

406 Art. L. 227-13 CCom.

407 Art. L. 227-14 CCom.

408 Art. L. 227-5 CCom.

409 Art. L. 227-6 Abs. 1 CCom.

410 Bastian/Germain, S. 30.60-2 f.; Chaussade-Klein, S. 35.

411 Art. L. 226-1 Abs. 2 CCom.

412 Art. L. 226-1 Abs. 1 CCom: „... des commanditaires, qui ont la qualité d'actionnaires ...".

Wesentlichen wie die Gründung einer S.A.[413]. Neben einem oder mehreren *commandités* müssen mindestens drei *commanditaires* vorhanden sein[414]. Die Geschäfte der Gesellschaft werden von einem oder mehreren Geschäftsführern (*gérants*) geführt[415]. Hierbei kann es sich um Gesellschafter oder Nichtgesellschafter[416], nicht jedoch um *commanditaires* handeln. Den *gérants* obliegen – soweit nicht im Gesetz oder in den Statuten etwas anderes ausdrücklich vorgesehen ist – die gleichen Verpflichtungen wie dem *conseil d'administration* in der S.A.[417]. Die *assemblée ordinaire* wählt außerdem einen *conseil de surveillance*, der aus mindestens drei Aktionären bestehen muss[418]. Dieser übt die Kontrolle über die Geschäftsführung aus[419]. *Commandités* können nicht Mitglied des Aufsichtsrates werden[420]. Das Mindestkapital der S.C.A. beträgt EUR 37.000, bei Publikumsgesellschaften EUR 225.000[421].

---

413 Bastian/Germains, S. 30.60-2.

414 Art. L. 226-1 Abs. 1 CCom.

415 Art. L. 226-7 Abs. 1 und 4 CCom.

416 Art. L. 226-2 Abs. 3 CCom.

417 Art. L. 226-7 Abs. 5 CCom.

418 Art. L. 226-4 Abs. 1 CCom.

419 Art. L. 226-9 Abs. 1 CCom.

420 Art. L. 226-4 Abs. 2 CCom.

421 Art. L. 224-2 Abs. 1 CCom; geändert durch *Ordonnance* Nr. 2000-916 vom 19. September 2000 Art. 4 und *Annexe II Journal Officiel* vom 22. September 2000, gültig seit 01. Januar 2002.

3. Teil: Rechtsvergleichung

Die nachfolgende rechtsvergleichende Analyse beschreibt den Minderheitenschutz in den einzelnen Rechtsordnungen anhand von Länderberichten (jeweils Abschnitte I bis III), an die sich die vergleichende Analyse anschließt (jeweils Abschnitt IV). Die Länderberichte beschränken sich dabei auf die nationalen Rechte *de lege lata*, wobei das Augenmerk auf das allgemeine Gesellschaftsrecht gerichtet wird[422]. Die in der Literatur geführten rechtswissenschaftlichen Diskussionen sollen nur soweit betrachtet werden, wie es für ein grundsätzliches Verständnis erforderlich ist.

Die Analyse des Minderheitenschutzes beginnt mit der Betrachtung der Ausgestaltung der Mitgliedschaft. Sie ist von grundsätzlicher Bedeutung für den Minderheitenschutz, da sie die Weichen dafür stellt, welchen Einfluss der einzelne Gesellschafter direkt auf die Gesellschaft ausüben kann[423] und wie abhängig er von einem – weiteren – minderheitsschützenden Instrumentarium ist. Im weiteren Verlauf wird das eigentliche Verhältnis von Mehrheit und Minderheit untersucht. Dies beinhaltet einerseits, wann eine Mehrheitsherrschaft formal möglich ist und wie sie ausgestaltet werden kann. Andererseits wird diskutiert, welche materiellen Grenzen für die Ausübung der Mehrheitsherrschaft bestehen. Eine besondere Berücksichtigung findet aufgrund der einschneidenden Folgen der Schutz der Mitgliedschaft selbst. Daran anschließend werden die Sanktionsmöglichkeiten beleuchtet, die eine Minderheit zu ihrem Schutz geltend machen kann. Funktional hierzu gehörend, vorliegend jedoch in einem eigenen Abschnitt behandelt, werden die Möglichkeiten einzelner Gesellschafter beleuchtet, ihre Mitgliedschaft zu beenden. Abschließend wird aufgezeigt, welchen immanenten Grenzen der Minderheitenschutz selbst unterliegt.

A. Minderheitenschutz durch formale Mitwirkungsbefugnisse

Einleitend ist die Ausgestaltung der Mitgliedschaft in den einzelnen Gesellschaftsformen zu beleuchten. Da die gesetzlichen und gesellschaftsvertraglichen Strukturen einer Gesellschaft Formen der Mitbestimmung und Kompetenzverteilung innerhalb der Gesellschaft bestimmen, kann sich bereits hier-

---

[422] Umwandlungs- und konzernrechtliche Aspekte bleiben weitgehend unberücksichtigt (vgl. hierzu Schwarz, Rn.17, 867, 874 und 880; Rehbinder, AG 1986, 85; Timm, ZHR 153 (1989), 60).

[423] Vgl. Prentice, OxJLS 8 (1988), 55 (61).

aus ein grundlegender Schutz des einzelnen Gesellschafters ergeben[424]. Dabei spielen insbesondere zwei Aspekte eine Rolle: Erstens ist die Ausgestaltung der Leitungsmacht bedeutsam (in den Länderberichten jeweils 1.), denn nur wenn die Gesellschafter nicht direkt und abschließend an der Leitung der Gesellschaft beteiligt werden, bedarf es eines besonderen weitergehenden Schutzes. Zweitens wird beleuchtet, unter welchen formalen Voraussetzungen die Gesellschafter, Mehrheitsbeschlüsse fassen können (in den Länderberichten jeweils 2.). Da diese Aspekte die Entscheidungsfindung – im Gegensatz zur materiellen Zulässigkeit – auf der Grundlage der (Organisations-) Struktur betreffen, können sie auch unter dem Begriff des strukturellen Minderheitenschutzes zusammengefasst werden[425].

I. Länderbericht Deutschland

Die Entscheidungsfindung ist in den deutschen Personen- und Kapitalgesellschaften sehr unterschiedlich ausgestaltet.

1. Minderheitenschutz durch Mitentscheidung

a) Personengesellschaften

Grundsätzlich sind nach deutschem Recht alle persönlich haftenden Gesellschafter einer Personengesellschaft berechtigt und verpflichtet, die Geschäfte der Gesellschaft zu führen und diese nach außen zu vertreten (Prinzip der Selbstorganschaft)[426]. Mit Blick auf die verschiedenen Personengesellschaften gilt hierzu im Einzelnen:

(1) Kompetenzverteilung in der GbR

Bei der GbR obliegen Geschäftsführung und Vertretung allen Gesellschaftern gemeinsam. Die Beschlüsse der Gesellschafter müssen einstimmig gefasst

---

424 K. Schmidt, S. 468, spricht teilweise in diesem Zusammenhang von einem „institutionellen Minderheitenschutz", worunter er aber neben Vorschriften über qualifizierte Mehrheiten auch die materielle Grenzziehung für Mehrheitsbefugnisse etwa durch Treuepflichten fasst.

425 Siehe auch die ausführliche rechtsvergleichende Analyse zur Geschäftsführung und Vertretung von Schmidt-Tiedemann, allerdings unter dem Blickwinkel der Klarheit und Verlässlichkeit im Geschäftsverkehr sowie Funktionsfähigkeit der Gesellschaft (Schmidt-Tiedemann, S. 45 f.).

426 §§ 709 Abs. 1, 714 BGB (GbR); §§ 114 Abs. 1, 125 Abs. 1 HGB (OHG); § 161 Abs. 2 i.V.m. §§ 114 Abs. 1, 125 HGB (KG).

werden[427]. Allerdings können im Gesellschaftsvertrag Mehrheitsentscheidungen zugelassen werden[428]. Zudem kann die Geschäftsführung auf einen oder mehrere Gesellschafter übertragen werden[429]. Zur Geschäftsführung in diesem Sinne gehören auch ungewöhnliche Geschäfte, sofern diese nicht gesellschaftsfremd sind[430]. Nicht umfasst von der Geschäftsführungsbefugnis sind sogenannte Grundlagengeschäfte. Dabei handelt es sich um Geschäfte, die wesentliche Rechte und Pflichten der Gesellschafter modifizieren oder Bestand und Organisation der Gesellschaft verändern[431]. Diese Geschäfte bedürfen notwendig der Zustimmung aller Gesellschafter[432]. Schließlich steht jedem Gesellschafter – wie auch den Gesellschaftern einer OHG oder KG – ein unabdingbares Notgeschäftsführungsrecht entsprechend § 744 Abs. 2 BGB zu[433]. Es umfasst das Recht jedes Gesellschafters, die zur Erhaltung des Gesellschaftsgegenstandes notwendigen Maßnahmen ohne Zustimmung der übrigen Gesellschafter zu treffen[434].

(2) Kompetenzverteilung in den Personenhandelsgesellschaften

Für gewöhnliche Geschäfte der OHG und KG besteht im Gegensatz zur GbR Alleingeschäftsführungsbefugnis aller Gesellschafter[435]. Im Gesellschaftsvertrag kann die Geschäftsführung und Vertretung auf einen oder mehrere Gesellschafter übertragen werden[436]. Wenn mehrere Geschäftsführer vorhanden sind, ist jeder Geschäftsführer befugt, Geschäftsführungshandlungen der anderen Geschäftsführer zu widersprechen mit der Folge, dass die Handlung unterbleiben muss[437]. An allen außergewöhnlichen Maßnahmen – also nicht

427 §§ 709 Abs. 1, 714 BGB.

428 § 709 Abs. 2 BGB.

429 § 710 S. 1 BGB.

430 RG v. 22.10.1938, RGZ 158, 302 (308).

431 Palandt-Sprau, § 705 Rn. 15.

432 Vgl. auch Wendt, S. 108 ff., die die Zustimmungsvorbehalte unter einem etwas anderen Blickwinkel, nämlich der „präventiven Kontrolle“ der Geschäftsführung untersucht.

433 Die entsprechende Anwendung dieses aus dem Recht der Gemeinschaft (§§ 741-758 BGB) stammende Institut, ist im Personengesellschaftsrecht anerkannt (MüKo-Ulmer, § 709 Rn. 21). Eine Gemeinschaft ist die gemeinschaftliche Inhaberschaft eines einzelnen Rechts durch mehrere Personen, sofern keine besondere gesetzliche Regelung eingreift (§ 741 BGB).

434 BGH v. 04.05.1955, BGHZ 17, 181 (183).

435 §§ 115 Abs. 1, 116 Abs. 1 HGB.

436 §§ 710 S. 1, 714 BGB (GbR); §§ 114 Abs. 2, 125 Abs. 1 HGB (OHG); § 161 Abs. 2 i.V.m. §§ 114 Abs. 2, 125 Abs. 1 HGB (KG).

437 § 115 Abs. 1 2.Halbsatz HGB.

nur an Grundlagengeschäften – müssen alle Gesellschafter beteiligt werden[438]. Diese Mitwirkungs- bzw. Vetorechte sind abdingbar[439].

Kommanditisten sind von der Geschäftsführung und Vertretung grundsätzlich ausgeschlossen[440]. Hinsichtlich der Geschäftsführungsbefugnis ist dieser Ausschluss allerdings dispositiv, so dass dem Kommanditisten im Gesellschaftsvertrag weitgehende Geschäftsführungsbefugnisse eingeräumt werden können[441]. Der Ausschluss von der Vertretung ist zwar zwingend. Er betrifft jedoch nur die gesetzliche, d.h. organschaftliche Vertretung. Rechtsgeschäftliche Vertretungsmacht – beispielsweise in Form der Prokura[442] oder Generalvollmacht[443] – kann dem Kommanditisten eingeräumt werden. Soll die Geschäftsführung auf nur einen persönlich haftenden Gesellschafter übertragen werden, ist die Zustimmung aller Kommanditisten erforderlich[444]. Dies gilt wiederum nicht für die Publikumspersonengesellschaften[445].

(3) Bedeutung von Gesellschafterversammlungen

Gesellschafterversammlungen sind als solche im Personengesellschaftsrecht nicht kodifiziert. Angesichts der Möglichkeit von Mehrheitsentscheidungen kommt ihnen aber auch im Personengesellschaftsrecht praktisch eine besondere Bedeutung zu. Dies gilt insbesondere für die Publikumspersonengesellschaften. Besondere Förmlichkeiten sind bei der Beschlussfassung grundsätzlich nicht zu beachten[446]. Einzelheiten zur Gesellschafterversammlung werden jedoch regelmäßig im Gesellschaftsvertrag geregelt und sind entsprechend zu beachten. Üblicherweise wird die Gesellschafterversammlung durch den geschäftsführenden Gesellschafter einberufen. Kommt der für die Einbe-

---

438 §§ 116 Abs. 2, 164 S. 1 HGB.

439 § 109 HGB.

440 §§ 164 S. 1, 170 HGB.

441 § 164 S. 2 HGB; siehe BGH v. 09.12.1968, BGHZ 51, 198 (201) und BGH v. 04.03.1976, BB 1976, 526.

442 BGH v. 27.06.1955, BGHZ 17, 392 (394).

443 BGH v. 22.01.1962, BGHZ 36, 292 (295).

444 In den Bereich der zustimmungspflichtigen Geschäfte fallen auch „die Einschränkung sowie die Ausweitung von organschaftlichen Vertretungsbefugnissen“: Ebenroth/Boujong/Joost - Weipert, § 164 Rn. 10. Auch ein Antrag zur Entziehung der Geschäftsführungsbefugnis gemäß § 117 HGB müsste von den Kommanditisten mitgestellt werden: Schlegelberger-Martens, § 164 Rn. 3.

445 BGH v. 13.03.1978, BGHZ 71, 53 (57 ff.); Schlegelberger-Martens, § 161 Rn. 150.

446 MüKo-Ulmer, § 709 Rn. 60 ff.

rufung Zuständige jedoch einer Aufforderung der übrigen Gesellschafter zur Einberufung nicht nach, so hat – dem Rechtsgedanken des § 50 Abs. 3 GmbHG folgend – jeder Gesellschafter, der das Recht zu einer solchen Aufforderung hatte, auch das Recht, die Versammlung selbst einzuberufen[447]. Ebenso haben die Kommanditisten einer Publikums-KG ein Recht zur Einberufung einer solchen Gesellschafterversammlung analog § 50 GmbHG.

b) Kapitalgesellschaften

In den deutschen Kapitalgesellschaften sind Geschäftsführung und Vertretung eigenen Organen zugewiesen, deren Mitglieder nicht notwendig Gesellschafter[448] sein müssen (Prinzip der Fremdorganschaft). Diese Organe sind bei der GmbH die Geschäftsführer, bei der AG der Vorstand. Die Beteiligung der Gesellschafter an der Leitungsmacht erfolgt durch eigene Mitwirkungsorgane. Dies sind bei der GmbH die Gesellschafter selbst[449], die regelmäßig ihre Beschlüsse in der Gesellschafterversammlung fassen[450]. Bei der Aktiengesellschaft ist die Hauptversammlung das wesentliche Mitwirkungsorgan der Gesellschafter (Aktionäre)[451]. Die bedeutendsten Mitgliedschaftsrechte im Zusammenhang mit den Versammlungen sind das Teilnahme- und das Stimmrecht. Die Gesellschafterversammlung der GmbH und die Hauptversammlung der AG unterscheiden sich jedoch grundlegend.

(1) Kompetenzverteilung in der GmbH

Die Gesellschafter der GmbH sind in den Grenzen der näheren Ausgestaltung durch den Gesellschaftsvertrag allumfassend zuständig[452]. Trifft der Gesellschaftsvertrag keine besonderen Bestimmungen, ergeben sich ihre Aufgaben aus § 46 GmbH[453]. Die Gesellschafter sind den Geschäftsführern übergeordnet, weisungsbefugt und können somit in die Geschäftsführung unmittelbar eingreifen[454]. Die Geschäftsführungsbefugnisse der Geschäftsführer können zudem durch die Satzung oder durch einen entsprechenden Gesellschafterbe-

---

447 BGH v. 09.11.1987, BGHZ 102, 172 (174 f.).

448 Nachfolgend schließt der Begriff Gesellschafter auch die Aktionäre mit ein.

449 Nicht die Gesellschafterversammlung: K. Schmidt, S. 1094.

450 § 48 Abs. 1 GmbHG.

451 § 118 Abs. 1 AktG.

452 § 45 GmbHG; Saenger, GmbHR 88 (1997), 112 (113).

453 § 45 Abs. 2 GmbHG.

454 Vgl. § 37 Abs. 1 GmbHG und § 46 Nr. 6 GmbHG.

schluss dergestalt begrenzt werden, dass sogar ordentliche Geschäftsführungsmaßnahmen in den originären Zuständigkeitsbereich der Gesellschafter fallen. Für Grundlagenentscheidungen sind immer die Gesellschafter zuständig[455]. Die Vertretungsmacht der Geschäftsführer kann im Innenverhältnis zwar wirksam beschränkt werden, im Außenverhältnis entfaltet eine solche Beschränkung allerdings keine Wirkung[456].

(2) Kompetenzverteilung in der AG

Im Gegensatz zum Geschäftsführer der GmbH leitet der Vorstand die Aktiengesellschaft unter eigener Verantwortung[457]. Dabei muss er primär das Unternehmensinteresse, unter Umständen aber auch Belange des Gemeinwohls beachten[458]. Mangels abweichender Bestimmungen in der Satzung oder in seiner Geschäftsordnung führt der Vorstand die Geschäfte gemeinschaftlich[459] und vertritt die Gesellschaft ebenso nach außen[460]. Die Rechte der Hauptversammlung ergeben sich aus § 119 Abs. 1 AktG in Verbindung mit der Satzung. Zu ihnen gehören insbesondere die Bestellung der Mitglieder des Aufsichtsrats[461], die Verwendung des Bilanzgewinns[462], die Entlastung der Mitglieder des Vorstands und des Aufsichtsrats[463], Satzungsänderungen[464] und Änderungen des Unternehmensgegenstandes[465] sowie Maßnahmen der Kapitalbeschaffung und -herabsetzung[466]. Die Hauptversammlung besitzt grundsätzlich keine Geschäftsführungs- oder Weisungskompetenz; sie kann

---

455 K. Schmidt, S. 1069; im Übrigen herrscht über Einzelheiten des Umfangs der Geschäftsführungsbefugnis Streit, siehe Baumbach/Hueck-Zöllner, § 37 Rn. 6 ff.

456 § 37 GmbHG.

457 § 76 Abs. 1 AktG.

458 BVerfG v. 01.03.1979, BVerfGE 50, 290 (339 ff.); BGH v. 13.10.1977, BGHZ 69, 334 (339); K. Schmidt, S. 806.

459 § 77 AktG.

460 § 78 AktG.

461 § 119 Abs. 1 Nr. 1 AktG.

462 § 119 Abs. 1 Nr. 2 AktG.

463 § 119 Abs. 1 Nr. 3 AktG.

464 § 119 Abs. 1 Nr. 5 AktG; siehe § 179 Abs. 1 AktG.

465 Der Unternehmensgegenstand muss in der Satzung bestimmt werden: § 23 Abs. 3 Nr. 2 AktG.

466 § 119 Abs. 1 Nr. 6 AktG.

über Fragen der Geschäftsführung nur entscheiden, wenn der Vorstand dies verlangt[467].

Diese Aufgabenverteilung zwischen Vorstand und Hauptversammlung ist zwingend. Sie kann in der Satzung nicht abgeändert, sondern nur ergänzt werden[468]. Eine Ausnahme zu der genannten Aufgabenverteilung besteht allerdings dann, wenn – wie erwähnt – der Vorstand verlangt, dass über Fragen der Geschäftsführung in der Hauptversammlung entschieden wird[469]. Insbesondere im Anschluss an die *Holzmüller*-Entscheidung des BGH[470] wird in diesem Zusammenhang diskutiert, ob der Vorstand sogar verpflichtet sein kann, die Hauptversammlung zu befragen (sog. „Holzmüller-Doktrin"). In der Entscheidung heißt es dazu:

> „Bei schwerwiegenden Eingriffen in die Rechte und Interessen der Aktionäre [...] kann der Vorstand ausnahmsweise nicht nur berechtigt, sondern auch verpflichtet sein, [...] eine Entscheidung der Hauptversammlung herbeizuführen."[471]

Aus dem genannten Urteil ergibt sich allerdings kein einklagbarer Anspruch der Hauptversammlung auf Beteiligung (Leistungsanspruch), sondern lediglich ein Abwehrrecht des einzelnen Aktionärs gegen die getroffene Maßnahme[472]. In einer neueren Entscheidung konkretisiert der BGH seine Rechtsprechung zu ungeschriebenen Mitwirkungsbefugnissen der Hauptversammlung[473]. Solche Mitwirkungsbefugnisse seien nur ausnahmsweise und in engen Grenzen anzuerkennen. Sie kämen allein dann in Betracht, wenn eine vom Vorstand in Aussicht genommene Maßnahme Veränderungen nach sich zieht, die denjenigen zumindest nahe kommen, welche allein durch eine Satzungsänderung herbeigeführt werden können[474]. Sei die Hauptversammlung danach ausnahmsweise zur Mitwirkung berufen, bedürfe ihre Zustimmung wegen der Bedeutung für die Aktionäre einer Dreiviertel-Mehrheit[475].

Zu beachten ist im Übrigen die Rechtsfolge für andere Verstöße gegen die Kompetenzzuordnung. Nach § 241 Nr. 3 AktG sind Beschlüsse, die mit

---

[467] § 119 Abs. 2 AktG.

[468] K. Schmidt, S. 870.

[469] § 119 Abs. 2 AktG.

[470] BGH v. 25.02.1982, BGHZ 83, 122.

[471] BGH v. 25.02.1982 (Holzmüller), BGHZ 83, 122 (Leitsatz a.).

[472] Vgl. Leitsatz b) der Entscheidung des BGH v. 25.02.1982 (Holzmüller), BGHZ 83, 122. Siehe auch K. Schmidt, S. 873.

[473] BGH v. 26.04.2004 (Gelatine), NJW 2004, 1860; dazu Fleischer, NJW 2004, 2335; Hall, jurisPR-BGHZivilR 26/2004 v. 02.07.2004, Anm. 1.

[474] BGH v. 26.04.2004 (Gelatine), NJW 2004, 1860, Leitsatz 1.

[475] BGH v. 26.04.2004 (Gelatine), NJW 2004, 1860, Leitsatz 3.

dem Wesen der AG nicht zu vereinbaren sind, nichtig. Diese Fallgruppe umfasst insbesondere solche Beschlüsse, die über die Kompetenzen der Hauptversammlung hinausgehen. Damit kann beispielsweise verhindert werden, dass die Aktionärsmehrheit über die Hauptversammlung dem Vorstand Weisungen erteilt[476].

(3) Bedeutung von Gesellschafterversammlungen

Sowohl die Gesellschafter der GmbH als auch die der AG sind bei ihrer Mitwirkung auf das Verfahren in der Gesellschafterversammlung bzw. Hauptversammlung (beides zusammen nachstehend auch „Versammlungen“) angewiesen. Deshalb ist es von großer Bedeutung, wie die Gesellschafter auf die Versammlungen Einfluss nehmen können. Grundsätzlich werden die Versammlungen durch die jeweiligen Geschäftsführungsorgane einberufen[477]. Sowohl das AktG als auch das GmbHG sehen jedoch vor, dass die Einberufung der Versammlung auch durch eine Gesellschafterminderheit veranlasst werden kann[478]. Die Hauptversammlung einer AG ist einzuberufen, wenn Aktionäre, deren Anteile zusammen den zwanzigsten Teil des Grundkapitals erreichen, dies verlangen[479]. Die Satzung kann das Recht sogar an einen geringeren Anteil knüpfen[480]. Das Verlangen muss schriftlich unter Angabe des Zwecks und der Gründe erfolgen. Voraussetzung für eine Geltendmachung dieses Rechts ist, dass die Aktionäre seit mindestens drei Monaten vor dem Tage der Hauptversammlung Inhaber der Aktien sind[481]. Wird dem Verlangen der Aktionärsminderheit nicht entsprochen, kann das Gericht die Aktionäre selbst zur Einberufung der Hauptversammlung ermächtigen[482].

Gesellschafter einer GmbH können die Einberufung der Versammlung verlangen, wenn ihre Geschäftsanteile zusammen mindestens dem zehnten Teil des Stammkapitals entsprechen[483]. Dies hat ebenfalls unter Angabe des Zwecks und der Gründe zu erfolgen. Wird dem Verlangen nicht entsprochen, können die Gesellschafter, die die Einberufung verlangt haben, die Gesell-

---

476 Hüffer, § 241 Rn. 20; Großkomm./AktG-K. Schmidt, § 241 Rn. 57.

477 §§ 49 Abs. 1 GmbHG, 121 Abs. 2 S. 1 AktG.

478 Hierzu Wagner, ZZP 105 (1992), 294 ff.

479 § 122 AktG.

480 § 122 Abs. 1 S. 2 AktG.

481 § 122 Abs. 1 S. 3 i.V.m. § 147 Abs. 1 S. 2 AktG.

482 § 122 Abs. 3 S. 1 AktG.

483 § 50 Abs. 1 GmbHG.

schafterversammlung selbst einberufen[484]. Einer gerichtlichen Ermächtigung wie im Aktienrecht bedarf es nicht.

Ähnliches gilt auch für die Einflussnahme auf die Tagesordnung der Versammlungen. Erfüllt eine Aktionärsminderheit die im Zusammenhang mit der Einberufung genannten Voraussetzungen oder erreichen deren Anteile den anteiligen Betrag von EUR 500.000, so kann sie verlangen, dass Gegenstände zur Beschlussfassung einer Hauptversammlung bekannt gemacht werden[485]. Wird dem Verlangen nicht entsprochen, können sie selbst vom Gericht hierzu ermächtigt werden[486]. Ebenso können GmbH-Gesellschafter, deren Geschäftsanteile den im Zusammenhang mit der Einberufung genannten Voraussetzungen entsprechen, verlangen, dass Gegenstände zur Beschlussfassung der Versammlung angekündigt werden[487]. Bei Nichtentsprechung durch die Geschäftsführer können sie die Ankündigung selbst bewirken[488].

c) *Zwischenergebnis*

Die Mitentscheidungsbefugnisse der persönlich haftenden Gesellschafter sind sehr ausgeprägt. Durch das Recht, sich aktiv an der Geschäftsführung und Vertretung der Gesellschaft zu beteiligen, wird dem einzelnen persönlich haftenden Gesellschafter eine starke Position in der Gesellschaft eingeräumt. Nicht persönlich haftende Gesellschafter sind dagegen in größerem Maße auf sonstige Rechte zum Schutz ihrer Interessen angewiesen, da sie jedenfalls keinen Anspruch haben, auf die Geschicke der Gesellschaft aktiv einzuwirken.

2. Minderheitenschutz durch Abstimmungsregeln

Der im vorangegangenen Abschnitt genannte Aspekt des Zustandekommens von Kollektiventscheidungen verdient nähere Betrachtung. Kollektiventscheidungen werden regelmäßig in der Form von Gesellschafterbeschlüssen gefasst.

---

484 § 50 Abs. 3 S. 1 GmbHG.

485 § 122 Abs. 2 AktG.

486 § 122 Abs. 3 S. 1 AktG.

487 § 50 Abs. 2 GmbHG.

488 § 50 Abs. 3 S. 1 GmbHG.

a) Personengesellschaften

(1) Zulässigkeit von Mehrheitsentscheidungen

Das gesetzliche Leitbild für Beschlussfassungen in den deutschen Personengesellschaften ist das Einstimmigkeitsprinzip[489]. Aufgrund einer Vereinbarung im Gesellschaftsvertrag oder durch einstimmigen Gesellschafterbeschluss können Mehrheitsbeschlüsse zugelassen werden[490]. Für Publikumspersonengesellschaften wird zudem die generelle Anwendung des Mehrheitsprinzips erwogen[491]. Regeln zur Ausgestaltung des Mehrheitsprinzips sieht das Gesetz abgesehen von zwei Ausnahmen nicht vor. Eine Ausnahme besteht für den Fall, dass die Geschäftsführung bei der OHG oder KG auf einen oder mehrere Gesellschafter übertragen wird. In diesem Fall gilt, dass gleichwohl Geschäftsführungsmaßnahmen, die über den gewöhnlichen Betrieb des Handelsgewerbes hinausgehen, der Zustimmung aller Gesellschafter bedürfen[492]. Die zweite Ausnahme betrifft umwandlungsrechtliche Vorschriften. Das Erfordernis qualifizierter Mehrheiten findet sich im Personengesellschaftsrecht nicht[493]. Vor diesem Hintergrund hat sich zur Zulässigkeit von Mehrheitsentscheidungen mangels Kodifizierung entsprechender Regeln ein richterrechtlicher Standard in Form der Kernbereichslehre und des Bestimmtheitsgrundsatzes herausgebildet.

(i) Kernbereichslehre

Einzelne Rechtspositionen der Gesellschafter werden von der Rechtsprechung als besonders wichtig erachtet. Sie bilden den sogenannten Kernbe-

---

489 §§ 709 Abs. 1 BGB, 119 Abs. 1 HGB.

490 Siehe oben S. 52. Auch eine stillschweigende Vereinbarung durch langjährige Übung kann hierfür bereits ausreichen (BGH v. 17.01.1966, NJW 1966, 826 f.; anders für die Publikumsgesellschaft BGH v. 05.02.1990, NJW 1990, 2684 (Leitsatz und S. 2685); Baumbach/Hopt-Hopt, § 105 Rn. 62 und § 119 Rn. 34).

491 BGH v. 13.03.1978, BGHZ 71, 53 (58 f.). Siehe unten S. 98.

492 In § 116 Abs. 2 HGB für die OHG und § 164 S. 1 HGB für die KG. Allerdings ist auch diese Einschränkung abdingbar, Baumbach/Hopt-Hopt, § 116 Rn. 11.

493 Dazu Schneider, ZGR 1972, 357 (361 ff.); K. Schmidt, S. 460. Eine Ausnahme stellen lediglich die gesetzlichen Regelungen im Umwandlungsrecht dar. Sie sehen für den Fall, dass nach dem Gesellschaftsvertrag Umwandlungen von einer Gesellschaftermehrheit beschlossen werden können, vor, dass die Beschlüsse mit mindestens drei Vierteln der abgegebenen Stimmen gefasst werden müssen: §§ 43 Abs. 2 S. 1 u.2, 217 Abs. 1 S. 2 u.3 UmwG.

reich der Mitgliedschaft[494] und sind der freien Disposition der Gesellschaftermehrheit entzogen. Innerhalb des Kernbereichs wird zwischen den unverzichtbaren und den unentziehbaren Rechten unterschieden[495]. Den stärksten Schutz gegen Beeinträchtigungen stellen die unverzichtbaren Rechte dar. Hierzu gehören die außerordentlichen Informations- und Auskunftsrechte gemäß §§ 716 Abs. 2 BGB, 118 Abs. 2 HGB sowie § 166 HGB[496]. Entsprechend der gesetzlichen Regelung unabdingbar sind auch die außerordentlichen Lösungsrechte der Personengesellschafter[497]. Darüber hinaus werden hierzu das Recht zur Teilnahme an Versammlungen, das Recht zur Anfechtung rechtswidriger Beschlüsse sowie die *actio pro socio*[498] gezählt.

Davon zu unterscheiden sind diejenigen Rechte, die nicht gegen den Willen eines Gesellschafters eingeschränkt werden können (unentziehbare Rechte). So bedarf ein Mehrheitsbeschluss, durch den einem Gesellschafter zusätzliche Leistungen auferlegt werden, dessen Zustimmung (Belastungsverbot[499]). Daneben werden zum unentziehbaren Kernbereich der Mitgliedschaft das Geschäftsführungsrecht[500], das Recht auf angemessene Abfindung bei Hinauskündigung ohne wichtigen Grund und Kündigung durch den Gesellschafter aus wichtigem Grund[501], das Recht zur Notgeschäftsführung[502],

---

494 BGH v. 05.11.1984, NJW 1985, 974; BGH v. 19.11.1984, NJW 1985, 972 (973). Zur Bedeutung der Kernbereichslehre für den Minderheitenschutz siehe Hermanns, ZGR 1996, 103 (110 f.).

495 BGH v. 05.11.1984, NJW 1985, 974; BGH v. 19.11.1984, NJW 1985, 972 (973) spricht von „unverfügbaren" Rechten; Löffler, NJW 1989, 2656; Hermanns, ZGR 1996, 103 (109). Früher wurden die unentziehbaren Rechte als grundsätzlich entziehbar angesehen, lediglich das Stimmrecht des einzelnen musste gewahrt werden (BGH v. 14.05.1956, BGHZ 20, 363 (368 ff.); Roitzsch, S. 42; K. Schmidt, S. 472).

496 Dazu Grunewald, ZGR 1989, 545 (549 ff.); Löffler, NJW 1989, 2656 (2658); Scholz-K. Schmidt, § 51a Rn. 56; unentschieden BGH v. 11.07.1988, NJW 1989, 225 (226), jedoch mit Hinweis auf § 51a GmbHG.

497 §§ 723 Abs. 3 BGB, 133 Abs. 3 HGB.

498 BGH v. 14.07.1954, BGHZ 14, 264 (273); Löffler, NJW 1989, 2656 (2660); Scholz-K. Schmidt, § 48 Rn. 12 und 15.

499 Vgl. § 35 BGB, §53 Abs. 3 GmbHG, § 180 Abs. 1 AktG. Hierbei handelt es sich um ein allgemeines Prinzip des Gesellschaftsrechts: Löffler, NJW 1989, 2656 (2658); K. Schmidt, S. 473; vgl. auch Wiedemann, S. 393 f.; ders., ZGR 1977, 690 (692). Missverständlich BGH v. 14.05.1956, BGHZ 20, 363 (369).

500 MüKo-Ulmer, § 709 Rn. 93.

501 Göbel, S. 200; Röttger, S. 161 ff.

502 Göbel, S. 200; Röttger, S. 161 ff.

der Zustimmungsvorbehalt beim Ausschluss des Gesellschafters ohne wichtigen Grund[503], das Stimmrecht[504] und die Gewinnbeteiligung[505] gerechnet.

Der Zustimmung der betroffenen Gesellschafter bedürfen auch Eingriffe in Vorzugs- und Sonderrechte. Hierbei handelt es sich um Rechtspositionen, die nicht sämtlichen, sondern nur einem oder mehreren Mitgliedern über deren allgemeine Rechtsstellung als Mitglied hinaus zustehen[506]. Hierzu können etwa ein Recht auf Bestellung des Geschäftsführers, ein besonderes Recht zur Geschäftsführung oder ein erhöhtes Stimmrecht zählen[507]. Die rechtliche Grundlage hierfür bildet die vereinsrechtliche Vorschrift des § 35 BGB, die für alle Gesellschaftsformen gilt[508]. Die Zustimmung ist ausnahmsweise entbehrlich, wenn ein wichtiger Grund vorliegt, der das Bestehen des Sonderrechts unter Berücksichtigung aller betroffenen Interessen unzumutbar macht[509]. Dem Entzug von Sonderrechten gleich gestellt ist die Begründung von Sonderrechten, da hierdurch einige Gesellschafter gegenüber anderen benachteiligt werden können[510].

Einen besonders Schutz erfährt der Gesellschaftszweck, der als „schlechthin konstituierendes Element"[511] der Gesellschaft betrachtet wird. Eine Änderung des Gesellschaftszwecks beeinträchtigt die Rechtsstellung der Mitglieder so stark, dass Änderungen zwar für zulässig erachtet werden, sie jedoch zwingend der Zustimmung aller Gesellschafter bedürfen. Insoweit wird die vereinsrechtliche Vorschrift des § 33 Abs. 1 S.2 BGB als ein allgemeines gesellschaftsrechtliches Prinzip betrachtet[512].

---

503 Göbel, S. 200; Röttger, S. 161 ff.

504 BGH v. 14.05.1956, BGHZ 20, 363 (368).

505 MüKo-Ulmer, § 709 Rn. 93.

506 Palandt-Heinrichs, § 35 Rn. 1; vgl. auch § 68 Abs. 2 S. 6 ALR.

507 K. Schmidt, S. 471.

508 RG v. 23.12.1938, RGZ 159, 272 (281); RG v. 04.02.1943, RGZ 170, 358 (368); BGH v. 04.11.1968, NJW 1969, 131; BGH v. 10.10.1988, NJW-RR 4 (1989), 542 (543); Staudinger-Weick, § 35 Rn. 21; K. Schmidt, S. 471. A.A. MüKo-Reuter, § 35 Rn. 2; Palandt-Heinrichs, § 35 Rn. 4.

509 Baumbach/Hueck-Hueck/Fastrich, § 14 Rn. 18; Hachenburg-Raiser, § 14 Rn. 24; MüHdb/GmbH-Schiessl, § 31 Rn. 32; Scholz-Winter, § 14 Rn. 27.

510 Löffler, NJW 1989, 2656 (2659).

511 Löffler, NJW 1989, 2656 (2658); vgl. BGH v. 11.11.1985, NJW 1986, 1033 (1034) zum Vereinsrecht.

512 Löffler, NJW 1989, 2656 (2658).

(ii) *Bestimmtheitsgrundsatz*

Im Übrigen sind Mehrheitsbeschlüsse aufgrund einer Vereinbarung unter den Gesellschaftern zwar grundsätzlich zulässig. Eine solche Vereinbarung unterliegt jedoch besonderen Anforderungen, die seit einem Urteil des Reichsgerichts aus dem Jahre 1917[513] durch den gesellschaftsrechtlichen Bestimmtheitsgrundsatz definiert werden. Gegenstand des Bestimmtheitsgrundsatzes ist, dass Vertragsklauseln über Mehrheitsbeschlüsse formal erkennen lassen müssen, für welche Beschlussgegenstände diese zulässig sein sollen[514]. Der Bestimmtheitsgrundsatz beinhaltet folgende „Schrankentrias"[515]:

(1) Eine allgemeine Mehrheitsklausel, also eine solche, die sich nicht konkret auf Änderungen des Gesellschaftsvertrages bezieht, gilt nur für Fragen der Geschäftsführung[516].

(2) Eine Mehrheitsklausel, die konkret auch für Vertragsänderungen gilt, umfasst regelmäßig nur übliche, nicht außergewöhnliche Vertragsänderungen[517].

(3) Schließlich muss sich die Zulässigkeit außergewöhnlicher Vertragsänderungen durch Mehrheitsbeschluss zweifelsfrei aus dem Gesellschaftsvertrag ergeben[518].

Als Gegenstände außergewöhnlicher Vertragsänderungen hat die Rechtsprechung bisher u.a.[519] Beitragserhöhungen[520], Kündigungen der Mitgliedschaft[521], Ausschlüsse von Gesellschaftern[522], Auflösungen[523] und Fortsetzungen[524] der Gesellschaft, Fragen zur Auseinandersetzung[525], Abweichun-

---

513 RG v. 23.11.1917, RGZ 91, 166.

514 Zum Bestimmtheitsgrundsatz als formale Schranke Hermanns, ZGR 1996, 103 (106).

515 Göbel, S. 44.

516 RG v. 15.10.1926, RGZ 114, 393 (395); BGH v. 14.11.1960, WM 1961, 303 (Leitsatz 2 und S. 304).

517 BGH v. 12.11.1952, BGHZ 8, 35 (41).

518 BGH v. 12.11.1952, BGHZ 8, 35 (41 f.).

519 Vgl. auch die Zusammenfassungen bei Göbel, S. 44 f., und Hennerkes/Binz, BB 1983, 713 f.

520 RG v. 23.11.1917, RGZ 91, 166 (168 f.); RG v. 15.05.1936, RGZ 151, 321 (327); RG v. 13.04.1940, RGZ 163, 385 (391); BGH v. 12.11.1952, BGHZ 8, 35 (41).

521 RG v. 03.05.1932, RGZ 136, 236 (243).

522 BGH v. 12.11.1952, BGHZ 8, 35 (42).

523 BGH v. 12.11.1952, BGHZ 8, 35 (39).

524 BGH v. 12.11.1952, BGHZ 8, 35 (43).

525 RG v. 15.10.1926, RGZ 114, 393 (395).

gen vom Gleichbehandlungsgrundsatz[526], Änderungen des Gesellschaftszwecks[527], Übertragungen von Gesellschaftsanteilen an Dritte[528], Aufnahmen neuer Gesellschafter[529], Änderungen der Gewinnverteilung[530] und Ausschlüsse der *actio pro socio*[531] angesehen. Bei Kapitalerhöhungen müssen zudem noch deren Grenzen im Gesellschaftsvertrag geregelt sein[532].

(iii) Besonderheiten bei Publikumsgesellschaften

Die Kernbereichslehre wird – trotz Kritik in der Literatur[533] – auf gesetzestypische Personengesellschaften und Publikumspersonengesellschaften gleichermaßen angewendet[534]. Dagegen hat die Rechtsprechung seit 1975[535] die Geltung des Bestimmtheitsgrundsatzes für Publikumspersonengesellschaften eingeschränkt. Zuerst wurde im Fall der Kapitalerhöhung einer GmbH & Co. KG entschieden, dass der Bestimmtheitsgrundsatz in der bisherigen Form keine Anwendung finden könne[536]. In weiteren Entscheidungen gab der BGH die Anwendung des Bestimmtheitsgrundsatzes für Publikumsgesellschaften ganz auf[537], da die Gesellschafter nicht des besonderen Schutzes durch den Bestimmtheitsgrundsatz bedürften[538]. Stattdessen soll die gesellschaftliche Treuepflicht stärkere Berücksichtigung finden[539]. Nach Ansicht des BGH sollen Mehrheitsentscheidungen in Publikumspersonengesellschaften sogar

---

526 BGH v. 12.11.1952, BGHZ 8, 35 (42).

527 BGH v. 12.11.1952, BGHZ 8, 35 (39).

528 BGH v. 14.11.1960, WM 1961, 303 (304).

529 OLG Zweibrücken v. 18.11.1974, OLGZ 1975, 402 f.

530 BGH v. 10.05.1976, BB 1976, 948; OLG Hamm v. 21.11.1977, BB 1978, 120 (121).

531 BGHZ, ZIP 1985, 1137.

532 RG v. 23.11.1917, RGZ 91, 166 (168 f.); RG v. 15.05.1936, RGZ 151, 321 (327 f.); RG v. 13.04.1940, RGZ 163, 385 (391).

533 Immenga, ZGR 1974, 385 (417).

534 BGH v. 15.11.1982, BGHZ 85, 350 (361); BGH v. 19.11.1984, NJW 1985, 972 (973).

535 BGH v. 24.11.1975, BGHZ 66, 82.

536 BGH v. 24.11.1975, BGHZ 66, 82 (85 f.).

537 So ausdrücklich BGH v. 13.03.1978, BGHZ 71, 53 (Leitsatz); BGH v. 19.11.1984, NJW 1985, 972 (973).

538 BGH v. 12.05.1977, BGHZ 69, 160 (165 f.) betraf einen Fortsetzungsbeschluss; BGH v. 13.03.1978, BGHZ 71 53 (58 f.) betraf Beschlüsse zur Auswechslung des persönlich haftenden Gesellschafters, Änderung des Unternehmensgegenstandes, Zusammensetzung des Aufsichtsrates sowie zu Sitz und Firma der Gesellschaft. Beachte auch zur körperschaftlich strukturierten Familien-KG BGH v. 15.11.1982, BGHZ 85, 350 (356 f.).

539 BGH v. 15.11.1982, BGHZ 85, 350 (356).

dann zulässig sein, wenn der Gesellschaftsvertrag eine Mehrheitsklausel nicht enthält[540]. Begründet wird dies mit praktischen Erwägungen zur Aktionsfähigkeit der Gesellschaft[541].

(2) Verfahrensregeln

Verfahrensregeln über die Beschlussfassung sind gesetzlich nicht vorgesehen. Es besteht daher ein Bedürfnis für gesellschaftsvertragliche Regelungen. Hierfür kommen insbesondere Regelungen über Ladungsfristen sowie die Mitteilung der Tagesordnung in Betracht. Solche Regelungen haben Auswirkungen auf die Wirksamkeit von Beschlüssen, da auch Verfahrensfehler zur Fehlerhaftigkeit und damit Nichtigkeit eines Beschlusses führen können. Voraussetzung für eine Nichtigkeit bei Ladungsfehlern einschließlich Fehlern bei der Mitteilung der Tagesordnung ist allerdings, dass hierdurch die Teilnahme oder die ordnungsgemäße Mitwirkung eines Gesellschafters an der Beschlussfassung vereitelt wird. Auch die Mitzählung unwirksamer Stimmen (oder der umgekehrte Fall) führen nur zur Nichtigkeit des Beschlusses, wenn die Stimmen für das Zustandekommen des Beschlusses von Bedeutung sind[542].

b) Kapitalgesellschaften

(1) Allgemeine Zulässigkeit von Mehrheitsbeschlüssen

In der AG und in der GmbH verlangt das Gesetz grundsätzlich keine Einstimmigkeit für die Beschlussfassung. Auch grundlegende Beschlüsse wie z.B. die Änderung der Verbandsverfassung sind dem Mehrheitsprinzip unterworfen und müssen von der Minderheit hingenommen werden[543]. Sowohl im Aktienrecht als auch im GmbH-Recht werden Beschlüsse grundsätzlich mit einfacher Mehrheit gefasst[544]. Eine qualifizierte Mehrheit ist nur dort erforderlich, wo Gesetz oder Satzung dies bestimmen. Das Erfordernis einstimmiger Entscheidungen ergibt sich nur für den Ausnahmefall der Ände-

---

[540] Angedeutet in BGH v. 13.03.1978, BGH 71, 53 (57 f.); ausdrücklich in BGH v. 09.11.1987, BGHZ 102, 172 (178 f.); vgl. Reichert/Winter, BB 1988, 981 (984).

[541] BGH v. 13.03.1978, BGHZ 71, 53 (58).

[542] MüKo-Ulmer, § 709 Rn. 106 f.; Schlegelberger-Martens, § 119 Rn. 11.

[543] Insoweit wird das Mehrheitsprinzip als Ausdruck körperschaftlicher Strukturen angesehen (Koerfer/Selzner, GmbHR 88 (1997), 285 (287)).

[544] §§ 133 Abs. 1 AktG, 47 Abs. 1 GmbHG.

rungen des Gesellschaftszwecks analog § 33 Abs. 1 S. 2 BGB[545]. In der Praxis ist dies jedoch kaum relevant, da zum Gesellschaftszweck in diesem Sinne nur der sogenannte Grundzweck, d.h. die ideelle oder gewerbswirtschaftliche Zielsetzung, zählt, nicht aber der Unternehmensgegenstand[546].

(2) Sperrminoritäten

Gesetz und Satzung können qualifizierte Mehrheiten vorschreiben. Regelmäßig sind qualifizierte Mehrheiten bei sogenannten Grundlagenentscheidungen erforderlich, wobei sich Parallelen im Aktien- und GmbH-Recht zeigen. Zu den Grundlagenentscheidungen zählen Auflösungsbeschlüsse[547], Umwandlungsbeschlüsse[548], Abschlüsse konzernrechtlicher Unternehmensverträge[549] oder Satzungsänderungen[550]. Für letztere gilt im Aktienrecht, dass in der Satzung eine einfache Mehrheit als ausreichend festgesetzt werden kann, wenn nicht der Unternehmensgegenstand betroffen ist[551]. Anders verhält es sich dagegen im GmbH-Recht, wo auch einfache Satzungsänderungen nicht an eine geringere Mehrheit als „drei Vierteilen der abgegebenen Stimmen" geknüpft werden können[552]. Im Aktienrecht sind zahlreiche weitere Sperrminoritäten positiv normiert[553], die zusammengefasst insbesondere folgende Fälle betreffen:

- Satzungsänderungen und vermögensrelevante Maßnahmen wie etwa Änderungen des Kapitals der Aktiengesellschaft; diese können in der Regel von einer Minderheit, die über mehr als ein Viertel des bei der Beschlussfassung vertretenen Grundkapitals verfügt, verhindert werden[554];

---

545 Baumbach/Hueck-Zöllner, § 53 Rn. 14; Soergel-Hadding, § 33 Rn. 2; a.A. MüKo-Reuter, § 33 Rn. 3.

546 Baumbach/Hueck-Zöllner, § 53 Rn. 14; Soergel-Hadding, § 33 Rn. 2. Aus diesem Grund sieht MüKo-Reuter, § 33 Rn. 3, keinen Anwendungsfall dieser Vorschrift im Kapitalgesellschaftsrecht.

547 §§ 262 Abs. 1 Nr. 2 AktG, 60 Abs. 1 Nr. 2 GmbHG.

548 §§ 50 Abs. 1 S. 1, 65 Abs. 1 S. 1, 240 Abs. 1 UmwG.

549 § 293 Abs. 1 u.2 AktG.

550 §§ 179 Abs. 2 AktG, 53 Abs. 2 GmbHG.

551 § 179 Abs. 2 S. 2 AktG.

552 § 53 Abs. 2 S. 2 GmbHG.

553 Vgl. auch die Zusammenfassungen bei Lehmann, AG 1983, 113 (117 ff.), und MüHdb/AG-Semler, Anh. zu § 42, Tabelle 1 (S. 590 ff.).

554 §§ 179 Abs. 3, 179a Abs. 1, 182 Abs. 1, 186 Abs. 3, 193 Abs. 1, 202 Abs. 2, 203 Abs. 1, 207 Abs. 2, 221 Abs. 1, 3 u. 4, 222 Abs. 1, 229 Abs. 3 und 274 Abs. 1 AktG.

- Rechte der Mitglieder zueinander, d.h. verfahrensrechtliche Fragen zur Durchführung der Hauptversammlung, sowie zu anderen Organen[555];
- Maßnahmen im Zusammenhang mit verbundenen Unternehmen (§§ 291 bis 328 AktG); sie können in der Regel von einer Minderheit, die über ein Zehntel des bei der Beschlussfassung vertretenen Grundkapitals verfügt, verhindert werden[556].

(3) Zustimmungserfordernisse

Noch stärker als im Falle von Sperrminoritäten ist die Position eines Minderheitsgesellschafters dann, wenn er alleine einer Maßnahme zustimmen muss. Im Umwandlungsrecht gilt, dass die Zustimmung derjenigen Gesellschafter einer GmbH bzw. Aktionäre einer AG erforerlich ist, die nach der Umwandlung persönlich haften[557].

Im GmbH-Recht ergibt sich ein weiteres Zustimmungserfordernis für Beschlüsse, die in die Grundordnung der Gesellschaft eingreifen[558]. Hierzu zählen etwa Unternehmensverträge auf Seiten des beherrschten Unternehmens. Ein weiteres Zustimmungserfordernis – ebenfalls aus dem Vereinsrecht abgeleitet – gilt für die Änderung oder Entziehung von Sonderrechten gemäß § 35 BGB (analog). Das Zustimmungserfordernis gilt nur dann nicht, wenn ein wichtiger Grund vorliegt. Ein Zustimmungserfordernis besteht ausdrücklich auch bei der Einziehung (Amortisation) von Geschäftsanteilen. Eine Ausnahme gilt nur dann, wenn die Voraussetzungen der Amortisation im Gesellschaftsvertrag festgesetzt sind[559]. Auch die nachträgliche Vinkulierung von Gesellschaftsanteilen bedarf der Zustimmung aller betroffenen Gesellschafter, denn hierdurch wird das Recht, sich durch Anteilsverkauf von der Gesellschaft zu lösen eingeschränkt[560]. Schließlich regelt § 53 Abs. 3 GmbHG:

> „Eine Vermehrung der den Gesellschaftern nach dem Gesellschaftsvertrag obliegenden Leistungen kann nur mit Zustimmung sämtlicher beteiligter Gesellschafter beschlossen werden."

---

555 §§ 93 Abs. 4, 103 Abs. 1, 111 Abs. 4, 116, 117 Abs. 4 und 129 Abs. 1.

556 §§ 302 Abs. 3, 309 Abs. 3, 310 Abs. 4, 317 Abs. 4, 318 Abs. 4, 319 Abs. 2, 320 Abs. 1 und 323 Abs. 1. Zum Begriff des verbundenen Unternehmens siehe § 15 AktG.

557 §§ 233 Abs. 1 und 2, 240 Abs. 1 S. 1, 241 Abs. 1 UmwG.

558 Baumbach/Hueck-Zöllner, § 53 Rn. 22.

559 § 34 Abs. 2 GmbHG.

560 Dieses Recht wird aus der entsprechenden Anwendung von § 180 Abs. 2 AktG hergeleitet.

Hierunter fallen beispielsweise Nachschusspflichten, Kürzungen satzungsmäßiger Gegenleistungen, Mitarbeitspflichten oder zusätzliche Wettbewerbsverbote[561]. Zwar kann die Satzung bestimmen, dass von einer Zustimmung in diesen Fällen abgesehen werden kann. Für die Abdingbarkeit des Vetorechts reicht eine allgemeine Klausel aber nicht aus. Vielmehr müssen Art und Rahmen der Vermehrung der Leistungspflichten vorgegeben sein[562].

Im Gegensatz zum GmbH-Recht finden sich weitere Zustimmungserfordernisse im Aktienrecht nur sehr eingeschränkt. Ein Zustimmungserfordernis enthält beispielsweise § 180 AktG, wonach ein Beschluss, der Aktionären Nebenverpflichtungen auferlegt, der Zustimmung aller betroffenen Aktionäre bedarf[563]. Dies gilt ebenso für einen Beschluss, durch den die Übertragung von Namensaktien an die Zustimmung der Gesellschaft gebunden wird[564]. Nicht um ein Zustimmungserfordernis handelt es sich bei § 179 Abs. 3 AktG. Zwar bedarf die Änderung des Verhältnisses von Aktiengattungen der Zustimmung der benachteiligten Aktionäre. Der hierzu ergehende Sonderbeschluss kann jedoch mehrheitlich gefasst werden[565].

(4) Verfahrensregeln

Beschlüsse werden regelmäßig in der Hauptversammlung gefasst[566]. Diese wesentlichen Vorschriften über die Einberufung der Hauptversammlung finden sich für das Aktienrecht in § 121 AktG. Danach wird die Hauptversammlung grundsätzlich durch den Vorstand mindestens einen Monat vor dem Tag der Versammlung[567] einberufen[568]. Die Einberufung ist in den Gesellschaftsblättern bekannt zu machen und muss Angaben über Ort und Zeit der Hauptversammlung beinhalten[569]. Zudem sind die Tagesordnung sowie Beschlussvorschläge zu den einzelnen Tagesordnungspunkten bei der Einberufung mitzuteilen[570]. Über Tagesordnungspunkte, die nicht ordnungsgemäß bekannt

---

561 Baumbach/Hueck-Zöllner, § 53 Rn. 16.

562 Baumbach/Hueck-Zöllner, § 53 Rn. 17.

563 § 180 Abs. 1 AktG.

564 § 180 Abs. 2 AktG; vgl. auch Semler, AnwBl 1991, 440 (443).

565 Nach § 179 Abs. 3 S. 2 i.V.m. § 179 Abs. 2 S. 1 AktG bedarf es mindestens eines Viertels des bei der Beschlussfassungen vertretenen Grundkapitals der benachteiligten Aktionäre.

566 § 119 Abs. 1 S. 1 AktG.

567 § 123 Abs. 1 AktG.

568 § 121 Abs. 2 S. 1 AktG.

569 § 121 Abs. 3 S. 2 AktG.

570 § 124 Abs. 1, Abs. 3 S. 1 AktG.

gemacht sind, dürfen keine Beschlüsse gefasst werden[571]. Einberufungsmängel führen in der Regel zur Anfechtbarkeit der gefassten Beschlüsse[572]; ausnahmsweise können sie aber auch zur Nichtigkeit führen: Nach § 241 Nr. 1 AktG sind Beschlüsse, die auf einer Hauptversammlung gefasst wurden, die unter einem in dieser Vorschrift genannten Einberufungsmangel leidet, nichtig. Insbesondere die Bekanntmachung der Einberufung[573] soll die Teilnahme der Aktionäre sichern[574]. Dies gilt entsprechend für die GmbH[575]. Ein Verfahrensfehler ist jedoch dann unbeachtlich, wenn er sich nicht im Beschluss widerspiegelt[576]. Dies ist etwa der Fall, wenn trotz Einberufungsmangels alle Gesellschafter in der Versammlung erschienen sind.

c) *Zwischenergebnis*

Das zu den Mitentscheidungsbefugnissen gefundene Ergebnis setzt sich bei den Abstimmungsregeln fort: Der Schutz, der durch die formale Ausgestaltung der Gesellschafterstellung erreicht wird, knüpft an das persönliche Haftungsrisiko des Gesellschafters an. An die Möglichkeit, das Einstimmigkeitsprinzip und damit die notwendige Mitwirkung aller persönlich haftenden Gesellschafter abzubedingen, werden im deutschen Recht strenge Anforderungen gestellt. Dagegen genießen nur kapitalmäßig beteiligte Gesellschafter einen sehr viel geringeren Schutz. Sperrminoritäten oder sogar Zustimmungserfordernisse zu ihren Gunsten sind nur eingeschränkt vorgesehen.

3. Minderheitenschutz durch besondere Gestaltungsrechte

Das GmbHG enthält – von einer Ausnahme abgesehen[577] – keine weiteren ausdrücklichen Regelungen zum Schutz von Minderheitsgesellschaftern. Dagegen weist das Aktienrecht Gestaltungsrechte zu Gunsten von Gesellschaf-

---

571 § 124 Abs. 4 S. 1 AktG.

572 Großkomm./AktG-K. Schmidt, § 243 Rn. 29.

573 § 121 Abs. 3 AktG.

574 Zuletzt BGH v. 20.09.2004, AG 2004, 670 (672); siehe im Übrigen MüKo/AktG-Hüffer, § 241 Rn. 30 ff.; Großkomm./AktG-K. Schmidt, § 241 Rn. 46 f.

575 Siehe § 241 Nr. 1 AktG; BGH v. 16.12.1953, BGHZ 11, 231 (236); BGH v. 14.12.1961, BGHZ 36, 207 (211); BGH v. 07.02.1983, BGHZ 87, 1 (2). Vgl. Scholz-K. Schmidt, § 45 Rn. 64.

576 BGH v. 14.12.1961, BGHZ 36, 207 (Leitsatz 2); BGH v. 07.02.1983, BGHZ 87, 1 (2 ff.); Scholz-K. Schmidt, § 45 Rn. 64.

577 § 66 Abs. 2 und 3 GmbHG.

terminderheiten auf, deren Geltendmachung an bestimmte Mindestbeteiligungen geknüpft ist[578].

a) Geltendmachung von Ersatzansprüchen

Der Aktiengesellschaft können aus den unterschiedlichen Gründen Ersatzansprüche zustehen. Hierfür kommen in Betracht Ansprüche aus der Gründung[579] gegen die Gründer[580], den Vorstand und Aufsichtsrat[581] oder andere Verantwortliche[582], Ansprüche aus der Geschäftsführung gegen die Verwaltung sowie Ansprüche nach § 117 AktG. Die Geltendmachung dieser Ansprüche kann von einer Minderheit, deren Anteile zusammen den zehnten Teil des Grundkapitals erreichen, verlangt werden.

b) Entlastung des Vorstands

Eine Minderheit, deren Anteile zusammen den zehnten Teil des Grundkapitals oder den anteiligen Betrag von EUR 1 Mio. erreichen, hat das Recht, über die Entlastung eines einzelnen Mitglieds des Vorstands gesondert abstimmen[583].

c) Aufsichtsratswahl

Ebenso steht einer Minderheit, deren Anteile zusammen den zehnten Teil des vertretenen Grundkapitals erreichen, das Recht zu, die bevorzugte Abstimmung über einen Aktionärsvorschlag zur Aufsichtsratswahl zu verlangen[584].

d) Bestellung eines Abwicklers

Im Fall der Abwicklung der Aktiengesellschaft[585] kann eine Minderheit, deren Anteile zusammen den zwanzigsten Teil des Grundkapitals oder den an-

---

[578] Siehe die Übersicht in MüHdb/AG-Semler, Anh. § 42, Teil I bis III (S. 590 ff.), auf der Grundlage von Lehmann, AG 1983, 113 (117 ff.). K. Schmidt, S. 469, spricht in diesem Zusammenhang von „Minderheitsrechten im technischen Sinne".

[579] Dies gilt auch für die Nachgründung, § 53 AktG.

[580] § 46 Abs. 1 AktG.

[581] § 48 AktG.

[582] § 47 AktG.

[583] § 120 Abs. 1 S. 2 AktG.

[584] § 137 AktG.

[585] §§ 264 ff. AktG.

teiligen Betrag in Höhe von EUR 500.000 erreichen, verlangen, dass das Gericht die Abwickler bestellt und abberuft. Voraussetzung hierfür ist allerdings das Vorliegen eines wichtigen Grundes[586]. Eine ähnliche Vorschrift gibt es – wie oben bereits angedeutet – auch im GmbH-Recht. Dort können im Falle der Liquidation der Gesellschaft Gesellschafter, deren Geschäftsanteile zusammen mindestens dem zehnten Teil des Stammkapitals entsprechen, die Bestellung und Abberufung der Liquidatoren durch das Gericht erreichen[587].

e) Zwischenergebnis

In einzelnen Belangen kann eine Aktionärsminderheit, die in der Regel über den zehnten Teil, teilweise aber auch nur über den zwanzigsten Teil des Grundkapitals verfügt, besondere Gestaltungsrechte geltend machen. Diese betreffen regelmäßig Personalfragen, insbesondere das Verhältnis der Gesellschaft bzw. Hauptversammlung zu Vorstands- und Aufsichtsratsmitgliedern.

4. „Organschaftlicher" Minderheitenschutz

Teilweise wird in der Literatur in Ergänzung zu den bereits behandelten Aspekten des Minderheitenschutzes in Anlehnung an das amerikanische Gesellschaftsrecht ein „organschaftlicher" Minderheitenschutz diskutiert[588]. Hierunter wird ein Schutz verstanden, der durch besondere Organe oder Organmitglieder ausgeübt wird, die als solche die Minderheit repräsentieren und damit dem Schutz der Minderheit verpflichtet sind[589]. Praktisch könnte eine solche Repräsentation etwa durch Anwendung des Verhältniswahlrechts oder des im amerikanischen Recht hierzu bestimmten *cumulative voting*[590] bei der Besetzung der Organe der Gesellschaften geschehen. Damit wäre sicher gestellt, dass die Minderheit ihre Interessen jederzeit vortragen kann[591]. In den untersuchten Rechtsordnungen sind solche Organe bzw. Organmitglieder jedoch

---

586 § 265 Abs. 3 AktG.

587 § 66 Abs. 2 und 3 GmbHG.

588 Siehe Semler, AnwBl 1991, 440 (443); K. Schmidt, S. 470.

589 K. Schmidt, S. 470.

590 Hierzu Hamilton, S. 491. Beim *cumulative voting* hat beispielsweise bei der Besetzung mehrerer Posten oder Ämter jeder Abstimmungsberechtigte so viele Stimmen, wie es Kandidaten gibt. Indem er alle seine Stimmen auf einen Kandidaten konzentriert, erhöhen sich die Aussichten, diesen Kandidaten durchzusetzen, erheblich.

591 Wiedemann, S. 422.

unbekannt. Zwar ist auch der Aufsichtsrat einer AG dem Gesellschaftsinteresse verpflichtet und kann daher im Interesse einer Aktionärsminderheit tätig werden. Er wird jedoch nicht speziell im Interesse der Minderheit tätig, sondern seine Aufgaben können sich lediglich mit den Interessen der Minderheit decken. Vorschläge für einen organschaftlichen Minderheitenschutz sind in das geltende Aktiengesetz nicht aufgenommen worden[592]. Ähnlich verhält es sich im englischen und französischen Recht, wo es eigene, dem Minderheitenschutz verpflichtete Organe und Organmitglieder nicht gibt.

II. Länderbericht England

1. Minderheitenschutz durch Mitentscheidung

a) Partnerships

In der englischen *partnership* haben ebenfalls alle persönlich haftenden Gesellschafter das Recht, bei der Geschäftsführung mitzuwirken[593]. Eine korrespondierende Pflicht zur Mitwirkung gibt es dagegen nicht[594]. Einzelne Gesellschafter können durch ausdrückliche oder konkludente Vereinbarung von der Geschäftsführung ausgeschlossen werden[595]. Soweit ein Gesellschafter zur Geschäftsführung befugt ist, kann er seinen Widerspruch gegen Maßnahmen der übrigen Gesellschafter erheben[596]. Jeder Partner vertritt auch die *partnership* und die anderen Partner im Rahmen des üblichen Geschäftsverkehrs nach außen[597]. Dies ist für die LLP gleichermaßen geregelt[598]. Auch von der Vertretung können einzelne Partner durch Vereinbarung unter den Gesellschaftern ausgeschlossen werden. Im Außenverhältnis hat eine solche Begrenzung allerdings nur Wirkung, wenn der Dritte von der Begrenzung der Vertretungsmacht Kenntnis hat[599]. Ein *limited partner* hat dagegen kein Recht zur Geschäftsführung und Vertretung, sondern ist ausdrücklich von ihr ausgeschlossen[600]. Ebenso wenig hat er ein Recht, bei Entscheidungen der

---

592 Fischer, NJW 1958, 1265 ff.

593 Sec. 24(5) PA.

594 Henry in Ward v. Newalls Insulation Co Ltd, T.L.R. 1998, 131.

595 Lindley & Banks, Rn. 15-03 (S. 478).

596 Morse, S. 140.

597 Sec. 5 PA.

598 Sec. 6(1) LLPA.

599 Lindley & Banks, Rn. 12-02 ff. (S. 299 ff.) und Rn. 12-147 (S. 357).

600 Sec. 6(1) LPA.

general partners konsultiert zu werden[601]. Dies gilt sogar bei der Aufnahme neuer Partner[602].

b) Companies

Die Geschäfte der *companies* werden von einem extra bestellten Organ, dem *board of directors*, geleitet. Das Verhältnis zwischen *directors* und *shareholders* ist nach dem *common law* grundsätzlich von einer strengen Aufgabentrennung geprägt.

(1) Kompetenzverteilung

Im Allgemeinen werden die Kompetenzen der *directors* in den *Articles* festgelegt[603]. Diejenigen Kompetenzen, die nicht den *directors* zugewiesen werden, werden von den Gesellschaftern wahrgenommen. Diese üben ihre Kompetenzen im Beschlusswege auf den Hauptversammlungen aus[604]. In der Praxis werden den *directors* regelmäßig umfassende Geschäftsführungsrechte zugewiesen[605]. Diese strenge Aufgaben- und Kompetenztrennung im angloamerikanischen Rechtskreis wird häufig unter dem Stichwort „*separation of ownership and control*" zusammengefasst[606]. Ist den *directors* die Geschäftsführungskompetenz umfassend zugewiesen, sind die Gesellschafter von der Geschäftsführung grundsätzlich ausgeschlossen. Daher haben *directors* das Recht, einfache Beschlüsse der Gesellschafterversammlung nicht auszuführen, denn:

> „The directors are not servants to obey directions given by the shareholders."[607]

Eine Einmischung wird nur ausnahmsweise von den Gerichten hingenommen, wenn sie zur Wahrung der Interessen der Gesellschaft erforderlich er-

---

601 Sec. 6(5)(a) LPA.

602 Sec. 6(5)(d) LPA.

603 Charlesworth & Morse, S. 249.

604 Dazu Stirling in Re London and New York Investment Corporation, Ch. 1895 (2), 860 (868 ff.).

605 Pennington, S. 91.10-53; vgl. Art. 70 *Table A*.

606 Eingehend Boyle and Birds, Kap. 11.2 (S. 345 f.).

607 Buckley in The Gramophone and Typewriter, Limited v. Stanley, K.B. 1908 (2), 89 (105 f.); siehe auch Collins in Automatic Self-Cleansing Filter Syndicate Company, Limited v. Cuninghame, Ch. 1906 (2), 34 (42); Greer in John Shaw and Sons (Salford), Limited v. Shaw, K.B. 1935 (2), 113 (134).

scheint[608] oder wenn der *Board* wegen Stimmengleichheit oder aus anderen Gründen entscheidungs- bzw. handlungsunfähig ist[609]. Abgesehen von einzelnen gesetzlich geregelten Fällen, in denen Handlungen der *directors* der Zustimmung der Gesellschafterversammlung bedürfen, sind direkte Einflussnahmemöglichkeiten der Gesellschafter auf die Geschäftsführer damit begrenzt. Diese dem *common law* entsprechende Rechtslage ist allerdings durch die *model articles* gemäß *Tabel A* modifiziert worden. Nach Art. 70 *Table A* kann die Gesellschafterversammlung den *directors* aufgrund einer *special resolution* Weisungen erteilen, die Regelungen in den *Articles* vorgehen[610].

Die Modalitäten der Bestellung der *directors* sind regelmäßig in den *Articles* geregelt. Üblicherweise können die Gesellschafter Einfluss auf den *board of directors* ausüben, indem auf der Gesellschafterversammlung jedes Jahr ein Drittel der *directors* durch Beschluss der Gesellschafterversammlung bestellt wird[611]. Eine Minderheit hat in diesem Zusammenhang keine besonderen Rechte, sondern ist an die Mehrheitsentscheidung gebunden. Das Gleiche gilt für die Entlassung[612].

(2) Schutzwirkung der objects und ultra vires-Lehre

Die bereits genannte[613] *ultra vires-Lehre*, wonach durch die *objects* die Reichweite der Befugnisse der Gesellschaft und ihrer Vertreter festgelegt und alle Handlungen außerhalb der Reichweite dieser *objects* als nichtig angesehen wurden, wurde von den Gerichten zum Schutz der Anleger und Gläubiger entwickelt[614]. Die Außenwirkung der *ultra vires-Lehre* wurde durch den *Companies Act 1989*[615] praktisch abgeschafft[616]. Nach der nun dominierenden

---

608 Neville in Marshall's Valve Gear Company, Limited v. Manning, Wardle & Co., Limited, Ch 1909 (1), 267 (273 f.).

609 Warrington in Barron v. Potter, Ch. 1914 (1), 895 (902); Hailsham in Alexander Ward & Co Ltd v. Samyang Navigation Co Ltd, All E.R. 1975 (2), 424 (429 f.).

610 In Art. 70 Table A heißt es: „*Subject [...] to any directions given by special resolution, the business of the company shall be managed by the directors [...]. The powers given by this regulation shall not be limited by any special power given to the directors by the articles and a meeting of directors [...] may exercise all powers exercisable by the directors.*"

611 Vgl. artt.73 ff. *Table A*.

612 Sec. 303(1) CA.

613 Siehe oben S. 43.

614 Parker in Cotman v. Brougham, All E.R. Rep. 1918-1919, 265 (269).

615 Siehe die jetzige Fassung der sec. 35, 35A CA.

616 Charlesworth & Morse, S. 51.

gesetzlichen Konzeption steht jedem Gesellschafter ein individuelles Recht zu, die Gerichte in Anspruch zu nehmen, um zu verhindern, dass etwaige Handlungen der *directors* unter Verstoß gegen die *objects clause* vorgenommen werden[617]. Hat die Geschäftsführung bereits gegen ihre Pflicht verstoßen die Bestimmungen der Gesellschaftsverfassung zu beachten, so obliegt es der Gesellschaft selbst, diesen Verstoß zu sanktionieren oder zu billigen. Eine Billigung kann jedoch nur durch *special resolution* erfolgen[618].

(3) Einberufung der Gesellschafterversammlung

Die Gesellschafter sind im Wesentlichen auf die Mitwirkung in den Hauptversammlungen beschränkt. Grundsätzlich ist es die Aufgabe der *directors*, die *ordinary* und *extraordinary general meetings* einzuberufen[619]. Gleichwohl kann eine Gesellschafterminderheit, die mindestens ein Zehntel des eingezahlten Kapitals[620] hält, die *directors* veranlassen, eine außerordentliche Gesellschafterversammlung einzuberufen[621]. Die Aufforderung der Gesellschafterminderheit (*members' requisition*) an die *directors* muss den Gegenstand der verlangten Gesellschafterversammlung benennen[622]. Kommen die *directors* der Aufforderung nicht innerhalb von 21 Tagen nach, hat die ersuchende Gesellschafterminderheit (*requisitionists*) insgesamt oder ein Teil von ihnen, der über eine einfache Mehrheit an Stimmen aller *requisitionists* verfügt, das Recht, die Versammlung selbst einzuberufen[623].

(4) Mitwirkungsrechte in der Gesellschafterversammlung

Einflussreichste Kompetenz der Gesellschafterversammlung ist das bereits erwähnte Recht, die *directors* zu bestellen und abzuberufen. Zudem sind einige Rechte exklusiv den Gesellschaftern vorbehalten. Hierzu zählen eine Änderung der *Articles*[624] oder des *Gesellschaftskapitals*[625]. Grundsätzlich hat

---

617 Sec. 35(2) CA. Dies gilt auch für Maßnahmen des einstweiligen Rechtsschutzes (Langdale in Colman v. The Eastern Counties Railway Company, Beav. 10, 1 (12 ff.)).

618 Sec. 35(3) CA.

619 Vgl. Art. 37 *Table A*.

620 Ist kein *share capital* vorhanden, genügt ein Zehntel der Stimmrechte, sec. 368(2)(b) CA.

621 Sec. 368(1) und (2)(a) CA.

622 Sec. 368(3) CA.

623 Sec. 368(4) CA.

624 Sec. 9 CA.

625 Sec. 121 und 135 CA.

jeder Gesellschafter das Recht, gehört zu werden und zu den Beschlussvorschlägen Stellung zu nehmen[626]. Letzteres ist neben dem Stimmrecht[627] das maßgebliche Mitwirkungsrecht der *shareholders*[628]. Der Vorsitzende kann das Rederecht mit Zustimmung der Mehrheit nur beschneiden, wenn der Tagesordnungspunkt angemessen (*fairly*) diskutiert worden ist[629].

Zudem können Gesellschafter auf die Tagesordnung Einfluss nehmen[630]. Ein solches Recht steht zum einen Gesellschaftern, die über 5 % der Stimmrechte verfügen, oder einer Gesellschaftergruppe von mindestens 100 Gesellschaftern, die über einbezahlte Anteile mit einem Durchschnittswert von GBP 100 pro Gesellschafter verfügen (*requisitionists*), zu. Sie können von der Gesellschaft verlangen, dass diese auf Kosten der *requisitionists* den Text von Beschlussvorschlägen, die Gegenstand der jährlichen Hauptversammlung (*annual general meeting*) sein sollen, an die übrigen Gesellschafter, die zur Hauptversammlung einzuladen sind, aushändigt[631]. Sie können zudem verlangen, dass eine Stellungnahme von höchstens 1.000 Wörtern zu einem Tagesordnungspunkt ebenfalls verteilt wird[632]. Letzteres gilt für alle Hauptversammlungen, also nicht nur für das *annual general meeting*.

Zum anderen kann jeder Gesellschafter zu einem Thema, dass in der Ankündigung zur Hauptversammlung enthalten war, einen bestimmten Beschluss ohne ausdrückliche Ankündigung beantragen[633]. Dies gilt allerdings nicht für die Fälle, in denen die wörtliche Ankündigung vorgeschrieben ist. Letzteres ist der Fall bei *extraordinary resolutions*[634], *special resolutions*[635] oder solchen *resolutions*, die einer besonderen Ankündigung gemäß sec. 379 CA ausdrücklich bedürfen[636]. Entsprechend kann ein Gesellschafter auch eine

---

626 Eldon in Const v. Harris, All E.R. Rep. 1824-1834, 311 (315); siehe auch Wood in Blisset v. Daniel, Hare 10, 493 (530 f.); Parker in The Great Western Railway Co. v. Rushout, De G. & Sm. 5, 290 (310); Lindley in Wall v. London and Northern Assets Corporation, Ch. 1898 (2), 469 (480); Denning in Abbatt v. Treasury Solicitor, All E.R. 1969 (3), 1175 (1177).

627 Boyle & Birds, Kap. 13.19 (S. 412).

628 Boyle & Birds, Kap. 13.12 (S. 404).

629 Lindley in Wall v. London and Northern Assets Corporation, Ch. 1898 (2), 469 (480); Maugham in Carruth v. Imperial Chemical Industries, Limited, A.C. 1937, 707 (767 f.).

630 Charlesworth & Morse, S. 219 f.; Boyle & Birds, Kap. 13.15 (S. 407 f).

631 Sec. 376(1)(a) CA.

632 Sec. 376(1)(b) CA.

633 Wilkinson, S. 194.

634 Sec. 378(1) CA.

635 Sec. 378(2) CA.

636 Siehe sec. 293(5), 303(2), 388(3) CA.

Änderung eines Beschlussvorschlages ohne besondere Ankündigung beantragen, wenn diese Änderung vom Wortlaut der ursprünglichen Ankündigung noch erfasst ist. Ein Recht, eine Abstimmung zu verlangen, besteht sowohl nach den Regeln des *common law*[637] als auch nach den Bestimmungen des CA. Nach sec. 373 CA können fünf stimmberechtigte Gesellschafter, Gesellschafter, die über 10 % der Stimmrechte verfügen, oder Gesellschafter, die über einen Anteilsbesitz in Höhe von 10 % verfügen, zwingend eine Abstimmung zu Angelegenheiten der Gesellschaft verlangen[638].

2. Minderheitenschutz durch Abstimmungsregeln

a) Partnerships

Im englischen Recht der *partnerships* kommt als Regel das Mehrheitsprinzip und nur ausnahmsweise das Einstimmigkeitsprinzip zur Anwendung.

(1) Zulässigkeit von Mehrheitsentscheidungen

Da jeder persönlich haftende Gesellschafter befugt ist, die Geschäfte der *partnership* zu führen[639] und Widerspruch gegen Maßnahmen der übrigen Gesellschafter zu erheben[640], regelt sec. 24(8) PA zum Ausgleich, dass bei etwaigen Differenzen Maßnahmen zur ordentlichen Geschäftsführung („*ordinary matters connected with the partnership business*“) mit einfacher Mehrheit der Gesellschafter beschlossen werden können. Dies gilt auch für die LLP[641]. In der *Limited Partnership* dagegen entscheiden bei Meinungsverschiedenheiten alleine die *general partners*, soweit nur Angelegenheiten der ordentlichen Geschäftsführung betroffen sind[642].

Ausnahmsweise sieht das Gesetz Einstimmigkeit vor. Dies gilt zum einen für eine Änderung der Grundlagen des Unternehmens (*change of nature of the partnership business*)[643], was auch für die LLP gilt[644]. Hieraus wird die

---

637 Dieses Recht ist abdingbar: Brett in R. v. Wimbledon Local Board, Q.B. 8 (1881-1882), 459 (463 f.).

638 Siehe insgesamt Bischoff, S. 144 f.; Gower's, S. 587 ff.

639 Sec. 24(5) PA.

640 Morse, S. 140.

641 Sec. 7(6) LLPR.

642 Sec. 6(5)(a) LPA: „ordinary matters connected with the partnership busines“.

643 Sec. 24(8) PA.

644 Sec. 7(6) LLPR.

allgemeine Regel abgeleitet, dass Grundlagenentscheidungen einstimmig gefasst werden müssen:

> „The distinction is therefore between day-to-day business decisions and the fundamental nature of the business itself [...]. If the matter goes to the fundamental nature of the firm it is equally clear that the implied rule is unanimity.“[645]

Aufgrund der Bestimmung von sec. 24(8) PA wird empfohlen, eine Klausel in den Gesellschaftsvertrag aufzunehmen, in der die Grundlagen der Gesellschaft konkretisiert werden. Für den Minderheitenschutz ist dies bedeutsam, da mit einer solchen Bestimmung die Grenze zwischen Mehrheits- und Einstimmigkeitsprinzip gezogen wird[646]. Zum anderen ist Einstimmigkeit erforderlich für die Aufnahme neuer Gesellschafter[647], was ebenfalls für die LLP gilt[648]. Insgesamt handelt es sich bei den gesetzlichen Regelung in sec. 24 PA um dispositives Recht[649]. Daher kann auch für grundsätzliche Entscheidungen im Sinne von sec. 24(8) PA das Einstimmigkeitsprinzip abbedungen werden[650]. Das gleiche gilt für die Zulassung weiterer Gesellschafter[651]. In *Byrne v. Reid* wurde deshalb sogar eine Klausel für zulässig erachtet, wonach jedem einzelnen Partner das Recht zustand, einen neuen Gesellschafter in die Gesellschaft einzuführen[652]. Eine weitere wichtige Bestimmung, die Einstimmigkeit vorschreibt, ist in sec. 19 PA zu sehen. Darin heißt es:

> „The mutual rights and duties of partners [...] may be varied by the consent of all the partners.“

Hiervon betroffen sind etwa das Recht zur Geschäftsführung und Vertretung. Schließlich kann Einstimmigkeit auch über die gesetzliche Regelung hinaus im *partnership agreement* für bestimmte Beschlussgegenstände vereinbart werden. Dies können üblicherweise Vereinbarungen über einen Rahmen für

---

645 Morse, S. 140 f. Siehe neben der gesetzlichen Bestimmung Eldon in Natusch v. Irving, Coop. temp. Cott. 2, 369 (370 f.); Eldon in Const v. Harris, All E.R. Rep. 1824-1834, 311 (315 f.).

646 Lindley in Lindley & Banks, Rn. 10-28 (S. 180 f.); Tolley, Handbook, Para. 2.4 (S. 10) und Appendix 3: Model Partnership Agreement, cl. 1(1) (S. 415).

647 Sec. 24(7) PA.

648 Sec. 7(5) LLPR.

649 Morse, S. 141 und 148.

650 Morse, S. 141.

651 Morse, S. 148 ff.

652 Der von einem *partner* benannte Sohn wurde deshalb vom Gericht als *partner in equity* zugelassen. Siehe auch Turner in Page v. Cox, Hare 10, 163 (168 ff.).

die Kreditaufnahme, die Anschaffung besonders teurer Güter, Aspekte der Leitungsverfassung der Gesellschaft u.ä. sein[653].

Eingeschränkt sind wiederum die Rechte der *limited partner*. Diese besitzen etwa bei der Aufnahme neuer Partner kein Stimmrecht[654]. Anders ist es dagegen bei grundsätzlichen Fragen, die die Gesellschaft betreffen. Wie bereits angedeutet, reichen die Kompetenzen der *general partner* nur soweit, wie Angelegenheiten der ordentlichen Geschäftsführung betroffen sind[655]. Deshalb sind die *general partner* insbesondere nicht befugt, andere Geschäfte als vereinbart einzugehen oder wesentliche Fragen der Gesellschaftsverfassung alleine zu entscheiden[656].

(2) Verfahrensregeln

Verfahrensregeln über das Zustandekommen von Kollektiventscheidungen enthält der PA nicht. Richterrechtlich etabliert ist lediglich die Anforderung, dass vor Kollektiventscheidungen grundsätzlich jedem Partner die Chance gegeben werden muss, gehört zu werden[657]. Nähere Verfahrensregeln finden sich zudem häufig in den *Partnership Agreements*[658]. In größeren Gesellschaften werden häufig Bestimmungen über die Einberufung einer Gesellschafterversammlung, Quoren, Regeln zur Tagesordnung und ähnliches getroffen[659]. Sofern Entscheidungen auf Gesellschafterversammlungen gefasst werden, setzt ein wirksamer Mehrheitsbeschluss auch ein ordnungsgemäßes Verfahren voraus. Hierzu gehört insbesondere die ordnungsgemäße Einberufung und eine Ladung aller Partner[660]. Ist dies nicht der Fall, sind nach *Lind-*

---

653 Siehe Tolley, Handbook, Para. 2.23 (S. 19), und das Muster für ein *Limited Liability Partnership Agreement* von Young in Tolley, LLP, Appendix 1, sec. 15.8.2 (S. 91).

654 Sec. 6(5)(d) LPA.

655 Sec. 6(5)(a) LPA: „*ordinary matters connected with the partnership busines*".

656 Lindley & Banks, Rn. 31-03 (S. 890).

657 Eldon in Const v. Harris, All E.R. Rep. 1824-1834, 311 (315); siehe auch Wood in Blisset v. Daniel, Hare 10, 493 (530 f.); Parker in The Great Western Railway Co. v. Rushout, De G. & Sm. 5, 290 (310); Lindley in Wall v. London and Northern Assets Corporation, Ch. 1898 (2), 469 (480); Denning in Abbatt v. Treasury Solicitor, All E.R. 1969 (3), 1175 (1177).

658 Lindley & Banks, Rn. 10-82 (S. 203).

659 Lindley & Banks, Rn. 10-86 (S. 205).

660 Chitty in Re London and Southern Counties Freehold Land Company, Ch. 31 (1886), 223 (225); Sterndale in Young v. Ladies' Imperial Club, Limited, K.B. 1920 (2), 523 (526 ff.); Romer in Knowles v. Zoological Society of London, W.L.R. 1959 (1), 823 (833 f.). Zur Geltung dieser überwiegend aus dem Recht der *companies* stammenden Grundsätze auch für *partnerships* siehe Lindley & Banks, Rn. 15-09 (S. 481).

ley & Banks die gefassten Beschlüsse zwingend unwirksam und zwar auch dann, wenn sich der Verfahrensfehler auf das Beschlussergebnis nicht ausgewirkt hat[661]. Unter Berücksichtigung der zum Recht der *companies* ergangenen Rechtsprechung[662] ist allerdings anzunehmen, dass Abweichungen vom vorgesehenen Verfahren jedenfalls dann unbeachtlich sind, wenn der Beschluss einstimmig gefasst wird.

Im Zusammenhang mit dem Ausschluss von Gesellschaftern müssen neben der Erfüllung der in der Ausschlussklausel genannten Voraussetzungen auch *rules of natural justice*[663] beachtet werden. Daraus ergibt sich das Erfordernis, dem auszuschließenden Gesellschafter den Grund für den Ausschluss mitzuteilen und ihm Gehör zu bieten[664]. Zweifel an der generellen Anwendbarkeit dieser aus dem Justizverfahren stammenden Grundsätze ergeben sich allerdings aus zwei anderen Entscheidungen. In *Green v. Howell*[665] und *Peyton v. Mindham*[666] wurde die Nichtbeachtung der genannten Grundsätze als unschädlich erachtet, da der Ausschluss zum Wohle der Gesellschaft unter Beachtung von Treu und Glauben erfolgt ist[667].

b) Companies

(1) Zulässigkeit von Mehrheitsentscheidungen

Im Recht der *companies* herrscht – anders als bei den *partnerships* – uneingeschränkt das Mehrheitsprinzip. Beschlüsse der Gesellschafter werden grundsätzlich mit einfacher Mehrheit (*ordinary resolutions*) gefasst[668]. Per Gesetz oder satzungsmäßig kann aber vorgesehen sein, dass Beschlüsse mit drei Vierteln der vertretenen Gesellschafter (*extraordinary resolutions*)[669] oder zusätzlich noch unter Beachtung einer 21-tägigen Ladungsfrist (*special*

---

661 Lindley & Banks, Rn. 15-09 (S. 481) unter Berufung auf die in der vorangegangenen Fußnote genannten Fälle.

662 Buckley in Re Duomatic Ltd., Ch. 1969 (2), 365 (373); Wheeler in Cane v. Jones, W.L.R. 1980 (1), 1451 (1459 f.); einschränkend Nourse in Re Barry Artist Ltd., W.L.R. 1985 (1), 1305 (1306).

663 Allgemeine Rechtsgrundsätze, „Naturrecht".

664 Romer in Barnes v. Youngs, Ch. 1898 (1), 414 (418).

665 Ch. 1910 (1), 495.

666 All E.R. 1971 (3), 1215.

667 Ausdrücklich gegen Romer in Barnes v. Youngs siehe Buckley in Green v. Howell, Ch. 1910 (1), 495 (511 f.).

668 Russell in Bushell v. Faith, All E.R. 1969 (1), 1002 (1004).

669 Sec. 378(1) CA.

resolutions)[670] gefasst werden müssen. Wichtigste Beispiele für solche qualifizierten Mehrheitserfordernisse sind die Änderung des Memorandums[671] und der *Articles*[672], die eine *special resolution* erfordern. Ebenfalls nur mittels einer *special resolution* kann die Auflösung (*voluntary winding-up*) der Gesellschaft beschlossen werden[673]. Daneben können weitere Beschränkungen bestehen. Die ursprüngliche Regelung, wonach eine Änderung der *objects* nur ganz ausnahmsweise möglich war, gilt allerdings nicht mehr[674]. Eine Änderung des *Memorandums* ist dagegen – anders als eine Änderung der *Articles* – nur in den gesetzlichen genannten Fällen zulässig ist[675].

Wie gerade erwähnt, kann die Gesellschaft ihr *Memorandum* in den gesetzlich genannten Fällen durch *special resolutions* ändern. Eine Änderung ist jedoch dann für einen Gesellschafter ohne dessen Zustimmung nicht verbindlich, wenn dieser durch die Änderung verpflichtet wird, seine Beteiligung zu erhöhen[676], oder auf sonstige Weise nachträglich belastet wird[677]. Darüber hinaus können sich Minderheitsgesellschafter nach sec. 5 CA gegen jede sonstige Änderung des *Memorandums* wehren, indem sie die gerichtliche Überprüfung der Änderung veranlassen. Dieses Recht wird im Zusammenhang mit der materiellen Beschlusskontrolle näher erörtert. Ähnliches gilt für die Änderungen von *class rights* nach sec. 127 CA. Ausnahmsweise ist für Beschlüsse Einstimmigkeit erforderlich und zwar dann, wenn von dem vorgeschriebenen Verfahren abgewichen werden soll[678].

Schließlich zählt das Gesetz einzelne Fälle auf, in denen eine bestimmte Gesellschafterminderheit eine Beschlussfassung verhindern kann. Nach sec. 157 CA kann eine 10 %-ige Minderheit eine *special resolution* im Zusammenhang mit dem Ankauf eigener *shares* zu Fall bringen; ein ähnliches Recht steht jedem Mitglied gemäß sec. 176 CA zu. Nach sec. 54 CA können sich eine 5 %-ige Minderheit oder mindestens 50 Mitglieder gegen eine *special resolution* für die *re-registration* einer *public company* als *private company* wehren.

---

670 Sec. 378(2) CA.

671 Sec. 4(1) CA.

672 Sec. 9 CA.

673 Sec. 84(1)(b) IA. Eine einfache *resolution* reicht allerdings dann aus, wenn die Gesellschaft nur für eine bestimmte Zeit eingegangen ist, sec. 84(1)(a) IA.

674 Vgl. Charlesworth & Morse, S. 51.

675 Sec. 2(7) CA 1985.

676 Sec. 16(1)(a) CA.

677 Sec. 16(1)(b) CA.

678 Wheeler in Cane v. Jones, W.L.R. 1980 (1), 1451 (1459 f.).

(2) *Verfahrensregeln*

Das Verfahren zur Durchführung von Gesellschafterversammlungen und zur Beschlussfassung wird häufig in den *Articles* geregelt. Nachfolgend wird daher neben dem CA auf die *model articles* gemäß *Table A* Bezug genommen[679]. Die Gesellschafterversammlung wird in der Regel durch die *directors* einberufen[680]. Grundsätzlich ist eine Ladungsfrist von 21 Tagen zu beachten[681]. Die Ladung muss Ort und Zeit sowie den Gegenstand der Versammlung benennen[682]. Die Vorschläge zu bestimmten Beschlüssen müssen im vorhinein bekannt gegeben werden[683]. Hierzu gehören insbesondere *extraordinary* und *special resolutions*[684]. *Special resolutions* können anschließend nur so verabschiedet werden, wie sie angekündigt worden sind[685]. Werden die Vorschriften über die Ladungen und Bekanntmachungen nicht eingehalten, sind die betroffenen Beschlüsse grundsätzlich unwirksam[686]. Da diese Bestimmungen dem Informationsbedürfnis und damit dem Schutz von Minderheiten dienen[687], sind Abweichungen vom vorgesehenen Verfahren dann nicht zu beachten, wenn der Beschluss einstimmig gefasst wird[688]. Ebenso unbeachtlich ist ein Verfahrensfehler dann, wenn bei einer neuen Beschlussfassung unter Beachtung der Verfahrensvorschriften unausweichlich dasselbe Ergebnis herauskäme[689]. Verfahrensfehler sind demnach nur dann beachtlich, wenn sie sich im Beschlussergebnis widerspiegeln.

---

679 Zu *Table A* siehe oben S. 72 (insbesondere Fn. 303).

680 Art. 37 *Table A*.

681 Sec. 369(1)(a) CA, Art. 38 *Table A*. Ausnahmsweise reicht eine Ladungsfrist von 14 Tagen: sec. 369(1)(b) CA, Art. 38 S. 2 *Table A*.

682 Art. 38 S. 3 *Table A*.

683 Siehe sec. 379(1) CA.

684 Wilkinson, S. 192. Im Übrigen ist eine besondere Ankündigung erforderlich bei der Abberufung eines *directors* (sec. 303(2) CA), bei der Berufung eines *directors* jenseits der vorgesehenen Altersgrenze (sec.293(5) CA) sowie bei der Berufung von Wirtschaftsprüfern nach Maßgabe der sec. 388(3) CA.

685 Slade in Re Moorgate Mercantile Holdings Ltd., W.L.R. 1980 (1), 227 (231 f.).

686 Lindley in Kaye v. Croydon Tramways Company, Ch. 1898 (1), 358 (369 f.); vgl. auch sec. 379(1) CA.

687 Wilkinson, S. 197.

688 Buckley in Re Duomatic Ltd., Ch. 1969 (2), 365 (373); Wheeler in Cane v. Jones, W.L.R. 1980 (1), 1451 (1459 f.); einschränkend Nourse in Re Barry Artist Ltd., W.L.R. 1985 (1), 1305 (1306).

689 Plowman in Bentley-Stevens v. Jones, W.L.R. 1974 (1), 638 (640 f.).

3. Minderheitenschutz durch besondere Gestaltungsrechte

Weitere ausdrückliche Minderheitsrechte finden sich nur ausnahmsweise und zwar – neben den bereits zuvor genannten Rechten zur Gestaltung der Gesellschafterversammlung[690] – im Zusammenhang mit besonderen Gestaltungsrechten. So können eine Minderheit, die zusammen über 15 % des Nominalwertes der ausgegeben Anteile der Gesellschaft verfügt, oder – wenn kein *share capital* vorhanden ist – 15 % der Mitglieder die gerichtliche Überprüfung einer Änderung des *Memorandums* beantragen[691]. Das gleiche gilt bei der Änderung von *class rights* für eine Minderheit, die zusammen über 15 % der ausgegebenen Anteile der betroffenen Gruppe (*class*) von *shareholders* verfügt[692]. Schließlich kann nach sec. 122 IA ein Mitglied die Auflösung der Gesellschaft betreiben.

III. Länderbericht Frankreich

1. Minderheitenschutz durch Mitentscheidung

a) Sociétés de personnes

Im französischen Recht sind die *sociétés de personnes* (S.Civ., S.N.C., S.C.S.) nach dem gesetzlichen Leitbild körperschaftlicher strukturiert als die deutschen Personengesellschaften oder die englischen *partnerships*. Sie haben eine eigene Rechtspersönlichkeit und die Geschäfte können von einem Geschäftsführer (*gérant*) geführt werden, der nicht notwendig Gesellschafter sein muss[693]. Dies ist für die formale Ausgestaltung der Gesellschafterbeteiligung von Bedeutung.

(1) Kompetenzverteilung in den Personengesellschaften

Bei allen Personengesellschaften führt der *gérant* die Geschäfte und vertritt die Gesellschaft nach außen[694]. Er kann alle Geschäftsführungsmaßnahmen

---

690 Siehe oben S. 109 ff.

691 Sec. 5(2) CA.

692 Sec. 127(2) CA.

693 Für die *Société Civile*: Art. 1846 CC; für die S.N.C.: Art. L. 221-3 CCom. Lediglich der *commanditaire* der S.C.S. ist von der Geschäftsführung und sonstigen Einflussnahmen auf die Geschäftsführung ausgeschlossen, Art. L. 222-6 CCom.

694 Für die *Société Civile*: Art. 1849 CC; für die S.N.C. und S.C.S.: L. 221-5 CCom.

vornehmen, die im Interesse der Gesellschaft liegen[695]. Nach außen verpflichtet er die Gesellschaft, soweit die Rechtsgeschäfte dem Gesellschaftsgegenstand entsprechen:

> „Dans les rapports avec les tiers, le gérant engage la société par les actes entrant dans l'objet social."[696]

Im Innenverhältnis können die Befugnisse des *gérant* durch die Satzung beschränkt werden[697]. Zudem steht im Innenverhältnis jedem *gérant* auch ein Widerspruchsrecht gegenüber Rechtsgeschäften der übrigen *gérants* zu[698].

Bei der S.Civ. erfolgt die Bestellung des *gérant* – sofern nicht bereits durch die Statuten oder durch Vertrag festgelegt – durch Beschluss der Gesellschafter. Erforderlich für den Beschluss ist die absolute Mehrheit bezogen auf die Gesellschaftsanteile[699]. Die Bestellung kann somit auch gegen den Willen eines Minderheitsgesellschafters erfolgen. Ist kein *gérant* bestellt, hat jeder Gesellschafter das Recht, den Präsidenten des *tribunal de commerce* (Handelsgerichts) anzurufen. Dessen Aufgabe ist es dann, eine Gesellschafterversammlung einzuberufen, die wiederum einen *gérant* ernennen soll[700].

Mangels anderslautender Bestimmungen im Gesellschaftsvertrag kann der *gérant* durch einen Gesellschafterbeschluss, der mit einer Mehrheit bezogen auf die Gesellschaftsanteile gefasst wird, abberufen werden[701]. Ist der abberufene Geschäftsführer Gesellschafter, steht ihm ausdrücklich das Recht zu, sich aus der Gesellschaft gegen eine Abfindung zurückzuziehen, ohne dass die Gesellschaft notwendig aufgelöst wird[702].

Im Unterschied zur S.Civ. sind bei den Personenhandelsgesellschaften (S.N.C. und S.C.S.), wenn ein *gérant* nicht extra bestellt ist, alle persönlich haftenden Gesellschafter *gérants*[703]. Wird ein *gérant* von den Gesellschaftern bestellt, so bedarf ein solcher Beschluss mangels abweichender Vereinbarung in den Statuten der Einstimmigkeit[704]. Ein *commanditaire* ist von der Geschäftsführung allerdings grundsätzlich ausgeschlossen. Eine solche Befugnis

---

695 Art. 1848 Abs. 1 CC (*Société Civile*); Art. L. 221-4 Abs. 1 CCom (S.N.C. und S.C.S.).

696 Art. 1849 Abs. 1 CC; Art. L. 221-5 Abs. 1 CCom.

697 Artt. L. 221-4 Abs. 1, L. 221-5 Abs. 3 CCom.

698 Art. 1849 Abs. 2 CC; Art. L. 221-4 Abs. 2 CCom.

699 Art. 1846 Abs. 3 CC.

700 Art. 1846 Abs. 5 CC.

701 Art. 1851 Abs. 1 S. 1 CC.

702 Art. 1851 Abs. 3 CC.

703 Art. L. 221-3 Abs. 1 CCom.

704 Art. L. 221-6 Abs. 1 CCom.

kann ihm auch nicht in Form rechtsgeschäftlicher Vertretungsmacht übertragen werden[705]. Bei Zuwiderhandlungen haftet der *commanditaire* wie ein *commandité* für die vorgenommenen Rechtsgeschäfte[706].

(2) Sonstige Mitwirkungsrechte

Die Gesellschafter können die Befugnisse der *gérants* im Innenverhältnis durch Satzungsbestimmungen beschränken und sich damit einen originären Kompetenzbereich auch in Fragen der Geschäftsführung erhalten[707]. Beschlüsse zu solchen Kompetenzen, die dem Zuständigkeitsbereich der *gérants* auf diese Weise oder gesetzlich entzogen sind, obliegen den Gesellschaftern, die diese regelmäßig in Gesellschafterversammlungen fassen[708]. Alternativ kann eine schriftliche Beschlussfassung außerhalb einer Versammlung der Gesellschafter vorgesehen sein. Bei den Personenhandelsgesellschaften hat allerdings jeder persönlich haftende Gesellschafter das Recht, die Beschlussfassung innerhalb der Versammlung zu verlangen[709]. Bei der S.C.S. steht dieses Recht auch einer Minderheit der *commanditaires* zu, die ein Viertel der Anzahl der *commanditaires* und ein Viertel des von ihnen gehaltenen Kapitals repräsentieren[710].

b) Sociétés de capitaux

Geschäftsführung und Vertretung der S.A. und der S.A.R.L. obliegen den dafür bestimmten Organen, d.h. bei der S.A.R.L. dem oder den *gérant(s)*, bei der S.A. dem *conseil d'administration* bzw. dem *directoire.*

(1) Kompetenzverteilung

Bezüglich der Befugnisse des Geschäftsführers der S.A.R.L. verweist das Gesetz – wenn nicht in den Statuten etwas anderes vereinbart ist – auf die Befugnisse des Geschäftsführers in der S.N.C.[711] Im Verhältnis zu Dritten

705 Art. L. 222-6 Abs. 1 CCom.

706 Art. L. 222-6 Abs. 2 CCom.

707 Art. 1849 Abs. 3 CC; Artt. L. 221-4 Abs. 1 CCom..

708 Art. 1853 CC; Art. L. 221-6 CCom.

709 Art. L. 221-6 Abs. 2 CCom.

710 Art. L. 225 S. 2 CCom.

711 Art. L. 223-18 Abs. 4.

kann der Geschäftsführer die Gesellschaft umfassend vertreten[712]. Entscheidungen, die die Befugnisse der Geschäftsführung übersteigen, werden von der Gesellschafterversammlung grundsätzlich mit einfacher Mehrheit bezogen auf die Geschäftsanteile getroffen[713]. Satzungsänderungen bedürfen dagegen einer Mehrheit von drei Vierteln der Geschäftsanteile[714]. Die *gérants* werden von den Gesellschaftern in der Satzung oder durch Beschluss benannt[715].

Die Befugnisse des Geschäftsführungs- und Vertretungsorgans der S.A. sind umfassender[716]. Etwaige sich aus dem *objet social* ergebende Beschränkungen können Dritten nicht entgegen gehalten werden, es sei denn, diese sind nicht gutgläubig[717]. Die Aufgabentrennung zwischen den Organen der S.A. ist restriktiv: Einzelne Organe dürfen nicht in die einem anderen Organ zugewiesenen Kompetenzen eingreifen[718].

Die Gesellschafter können auf die Gesellschaft zum einen also durch die Benennung der Geschäftsführungsorgane Einfluss nehmen. Des weiteren sind über Angelegenheiten der Gesellschaften, die über die Kompetenzen der Geschäftsführungsorgane hinausgehen, Beschlüsse der Gesellschafter zu fassen. Im Übrigen gibt es ein Weisungsrecht, wie es den Gesellschaftern im deutschen GmbH-Recht gegenüber den Geschäftsführern zusteht, im französischen Recht nicht[719].

(2) Mitwirkungsrechte in den Gesellschafterversammlungen

Die maßgebliche Mitwirkung der Gesellschafter, insbesondere also derjenigen Gesellschafter, die nicht Geschäftsführer sind, erfolgt demnach durch Beschlussfassung in den Gesellschafterversammlungen. Bei der S.A.R.L. kann allerdings in der Satzung – abgesehen von der jährlichen Hauptversammlung über die Rechnungslegung – statt der Beschlussfassung in den Ge-

---

712 Art. L. 223-18 Abs. 5 CCom.

713 Art. L. 223-29 Abs. 1 CCom.

714 Art. L. 223-30 Abs. 2 CCom. Für die Umwandlung der Gesellschaft in eine S.N.C., eine S.C.S. oder eine S.C.A. ist Einstimmigkeit erforderlich (Art. L. 223-43 Abs. 1 CCom).

715 Art. L. 223-18 Abs. 2 S. 2 CCom.

716 Art. L. 225-35 CCom (S.A. mit *conseil d'administration*) bzw. Art. L. 225-64 CCom (S.A. mit *directoire*).

717 Art. L. 225-35 Abs. 2 CCom bzw. Art. L. 225-64 Abs. 2 CCom.

718 Cass.civ. v. 04.06.1946 (Teinture), J.C.P. 1947 (II), 3518; Bastian/Germain, S. 30.10-35.

719 Cass.civ. v. 04.06.1946 (Teinture), J.C.P. 1947 (II), 3518.

sellschafterversammlungen eine schriftliche Beschlussfassung außerhalb von Versammlungen vorgesehen sein[720].

Gesellschafterversammlungen der S.A.R.L. werden grundsätzlich durch den *gérant* einberufen[721]. Ein oder mehrere Gesellschafter können jedoch gemäß Art. L. 223-27 Abs. 3 S. 1 CCom die Einberufung der Gesellschafterversammlung verlangen, wenn sie die Hälfte des Kapitals darstellen oder ein Viertel der Mitgliederzahl und des Kapitals repräsentieren. Diese Vorschrift ist zwingend[722]. Schließlich kann jeder Gesellschafter die gerichtliche Bestellung eines Bevollmächtigten zur Einberufung der Versammlung und Festlegung der Tagesordnung verlangen[723]. Im Übrigen ist für die S.A.R.L. gesetzlich nicht vorgesehen, dass einzelne Gesellschafter die Aufnahme von Beschlussvorschlägen in die Tagesordnung verlangen können[724].

Beschlüsse der Aktionäre der S.A. werden immer in der Hauptversammlung gefasst. Diese werden grundsätzlich vom *conseil d'administration* oder vom *directoire* einberufen[725]. Für den Fall, dass eine Hauptversammlung nicht von den genannten Organen einberufen wird, sieht Art. L. 225-103 Nr. II CCom Regelungen für die Einberufung durch andere Organe vor. Für den Minderheitenschutz von Bedeutung sind die Möglichkeiten der Einberufung durch den *commissaire aux compte*[726] oder durch einen gerichtlich Beauftragten (*mandataire en justice*), wenn ein oder mehrere Aktionäre, die über mindestens 5 %[727] des Gesellschaftskapitals verfügen, dies verlangen oder wenn ein Aktionärszusammenschluss (*association d'actionnaires*) dies verlangt, der die Bedingungen nach Art. L. 225-120 CCom erfüllt[728].

Die Tagesordnung der Hauptversammlung wird regelmäßig von demjenigen bestimmt, der sie einberuft[729]. Jedoch können ein oder mehrere Aktionäre, die über mindestens 5 % des Gesellschaftskapitals verfügen, oder ein Aktionärszusammenschluss (*association d'actionnaires*), der die Bedingun-

---

720 Art. L. 223-27 Abs. 1 S. 2 CCom.

721 Art. L. 223-27 Abs. 2 S. 2 CCom; siehe auch Art. 38 Abs. 1 D.67-236. Mangels *gérant* erfolgt die Einberufung – falls vorhanden – durch den *commissaire aux compte*.

722 Art. L. 223-27 Abs. 3 S. 2 CCom.

723 Art. L. 223-27 Abs. 4 CCom.

724 Chartier, S.375 f.

725 Art. L. 225-103 Nr. I CCom.

726 Art. L. 225-103 Nr. II-1 CCom.

727 Geändert durch Gesetz Nr. 2001-420 vom 15. Mai 2001.

728 Art. L. 225-103 Nr. II-2 CCom.

729 Art. L. 225-105 Abs. 1 CCom.

gen nach Art. L. 225-120 CCom erfüllt, die Aufnahme des Entwurfs eines Beschlussvorschlages in die Tagesordnung verlangen[730].

Hinsichtlich der S.C.A. ist hervorzuheben, dass die *gérants* mittels einfacher Mehrheit der Hauptversammlung der Aktionäre sowie der Zustimmung aller commandités bestimmt werden[731]. Hier treffen sich demnach jeweils unveränderte Elemente des Personen- und Kapitalgesellschaftsrechts.

2. Minderheitenschutz durch Abstimmungsregeln

Nach der gesetzlichen Konzeption findet im französischen Personengesellschaftsrecht grundsätzlich das Einstimmigkeitsprinzip Anwendung. Im Kapitalgesellschaftsrecht herrscht dagegen das Mehrheitsprinzip[732].

a) Sociétés de personnes

(1) Zulässigkeit von Mehrheitsentscheidungen

Entscheidungen über Angelegenheiten, die jenseits der Zuständigkeit des Geschäftsführers liegen, werden bei der S.Civ. und der S.N.C. nach der gesetzlichen Regelung durch einstimmige Beschlüsse der Gesellschafter gefasst[733]. Mehrheitsentscheidungen können im Gesellschaftsvertrag vorgesehen werden[734]. Für die S.C.S. können Regelungen über die Beschlussfassung einfacher Entscheidungen (*décisions ordinaire*) im Gesellschaftsvertrag frei vereinbart werden. Änderungen der Statuten bedürfen aber grundsätzlich zusätzlich zur Einstimmigkeit unter den *commandités* der einfachen Mehrheit der *commanditaires* bezogen sowohl auf die Anzahl der Gesellschafter als auch auf das Kapital[735].

Ungeachtet der Vereinbarung des Mehrheitsprinzips müssen in den Personenhandelsgesellschaften bestimmte Entscheidungen ausnahmslos einstimmig getroffen werden. Dazu gehören die Abberufung eines *gérant*, wenn alle Gesellschafter *gérants* sind oder wenn der abzuberufende Gesellschafter in den Statuten als *gérant* genannt ist[736] sowie der darauffolgende Beschluss,

---

730 Art. L. 225-105 Abs. 2 CCom.

731 Art. L. 226-2 Abs. 2 CCom.

732 Siehe die Übersicht bei Solle, Rev.jur.comm. 35 (1991), Numéro Spécial, S. 40 ff.

733 Art. 1852 CC; Art. L. 221-6 Abs. 1 CCom.

734 Art. 1852 CC; Art. L. 221-6 Abs. 1 CCom.

735 Art. L. 222-9 Abs. 2 CCom.

736 Art. L. 221-12 Abs. 1 S. 1 CCom.

dass die Gesellschaft fortgeführt werden soll[737]. Daneben sind auch die Zustimmung zur Übertragung eines Geschäftsanteils[738] sowie der Beschluss der Umwandlung in eine S.A.S.[739] zwingend einstimmig zu treffen. Schließlich bedarf auch der Beschluss zur Fortführung der Gesellschaft trotz gerichtlicher Auflösung wegen Umständen, die in der Person eines Gesellschafters liegen, der Einstimmigkeit[740]. Für die S.C.S. verlangt das Gesetz für einen Beschluss über die Änderung der Staatsangehörigkeit der Gesellschaft Einstimmigkeit[741].

(2) *Verfahrensregeln*

Das Verfahren zur Einberufung der Gesellschafterversammlung wird im Personengesellschaftsrecht regelmäßig in den Statuten geregelt[742]. Zur jährlich stattfindenden Gesellschafterversammlung, in der der Jahresabschluss behandelt wird, enthält Art. 221-7 Abs. 2 CCom jedoch einige Verfahrensregeln, die insbesondere die vorherige Mitteilung der entsprechenden Unterlagen sowie etwaiger Beschlussvorschläge zum Gegenstand haben. Beschlüsse, die unter Verstoß dieser Verfahrensregeln gefasst werden, können für unwirksam erklärt werden[743].

b) *Sociétés de capitaux*

(1) *Zulässigkeit von Mehrheitsentscheidungen*

Im Recht der *sociétés de capitaux* gilt grundsätzlich das Mehrheitsprinzip. Über Angelegenheiten der Gesellschaften, die über die Kompetenzen der Geschäftsführungsorgane hinausgehen, sind Beschlüsse der Gesellschafter zu fassen. Diese erfordern regelmäßig eine einfache Mehrheit, bei der S.A.R.L. bezogen auf die Geschäftsanteile (*plus de la moitié des parts sociale*)[744], bei der S.A. bezogen auf die abgegebenen Stimmen (*majorité des voix*)[745].

---

737 Art. L. 221-12 Abs. 1 S. 2 CCom.

738 Art. L. 221-13 Abs. 1 S. 2, Abs. 2 CCom.

739 Art. L. 227-3 CCom.

740 Art. L. 221-16 Abs. 1 CCom.

741 Art. L. 222-9 Abs. 1 CCom.

742 Merle, Rn. 147.

743 Art. L. 221-7 Abs. 2 CCom.

744 Art. L. 223-29 Abs. 1 CCom.

745 Art. L. 225-98 Abs. 3 CCom.

Einstimmige Beschlüsse sind bei den Kapitalgesellschaften nur vereinzelt vorgesehen. Dies gilt bei der S.A.R.L. etwa für einen Wechsel der Nationalität der Gesellschaft[746] oder für den Fall, dass ein Gesellschafter verpflichtet werden soll, sein Haftungsrisiko zu erhöhen[747]. Einstimmigkeit ist auch erforderlich bei der Umwandlung der S.A.R.L. in eine S.N.C., S.C.S. oder S.C.A.[748]. Bei der S.A. sind einstimmige Entscheidungen erforderlich bei einer Kapitalerhöhung durch Erhöhung des Nominalbetrages der Aktien[749] sowie bei der Umwandlung der S.A. in eine S.N.C.[750]. Bei der Umwandlung in eine S.C.S. ist die Zustimmung derjenigen Gesellschafter erforderlich, auf die als zukünftige *commandités* eine persönliche Haftung zukommt[751].

Besonders wichtige Beschlussgegenstände erfordern bei beiden Gesellschaftsformen qualifizierte Mehrheiten. Bei der S.A.R.L. ist daher für Satzungsänderungen (*modifications des statuts*) eine Dreiviertelmehrheit erforderlich[752], ebenso für die Zustimmung zur Übertragung von Gesellschaftsanteilen[753]. Bei der S.A. sind solche Beschlussgegenstände ebenfalls Satzungsänderungen, insbesondere Änderungen des Gesellschaftsgegenstandes oder des Gesellschaftskapitals. Solche Beschlüsse können nur auf außerordentlichen Hauptversammlungen gefasst werden und bedürfen zwingend einer Zweidrittelmehrheit[754].

(2) Verfahrensregeln

Die Gesellschafterversammlung der S.A.R.L. wird in der Regel durch die Geschäftsleitung einberufen[755]. Dabei ist eine Ladungsfrist von mindestens 15 Tagen zu beachten. Die Ladung muss die Tagesordnung benennen[756]. Wird eine Versammlung unter Verstoß gegen diese Verfahrensvorschriften duchgeführt, können die gefassten Beschlüsse für unwirksam erklärt wer-

---

746 Art. L. 223-30 Abs. 2 CCom.

747 Art. L. 223-30 Abs. 2 S. 3 CCom.

748 Art. L. 223-43 Abs. 1 CCom.

749 Art. L. 225-127 Abs. 3 CCom.

750 Art. L. 225-245 Abs. 1 CCom.

751 Art. L. 225-245 Abs. 2 CCom.

752 Art. L. 223-30 Abs. 2 CCom.

753 Art. L. 223-14 Abs. 1 CCom.

754 Art. L. 225-96 Abs. 3 CCom.

755 Art. L. 223-27 Abs. 2 CCom.

756 Art. 38 Abs. 1 D.67-236.

den[757]. Allerdings werden die Verfahrensfehler geheilt, wenn alle Gesellschafter an der Versammlung teilnehmen[758].

Die Gesellschafterversammlung der S.A. wird vom *conseil d'administration* bzw. vom *directoire* oder *conseil de surveillance* einberufen[759]. Nähere Regelungen zu Form und Frist der Einberufung sind im D.67-236 enthalten[760]. Insbesondere muss die Tagesordnung benannt sein[761]. Über andere als in der Tagesordnung genannte Gegenstände kann die Versammlung grundsätzlich nicht beraten[762]. Wird gegen Verfahrensvorschriften verstoßen sind Beschlüsse entweder zwingend *nulle*[763] oder können *nulle* sein[764].

IV. Rechtsvergleichende Analyse

Die Ausgestaltung der Leitungsmacht ist für den Minderheitenschutz von zentraler Bedeutung. Aus dem Blickwinkel jedes einzelnen Gesellschafters stellt es den besten Schutz dar, wenn Entscheidungen nicht gegen den eigenen Willen getroffen werden können. Im Extremfall läuft dies auf ein Recht jedes Gesellschafters zur Geschäftsführung und Vertretung verbunden mit dem Prinzip der Einstimmigkeit bei allen zu treffenden Entscheidungen hinaus. Derartige Regelungen kommen in den untersuchten Rechtsordnungen ausnahmsweise auch zur Anwendung und verdeutlichen damit, dass das Einstimmigkeitsprinzip selbst ein wesentliches Instrument des Minderheitenschutzes darstellt.

1. Unmittelbare Mitentscheidungskompetenzen

Der Grad der Einflussnahmemöglichkeit variiert zwischen den Gesellschaftsformen und nimmt mit abnehmender Bedeutung der Person des Gesellschafters (*intuitus personae*) ab. Es finden sich aber sowohl im Personen- als auch im Kapitalgesellschaftsrecht Bereiche, in denen Entscheidungen nicht ohne

---

757 C.App. Paris v. 26.03.1986 (Prot), Rev.jur.comm. 30 (1986), 332 (333); C.App. Versailles v. 03.12.1986, zitiert nach Viandier/Caussain, J.C.P. éd. E. 1987 (I), 16644 (Para. 16); C.App. Paris v. 26.09.1986, zitiert nach Viandier/Caussain, J.C.P. éd. E. 1987 (I), 16122 (Para. 14).

758 Art. L. 223-27 Abs. 5 CCom.

759 Art. L. 225-103 CCom.

760 Siehe Artt.123-127 D.67-236.

761 Art. 123 D.67-236.

762 Art. L. 225-105 Abs. 3 CCom; Bastian/Germain, S. 30.10-51; Merle, Rn. 465.

763 Siehe Art. L. 225-121 Abs. 1 CCom; Merle, Rn. 486.

764 Siehe Art. L. 225-104 Abs. 2, Art. L. 225-121 Abs. 2 CCom; Merle, Rn. 486.

die Zustimmung einzelner Gesellschafter getroffen werden können. Zwingende Mitentscheidungskompetenzen lassen sich grundsätzlich unterteilen in Zustimmungserfordernisse einschließlich des Erfordernisses einstimmiger Entscheidungen sowie Vetorechte. Die genannte Konstellation der notwendigen Zustimmung jedes Gesellschafters findet teilweise im Personengesellschaftsrecht Anwendung[765], aber auch im Übrigen kommen zwingende Mitwirkungskompetenzen insbesondere bei der Beteiligung an der Geschäftsführung in den Personengesellschaften vor.

Das Konzept direkter Einflussnahmemöglichkeit findet seine stärkste Ausprägung im Prinzip der Selbstorganschaft. Es spiegelt sich in den untersuchten Ländern in unterschiedlicher Intensität wieder. *Morse* führt das Prinzip der Selbstorganschaft auf die persönliche Haftung der Gesellschafter zurück:

> „A right to management participation is a necessary consequence of unlimited liability for the debts of the firm [...].“[766]

Diese These ist entgegen ihrer zwingenden Formulierung bei einem Blick auf die untersuchten Gesellschaftsformen jedoch einzuschränken. Verwaltung und Haftung stehen nicht immer in einem so engen Zusammenhang. Zwar trifft die These auf das deutsche und englische Recht zu. Im französischen Personengesellschaftsrecht ist das Prinzip der Selbstorganschaft dagegen kein tragendes Prinzip; in den *sociétés de personnes* kann ein Geschäftsführer bestellt werden, der nicht Gesellschafter ist.

Wegen der Andersartigkeit des französischen Konzepts stellt sich dort die Frage, inwieweit die Gesellschafter wenigstens an der Bestellung des Geschäftsleiters zu beteiligen sind. Hierbei unterscheiden sich die einzelnen *sociétés de personnes* im Detail. Die Bestellung eines *gérant* erfolgt bei S.N.C. und S.C.S. einstimmig. Wird kein *gérant* bestellt, sind automatisch alle Gesellschafter *gérants*. Die Folge dieser gesetzlichen Regelung ist, dass kein Geschäftsführer gegen den Willen eines einzelnen Gesellschafters bestellt werden kann. Vielmehr kann ein Gesellschafter mit seinem Vetorecht seine eigene Beteiligung an Geschäftsführung und Vertretung durchsetzen. Gegenüber dem deutschen und englischen Recht ist nach der gesetzlichen Formulierung das Regel-Ausnahme Verhältnis zwar umgekehrt. Die Wirkung der Regelung aber ist gleich: Jeder Gesellschafter kann ein Recht zur Geschäftsführung durchsetzen.

---

[765] Kritisch dazu Prentice, OxJLS 8 (1988), 55 (58 f.).

[766] Morse, S. 139.

Im Gegensatz dazu ist bei der S.Civ. für die Bestellung des *gérant* eine Mehrheitsentscheidung ausreichend. Wird kein *gérant* bestellt, hat jeder Gesellschafter das Recht, das Gericht anzurufen, um einen *gérant* bestellen zu lassen. „*A right to management participation*“[767] gibt es bei der S.Civ. somit nicht. Sie stellt im Vergleich der Personengesellschaften eine vereinzelte Ausnahme dar, so dass sich im Übrigen formulieren lässt:

(Prinzip 1.1[768])
Soweit ein Gesellschafter persönlich für die Gesellschaftsverbindlichkeiten haftet, hat er das Recht zur Geschäftsführung und zur Vertretung der Gesellschaft.

Zwar kann die Geschäftsführungsbefugnis auf einzelne Gesellschafter übertragen werden. Jedoch wirkt die starke Rechtsposition jedes einzelnen Gesellschafters zumindest beim Übertragungsakt fort. Da eine Delegation der Geschäftsführung einen Eingriff in das jedem Gesellschafter zustehende Geschäftsführungsrecht bedeutet, müssen ihr konsequenterweise alle Gesellschafter zustimmen.

(Prinzip 1.2)
Sollen Geschäftsführungs- und Vertretungsbefugnis auf einen oder mehrere Gesellschafter übertragen werden, müssen mindestens alle persönlich haftenden Gesellschafter zustimmen.

Der Schutz durch die Möglichkeit der Ausübung direkter Leitungsmacht wird dadurch verstärkt, dass jeder geschäftsführende Gesellschafter das Recht hat, Handlungen der übrigen Gesellschafter zu widersprechen. Dieses Prinzip erlangt dann für den Gesellschafterschutz Bedeutung, wenn alle persönlich haftenden Gesellschafter Geschäftsführer sind.

---

[767] Siehe oben Fn. 766.

[768] Die Nummerierung der Prinzipien entspricht derjenigen in der Zusammenfassung der Prinzipien am Ende der Untersuchung im 5. Teil: ab S. 271; sie soll lediglich der leichteren Zuordnung und damit hier nur als Referenz dienen.

(Prinzip 1.3)
Jeder geschäftsführende Gesellschafter hat das Recht, einer Maßnahme eines anderen geschäftsführenden Gesellschafters zu widersprechen.

Welche Wirkung ein solcher Widerspruch hat, ist in den gesetzlichen Konzeptionen der untersuchten Rechtsordnungen unterschiedlich geregelt. In Deutschland und Frankreich sehen die Gesetze zur Lösung von Interessenwidersprüchen grundsätzlich einstimmige Entscheidungen vor. Darin spiegelt sich der bereits skizzierte grundsätzliche Ansatz, dass in den Personengesellschaften keine Entscheidungen gegen den Willen mindestens eines Gesellschafters getroffen werden können, wider. Im englischen Recht der *partnerships* dagegen sieht das Gesetz grundsätzlich das Mehrheitsprinzip zur Lösung von Konflikten vor. Einstimmige Entscheidungen sind nur bei besonders wichtigen Angelegenheiten erforderlich. Hierbei handelt es sich regelmäßig um Grundlagengeschäfte, also solche Geschäfte, die Gesellschaftsverfassung – im englischen Recht ist von einer „*change of nature of the partnership business*" die Rede – und die Änderung der personellen Zusammensetzung der Gesellschaft betreffen.

(Prinzip 1.4)
In den Personengesellschaften bedürfen mindestens Grundlagengeschäfte der Zustimmung aller Gesellschafter. Grundlagengeschäfte sind solche, die die Gesellschaftsverfassung oder Änderungen in der personellen Zusammensetzung der Gesellschaft betreffen.

Das im deutschen und französischen Personengesellschaftsrecht nach der gesetzlichen Konzeption generell, im englischen nur partiell zur Anwendung kommende Einstimmigkeitsprinzip kann jedoch durch eine Vereinbarung unter den Gesellschaftern weitgehend abbedungen werden. Hierzu bestehen einzelne Ausnahmen wie etwa im französischen Recht die Zustimmung der Gesellschafter einer S.N.C. zur Übertragung der Gesellschaftsanteile gemäß Art. L. 221-13 Abs. 1 CCom[769]. Da durch die Abbedingung der Zustimmungserfordernisse wiederum in grundlegende Rechte der Gesellschafter eingegriffen wird, ist auch hierzu die Zustimmung aller Gesellschafter erforderlich. Im deutschen Recht hat sich zudem der richterrechtliche Maßstab durchgesetzt, dass aus der Vereinbarung über die Abbedingung des

[769] Art. L. 221-13 Abs. 2 CCom.

Einstimmigkeitsprinzips erkennbar sein muss, auf welche Beschlussgegenstände sich die Abbedingung bezieht (Bestimmtheitsgrundsatz). Damit soll der einzelne Gesellschafter davor geschützt werden, die Tragweite der Vereinbarung nicht erkennen zu können.

(Prinzip 1.5)
Sofern das Einstimmigkeitsprinzip gesetzlich vorgesehen ist, kann es zwar abbedungen werden. Die Abbedingung kann jedoch nicht ohne die Zustimmung aller Gesellschafter erfolgen. Bei mehrheitlichen Entscheidungen im Anschluss an die Abbedingung des Einstimmigkeitsprinzips ist sicher zu stellen, dass die Vereinbarung über die Zulässigkeit von Mehrheitsentscheidungen den zur Entscheidung stehenden Beschlussgegenstand erfasst.

Aus dem bisher Gesagten ergibt sich ein sehr starker Gesellschafterschutz für die persönlich haftenden Gesellschafter. Diese müssen, um Kompetenzen auf andere Gesellschafter zu übertragen, aktiv beteiligt werden. Das Ergebnis ist die von *Morse* beschriebene Korrelation zwischen dem Risiko der persönlichen Haftung und dem Gesellschafterschutz.

Ist ein Gesellschafter dagegen nur kapitalmäßig beteiligt, stehen ihm zwingende Mitentscheidungskompetenzen nur ausnahmsweise zu. Dies gilt gleichermaßen für die nicht persönlich haftenden Personengesellschafter wie für die Kapitalgesellschafter. Da das Verlustrisiko des nicht persönlich haftenden Gesellschafters überschaubar und begrenzt ist, besteht keine Notwendigkeit, dessen Rechtsposition zu Lasten der Aktionsfähigkeit der Gesellschaft ebenso stark auszugestalten, wie diejenige eines persönlich haftenden Gesellschafters. Allerdings soll auch der nicht persönlich haftende Gesellschafter darauf vertrauen, dass die Rechtsposition, die er beim Eintritt in die Gesellschaft erworben hat, nicht wesentlich verschlechtert wird. Deshalb finden sich in allen Rechtsordnungen Regelungen, wonach der *status quo* der Beteiligung geschützt wird. Dies drückt sich darin aus, dass der betroffene Gesellschafter bei Eingriffen in ihm zustehende Sonderrechte oder bei einer Erhöhung seiner Pflichten einer solchen Maßnahme zustimmen muss. Dieser Schutz gilt natürlich auch für die persönlich haftenden Gesellschafter, sofern sie – beispielsweise wegen Abbedingung des Einstimmigkeitsprinzips – dieses Schutzes bedüfen.

(Prinzip 1.6)
Jeder betroffene Gesellschafter hat das Recht, dass ohne seine Zustimmung seine wesentlichen Rechte nicht verkürzt oder seine Pflichten nicht

erhöht werden. Dies gilt auch für solche Gesellschafter, die nur kapitalmäßig an der Gesellschaft beteiligt sind.

2. Mittelbare Mitentscheidungskompetenzen

Im Übrigen sind die Kompetenzen der nicht persönlich haftenden Gesellschafter begrenzt: Personengesellschafter, die nicht persönlich haften, haben keinen Anspruch auf Geschäftsführung und Vertretung, sondern sind vielmehr davon ausgeschlossen. Lediglich im deutschen Recht besteht die Möglichkeit, den Kommanditisten weitgehende Geschäftsführungsbefugnisse und rechtsgeschäftliche Vertretungsmacht zu übertragen. In England und Frankreich führt eine Einmischung der *limited partners* bzw. *commanditaires* in die Leitung der Gesellschaft zu einer Behandlung wie ein *general partner* bzw. *commandité* und damit zur persönlichen Haftung.

In allen Kapitalgesellschaften kommt das Prinzip der Fremdorganschaft zur Anwendung. Einzelne Kapitalgesellschafter haben keinen Anspruch auf eine Beteiligung an Geschäftsführung und Vertretung. Zwar steht die Stellung als Gesellschafter derjenigen als Geschäftsführer nicht entgegen. Ein durchsetzbares Recht besteht – im Unterschied zu den Personengesellschaften – grundsätzlich nicht. Nur kapitalmäßig beteiligte Gesellschafter sind damit regelmäßig auf die Mitwirkungsmöglichkeiten auf die kollektive Willensbildung der Gesellschafter beschränkt, haben andererseits aber auch einen Anspruch daran beteiligt zu werden.

(Prinzip 1.7)
Sofern ein Tatbestand der notwendigen Mitentscheidungskompetenzen einzelner oder aller Gesellschafter nicht betroffen ist, hat ein Gesellschafter das Recht, auf die Geschicke der Gesellschaft durch die Mitwirkung bei Beschlüssen im Rahmen der kollektiven Willensbildung Einfluss zu nehmen.

Die kollektive Willensbildung erfolgt regelmäßig im Rahmen von Gesellschafterversammlungen. Diese sind insbesondere bei den Kapitalgesellschaften gesetzlich ausgestaltet. Bei den Personengesellschaften, bei denen gesetzliche Regelungen zur kollektiven Willensbildung teilweise fehlen, spielen aber ebenfalls Gesellschafterversammlungen einen wichtige Rolle. In der Praxis ist damit die Gesellschafterversammlung das tragende Organ der gesellschaftlichen Mitbestimmung der Gesellschafter.

(Prinzip 1.7 – Fortsetzung)
Die kollektive Willensbildung erfolgt regelmäßig im Rahmen von Gesellschafterversammlungen.

Zusätzlich sind die faktischen Einflussnahmemöglichkeiten durch die beschränkten Kompetenzen der jeweiligen Gesellschafterversammlung limitiert. Dies gilt insbesondere für die Kapitalgesellschaften, bei denen eine strenge Trennung zwischen den Kompetenzen der einzelnen Gesellschaftsorgane besteht. In der AG, den *companies* sowie der S.A. besteht eine strenge Aufgabentrennung im Rahmen der durch Gesetz oder *Articles* zugewiesenen Kompetenzen. Bei diesen Kapitalgesellschaften handelt es sich um solche, die nach der gesetzlichen Konzeption sehr kapitalistisch strukturiert sind. Bei diesen Kapitalgesellschaften düfen einzelne Organe grundsätzlich nicht in die einem anderen Organ zugewiesenen Kompetenzen eingreifen. Dies gilt nach *common law* auch im englischen Recht, wenngleich in den *Articles* Weisungsrechte der *shareholders* gegenüber den *directors* vorgesehen werden können. Letzteres gewinnt insbesondere dadurch Bedeutung, dass ein Weisungsrecht in den *model articles* gemäß *Table A* vorgesehen ist. Grundsätzlich gilt, dass in all denjenigen Kapitalgesellschaften, die nach der gesetzlichen Konzeption kapitalistisch strukturiert sind, eine strenge Aufgabentrennung besteht.

Anders ist die Rechtslage bei der GmbH und der S.A.R.L., also bei solchen Kapitalgesellschaften, in denen nach der gesetzlichen Konzeption personalistische Elemente verankert sind. Insbesondere bei ersterer sind die Gesellschafter umfassend zuständig und gegenüber den Geschäftsführern weisungsbefugt. In diesem Zusammenhang ist noch einmal auf die Sonderstellung der LLP im englischen Recht einzugehen. Zwar ist für die LLPs die weite Anwendung des Rechts der *companies* vorgesehen. Jedoch richten sich die Beziehungen der Gesellschafter untereinander ausnahmsweise nach dem Recht der *partnerships*, d.h. jeder Gesellschafter hat ein Recht zu Geschäftsführung. Darin liegt ein maßgebliches personalistisches Element der LLP. Damit bestehen in all denjenigen Kapitalgesellschaften, die nach der gesetzlichen Konzeption Ansäzte einer personalistischen Struktur aufweisen, originäre Geschäftsführungskompetenzen der Gesellschafter, die diese jedenfalls in Form kollektiv gefasster Weisungsbeschlüsse ausüben können.

Die Stellung des einzelnen Gesellschafters in den Kapitalgesellschaften kann gegenüber dem Personengesellschafter insgesamt in dreifacher Hinsicht schwächer ausgestaltet sein. Erstens hat der einzelne Gesellschafter keinen Anspruch auf die Geschäftsführung. Zweitens sind seine Kompetenzen auf die Mitwirkung bei kollektiven Gesellschafterentscheidungen beschränkt. Drittens können insbesondere bei den kapitalistischen Kapitalgesellschaften

AG, S.A. und *companies* die Kompetenzen der Gesellschafter gegenüber dem selbständigen Geschäftsführungsorgan eingeschränkt sein.

Der Minderheitenschutz für die Gesellschafter verlagert sich damit von der Ebene der direkten Einflussnahme auf die Ebene der mittelbaren Mitwirkung. Minderheitsschützende Regelungen bestehen entsprechend in der Steuerung dieser Mitwirkung. Im Kapitalgesellschaftsrecht finden sich Verfahrensregeln über die Art und Weise der Mitwirkung. Im Personengesellschaftsrecht sind solche Verfahrensregelungen gesetzlich nicht vorgesehen. Häufig weden sie jedoch in Gesellschaftsverträgen festgelegt. Dies betrifft insbesondere Ladungsfristen und Mitteilungspflichten über die von der Verwaltung geplanten Beschlüsse, um die Möglichkeit einer mündigen Mitwirkung zu gewährleisten. Die wesentlichen Rechte im Zusammenhang mit der Gesellschafterversammlung selbst sind das Teilnahme- und das Stimmrecht[770].

(Prinzip 1.7.1)
Jedem Gesellschafter steht ein Teilnahme- und Stimmrecht zu.
(Prinzip 1.7.2)
Die Teilnahmemöglichkeit der Gesellschafter an Gesellschafterversammlungen ist durch Verfahrensregeln wie Ladungsfristen und Mitteilungspflichten sichergestellt.

In den Personengesellschaften fehlen geseztliche Regelungen in Bezug auf Stattfinden und Gegenstand von Gesellschafterversammlungen. Im Rahmen der Abbedingung des Einstimmigkeitsprinzips werden daher regelmäßig in den Gesellschaftsverträgen Regelungen hierüber getroffen.

(Prinzip 1.7.3)
In den Personengesellschaften regeln Vereinbarungen zwischen den Gesellschaftern den Grad der Einflussnahme auf die Einberufung und den Gegenstand von Gesellschafterversammlungen.

Im Kapitalgesellschaftsrecht spielen die Gesellschafterversammlungen für die Mitwirkung bei der Leitung der Gesellschaft schon nach der gesetzlichen Konzeption eine herausragende Rolle. Da sie die einzige – wenn auch beschränkte – Möglichkeit für die Gesellschafter sind, auf die Verwendung

[770] Vgl. zur Rechtslage bei der SE Hirte, NZG 2002, 1 (9).

ihrer Kapitalanlage Einfluss zu nehmen, liegen ausgeprägte Gestaltungsmöglichkeiten im Zusammenhang mit den Gesellschafterversammlungen in ihrem Interesse. Diesem Bedürfnis wird in allen Rechtsordnungen begegnet. Die Einflussnahmemöglichkeiten von Gesellschafterminderheiten auf die Versammlungen werden durch gesetzliche Regelungen geprägt.

Regelmäßig ist zwar die Verwaltung zur Einberufung der Gesellschafterversammlung berechtigt und teilweise verpflichtet. Eine Gesellschafterminderheit kann aber die Einberufung einer Gesellschafterversammlung veranlassen bzw. sogar – wie im GmbH-Recht sowie im Recht der *companies* – selbst vornehmen. Ebenso kann eine Gesellschafterminderheit Einfluss auf die Gestaltung der Tagesordnung nehmen, indem sie eigene Beschlussvorschläge einbringt. Lediglich im Recht der S.A.R.L. besteht ein solches Recht neben dem Recht zur Einberufung gesetzlich nicht.

(Prinzip 1.7.4)
In den Kapitalgesellschaften steht einer Gesellschafterminderheit das Recht zu,

- **die Einberufung einer Gesellschafterversammlung unter Angabe ihres Zwecks und**
- **die Aufnahme eigener Beschlussvorschläge in die Tagesordnung**

zu verlangen.

Unterschiede bestehen zwischen den einzelnen Gesellschaftsformen und Rechtsordnungen hinsichtlich des nötigen Anteilserfordernisses und des Verfahrens um diese Mitgestaltungsrechte geltend zu machen. Die erforderlichen Mindesterfordernisse bezogen auf die Anteilsbeteiligung ergeben sich aus nachstehender Übersicht[771]:

Abbildung 8: Mehrheitserfordernisse für wesentliche Rechte im Zusammenhang mit Gesellschafterversammlungen

	Einberufung der Versammlung	**Einfluss auf die Tagesordnung**
GmbH	10 % des Stammkapitals	10 % des Stammkapitals
AG	5 % des Grundkapitals	5 % des Grundkapitals

[771] Die Verordnung über die SE sieht für die Einberufung sowie die Ergänzung der Tagesordnung eine Mindestkapitalbeteiligung in Höhe von 10 % vor (Art. 55 Abs. 1 und Art. 56 der Verordnung).

	Einberufung der Versammlung	Einfluss auf die Tagesordnung
Companies	10 % des einbezahlten Kapitals oder wenn kein share capital vorhanden ist 10 % der Stimmrechte	5 % der Stimmrechte oder 100 Gesellschafter mit einbezahlten Kapitalanteilen in Höhe von durchschnittlich GBP 100
S.A.R.L.	50 % des Stammkapitals oder 25 % der Gesellschafter und des Kapitals oder Klage jedes Gesellschafters auf Bestellung eines Beauftragten	im Rahmen der Einberufung
S.A.	5 % des Grundkapitals	5 % des Grundkapitals

Hinsichtlich des Verfahrens gelten folgende Einzelheiten. Bei der GmbH kann die Gesellschafterminderheit die Einberufung der Versammlung unter Angabe des Zwecks verlangen und, falls dem Verlangen nicht entsprochen wird, die Versammlung selbst einberufen. Ebenso können sie verlangen, dass Tagesordnungspunkte angekündigt werden und gegebenenfalls Tagesordnungspunkte selbst ankündigen. Im Recht der *companies* können die Gesellschafter die Einberufung von den *directors* unter Angabe des Zwecks der Versammlung verlangen und nach Ablauf von 21 Tagen die Versammlung selbst einberufen. Zudem können sie verlangen, dass eigene Beschlussvorschläge auf eigene Kosten an die Gesellschafter versendet werden. In der S.A.R.L. können die Gesellschafter die Einberufung der Gesellschafterversammlung durch den *gérant* verlangen oder zur Einberufung die Bestellung eines Beauftragten (*mandataire*) bei Gericht beantragen.

Etwas anders ist es wiederum bei der AG und der S.A. Bei der AG bedarf es sowohl für die Einberufung der Versammlung als auch für die Ankündigung der Tagesordnung einer Ermächtigung durch das Gericht. Ähnlich können in der S.A. die Gesellschafter bei Gericht nur die Bestellung eines Beauftragten zur Einberufung der Versammlung beantragen und die Aufnahme eigener Beschlussentwürfe in die Tagesordnung verlangen. Daraus ergibt sich:

(Prinzip 1.7.4 – Fortsetzung)
Voraussetzung für die Einberufung der Gesellschafterversammlung und die Aufnahme eigener Beschlussentwürfe in die Tagesordnung ist regelmäßig eine Mindestkapitalbeteiligung der Minderheit zwischen fünf und zehn Prozent.

Soweit bisher von der bedeutenden Rolle der kollektiven Entscheidungen der Gesellschafter – bei den Kapitalgesellschaften insbesondere in ihrer institutionalisierten Form im Rahmen von Gesellschafterversammlungen – die Rede war, muss sich die Frage anschließen, inwieweit solche Entscheidungen mehrheitlich getroffen werden können. In allen Rechtsordnungen gibt es differenzierte Regeln über die generelle Zulässigkeit von Mehrheitsentscheidungen. Sie sind entweder gesetzlicher oder aber – mangels gesetzlicher Regelungen – richterrechtlicher Natur.

Das Recht der Personengesellschaften ist geprägt von der persönlichen Haftung der Gesellschafter mit Ausnahme der Kommanditisten, *commanditaires* und *limited partners*. Aus der drohenden persönlichen Haftung folgt, dass jeder Gesellschafter ein Interesse daran hat, die zu treffenden Entscheidungen grundsätzlich mitzutragen. Anderenfalls könnten die übrigen Gesellschafter gegen den Willen eines Gesellschafters ein Haftungsrisiko eingehen oder einen Haftungsfall verursachen. Wie bereits erwähnt[772] folgt häufig aus der persönlichen Haftung die Anwendung des Einstimmigkeitsprinzips. Im Gegensatz dazu bedarf es bei den Kapitalgesellschaften nicht dieses Mitwirkungserfordernisses, da die Haftung grundsätzlich begrenzt ist. Zugunsten der Aktionsfähigkeit herrscht in den Kapitalgesellschaften daher das Mehrheitsprinzip. Dem Bedürfnis der Gesellschafter, die Aktionsfähigkeit der Gesellschaft erhöhen zu wollen, tragen die nationalen Regelungen wie beschrieben dadurch Rechnung, dass das Einstimmigkeitsprinzip regelmäßig abdingbar ist.

Im Personengesellschaftsrecht ist es – sofern das Mehrheitsprinzip vereinbart wird – Sache der Gesellschafter eventuelle weitere Voraussetzung für die Wirksamkeit eines Mehrheitsbeschlusses festzulegen. Den gesetzlichen Konzeptionen sind solche weiteren Voraussetzungen – wie etwa qualifizierte Mehrheiten – allgemein fremd. Eine Ausnahme zu diesem Grundsatz findet sich lediglich im deutschen Umwandlungsrecht. In den Kapitalgesellschaften wird differenziert: Für einfache Beschlüsse ist grundsätzlich eine einfache Mehrheit erforderlich und ausreichend. Um der Gefährdung durch besonders intensive Eingriffe in die Gesellschaftsverfassung zu begegnen, spielt die Frage besonderer Beschlussgegenstände im Kapitalgesellschaftsrecht eine wichtige Rolle. Für eine Reihe anderer Beschlussgegenstände, reicht die Legitimationsbasis einer einfachen Mehrheit nicht aus. Vielmehr müssen die Gesellschafter ausreichend gewarnt werden. Zudem muss regelmäßig die Legitimationsbasis der Entscheidung erweitert werden. Besonders ausgeprägt ist das Erfordernis qualifizierter Mehrheiten im deutschen Recht, wo solche Mehrheitserfordernisse in zahlreichen Einzelbestimmungen gesetzlich normiert sind.

---

772 Siehe oben S. 126.

(Prinzip 1.7.5)
In einer Kapitalgesellschaft kann eine qualifizierte Minderheit bei besonders wichtigen Beschlussgegen-ständen die Beschlussfassung blockieren. Bei solchen wichtigen Beschlussgegenständen handelt es sich mindestens um Änderungen der Gesellschaftsverfassung, insbesondere kapitaländernde Beschlüsse und Auflösungsbeschlüsse.

Welche Legitimationsbasis als ausreichend zu erachten ist, ist eine Bewertungsfrage, die in den einzelnen Rechtsordnungen unterschiedlich beantwortet wird. Während im deutschen und englischen Recht regelmäßig eine Dreiviertelmehrheit als qualifizierte Mehrheit vorgesehen ist, gilt dies in Frankreich nur für die S.A.R.L. Bei der S.A. reichen Zweidrittelmehrheiten[773]. Schließlich ist noch einmal darauf hinzuweisen, dass auch im Kapitalgesellschaftsrecht einige Rechtspositionen für so wichtig erachtet werden, dass sie der Entscheidung durch die Mehrheit zwingend entzogen sind. Dabei handelt es sich entweder um solche Entscheidungen, die einstimmig gefasst werden müssen oder aber um solche, die zwar mehrheitlich getroffen werden können, jedoch zwingend der Zustimmung der Betroffenen bedürfen. Sachlich handelt es sich häufig um solche Beschlüsse, die unmittelbare Auswirkungen auf die Rechte und Pflichten einzelner Gesellschafter haben. Dabei kann es sich um die Entziehung bevorrechtigter Rechtspositionen handeln. Oder aber der Beschluss erhöht etwaige Gesellschafterpflichten bzw. das Haftungsrisiko. Letzteres ist beispielsweise bei Umwandlungen der Fall, bei der einige oder alle Gesellschafter nach der Umwandlung die Stellung eines persönlich haftenden Gesellschafters innehaben.

Darüber hinausgehende Minderheitsrechte finden sich am ausgeprägtesten bei der deutschen AG. Eine ausdrückliche Kodifizierung solcher Rechte, wie sie verstreut im AktG enthalten sind, finden sich für die übrigen Gesellschaftsformen und in den anderen Rechtsordnungen nicht.

3. Verfahrensverstöße

Es wurde bereits auf die Bedeutung der Beschlussfassungen im Rahmen der Gesellschafterversammlungen hingewiesen. Zur Unterstreichung dieser Bedeutung finden sich im Kapitalgesellschaftsrecht zahlreiche Vorschriften, die

---

773 Diese unterschiedlichen Erfordernisse spiegelt auch die Verordnung über die SE wieder, die als Grundregel die Zweidrittelmehrheit vorsieht, *„sofern die Rechtsvorschriften für Aktiengesellschaften im Sitzstaat der SE keine größere Mehrheit vorsehen oder zulassen“* (Art. 59 Abs. 1 der Verordnung).

das Verfahren der Beschlussfassung regeln. Dies beginnt bei den Bestimmungen über die Ladung zur Gesellschafterversammlung und endet mit der Gewichtung und Notierung der einzelnen Stimmen. Die Effektivität solcher Verfahrensvorschriften setzt Konsequenzen bei Verstößen voraus. Hier finden sich wiederum parallele Wertungen in allen Rechtsordnungen, wobei der Grundsatz gilt, dass Verstöße gegen Verfahrensvorschriften zur Fehlerhaftigkeit des Beschlusses führen. Von diesem Grundsatz wird allerdings abgewichen, wenn der Verfahrensverstoß ohne Bedeutung für das Beschlussergebnis ist. Beispielsweise verliert ein Verstoß gegen die Ladungsfrist dann an Bedeutung, wenn trotzdem alle Gesellschafter zugegen sind und ausreichend Zeit hatten, sich über die anstehenden Beschlussgegenstände zu informieren. Ebenso ist eine Abweichung vom vorgesehenen Verfahren dann unerheblich, wenn diese Abweichung von allen Gesellschaftern mitgetragen wird. Ausnahmsweise also führen Verfahrensverstöße dann nicht zur Fehlerhaftigkeit des Beschlusses, wenn der Verstoß ohne Auswirkungen auf das Beschlussergebnis ist. Für den Minderheitenschutz ist in diesem Zusammenhang aber relevant:

(Prinzip 1.8)
Bei einem Verstoß gegen Verfahrensvorschriften bei der Beschlussfassung kann ein Gesellschafter die Fehlerhaftigkeit des Beschlusses dann geltend machen, wenn sich der Verstoß im Beschluss selbst widerspiegelt.[774]

B. Minderheitenschutz durch Informationsbeschaffungsrechte

Regelmäßig werden auch die sogenannten Kontrollrechte, d.h. die Einsichts-, Auskunfts- und Prüfungsrechte der Gesellschafter dem Minderheitenschutz zugerechnet. Diese entfalten zwar keine unmittelbare regulative Wirkung, d.h., von ihnen selbst geht kein aktiver Minderheitenschutz aus, wenn man einmal von einer möglichen abschreckenden Wirkung absieht. Vielmehr handelt es sich bei ihnen um neutrale Rechte, die nicht nur zum Schutz von Minderheiten herangezogen werden. Ihre Bedeutung ist für den Minderheitenschutz jedoch insoweit erheblich, als sie als Hilfsrechte die notwendige Voraussetzung für die Geltendmachung minderheitsschädigenden Verhaltens

---

[774] Lediglich für das Recht der *partnerships* wird von Lindley & Banks, Rn.15-09 (S.481), unter Bezugnahme auf die ältere Rechtsprechung eine restriktivere Rechtslage angedeutet.

schaffen[775]. Sie haben insoweit die Funktion von Informationsbeschaffungsrechten. Die Gesellschafter sind insbesondere dann, wenn sie nicht direkt an der Geschäftsführung beteiligt sind, darauf angewiesen, zuverlässige Informationen über die Angelegenheiten der Gesellschaft zu erhalten, da ein fortlaufender Einblick in die Geschäfte der Gesellschaft dann nicht *per se* gegeben ist. Dies dient dazu, Risiken und Chancen der Beteiligung einschätzen, im Rahmen der Gesellschafterverammlungen mündig mitentscheiden und eventuelle weitergehende Rechte geltend machen zu können[776].

I. Länderbericht Deutschland

1. Personengesellschaften

Hinsichtlich der Informationsrechte persönlich haftender Gesellschafter regelt das Gesetz:

> „Ein Gesellschafter kann, auch wenn er von der Geschäftsführung ausgeschlossen ist, sich von den Angelegenheiten der Gesellschaft persönlich unterrichten, die *Geschäftsbücher* und die Papiere der Gesellschaft einsehen und sich aus ihnen eine *Übersicht über den Stand des Gesellschaftsvermögens* anfertigen."[777]

Über diese Einsichtsrechte hinaus ist anerkannt, dass der einzelne Gesellschafter einen mit der Wahrung und Ausübung dieser Rechte verbundenen Auskunftsanspruch hat[778]. Zwar sind diese Informationsrechte abdingbar bis hin zum völligen Ausschluss[779]. Etwaige Einschränkungen und ein Verzicht sind jedoch nicht wirksam, sofern Grund zu der Annahme unredlicher Geschäftsführung besteht[780]. Insbesondere die letztgenannte Einschränkung macht die Schutzrichtung gegen Missbrauch deutlich.

Die Rechtsstellung des Kommanditisten unterscheidet sich von derjenigen der persönlich haftenden Gesellschafter. Insbesondere steht dem

---

[775] K. Schmidt, S. 468 f., spricht insoweit von „Minderheitenschutz durch allgemeine Mitgliedschaftsrechte".

[776] Siehe die ausführliche rechtsvergleichende Analyse zur Kontrolle der Geschäftsführung von Wendt, Die Kontrolle der Geschäftsführung in Personen- und Kapitalgesellschaften in Deutschland, Frankreich und England (Diss., 2004).

[777] Zitiert ist § 716 Abs. 1 BGB. Hervorhebungen durch den Verfasser: In § 118 Abs. 1 HGB heißt es abweichend „Handelsbücher" sowie „Bilanz und einen Jahresabschluß".

[778] Seit ROHG v. 15.09.1879, ROHGE 25, 344 f.; BGH v. 20.06.1983, WM 1983, 910 f.

[779] Dies gilt nur für die Personengesellschaften: BayObLG v. 27.10.1988, WM 1988, 1789 (1790); Baumbach/Hopt-Hopt, § 118 Rn. 17.

[780] §§ 716 Abs. 2 BGB, 118 Abs. 2 HGB.

Kommanditisten ein umfassendes Kontrollrecht ausdrücklich nicht zu[781]. Vielmehr hat der Kommanditist lediglich ein Recht auf Mitteilung des Jahresabschlusses. Diesen kann er unter Einsichtnahme in die Bücher und Papiere der Gesellschaft nachprüfen[782]. Zudem hat er einen mit der Wahrung und Ausübung dieser Rechte verbundenen Auskunftsanspruch. Diese Rechte sind abdingbar[783].

Bei Vorliegen eines wichtigen Grundes steht dem Kommanditisten zudem ein außerordentliches Informationsrecht zu, das nicht auf die Kontrolle des Rechnungsabschlusses beschränkt ist[784]. Ein wichtiger Grund liegt vor, wenn eine sofortige Überwachung geboten ist. Dies ist etwa bei drohender Schädigung der Gesellschaft durch andere Gesellschafter[785] oder nicht ordnungsgemäßer Geschäfts- und Buchführung[786] der Fall. Das außerordentliche Kontrollrecht ist unbeschränkbar[787].

Darüber hinaus wird ein weitergehendes allgemeines Informationsrecht des Kommanditisten bei wichtigen Angelegenheiten der Gesellschaft angenommen[788]. Hierbei handelt es sich beispielsweise um die Abstimmung über außergewöhnliche Geschäfte, um Änderungen des Gesellschaftsvertrages oder um sonstige Grundlagengeschäfte. Dieses Informationsrecht ist zweckgebunden und wird durch das Informationsbedürfnis begrenzt[789]. Es kann deshalb nicht etwa zum Zweck bloßer Einwirkung auf die Geschäftsführung geltend gemacht werden[790].

Neben den genannten Informationsrechten besteht noch ein zwingendes[791] Informationsrecht aller Gesellschafter gegen den geschäftsführenden Gesellschafter nach § 713 i.V.m. § 666 BGB[792]. Zwar steht es den Gesell-

---

781 § 166 Abs. 2 HGB.

782 § 166 Abs. 1 HGB.

783 Baumbach/Hopt-Hopt, § 166 Rn. 18.

784 Baumbach/Hopt-Hopt, § 166 Rn. 8. Es wird vielfach auf § 166 Abs. 3 HGB gestützt; nach anderer Ansicht besteht es unabhängig davon (Baumbach/Hopt-Hopt, § 166 Rn. 8).

785 BGH v. 16.01.1984, BB 1984, 1273 (1274).

786 OLG Hamburg v. 11.05.1965, MDR 1965, 666 f.

787 Baumbach/Hopt-Hopt, § 166 Rn. 19; Göbel, S. 190.

788 Baumbach/Hopt-Hopt, § 166 Rn. 11; K. Schmidt, S. 1541; offen BGH v. 23.03.1992, NJW 1992, 1890 (1891), jedoch mit Hinweis auf § 51a GmbHG.

789 BGH v. 23.03.1992, NJW 1992, 1890 (1891).

790 Baumbach/Hopt-Hopt, § 166 Rn. 11; K. Schmidt, S. 1542; BGH v. 23.03.1992, NJW 1992, 1890 (1891).

791 Baumbach/Hopt-Hopt, § 114 Rn. 14.

792 BGH v. 23.03.1992, NJW 1992, 1890 (1891 f.).

schaftern nur zur gesamten Hand zu. Dem Einzelnen nützt es jedoch insoweit, als er es ggf. im Wege der Gesellschafterklage (*actio pro socio*) durchsetzen kann[793].

Aufgrund der körperschaftlichen Struktur von Publikumsgesellschaften werden bei diesen über die bisher genannten Informationsrechte hinausgehende Rechte bejaht. Den Kommanditisten steht danach in der Gesellschafterversammlung ein allgemeines Informationsrecht zu, dessen Reichweite an §§ 131 ff. AktG angelehnt ist[794].

2. Kapitalgesellschaften

a) Informationsrechte

Die Informationsrechte in der AG sind institutionalisiert und regelmäßig auf die Hauptversammlung oder jedenfalls auf einen Zusammenhang mit der Hauptversammlung beschränkt. Von der Einberufung zur Hauptversammlung an können die Aktionäre den Jahresabschluss, den Lagebericht, den Bericht des Aufsichtsrates und den Vorschlag des Vorstands für die Verwendung des Bilanzgewinns in den Geschäftsräumen der Gesellschaft einsehen bzw. eine Abschrift der Vorlagen verlangen[795]. In der Hauptversammlung ist dem Aktionär vom Vorstand Auskunft über Angelegenheiten der Gesellschaft zu geben, soweit sie zur sachgemäßen Beurteilung des Gegenstands der Tagesordnung erforderlich ist[796]. Damit soll dem Aktionär ermöglicht werden, die zur Ausübung seines Stimmrechts erforderlichen Informationen zu erhalten. Zudem kann jeder Aktionär in der Hauptversammlung einen Anspruch auf alle Auskünfte geltend machen, die anderen Aktionären außerhalb der Hauptversammlung gegeben worden sind[797]. Die Informationsrechte können weder eingeengt noch ausgedehnt werden[798].

---

793 Baumbach/Hopt-Hopt, § 166 Rn. 12; K. Schmidt, S. 1541; offen gelassen in BGH v. 23.03.1992, NJW 1992, 1890 (1891).

794 Baumbach/Hopt-Hopt, Anh. § 177a Rn. 72; einschränkend zur Anwendung der Vorschriften über die Sonderprüfung BayObLG v. 04.07.1985, NJW 1986, 140. Zu den Informationspflichten in Kapitalanlagegesellschaften BGH v. 06.10.1980 (Ferienhotel), BGHZ 79, 337 (344), und Schlegelberger-Martens, § 161 Rn. 169 ff. (Prospektpflichten).

795 § 175 Abs. 2 AktG.

796 § 131 Abs. 1 AktG; zuletzt zum Rede- und Auskunftsrecht BGH v. 20.09.2004, AG 2004, 670 (673).

797 § 131 Abs. 4 S. 1 AktG.

798 Siehe § 23 Abs. 5 AktG.

Wird einem Aktionär eine Auskunft verweigert, kann er verlangen, dass dies im Hauptversammlungsprotokoll vermerkt wird[799]. Ob der Vorstand verpflichtet ist, eine Auskunft zu geben, entscheidet das Gericht auf Antrag des Aktionärs, dem die Auskunft nicht gegeben worden ist[800]. Gibt das Gericht dem Antrag statt, ist die Auskunft auch außerhalb der Hauptversammlung zu geben[801]. Diese Regelungen gelten entsprechend für die Informationsrechte des GmbH-Gesellschafters[802].

Ganz anders ist das Informationsrecht für die GmbH gesetzlich geregelt. Während das GmbH-Gesetz von 1892 den Gesellschaftern noch jedes Informationsrecht versagte[803], ist nunmehr zwingend[804] geregelt, dass die Geschäftsführer jedem Gesellschafter auf Verlangen unverzüglich Auskunft über die Angelegenheiten der Gesellschaft zu geben und die Einsicht der Bücher und Schriften zu gestatten haben[805]. Nach allgemeiner Auffassung ist diese Regelung allerdings zu weit geraten. Die h.M. beschränkt daher das Informationsrecht dahingehend, dass es zumindest nicht rechtsmissbräuchlich ausgeübt werden darf[806]. Nach a.A. soll es sogar ein Informationsbedürfnis voraussetzen[807]. Die Informationsrechte können einem Gesellschafter nur ausnahmsweise ganz entzogen werden[808].

b) Prüfungsrechte

Neben den Informationsrechten zählen die Prüfungsrechte zu den bedeutenden Kontrollrechten. Die regelmäßige Abschlussprüfung nach §§ 316 ff. HGB[809] spielt allerdings im Zusammenhang mit dem Minderheitenschutz keine Rolle. Bedeutsamer sind die Sonderprüfungsrechte.

---

799 § 131 Abs. 5 AktG.

800 § 132 Abs. 1 S. 1, Abs. 2 S. 1 AktG.

801 § 132 Abs. 4 S. 1 AktG.

802 § 51b GmbHG.

803 K. Schmidt, S. 625.

804 § 51a Abs. 3 GmbHG; vgl. BayObLG v. 27.10.1988, WM 1988, 1789 (1790).

805 § 51a Abs. 1 GmbHG.

806 KG v. 23.12.1987, GmbHR 79 (1988), 221 (223); LG Düsseldorf v. 15.03.1989, DB 1989, 1077; Lutter, ZGR 1982, 1 (4 f.); Lutter/Hommelhoff, § 51a Rn. 28; Martens, GmbHR 75 (1984), 265 (270).

807 K. Schmidt, S. 1040 f., dagegen Lutter, ZGR 1982, 1 (4 f.); siehe auch OLG Stuttgart v. 08.02.1983, ZIP 1983, 306 (308).

808 BGH v. 10.10.1994, ZIP 1994, 1942.

809 Nunmehr für alle nicht kleinen Kapitalgesellschaften; früher §§ 162 ff. AktG.

Sonderprüfungsrechte sind im GmbH-Recht nicht ausdrücklich vorgesehen. Die Gesellschafter entscheiden jedoch nach § 46 Nr. 6 GmbHG über etwaige Maßregeln zur Prüfung von Geschäftsführern. Als solche Maßregel kann beispielsweise die Bestellung von Sonderprüfern analog § 142 Abs. 1 AktG[810] gewählt werden. Da geschäftsführende Gesellschafter bei der Beschlussfassung über eine solche Prüfungsmaßnahme ausgeschlossen sind, kann dieses Instrument insbesondere dem Schutz der an der Geschäftsleitung nicht beteiligten Gesellschafter dienen.

Im Gegensatz zum GmbH-Recht sieht das Aktienrecht die Möglichkeit einer Reihe von Sonderprüfungen vor. Im Zusammenhang mit dem Minderheitenschutz sind die folgenden Rechte zu nennen, denen – mit Ausnahme des Rechts nach § 315 S. 1 AktG – gemeinsam ist, dass ihre Geltendmachung jeweils an eine Mindestbeteiligung anknüpft:

1. Sonderprüfung von Vorgängen bei der Gründung oder Geschäftsführung[811], insbesondere bei Maßnahmen der Kapitalbeschaffung und Herabsetzung: Das Gericht hat Sonderprüfer zu bestellen, wenn eine Aktionärsminderheit, deren Anteile zusammen den zehnten Teil des Grundkapitals oder den anteiligen Betrag von EUR 1 Mio. erreichen. Voraussetzung für die gerichtliche Bestellung ist, dass Anhaltspunkte für Unredlichkeiten oder große Gesetzes- oder Satzungsverstöße vorliegen[812]. Dies gilt – bei gleichem Quorum – auch für die Bestellung eines anderen Sonderprüfers unter den Voraussetzungen des § 142 Abs. 4 S.1 AktG. Die §§ 142 ff. AktG werden auf die GmbH teilweise analog angewendet.
2. Sonderprüfung wegen unzulässiger Unterbewertung im Jahresabschluss[813]: Der Antrag auf Sonderprüfung wegen unzulässiger Unterbewertung im Jahresabschluss muss von Aktionären gestellt werden, die mindestens den zwanzigsten Teil des Grundkapitals oder den anteiligen Betrag von EUR 500.000 erreichen. Das gleiche gilt für den Antrag auf gerichtliche Entscheidung über die abschließenden Feststellungen der Sonderprüfer[814].
3. Sonderprüfung der geschäftlichen Beziehungen der Gesellschaft zu einem herrschenden oder verbundenen Unternehmen[815]: Ein Antrag auf Sonderprüfung kann beim Gericht unter den Voraussetzungen des § 315 S.1

810 Baumbach/Hueck-Zöllner, § 46 Rn. 31.

811 §§ 142 ff. AktG.

812 § 142 Abs. 2 S. 1 AktG.

813 §§ 258 ff. AktG.

814 § 260 Abs. 1 S. 1 AktG.

815 § 315 AktG.

AktG, d.h. bei Vorliegen eines der enumerativ genannten Anhaltspunkte, von einem einzigen Aktionär gestellt werden. Bei Vorliegen eines sonstigen Verdachts einer pflichtwidrigen Nachteilszufügung kann er von einer Aktionärsminderheit, deren Anteile den zwanzigsten Teil des Grundkapitals oder den anteiligen Betrag von EUR 500.000 erreichen, gestellt werden[816].

II. Länderbericht England

1. Partnerships

In England sind die Informationsrechte in der *partnership* sehr stark ausgeprägt. Nach sec. 24(9) PA müssen die Geschäftsbücher am Sitz der Gesellschaft verwahrt werden. Jeder Gesellschafter hat das Recht, die Bücher jederzeit einzusehen und sich Kopien anzufertigen. Bei der Einsichtnahme kann er sich grundsätzlich vertreten lassen[817]. Diese Informationsrechte gelten entsprechend für die LLP[818]. Begleitet werden sie von weitreichenden Offenbarungspflichten unter den Gesellschaftern. So ist jeder Gesellschafter verpflichtet, alle anderen Gesellschafter vollständig über alle gesellschaftsbezogenen Angelegenheiten zu informieren[819]. Zudem muss jeder Gesellschafter Rechenschaft über Einkünfte ablegen, die er im Zusammenhang mit der *partnership* erwirtschaftet hat[820]. Mit diesen Offenbarungspflichten sind *fiduciary duties* positiv normiert worden[821]. Zur Reichweite der Offenbarungspflichten heißt es in *Dockrill v. Coopers & Lybrand Chartered Accountants* sehr anschaulich:

> „With respect to partnership business, the knowledge of one partner is at least prima facie deemed to be the knowledge of all. [... The relation of partnership] leaves no room for exclusion from one partner of knowledge and information obtained by other partners in the course of the partnership's business."[822]

---

[816] § 315 S. 2 AktG.

[817] Collins in Bevan v. Webb, All E.R. Rep. 1900-1903, 206 (210 f.).

[818] Sec. 7(7) und (8) LLPR.

[819] Sec. 28 PA. Siehe auch Hodson in Boardman v. Phipps, All E.R. 1966 (3), 721 (745 f.).

[820] Sec. 29 PA.

[821] Morse, S. 129.

[822] Chipman in Dockrill v. Coopers & Lybrand Chartered Accountants, D.L.R. (4th) 111 (1994), 62 (65) (wobei es sich um einen im englischen Recht regelmäßig zitierten Fall aus dem kanadischen Recht handelt).

In diesem Fall beabsichtigten die übrigen Gesellschafter, sich von dem Partner *Dockrill* zu trennen und beauftragten einen Rechtsanwalt mit der Erstellung eines entsprechenden Gutachtens, wie man dabei vorgehen könnte. Dem Partner *Dockrill* wurde eine Kopie dieser Auskunft vorenthalten. Das Gericht hielt dies für rechtswidrig[823].

Die Informationsrechte des *limited partners* sind demgegenüber eingeschränkt. Ihm gegenüber gelten die weitreichenden Offenbarungspflichten nicht. Der *limited partner* hat aber das Recht, die Geschäftsbücher jederzeit einzusehen, den Zustand und die Zukunftsaussichten der Gesellschaft zu prüfen und mit den *general partners* darüber zu beraten[824].

2. Companies

a) *Gesetzlich normierte Informationsrechte*

Die Informationsrechte sind im Recht der *companies* gegenüber dem Recht der *partnerships* nur schwach ausgebildet. Zwar ist jede Gesellschaft verpflichtet, umfassende Buchführungsunterlagen, die jederzeit die wirtschaftliche Situation des Unternehmens widerspiegeln, zu unterhalten[825]. Allerdings steht den *shareholders* grundsätzlich kein Recht zu, diese oder andere Geschäftsunterlagen einzusehen[826]. Vielmehr reichen die Informationsrechte nur soweit, wie dies im *Companies Act 1985* ausdrücklich vorgesehen ist. Die wichtigsten Informationsrechte sind danach:

- Jeder Gesellschafter hat das Recht, die Aushändigung einer Kopie des *Memorandums* und der *Articles* zu verlangen[827].
- Jeder Gesellschafter hat das Recht in das Verzeichnis der Gesellschafter (*register of members*) Einblick zu nehmen und eine Kopie zu verlangen[828].

---

823 Zur Reichweite der Offenbarungspflichten siehe auch Cozens-Hardy in Law v. Law, All E.R. Rep. 1904-1907, 526 (528 f.).

824 Sec. 6(1) LPA: „*[A] limited partner may [...] at any time inspect the books of the firm and examine into the state and prospects of the partnership business, and may advise with the partners thereon.*" Siehe auch Lindley & Banks, Rn. 31-04 (S. 890 f.).

825 Sec. 221(1) CA.

826 Romer in Butt v. Kelson, All E.R. 1952 (1), 167 (172); vgl. Boyle & Birds, Kap. 14.2.2 (S. 423).

827 Sec. 19(1) CA.

828 Sec. 356(1) CA.

- Die Gesellschaft ist verpflichtet, jedem Gesellschafter eine Kopie des Jahresabschlusses (*annual accounts*), Geschäftsberichts (*directors' report for the financial year*) und Berichts der Rechnungsprüfer (*auditors' reports*) mindestens 21 Tage vor einer Hauptversammlung, bei der diese Gegenstand der Tagesordnung sind, zu übersenden[829].

Darüber hinaus gibt es eine Reihe weiterer Unterlagen, die den Gesellschaftern zugänglich sein müssen. Hierzu gehören ein Verzeichnis der *directors* und *secretaries*[830], der Anstellungsvertrag der *directors*[831] und ein Verzeichnis der von den *directors* gehaltenen Anteile an der Gesellschaft[832].

In *Public Companies* besteht zudem eine Pflicht für jeden Anteilsinhaber, der über einen maßgeblichen Anteilsbesitz (*interest in shares comprised in a public company's relevant share capital*) verfügt, diesen offen zu legen[833]. Was ein maßgeblicher Anteilsbesitz ist, wird dabei in sec. 198(2), 199(2) CA näher definiert und in einer Verordnung gemäß sec. 210A CA konkretisiert. Sämtliche *shareholders* mit einem solchen maßgeblichen Anteilsbesitz werden in einem hierfür angelegten Verzeichnis (*register of interests in shares*) aufgeführt[834]. Jedes Mitglied hat das Recht, dieses Verzeichnis einzusehen[835]. Die Gesellschaft ist befugt, Nachforschungen über einen eventuellen maßgeblichen Anteilsbesitz anzustellen[836]. Eine Gesellschafterminderheit, die über mindestens ein Zehntel der stimmberechtigten Aktien verfügt[837], kann die Gesellschaft sogar verpflichten, solche Nachforschungen anzustellen. Das Ergebnis der Nachforschungen ist ebenfalls zur Einsichtnahme auszulegen[838].

---

829 Sec. 238(1) CA.

830 Sec. 288(3) CA.

831 Sec. 318(7) CA.

832 Sec. 324, 325(1) CA i.V.m. sec. 3(2)(b) Companies (Inspection and Copying of Registers, Indices and Documents) Regulations 1991.

833 Sec. 198(1) CA.

834 Sec. 211(1) CA.

835 Sec. 219(1) CA.

836 Sec. 212(1) CA.

837 Sec. 214(1) CA.

838 Sec. 215 CA.

b) *Weitergehende Informationsrechte*

Über die genannten Informationsrechte hinaus, sind weitere Informationsrechte, beispielsweise in der jährlichen Hauptversammlung wie etwa im deutschen Aktienrecht, nicht vorgesehen. Obwohl die *shareholders* in der Praxis häufig die Gelegenheit bekommen, Fragen zu stellen[839], stehen ihnen entsprechende ausdrückliche Rechte nicht zu. Sofern jedoch Fragen gestellt werden können, müssen diese einen Bezug zu den Geschäften der Gesellschaft und der Tagesordnung haben[840].

Weitere Informationsrechte könnten sich jedoch aus sec. 432(2)(d) CA ergeben, wonach eine Sonderprüfung dann veranlasst werden kann, wenn den Mitgliedern der Gesellschaft nicht all die Informationen gegeben werden, die diese vernünftigerweise erwarten durften[841]. Der Maßstab der vernünftigerweise zu erwartenden Informationen erweckt den Eindruck, als ob den Gesellschaftern materiell doch mehr Informationen zustehen könnten, als dies gesetzlich ausdrücklich geregelt ist[842]. Wann dies der Fall sein könnte, ist bisher allerdings nicht näher konkretisiert. Einfache Vertragsverletzungen der *directors* jedenfalls reichen nicht aus, um eine berechtigte Erwartung nach zusätzlichen Informationen zu veranlassen[843]. Schließlich ist auf die besonderen Rechte der Gesellschafter bei Umwandlungen hinzuweisen[844].

c) *Prüfungsrechte*

Der *Companies Act 1985* sieht verschiedene Regelungen vor, wann die Gesellschaft einer behördlichen Kontrolle, nämlich einer Sonderprüfung (*investigation*) durch den *Secretary of State* unterzogen werden kann. Hierzu zäh-

---

839 Gower's, S. 567 und 583.

840 Gower's, S. 583.

841 Sec. 432(2)(d) CA lautet: „*The Secretary of State may make such an appointment [of competent inspectors] if it appears to him that there are circumstances suggesting that the company's members have not been given all the information with respect to its affairs which they might reasonably expect.*"

842 So auch Gower's, S. 511 und S. 696 Fn. 28.

843 Wertung aus Goff in S.B.A. Properties, Ltd. v. Cradock, All E.R. 1967 (2), 610 (612 f.).

844 Diese können sich insbesondere aus dem *City Code on Takeovers and Mergers* („*Blue Book*") ergeben. Dabei handelt es sich nicht um kodifiziertes Recht, sondern vielmehr um anerkannte Prinzipien, die von einem *Panel on Takeovers and Mergers* zusammengefasst wurden und nur indirekt Geltung beanspruchen können: Bischoff, S. 177 f.; Boyle & Birds, Kap. 18.1 (S. 601); Zinser, RIW 2001, 481.

len eine Prüfung der Angelegenheiten der Gesellschaft[845], eine Prüfung des Anteilsbesitzes[846], eine Prüfung des Handels mit Anteilspapieren[847] und eine Prüfung der Geschäftsunterlagen[848]. Voraussetzung ist jeweils, dass ein begründeter Anlass (good reason) für eine solche Prüfung besteht. Regelmäßig erfolgt die Prüfung durch einen durch den *Secretary of State* ernannten *inspector*. Bei der Durchführung der Prüfung stehen dem *inspector* weitreichende Befugnisse zu[849]. In der Praxis wird von diesen Prüfungsrechten wenig Gebrauch gemacht[850].

Trotz ihrer Ausgestaltung als behördliche Prüfungsrechte, kommt diesen Rechten, insbesondere die Prüfung der Angelegenheiten der Gesellschaft nach sec. 431(1) CA (nachstehend 1.) und die Prüfung des Anteilsbesitzes nach sec. 442(1) CA (nachstehend 2.), eine Bedeutung für den Minderheitenschutz zu:

1. Eine Prüfung der Angelegenheiten der Gesellschaft nach sec. 431(1) CA ist als Minderheitenrecht ausgestaltet. Sie kann entweder von mindestens 200 Mitgliedern der Gesellschaft oder von einer Gesellschafterminderheit, die über mindestens ein Zehntel der ausgegebenen Anteile verfügt, veranlasst werden[851]. Verfügt die Gesellschaft über kein *share capital*, dann ist mindestens ein Fünftel der Anzahl der registrierten Mitglieder erforderlich[852]. Der Bericht des *inspectors* kann von der Gesellschafterminderheit angeführt werden kann, um einen Antrag auf Auflösung der Gesellschaft gemäß sec. 122(1)(g) IA (*winding up on the just and equitable ground*) zu stützen[853]. Im Übrigen trifft der *Secretary of State* aufgrund des Berichts Maßnahmen gegen die Gesellschaft. Bei solchen Maßnahmen kann es sich sowohl um einen Antrag auf Auflösung der Gesellschaft gemäß sec. 124A IA, als auch um ein Antrag auf eine andere angemessene Rechtsfolgen gemäß sec. 460(1)(a), 461(1) CA handeln.
2. Eine Prüfung des Anteilsbesitzes nach sec. 442(1) CA kann erfolgen, um die wahren Eigentumsverhältnisse an der Gesellschaft zu ermitteln. Letztlich geschieht dies, um diejenigen Personen herauszufinden, die die Ge-

845 Investigation of a company's affairs, sec. 431 ff. CA.

846 Investigation of the ownership of a company, sec. 442 ff. CA.

847 Investigation of share dealings, sec. 446 CA.

848 Inspection of a company's books and papers, sec. 447 ff. CA.

849 Sec. 433, 434 CA.

850 Bischoff, S. 164.

851 Sec. 431(2)(a) CA.

852 Sec. 431(2)(b) CA.

853 Dillon in Re St Piran Ltd, All E.R. 1981 (3), 270 (276).

sellschaft kontrollieren[854]. Auch diese Prüfung kann von einer Minderheit entsprechend der Prüfung nach sec. 431(1) CA veranlasst werden[855]. Als besondere Rechtsfolge sieht sec. 445 CA vor, dass der *Secretary of State* die aus dem Anteilsbesitz resultierenden Befugnisse beschränken kann.

3. Nach sec. 447 ff. CA ist der *Secretary of State* berechtigt, eine Prüfung aller Geschäftsunterlagen zu veranlassen. Im Unterschied zu den Prüfungen nach sec. 432 und 442 CA ist diese Prüfung weniger formell und diskreter. Sie gibt dem *Secretary of State* die Möglichkeit, im Vorfeld einer schwerer wiegenden Untersuchung nach sec. 432 und 442 CA erforderliche Unterlagen zu erlangen, ohne öffentliches Interesse zu erregen[856].
4. Die Prüfung des Handels mit Anteilspapieren nach sec. 446 CA dient dazu, das für *directors* geltende Verbot des Handelns mit Optionspapieren[857] sowie die Pflicht, Anteilsbesitz an der eigenen Gesellschaft offen zu legen[858], zu überwachen. Sie spielt daher für den Minderheitenschutz nur eine sehr untergeordnete Rolle.

III. Länderbericht Frankreich

1. Sociétés de personnes

In Frankreich ist trotz der Übertragung der Geschäftsführung und Vertretung auf ein eigenes Organ ein Kontrollorgan in den *sociétés de personnes* gesetzlich nicht vorgesehen. Die Kontrollrechte sind vielmehr als Individualrechte ausgestaltet. Die Informations- und Auskunftsrechte der Personengesellschafter sind im Wesentlichen gesetzlich normiert.

Die Gesellschafter der S.Civ. haben das Recht mindestens einmal im Jahr Einsichtnahme in die Bücher und Dokumente der Gesellschaft (*livres et documents sociaux*) zu nehmen und schriftlich Fragen zu den Angelegenheiten (*gestion sociale*) der Gesellschaft zu stellen[859]. Zudem hat jeder nichtgeschäftsführende Gesellschafter jederzeit (*à tout moment*) das Recht, über eine Angelegenheit der Gesellschaft eine Erörterung bzw. Beschlussfassung unter den Gesellschaftern (*délibération des associés*) oder die Einberufung einer

[854] Charlesworth & Morse, S. 337.

[855] Sec. 442(3) CA.

[856] Boyle & Birds, Kap. 17.21 (S. 390); Wilkinson, S. 291.

[857] Sec. 323 CA.

[858] Sec. 324 CA.

[859] Art. 1855 CC.

Gesellschafterversammlung zu verlangen[860]. Widersprechen die *gérants* dem Verlangen, kann sich der Gesellschafter an das *tribunal de grande instance* (TGI) wenden, um eine solche Debatte durchzusetzen[861]. Zudem müssen die *gérants* den Gesellschaftern mindestens einmal im Jahr über ihre Tätigkeit berichten. Dies schließt einen schriftlichen Bericht über die Lage und Aussichten der Gesellschaft ein[862]. Der Bericht muss zusammen mit Berichten des Aufsichtsorgans und Rechnungsprüfers (*rapports de l'organe de surveillance ou des commissaires aux comptes*), etwaigen Beschlussvorschlägen (*texte des résolutions proposées*) und allen sonstigen notwendigen Informationen (*tous autres documents nécessaires à l'information des associés*) spätestens 15 Tage vor der Gesellschafterversammlung an die Gesellschafter übersendet sein[863].

Die nichtgeschäftsführenden Gesellschafter der Personenhandelsgesellschaften – und zwar auch die *commanditaires* – haben zweimal im Jahr das Recht, Einsichtnahme in die Bücher und Dokumente der Gesellschaft zu verlangen und schriftlich Fragen zu den Angelegenheiten der Gesellschaft zu stellen[864]. Die Geschäftsführer sind zudem verpflichtet, den Gesellschaftern eine jährliche Rechnungslegung zur Billigung vorzulegen[865]. In diesem Zusammenhang müssen die *gérants* den Gesellschaftern der S.N.C. und der S.C.S. rechtzeitig vor der ordentlichen Gesellschafterversammlung alle notwendigen Unterlagen über die Gesellschaft übersenden[866]. Diese umfassen den Geschäftsbericht (*rapport de gestion*), das Bestandsverzeichnis (*inventaire*), den Jahresabschluss (*comptes annuels*), den Text der Beschlussvorschläge (*texte des résolutions proposées*) sowie gegebenenfalls den Bericht des Rechnungsprüfers (*rapport des commissaires aux compte*), den konsolidierten Abschluss (*comptes consolidés*) und den Konzernbericht (*rapport sur la gestion de groupe*). Diese Regelungen sind zwingend[867]. Zudem können die Gesellschafter einen oder mehrere Rechnungsprüfer (*commissaires aux comptes*) bestellen[868]. Die Bestellung erfolgt – sofern im Gesellschaftsvertrag

---

860 Art. 39 Abs. 1 D.78-704.

861 Art. 39 Abs. 2 D.78-704.

862 Art. 1856 CC.

863 Art. 41 D.78-704.

864 Art. L. 221-8 CCom.

865 Art. L. 221-7 Abs. 1 CCom.

866 Art. L. 221-7 Abs. 2 CCom.

867 Art. L. 221-7 Abs. 3 CCom.

868 Art. L. 221-9 Abs. 1 CCom.

nichts anderes bestimmt ist – durch einstimmigen Beschluss der Gesellschafter[869].

2. Sociétés de capitaux

Die Überwachung der Geschäftsführung ist bei den Kapitalgesellschaften unterschiedlich ausgestaltet. Bei der S.A.R.L. hat jeder Gesellschafter persönlich das Recht, die Führung der Geschäfte zu kontrollieren[870]. Bei der S.A. dagegen wird die Kontrolle im Wesentlichen durch die *commissaires aux comptes* ausgeübt[871], die als Bevollmächtigte der Aktionäre handeln. Dies wirkt sich auf die Ausgestaltung der Informationsmöglichkeiten der Gesellschafter aus.

a) Informationsrechte in der S.A.R.L.

Die Gesellschafter der S.A.R.L. können jederzeit Einsichtnahme in die Unterlagen der Gesellschaft verlangen[872]. Eine dem Recht der S.N.C.[873] entsprechende Vorschrift bezüglich der zu übersendenden Unterlagen vor einer Gesellschafterversammlung findet sich im Recht der S.A.R.L. in Art. L. 223-26 Abs. 2 CCom[874]. Zusätzlich können die Gesellschafter schriftlich Fragen an die Geschäftsführer richten, die diese im Verlauf der Gesellschafterversammlung beantworten müssen[875]. Ein weiteres Auskunftsrecht gegenüber der Geschäftsführung steht den Gesellschaftern zweimal im Laufe eines Geschäftsjahres (*exercice*) zu solchen Angelegenheiten der Geschäftsführung zu, die die zukünftige Entwicklung der Gesellschaft gefährden können (*compromettre la continuité de l'exploitation*)[876].

b) Informationsrechte in der S.A.

Bei der S.A. gilt der Grundsatz, dass alle Aktionäre Zugang zu solchen Unterlagen haben müssen, die ihnen ein reelles Bild über die Geschäfte der Ge-

---

869 Art. L. 221-9 Abs. 1 i.V.m. Art. L. 221-6 Abs. 1 CCom.

870 Bastian/Germain, S. 30.20-11.

871 Art. L. 225-218 Abs. 1 CCom.

872 Art. L. 223-26 Abs. 4 CCom i.V.m. Art. 33 D.67-236.

873 Dort Art. L. 221-7 Abs. 2 CCom.

874 I.V.m. Art. 36 D.67-236.

875 Art. L. 223-26 Abs. 3 CCom.

876 Art. L. 223-36 CCom.

sellschaft vermitteln[877]. Um welche Unterlagen es sich im Einzelnen handelt, ergibt sich im Wesentlichen aus Art. 225-115 CCom. Demnach hat jeder Aktionär das Recht, jederzeit (*à toute époque*) die in Art. 225-115 CCom genannten Unterlagen einzusehen bzw. sich entsprechende Informationen zu besorgen[878]. Dazu zählen u.a.

- Bestandsverzeichnis (*inventaire*), Jahresabschluss (*comptes annuels*) und gegebenenfalls konsolidierter Abschluss (*comptes consolidés*), Liste der Verwaltungsratsmitglieder (*liste des administrateurs*) bzw. der Mitglieder des Vorstands und des Aufsichtsrates (*liste des membres du directoire et du conseil de surveillance*)[879];
- Berichte des Verwaltungsrates bzw. des Vorstands und des Aufsichtsrates (*rapport du conseil d'administration ou du directoire et du conseil de surveillance*) und evtl. des Rechnungsprüfers[880];
- gegebenenfalls die Texte und Begründungen der Beschlussvorschläge (*texte et l'exposé des motifs des résolutions proposées*) sowie Auskünfte über die Kandidaten für einen Verwaltungsrats- bzw. Aufsichtsratssitz[881];
- Protokolle und Anwesenheitslisten der Hauptversammlungen der letzten drei Geschäftsjahre[882] etc.

Außerdem kann jeder Aktionär schriftlich Fragen an den *conseil d'administration* bzw. das *directoire* stellen, die jene im Verlauf der Hauptversammlung beantworten müssen[883]. Zudem kann vor einer Hauptversammlung jeder Aktionär die Liste der Aktionäre einsehen[884].

Im Übrigen haben ein oder mehrere Aktionäre, die über mindestens fünf Prozent[885] des Gesellschaftskapitals verfügen, das Recht, zweimal im Geschäftsjahr schriftlich Fragen an den Präsidenten des Verwaltungsrates

---

877 Art. L. 225-108 Abs. 1 CCom lautet diesbezüglich: „*Le conseil d'administration ou le directoire, selon le cas, doit adresser ou mettre à la disposition des actionnaires les documents nécessaires pour permettre à ceux-ci de se prononcer en connaissance de cause et de porter un jugement informé sur la gestion et la marche des affaires de la société.*"

878 Art. L. 225-117 CCom.

879 Art. L. 225-115 Nr. 1 CCom.

880 Art. L. 225-115 Nr. 2 CCom.

881 Art. L. 225-115 Nr. 3 CCom.

882 Art. L. 225-117 CCom.

883 Art. L. 225-108 Abs. 3 CCom.

884 Art. L. 225-116 CCom.

885 Geändert durch Gesetz Nr. 2001-420 vom 15. Mai 2001 (Journal Officiel vom 16. Mai 2001).

oder des Vorstands über solche Angelegenheiten zu richten, die die künftige Entwicklung der Gesellschaft gefährden können[886].

c) *Prüfungsrechte*

Bei den Personengesellschaften gibt es kein gesondertes, über die allgemeinen Informationsrechte hinausgehendes Prüfungsrecht der Gesellschafter. Bei der S.A. und teilweise der S.A.R.L. dagegen gibt es weitere Institutionen, die die Geschäfte der Gesellschaft kontrollieren, den *commissaire aux comptes* und den *expert de gestion*.

(1) Commissaires aux Comptes

Zum einen wird die laufende Kontrolle der Geschäftsführung im Wesentlichen durch einen oder mehrere Rechnungsprüfer (*commissaires aux comptes*) ausgeübt[887]. Diese werden von der Hauptversammlung bestellt[888]. Eine Minderheit der Aktionäre, die mindestens fünf Prozent[889] des Gesellschaftskapitals hält, kann allerdings einen von der Hauptversammlung bestellten Rechnungsprüfer durch Erhebung einer Ablehnungsklage ablehnen[890]. Die Aufgabe der Prüfer besteht weniger in einer Zweckmäßigkeitskontrolle von Entscheidungen der Geschäftsführung. Vielmehr ist die Prüfung begrenzt auf eine generelle Überwachung der Geschäftsbücher[891].

(2) Expert de Gestion

Neben der laufenden Prüfung durch die Rechnungsprüfer besteht bei den Kapitalgesellschaften zudem die Möglichkeit, eine Sonderprüfung durch einen externen Sachverständigen (*expert de gestion*) durchführen zu lassen[892]. Diese kann in der S.A.R.L. von einer Minderheit, die über eine Kapitalbeteiligung von mindestens zehn Prozent des Gesellschaftskapitals verfügt[893], in der

---

[886] Art. L. 225-232 CCom.

[887] Art. L. 225-218 Abs. 1 CCom.

[888] Art. L. 225-228 Abs. 1 CCom.

[889] Geändert durch Gesetz Nr. 2001-420 vom 15. Mai 2001 (Journal Officiel vom 16. Mai 2001).

[890] Art. L. 225-230 Abs. 1 CCom.

[891] Bastian/Germain, S. 30.10-58.

[892] Art. L. 223-37 CCom (S.A.R.L.); Art. L. 225-231 CCom (S.A.).

[893] Art. L. 223-37 Abs. 1 CCom.

S.A. von einer Minderheit, die über eine Kapitalbeteiligung von mindestens fünf Prozent des Gesellschaftskapitals verfügt[894], eingeleitet werden. Sie ist gerichtet auf die gerichtliche Bestellung des Sachverständigen, der über eine oder mehrere Geschäftsführungshandlungen einen Bericht zu erstatten hat[895]. Diese Prüfungsmöglichkeit ist von besonderer Bedeutung für die Vorbereitung beispielsweise einer Schadensersatzklage gegen die Verwaltung[896].

IV. Rechtsvergleichende Analyse

Die Bedeutung der Kontrollrechte ist – wie eingangs dieses Teils der Untersuchung erwähnt[897] – für den Minderheitenschutz insoweit bedeutsam, als sie die notwendigen Voraussetzungen schaffen, damit einzelne Gesellschafter weitergehende Rechte überhaupt geltend machen und minderheitsschädigendes Verhalten ahnden können. Je weniger der einzelne Gesellschafter die Möglichkeit hat, auf die Verwendung seiner Beteiligung und damit auf sein Vermögensrisiko direkt oder indirekt Einfluss zu nehmen, desto stärker ist er von der zweckgerechten Verwendung der Beteiligung durch diejenigen abhängig, denen die Verfügungsmöglichkeit zusteht. Besonders deutlich wird dies bei den Personengesellschaften dann, wenn das Risiko der unbegrenzten persönlichen Haftung nicht notwendig verknüpft ist mit direkten Verwaltungsbefugnissen. Das Auseinanderfallen führt dazu, dass dann, wenn ein Gesellschafter nicht an der Geschäftsführung beteiligt ist, dessen Bedürfnis, über die Angelegenheiten der Gesellschaft wenigstens ausreichend informiert zu werden und die Geschäftsführung insoweit kontrollieren zu können, steigt[898]. In diesem Zusammenhang werden die Kontrollrechte als Kompensation für den Verlust direkter Einflussnahmemöglichkeiten, als:

> „... contrepoids logique et indispensable du pouvoir majoritaire pour le bon fonctionnement de la société“[899]

verstanden. Dies kommt insbesondere darin zum Ausdruck, dass in allen Rechtsordnungen die Einsichts- und Auskunftsrechte insbesondere für die von der Geschäftsführung ausgeschlossenen persönlich haftenden Gesellschafter gelten. Vor dem Hintergrund ihrer Funktion im Minderheitenschutz

---

894 Art. L. 225-231 Abs. 1 S. 1 CCom.

895 Art. L. 225-231 Abs. 2 CCom.

896 Merle, Rn. 522.

897 Siehe oben S. 137.

898 Siehe Prentice, OxJLS 8 (1988), 55 (61).

899 D. Schmidt, Para. 21.

ist es angebracht, die Kontrollrechte als „Informationsbeschaffungsrechte“ zu bezeichnen.

(Prinzip 2.1)
Jeder Gesellschafter hat regelmäßige Einsichts- und Auskunftsrechte, um über die Geschicke der Gesellschaft ausreichend informiert zu sein.

Insgesamt wird dem Bedürfnis nach Kontrolle – jedoch je nach Gesellschaftsform in unterschiedlichem Umfang – allgemein Rechnung getragen. Aufgrund ihrer unterschiedlichen Intensität lassen sich bloße Informationsrechte von den Prüfungsrechten unterscheiden. Gemein ist diesen Rechten jedoch, dass sie der bloßen Informationsbeschaffung dienen. Eine unmittelbare Schutzwirkung geht von ihnen nur sehr begrenzt aus. Vielmehr liegt ihre Bedeutung nach *Immenga* darin, dass

> „... ein Gesellschafter [...] von seinen Mitgliedschaftsrechten nur dann sinnvollen Gebrauch machen [kann], wenn er die in der Gesellschaft begründeten Umstände kennt, die für die Ausübung der Rechte wesentlich sind. Das gilt in gesteigertem Maße für Minderheitsgesellschafter, wenn sie Ansprüche gegen die Mehrheit durchsetzen wollen.“[900]

1. Personengesellschaften

Am weitesten werden die Informationsrechte in den *partnerships* verstanden. Dort können die Partner die Bücher der Gesellschaft jederzeit einsehen. Darüber hinaus besitzen die Gesellschafter einen Auskunftsanspruch gegen die Geschäftsführer und es bestehen weitreichende Offenbarungspflichten unter den Partnern. Jegliches gesellschaftsbezogenes Wissen muss unter den *general partners* geteilt werden. Etwas enger sind die Informationsrechte in Deutschland. Zwar können auch hier die persönlich haftenden Gesellschafter die Bücher und Unterlagen der Gesellschaft jederzeit einsehen. Ihnen steht jedoch ein gegenüber der englischen Lösung qualitativ begrenzterer Auskunftsanspruch gegen die Geschäftsführer zu. Restriktiver ist das französische Modell. Die französischen Einsichts- und Auskunftsrechte grenzen sich bereits quantitativ durch ihre zahlenmäßige Begrenzung ab. In der S.Civ. können die Gesellschafter die Bücher der Gesellschaft nur einmal im Jahr einsehen und auch Fragen zu Angelegenheit der Gesellschaft nur einmal im

900 Immenga, S. 296.

Jahr stellen. Bei den Personenhandelsgesellschaften ist dies jeweils zweimal im Jahr möglich.

In Deutschland und England sind die Rechte für die nicht persönlich haftenden Gesellschafter restriktiver geregelt. *Limited partner* haben zwar ein umfassendes Einsichtnahmerecht. Jedoch werden die weitreichenden Offenbarungspflichten durch das Recht ersetzt, sich mit den *general partners* lediglich zu beraten. Kommanditisten im deutschen Recht haben sogar nur einen Anspruch auf Mitteilung des Jahresabschlusses, den sie unter Einsichtnahme in die Bücher nachprüfen können, und einen damit verbundenen Auskunftsanspruch. Bei Vorliegen eines wichtigen Grundes oder bei wichtigen Angelegenheiten der Gesellschaft stehen dem Kommanditisten allerdings weiter reichende Informationsrechte zu. Insbesondere mit Blick auf das restriktive französische Recht lässt sich als Gemeinsamkeit lediglich festhalten:

(Prinzip 2.1.1)
Jeder Personengesellschafter hat das Recht, wenigstens einmal im Jahr die Bücher und alle Unterlagen der Gesellschaft einzusehen und Auskunft über Angelegenheiten der Gesellschaft zu verlangen. Dieses Recht besteht unabhängig von einer Beteiligung an der Geschäftsführung und gilt insbesondere auch für die nicht persönlich haftenden Gesellschafter.

2. Kapitalgesellschaften

Die Informationsrechte innerhalb der Kapitalgesellschaften reichen von sehr weitgehenden bis hin zu sehr institutionalisierten Rechten. Die Gesellschafter der S.A. können jederzeit Einsicht in diejenigen Unterlagen der Gesellschaft nehmen, die zur Rechnungslegung gehören bzw. Gegenstand der Hauptversammlung sind. Diese Unterlagen sind in Art. L.225-115 CCom genannt. Eine ähnliche Regelung gilt für die AG und für die *companies.* Letztere müssen allerdings den Gesellschaftern die maßgeblichen Unterlagen der Rechnungslegung übersenden.

Auskunft verlangen können Gesellschafter der AG und der *companies* während der Hauptversammlung, soweit sie zur sachgerechten Beurteilung des Gegenstands der Tagesordnung erforderlich ist. Bei der S.A. gibt es unterschiedliche Auskunftsrechte. Zum einen besteht ein Recht, schriftlich Fragen im Zusammenhang mit der Gesellschafterversammlung zu stellen, die der *conseil d'administration* oder das *directoire* in der Hauptversammlung beantworten müssen. Zum anderen haben Aktionäre, die über mindestens 5 % des Gesellschaftskapitals verfügen, zweimal im Jahr das Recht, schriftliche Fragen an die Gesellschaft über Angelegenheiten zu richten, die die künftige Entwicklung der Gesellschaft gefährden können. Dieses Recht ist demnach – anders als die übrigen Informationsrechte – als Gruppenrecht ausgestaltet und hat als Zielrichtung, die Information im Vorfeld von Gefährdungen für die Gesellschaft zu gewährleisten.

GmbH-Gesellschafter können jederzeit Einsicht in die Bücher und Schriften der Gesellschaft nehmen und von den Geschäftsführern Auskunft über die Angelegenheiten der Gesellschaft verlangen. Dies gilt auch für die LLP, da diesbezüglich eine Frage des Innenverhältnisses der Gesellschafter betroffen ist, die sich grundsätzlich nach dem Recht der *partnerships* richtet. Dies gilt ebenso für die Gesellschafter der S.A.R.L., wobei Fragen, die an die Gesellschafter gerichtet werden, von diesen erst in der Gesellschafterversammlung beantwortet werden müssen. Auffallend ist deshalb insgesamt, dass bei denjenigen Kapitalgesellschaftsformen, bei denen den Gesellschaftern die Möglichkeit offen steht, auf die allgemeine Geschäftsführung Einfluss zu nehmen, weitergehende Informationsrechte zustehen als bei denjenigen Gesellschaftsformen, bei denen solche Einflussnahmemöglichkeiten nicht bestehen. Insofern korrespondieren Einflussnahme- und Informationsrechte.

(Prinzip 2.1.2)
Jeder Kapitalgesellschafter hat das Recht, sich über Angelegenheiten der Gesellschaft mindestens durch Einsichtnahme in den Jahresabschluss und die Berichte der Verwaltungsorgane zu informieren.

(Prinzip 2.1.3)
Jedem Kapitalgesellschafter steht ein Auskunftsanspruch derart zu, mindestens im Zusammenhang mit der Gesellschafterversammlung Fragen stellen zu können. Die zuständigen Verwaltungsorgane müssen diese Fragen während der Gesellschafterversammlung beantworten.

(Prinzip 2.1.4)
Bei solchen Kapitalgesellschaften, die nach ihrer gesetzlichen Konzeption personalistische Züge tragen[901], haben die einzelnen Gesellschafter weitergehende Informationsrechte.

Über die Informationsrechte hinaus finden sich sich im Kapitalgesellschaftsrechts als weitere Kontrollrechte vereinzelt Sonderprüfungsrechte der

[901] Hierunter werden vorliegend insbesondere die auch „Hybridgesellschaften" genannten Gesellschaften verstanden, d.h. die GmbH, LLP, S.A.R.L.

Mitglieder. Dies gilt allerdings im Wesentlichen nur für die AG, die *companies* und die S.A. Diese Sonderprüfungsrechte sind als Gruppenrechte ausgestaltet. Bei der AG betreffen diese Prüfungen hauptsächlich Aspekte der Gründung, Bewertungsfehler im Jahresabschluss oder der Beziehung zu verbundenen Unternehmen. Sonderprüfungen werden im ersten Fall auf Antrag einer Minderheit, die über 10 % der Grundkapitals, in den anderen Fällen über 5 % verfügt, durch das Gericht veranlasst. Weitere Voraussetzung sind jeweils Anhaltspunkte für Unregelmäßigkeiten. Im Recht der *companies* sind die Prüfung der Angelegenheiten und die Prüfung der Unterlagen der Gesellschaft hervorzuheben. Eine Prüfung wird jeweils durchgeführt, wenn ein Antrag einer Minderheit von 200 Mitgliedern oder 10 % der Anteile an den *Secretary of State* gestellt wird und ein begründeter Anlass hierfür besteht. Im Recht der S.A. ist eine Prüfung von Geschäftsführerhandlungen vorgesehen, wenn eine Minderheit von 5 % des Gesellschaftskapitals einen entsprechenden Antrag bei Gericht stellt und ein Anlass besteht. Für die personalistischeren Kapitalgesellschaften wie die GmbH und die S.A.R.L. sind solche Prüfungsrechte gesetzlich nicht vorgesehen. Nur bei der GmbH ergeben sie sich mittelbar. Ohne thematisch eine Eingrenzung erreichen zu können, ergibt sich daraus jedenfalls das grundsätzliche Recht zur Durchführung von Sonderprüfungen im Rahmen der kapitalistischeren Konzeptionen[902]:

(Prinzip 2.2)
In den Kapitalgesellschaften kann eine Gesellschafterminderheit eine Sonderprüfung durch Dritte veranlassen, wenn hierfür ein begründeter Anlass besteht. Voraussetzung ist eine Mindestkapitalbeteiligung der Minderheit zwischen fünf und zehn Prozent.

C. Minderheitenschutz durch materielle Bindung der Mehrheitsherrschaft

Der folgende Abschnitt beschäftigt sich mit den materiellen Grenzen des Mehrheitshandelns, insbesondere den inhaltlichen Anforderungen, die an Mehrheitsbeschlüsse gestellt werden[903].

[902] Vgl. Wendt, S. 199 ff.

[903] K. Schmidt, S. 468, spricht insoweit auch von einem „institutionellen Minderheitenschutz" (vgl. auch oben S. 86, Fn. 424).

I. Länderbericht Deutschland

1. Personengesellschaften

a) Treuepflicht

Im deutschen Personengesellschaftsrecht ist die Treuepflicht der Gesellschafter die bedeutendste materielle Schranke des Mehrheitshandelns. Über den in § 242 BGB für alle Rechtsverhältnisse geltenden allgemeinen Grundsatz von Treu und Glauben hinaus sieht § 705 BGB vor, dass alle Mitglieder einer GbR die Pflicht haben, das Wohl der Gesellschaft zu fördern. Diese Förderungspflicht wird heute als Grundlage einer besonderen „gesellschaftsrechtlichen Treuepflicht" betrachtet[904]. Die Treuepflicht besteht zum einen gegenüber der Gesellschaft in Form der genannten Förder- und Loyalitätspflicht. Ihr Inhalt ist, dass die dem einzelnen Gesellschafter zustehenden Rechte im Interesse der Gesamthand auszuüben sind. Eigene Interessen müssen gegenüber dem so zur Geltung verholfenen Gesellschaftsinteresse zurückstehen und dürfen nur insoweit verfolgt werden, als dies die Interessen der Gesellschaft unberührt lässt[905]. Zum anderen besteht sie auch gegenüber den Mitgesellschaftern in Form von Rücksichtspflichten. Beispielsweise wird die Eingliederung einer Gesellschaft in eine herrschende Gesellschaft als treuwidrig erachtet, wenn die Gesellschafterminderheit der einzugliedernden Gesellschaft nicht ausreichend abgesichert wird[906].

In den Personengesellschaften werden diese Rücksichtspflichten mit der personalistischen Verbundenheit der Gesellschafter untereinander begründet. Inhaltlich findet die Treuepflicht in ihrer minderheitsschützenden Wirkung insbesondere dann Anwendung, wenn die Rechte eines Gesellschafters durch Rechts- oder Machtmissbrauch gefährdet sind[907]. Hinsichtlich der Reichweite der Treuepflichten ist auf die Realstruktur der Gesellschaft abzustellen. Je personalistischer der Zusammenschluss und je bedeutender damit die Person des einzelnen Gesellschafters, desto größere Bedeutung kommt dem Treuegrundsatz zu[908]. Umgekehrt hat der Treuegrundsatz geringere Bedeutung bei den körperschaftlich ausgestalteten Publikumspersonengesell-

---

904 Timm, WM 1991,481 (482).

905 BGH v. 23.09.1985, NJW 1986, 584 (585); BGH v. 12.07.1962, BGHZ 37, 381 (384); BGH v. 08.07.1985, NJW 1986, 844.

906 BGH v. 05.02.1979 (Gervais), NJW 1980, 231 (232).

907 Göbel, S. 103.

908 Staub-Ulmer, § 105 Rn. 238; Partikel, S. 132 f.

schaften. Trotz fehlender persönlicher Beziehungen bestehen allerdings auch hier Treuepflichten[909], die im Ergebnis zu einer Inhaltskontrolle des Gesellschaftsvertrages führen können[910].

b) *Gleichbehandlungsgrundsatz*

Als Grenze der Mehrheitsherrschaft wird auch der gesellschaftsrechtliche Gleichbehandlungsgrundsatz angesehen[911]. Sein Inhalt ist, dass zwischen den Gesellschaftern gleiche Sachverhalte gleich und ungleiche Sachverhalte ungleich behandelt werden müssen (Diskriminierungsverbot)[912]. Der Gedanke der Gleichbehandlung findet sich in zahlreichen gesetzlichen Vorschriften über die Personengesellschaften wieder[913].

Allerdings enthält der Gleichbehandlungsgrundsatz kein Gebot bedingungsloser Gleichbehandlung aller Gesellschafter. Vielmehr haben die Gesellschafter das Recht, eine ungleiche Behandlung zu vereinbaren. Das beinhaltet das Recht der Gesellschafter, ihre Stellung innerhalb der Gesellschaft beispielsweise durch die Einräumung stimmrechtsloser Gesellschaftsanteile unterschiedlich zu gestalten[914]. Da der Gleichbehandlungsgrundsatz nicht zum unentziehbaren Kernbereich der Mitgliedschaft gehört, besteht diese Möglichkeit auch aufgrund von Mehrheitsbeschlüssen. Gleichwohl rechnet ihn die Rechtsprechung zum Gegenstand außergewöhnlicher Vertragsänderungen im Sinne des Bestimmtheitsgrundsatzes[915]. Im Ergebnis stellt sich der

---

909 BGH v. 13.03.1978, BGHZ 71, 53 (59).

910 BGH v. 14.04.1975, BGHZ 64, 238 (Leitsatz a); so auch BGH v. 09.11.1987, BGHZ 102, 172 (177 f.).

911 BVerfG v. 07.08.1962, BVerfGE 14, 263 (284 f.); RG v. 23.10.1896, RGZ 38, 14 (15 f. für das Genossenschaftsrecht); BGH v. 14.05.1956, BGHZ 20, 363 (369); BGH v. 16.12.1991, BGHZ 116, 359 (373); K. Schmidt, S. 462 f.

912 K. Schmidt, S. 462.

913 §§ 706 Abs. 1 BGB (Beitragspflicht), 114 Abs. 1 (Beschlussfassung), 119 Abs. 2 (Bestimmung der Mehrheit), 125 Abs. 1 HGB (Vertretungsbefugnis), § 121 Abs. 3 HGB (Ergebnisverteilung).

914 RG v. 24.04.1941, RGZ 167, 65 (73); BGH v. 14.07.1954, BGHZ 14, 264 (269).

915 BGH v. 12.11.1952, BGHZ 8, 35 (42); vgl. Partikel, S. 127. Zur normativen Reichweite des Gleichbehandlungsgrundsatzes siehe die Erläuterungen im Zusammenhang mit dem deutschen Kapitalgesellschaftsrecht (S. 164 f.).

Gleichbehandlungsgrundsatz als Verbot nicht gerechtfertigter Ungleichbehandlung dar[916].

c) *Sachliche Rechtfertigung des Mehrheitsbeschlusses*

Neben diesen allgemeinen Schranken gibt es teilweise auch konkrete Anforderungen an die sachliche Rechtfertigung von Mehrheitsbeschlüssen, die gerichtlich überprüfbar sind. Dies ist etwa der Fall beim Erfordernis des wichtigen Grundes bei Entziehung von Geschäftsführung und Vertretungsmacht[917], Ausschließung eines Gesellschafters[918] oder außerordentlicher Kündigung[919].

d) *Gesetzes- und Sittenwidrigkeit*

Schließlich ist darauf hinzuweisen, dass Gesellschafterbeschlüsse, die gegen zwingendes Recht oder die guten Sitten verstoßen, kraft Gesetzes nichtig sind[920]. Im Allgemeinen ist die Frage der Sittenwidrigkeit jedoch von untergeordneter Bedeutung. Zwar hat der BGH herausgestellt, dass ein Beschluss, der auf einem Missbrauch der Machtposition der Mehrheitsgesellschafter beruht, wegen Sittenwidrigkeit nichtig ist[921]. Da sich der Machtmissbrauch jedoch auch als Unterfall der Treuepflichtverletzung darstellt[922], ist ein Rückgriff auf den Verstoß gegen die guten Sitten in der Rechtsprechung selten.

2. **Kapitalgesellschaften**

Die materielle Beschlusskontrolle in den Kapitalgesellschaften hat sich insbesondere im Aktienrecht in den letzten Jahrzehnten deutlich gewandelt. Den Ausgangspunkt dieser Entwicklung bildet die *Hibernia*-Entscheidung des Reichsgerichts von 1907, in der es noch hieß:

> „[Die] in Angelegenheiten der Gesellschaft mit der erforderlichen Stimmenzahl gefaßten Beschlüsse der Mehrheit [sind] für die Minderheit auch dann maßgebend, wenn sie dieser als verkehrt, wirtschaftlich nachteilig und die Bestrebungen der

---

916 BGH v. 06.10.1960, BGHZ 33, 175 (Leitsatz); Göbel, S. 175; Staub-Ulmer, § 105 Rn. 254; Partikel, S. 127.

917 §§ 712 Abs. 1, 715 BGB, §§ 117, 127 HGB.

918 § 737 BGB, § 140 HGB.

919 § 723 Abs. 1 S. 2 und 3 BGB, § 133 HGB.

920 §§ 134, 138 BGB.

921 BGH v. 30.09.1974, WM 1974, 1151 (1153).

922 Göbel, S. 105.

> Minderheit schädigend erscheinen. Dies ist eine unabwendbare Folge des im Gesetz zur Anerkennung gelangten Grundsatzes, daß die Mehrheit des Aktienbesitzes [...] darüber entscheidet, was im Interesse der Gesellschaft und ihrer Aktionäre zu tun und zu lassen ist. Mit dieser Tatsache muß sich jeder abgefunden haben, der Aktien erwirbt."[923]

Einschränkend wurde bereits kurze Zeit später in der *Victoria*-Entscheidung der Mehrheit vom RG die Pflicht auferlegt,

> „... im Rahmen des Gesamtinteresses auch den Belangen der Minderheit Berücksichtigung angedeihen zu lassen."[924]

Schließlich konkretisierte der BGH,

> „... daß der Grundsatz der freien Stimmrechtsausübung nicht so weit geht, daß das Stimmrecht auch mißbräuchlich ausgeübt werden dürfte."[925]

Damit wurde eine Missbrauchsschranke in Bezug auf Mehrheitsherrschaften im Aktienrecht richterlich etabliert. Parallel zu dieser Entwicklung vollzog sich ein bedeutender Schnitt im kodifizierten Aktienrecht. Der Minderheitenschutz wurde durch die Einführung des Aktiengesetzes von 1965[926] deutlich gestärkt, indem einzelnen Aktionären und Gruppen von Aktionären erstmals verschiedene Rechte zum Schutz ihrer Interessen eingeräumt wurden[927]. Diese Rechte sind zudem auf die GmbH entsprechend anwendbar[928].

a) Treuepflicht

Der im Recht der Personengesellschaften entwickelte Grundsatz der gesellschaftsrechtlichen Treuepflicht hat auch im Kapitalgesellschaftsrecht maßgebliche Bedeutung erlangt. Die Herleitung aus der personalistischen Struktur der Gesellschaft[929] wird im Aktienrecht durch die notwendige Kontrolle der dem Mitaktionär durch Gesetz und Satzung eingeräumten Möglichkeiten, auf fremdes Vermögen einzuwirken und über dieses zu verfügen, ersetzt[930].

---

923 RG v. 08.04.1908 (Hibernia), RGZ 68, 235 (245 f.).

924 RG v. 31.03.1931 (Victoria), RGZ 132, 149 (163).

925 BGH v. 09.06.1954, BGHZ 14, 25 (37).

926 Inkraftgetreten am 01. Januar 1966, § 410 AktG.

927 Vgl. Semler, AnwBl 1991, 440.

928 Zu § 241 AktG siehe BGH v. 16.12.1953, BGHZ 11, 231 (235); Hachenburg-Raiser, Anh § 47 Rn. 2; Scholz-K. Schmidt, § 45 Rn. 36. Beachte auch die 1994 in das GmbHG eingefügten Nichtigkeitsgründe in §§ 57j Abs. 2, 57n Abs. 2 S. 4, 58e Abs. 3 S. 1, 58f Abs. 2 S. 1.

929 BGH v. 05.06.1975 (ITT), BGHZ 65, 15 (18 f.).

930 Vgl. Lutter, ZHR 153 (1989), 446 (455); Wellenhofer-Klein, RabelsZ 64 (2000), 564 (571 f.).

(1) GmbH-Recht

Im GmbH-Recht bildet die Treuepflicht die Grundlage des materiellen Minderheitenschutzes[931]. Wie bei den Personengesellschaften kann man im GmbH-Recht zwischen der Treuepflicht gegenüber der Gesellschaft und derjenigen gegenüber den Mitgesellschaftern unterscheiden. Ihr Inhalt ist, die Interessen der Gesellschaft zu wahren und auch auf diejenigen der Mitgesellschafter Rücksicht zu nehmen[932]. Hieraus können Handlungs- und Unterlassungspflichten entstehen. Anerkannt ist die Treuepflicht des GmbH-Gesellschafters seit der *ITT*-Entscheidung des BGH[933], in der es heißt:

> „Die für eine Gesellschaftermehrheit bestehende Möglichkeit, durch Einflussnahme auf die Geschäftsführung die gesellschaftsbezogenen Interessen der Mitglieder zu beeinträchtigen, [verlangt] als Gegengewicht die gesellschaftsrechtliche Pflicht, auf diese Interessen Rücksicht zu nehmen."[934]

Es besteht allerdings kein Grund, den Interessen anderer Gesellschafter den Vorrang vor eigenen Interessen zu geben[935]. Die Treuwidrigkeit eines Verhaltens ergibt sich somit regelmäßig im Wege einer Abwägung der widerstreitender Interessen[936]. Als Orientierung bei Fragen über Geschäftsführungsangelegenheiten dient grundsätzlich das Gesellschaftsinteresse[937]. Hiergegen wird beispielsweise verstoßen, wenn einem Konzerninteresse der Vorrang vor dem Interesse der eigenen Gesellschaft eingeräumt wird[938]. Bei anderen Fragen beinhaltet die Treuepflicht ein Gebot der Rücksichtnahme auf die mitgliedschaftlichen Interessen anderer. Beispielsweise können Rücksichtnahmepflichten entstehen, wenn bei einer Anteilsabtretung der Erwerber erkennbar einer beherrschende Stellung erlangen will, mit der er unredliche Ziele gegenüber den Mitgesellschaftern verfolgt[939]. Das Ausmaß der Treuepflicht wird insbesondere bestimmt durch die reale Struktur der Gesellschaft.

---

931 Semler, AnwBl 1991, 440 (444).

932 Baumbach/Hueck-Hueck/Fastrich, § 13 Rn. 22.

933 BGH v. 05.06.1975 (ITT), BGHZ 65, 15.

934 BGH v. 05.06.1975 (ITT), BGHZ 65, 15 (19).

935 BGH v. 10.06.1991, GmbHR 82 (1991), 362 f.

936 Baumbach/Hueck-Hueck/Fastrich, § 13 Rn. 24.

937 BGH v. 05.06.1975 (ITT), BGHZ 65, 15 (19 f.); OLG Hamm v. 29.06.1992 (Hippenstiel-Imhausen), ZIP 1993, 119 (121); Scholz-Winter, § 14 Rn. 55 f.

938 BGH v.05.06.1975 (ITT), BGHZ 65, 15 (20); BGH v. 05.12.1983, BGHZ 89, 162 (165 ff.).

939 Wiedemann, S. 450 ff.

Je personalistischer die Struktur real ist, desto höhere Anforderungen sind an die Treuepflicht zu stellen[940].

(2) Aktienrecht

Zwar wurde auch im Aktienrecht das Bedürfnis nach Sicherungen gegen Missbräuche der Mehrheitsmacht früh erkannt[941]. Gleichwohl wurde lange Zeit vertreten, dass es im Aktienrecht keine Treuepflicht gebe[942]. Noch in der *Audi/NSU*-Entscheidung[943] befand der BGH, dass eine

> „Treuepflicht [...] zwischen Aktionären im allgemeinen nicht besteht [....]. Die gemeinsame Zugehörigkeit zu einer Aktiengesellschaft begründet für sich allein keine gegenseitigen Rechtsbeziehungen, aus denen sich eine [...] Haftung herleiten ließe."

Eine Wende brachte die *Linotype*-Entscheidung[944]. In diesem Fall ging es darum, dass eine Muttergesellschaft, die damalige Linotype GmbH, ca. 96 % des Aktienkapitals an einer Tochtergesellschaft besaß. Gegen den Willen der Aktionärsminderheit beschloss die Muttergesellschaft die Liquidation der Tochtergesellschaft, um deren Vermögen zu erwerben. Ein Aktionär focht den Beschluss an und rügte das Hinausdrängen der Gesellschafterminderheit aus der Tochtergesellschaft. Der BGH entschied in Abweichung zur *Audi/NSU*-Entscheidung, dass die rechtliche Prüfung des Auflösungsbeschlusses unter dem Gesichtspunkt der Treupflichtverletzung unentbehrlich sei. Wörtlich heißt es:

> „Eine gesellschaftsrechtliche Treupflicht besteht auch zwischen den Aktionären."[945]

Zugleich macht der BGH das Kriterium für die Reichweite der Treuepflichten deutlich, indem er feststellt, dass

> „es für die Annahme einer gesellschaftsrechtlichen Treupflicht nicht auf die Rechtsform der Gesellschaft, sondern im wesentlichen nur auf ihre innere Struktur ankommen kann."[946]

---

[940] BGH v. 01.04.1953, BGHZ 9, 157 (163); BGH v. 05.06.1975 (ITT), BGHZ 65, 15 (19); Baumbach/Hueck-Hueck/Fastrich, § 13 Rn. 23.

[941] RG v. 31.03.1931 (Victoria), RGZ 132, 149 (162).

[942] RG v. 21.09.1938, RGZ 158, 248 (254); BGH v. 27.10.1955, BGHZ 18, 350 (365); zuletzt BGH v. 16.02.1976 (NSU), JZ 1976, 561 (562) mit ablehnender Anmerkung Lutter, JZ 1976, 562.

[943] BGH v. 16.02.1976, JZ 1976, 561 (562).

[944] BGH v. 01.02.1988 (Linotype), BGHZ 103, 184.

[945] BGH v. 01.02.1988 (Linotype), BGHZ 103, 184 (194).

[946] BGH v. 01.02.1988 (Linotype), BGHZ 103, 184 (195).

Damit schafft der BGH eine Verbindung zu seiner Auffassung, dass eine personalistische Struktur Voraussetzung für das Bestehen einer Treuepflicht sei[947]. Entsprechend richtet sich die Bedeutung der Treuepflicht im Einzelfall nach der konkreten Einwirkungsmöglichkeit des Aktionärs auf die Gesellschaft. Die Gesellschafterpflichten des einzelnen Kleinaktionärs, der wenig Einflussnahmemöglichkeiten hat, werden häufig nicht von der gesellschaftsrechtlichen Treuepflicht bestimmt[948]. Ihr Inhalt und Ausmaß wachsen aber, wenn der Aktionär beginnt, Einfluss auszuüben, oder gar eine bestimmende Stellung innerhalb der Gesellschaft erwirbt[949].

Es lassen sich zwei Treuekonstellationen voneinander abgrenzen, nämlich diejenige der Gesellschafter zur Gesellschaft selbst und diejenige der Gesellschafter untereinander[950]. Letztere beinhaltet die auch im Kapitalgesellschaftsrecht für den Minderheitenschutz wesentlichen Rücksichtspflichten[951]. So hat beispielsweise bei einer Kapitalherabsetzung auf Null mit anschließender Kapitalerhöhung ein Mehrheitsaktionär die Pflicht, möglichst vielen Minderheitsaktionären den Verbleib in der Gesellschaft zu eröffnen[952]. Andere Fälle der Treuepflichtverletzung können sich insbesondere aus einer eigensüchtigen Schädigung der Gesellschaft oder dem Hinausdrängen von Mitaktionären ergeben[953]. Als besondere Normierung eines Treuepflichtverstoßes ist zudem auf die unzulässige Verfolgung von Sondervorteilen gemäß § 243 Abs. 2 AktG hinzuweisen[954].

b) *Gleichbehandlungsgrundsatz*

Der Gleichbehandlungsgrundsatz wurde im Aktienrecht aufgrund der Zweiten Gesellschaftsrechtlichen EG-Richtlinie[955] in § 53a AktG positiv normiert.

---

947 BGH v. 27.10.1955, BGHZ 18, 350 (365); BGH v. 05.06.1975 (ITT), BGHZ 65 , 15 (19); BGH v. 16.02.1976 (NSU), JZ 1976, 561 (562). Vgl. Großkomm./AktG-K. Schmidt, § 243 Rn. 48.

948 BGH v. 01.02.1988 (Linotype), BGHZ 103, 184 (195).

949 Lutter, ZHR 153 (1989), 446 (452 f.).

950 Großkomm./AktG-K. Schmidt, § 243 Rn. 48; Winter (Treuebindungen), S. 85.

951 Wiedemann, S. 432; Wiedemann, DB 1993, 141 (143); Lutter, AcP 180 (1980), 84 (123 ff.); Lutter, ZGR 1981, 171 (175).

952 BGH v. 05.07.1999, BGHZ 142, 167 (170 f.).

953 Großkomm./AktG-K. Schmidt, § 243 Rn. 49. Zu Anwendungsfällen der Treuepflicht im Aktienrecht siehe Lutter, ZHR 153 (1989), 446 (458 ff.), und Lutter, ZHR. 162 (1998), 164 (168 ff.).

954 MüKo/AktG-Hüffer, § 243 Rn. 73.

955 Art. 42. ABl. Nr. L 26/1 vom 31.01.1977.

Er stellte aber ohnehin geltendes Recht dar[956] und hat zum Inhalt, dass eine Ungleichbehandlung nur dann gerechtfertigt sein kann, wenn sie begründet ist[957]. Deshalb können Regelungen im Gesellschaftsvertrag bzw. der Satzung eine Ungleichbehandlung vorsehen[958]. Konkrete Ausgestaltung findet der Gleichbehandlungsgrundsatz in § 212 AktG, wonach bei einer Kapitalerhöhung aus Gesellschaftsmitteln neue Aktien zwingend den Aktionären im Verhältnis ihrer Anteile am bisherigen Grundkapital zustehen. Durch die Kapitalerhöhung sollen die Kräfteverhältnisse innerhalb der Gesellschaft nicht verändert werden[959]. Eine ähnliche Regelung findet sich im GmbH-Recht[960]. Daneben findet der Gleichbehandlungsgrundsatz in § 243 Abs. 2 AktG besondere Ausprägung, wonach Beschlüsse anfechtbar sind, wenn ein Aktionär bei der Ausübung des Stimmrechts einen Sondervorteil anstrebt und der angestrebte Beschluss geeignet ist, diesem Zweck zu dienen[961].

Im Ergebnis stellt sich der Gleichbehandlungsgrundsatz auch im Kapitalgesellschaftsrecht als formale Schranke dar, deren Schutzwirkung nur eine begrenzte Reichweite hat[962]. Sie versagt als Kontrollmaßstab, wenn trotz oder gerade wegen formaler Gleichbehandlung einzelne Gesellschafter geschädigt werden. Normativen Gehalt erhält der Gleichbehandlungsgrundsatz erst in der genannten Auslegung als Verbot willkürlicher Ungleichbehandlung[963]. In der gerichtlichen Praxis spielt der Gleichbehandlungsgrundsatz als solcher nur eine untergeordnete Rolle[964]. Anwendung findet er beispielsweise bei versteckten Gewinnausschüttungen[965], der Einführung von Höchststimmrechten[966], der Verweigerung der Zustimmung bei der Übertragung vinkulierter

---

956 Semler, AnwBl 1991, 440 (444).

957 BGH v. 16.12.1991, BGHZ 116, 359 (373); BGH v. 09.11.1992, BGHZ 120, 141 (150); Bischoff, BB 1987, 1055 (1059); MüKo/AktG-Hüffer, § 243 Rn. 67.

958 Bischoff, BB 1987, 1055 (1059).

959 Vgl. Geßler/Hefermehl-Bungeroth, § 212 Rn. 9.

960 § 57j Abs. 1 GmbHG.

961 Zur Geltung im GmbH-Recht BGH v. 16.12.1953, BGHZ 11, 231 (235); BGH v. 09.06.1954, BGHZ 14, 25 (38); BGH v. 28.01.1980, BGHZ 76, 352 (357); Hachenburg-Ulmer, § 53 Rn. 63; Hachenburg-Raiser, Anh § 47 Rn. 2; Scholz-K. Schmidt, § 45 Rn. 36.

962 So sieht ihn *Ulmer* lediglich als „Ordnungsprinzip und Auslegungsgrundsatz": Staub-Ulmer, § 105 Rn. 257.

963 BGH v. 16.12.1991, BGHZ 116, 359 (373).

964 Brüls-Dehin, S. 136.

965 BGH, WM 1960, 1007 (Genossenschaft); BGH, WM 1972, 931 (GmbH).

966 BGH v. 19.12.1977, BGHZ 70, 117 (121 f.).

Namensaktien[967], dem Ausschluss von Bezugsrechten bei Kapitalerhöhungen[968] sowie der Kapitalherabsetzung, wenn dadurch ein Teil der Aktionäre ihre Mitgliedschaft verliert[969].

c) *Sachliche Rechtfertigung des Mehrheitsbeschlusses*

Neben einer Inhaltskontrolle nach den vorgenannten Kriterien werden Beschlüsse grundsätzlich nicht auf ihre sachliche Rechtfertigung überprüft. Vielmehr gehört es zur unternehmerischen Handlungs- und Gestaltungsfreiheit, dass Gesellschafter auch sachlich unzweckmäßige Entscheidungen treffen können. Ausnahmsweise fordert der BGH im Zusammenhang mit dem Bezugsrechtsausschluss im Aktienrecht eine sachliche Rechtfertigung des Mehrheitsbeschlusses. Ein Eingriff in die Rechtsstellung von überstimmten Gesellschaftern sei – so der BGH – nur zulässig, wenn der Eingriff

> „aus der Sicht im Zeitpunkt der Beschlussfassung auch bei gebührender Berücksichtigung der Folgen für die [vom Bezugsrecht] ausgeschlossenen Aktionäre durch sachliche Gründe im Interesse der Gesellschaft gerechtfertigt ist."[970]

Der Beschluss setzt damit voraus, dass er zur Erreichung des Ziels erforderlich ist und im angemessenen Verhältnis zu den angestrebten Vorteilen steht[971]. Daraus lässt sich jedoch kein allgemeiner Grundsatz ableiten, dass Mehrheitsbeschlüsse immer einer sachlichen Rechtfertigung bedürfen. Im Gegenteil: Das Erfordernis einer inhaltlichen Rechtfertigung gilt als absolute Ausnahme für besonders intensive Gefährdungen von Gesellschafterrechten[972]. Neben dem Bezugsrechtsausschluss wurde dies bisher nur im Fall einer Befreiung eines GmbH-Gesellschafters von einem Wettbewerbsverbot bejaht[973]. Die Grundsätzliche Zurückhaltung des BGH, Gesellschafterent-

---

967 LG Aachen, AG 1992, 410 f.

968 BGH v. 06.10.1960 (Minimax), BGHZ 33, 175 (186 ff.); BGH v. 13.03.1978 (Kali + Salz), BHGZ 71, 40 (46); BGH v. 07.03.1994 (Deutsche Bank), BGHZ 125, 239 (245).

969 OLG Dresden, ZIP 1996, 1781 f..

970 BGH v. 13.03.1978 (Kali + Salz), BGHZ 71, 40 (46); siehe auch BGH v. 07.03.1994 (Deutsche Bank), BGHZ 125, 239 (241); BGH v. 23.06.1997 (Siemens), NJW 1997, 2815; kritisch Bungert, NJW 1998, 488 ff.

971 Göbel, S. 177; Kreß, S. 18.

972 Im Ergebnis BGH v. 28.01.1980, BGHZ 76, 352 (353); BGH v. 01.02.1988 (Linotype), BGHZ 103, 184 (189 ff.); so Hachenburg-Ulmer, § 53 Rn. 69; Göbel, S. 177; Lutter, AcP 180 (1980), 84 (124); ders. ZHR 153 (1989), 446 (449); Timm, ZHR 153 (1989), 60 (65); ablehnend Bischoff, BB 1987, 1055 (1061); Martens, GmbHR 75 (1984), 265 (270); Wiedemann, ZGR 1980, 147 (151).

973 BGH v. 16.02.1981 (Süssen), BGHZ 80 (69).

scheidungen auf ihre sachliche Rechtfertigung zu überprüfen, wurde in zwei Entscheidungen zu Auflösungsbeschlüssen ausdrücklich bestätigt[974].

d) Verstoß gegen Gesetz, Satzung oder die guten Sitten

Schließlich können sich Beschlussfehler aus einem Verstoß gegen das Gesetz oder die Satzung ergeben[975]. Im Aktienrecht ist dies in § 243 Abs. 1 AktG gesetzlich verankert[976]. Verstöße gegen die Satzung begründen die Anfechtbarkeit dann, wenn sie Ge- oder Verbote hinsichtlich des bezüglich der Hauptversammlung zu beachtenden Verfahrens oder des Inhalts eines Beschlusses enthalten[977]. Der in § 241 Nr. 4 AktG genannte Verstoß gegen die guten Sitten hat für Aktionäre keine besondere Bedeutung mehr. Zwar kann ein Beschluss auch gegenüber den Aktionären sittenwidrig sein. Jedoch sind diese durch die Anfechtungsmöglichkeit des § 243 AktG ausreichend geschützt, so dass § 241 Nr. 4 AktG praktisch verdrängt wird[978].

II. Länderbericht England

Der materielle Minderheitenschutz im englischen Gesellschaftsrecht ist in den *partnerships* und *companies* unterschiedlich ausgeprägt. Dies hängt zusammen mit der unterschiedlichen Verbindung der Gesellschafter untereinander. Allgemein gilt jedoch für das englische Recht, dass sich Gerichte nur sehr zurückhaltend in Angelegenheiten der Gesellschaft einmischen. In *Carlen v. Drury* heißt es:

> „[The] court is not to be required on every occasion to take the management of every playhouse and brewhouse in the Kingdom."[979]

Vielmehr gehen die Gerichte davon aus, dass die Gesellschafter grundsätzlich besser als die Gerichte einschätzen können, was kaufmännisch sinnvoll ist[980].

---

974 BGH v. 28.01.1980, BGHZ 76, 352 (353); BGH v. 01.02.1988 (Linotype), BGHZ 103, 184 (189 f.).

975 K. Schmidt, S. 461; Semler, AnwBl 1991, 440 (443 f.).

976 Zur Abgrenzung zu § 241 Nr. 3 AktG (Verstoß gegen das Wesen der AG) siehe Großkomm./AktG-K. Schmidt, § 243 Rn. 13; MüKo/AktG-Hüffer, § 243 Rn. 18.

977 Großkomm./AktG-K. Schmidt, § 243 Rn. 16.

978 MüKo/AktG-Hüffer, § 241 Rn. 70; Großkomm./AktG-K. Schmidt, § 241 Rn. 67.

979 Eldon in Carlen v. Drury, V. & B. 1, 154 (158); vgl. Wedderburn, MLR 29 (1966), 321 (326); Bastin, J.B.L. 1977, 17 (18 f.).

1. Partnerships

a) *Treuepflicht*

Wesentliche Bedeutung für den Minderheitenschutz in der *partnership* hat ihr Verständnis als eine vertragliche Beziehung nach Treu und Glauben (*contract of good faith*)[981]. Charakteristisches Merkmal ist, dass die Gesellschafter in einer *fiduciary position* zueinander stehen[982]. Dieser Grundsatz wurde 1824 in *Const v. Harris* wie folgt formuliert:

> „In all partnerships [...] the partners are bound to be true and faithful to each other."[983]

Ob die Treuepflichten auch für die Partner einer LLP gelten, ergibt sich aus dem Gesetzestext unmittelbar nicht. Es wird jedoch erwartet, dass die Gerichte von der Existenz solcher Treuepflichten ausgehen[984]. Der Inhalt der *fiduciary position* ist angelehnt an das *law of trusts*[985]. Zum einen bedingt dies eine Pflicht zur Rücksichtnahme auf berechtigte Interessen der Mitgesellschafter wie etwa die Pflicht, aus der Stellung als Partner keinen Vorteil zum Nachteil der Gesellschaft oder seiner Mitgesellschafter zu ziehen[986]. Zum anderen ist das Gesellschaftsinteresse an sich zu berücksichtigen. Das bedeutet nach *Wood* in *Blisset v. Daniel*, dass die Gesellschafter *„in the bona fide interest of*

---

980 Lindley in Re English, Scottish, and Australian Chartered Bank, Ch. 1893 (3), 385 (409); Maugham in Caruth v. Imperial Chemical Industries, Limited, A.C. 1937, 707 (769).

981 Hoffmann in O'Neill v. Phillips, All E.R. 1999 (2), 961 (967).

982 Bacon in Helmore v. Smith, Ch. 35 (1887), 436 (444); Pennycuick in Thompson's Trustee v. Heaton, All E.R. 1974 (1), 1239 (1249); vgl. Lindley & Banks, Rn. 16-03 (S. 484); Morse, S. 123. Zur Anwendung der Treuepflichten aus dem *law of trusts* siehe Turner und Bruce in Clegg v. Edmondson, De G. M. & G. 8, 787 (808 ff.). Siehe allgemein zur *fiduciary position* Underhill & Hayton, S. 17.

983 Eldon in Const v. Harris, All E.R. Rep. 1824-1834, 311 (315). Vgl. auch Chipman in Dockrill v. Coopers & Lybrand Chartered Accountants, D.L.R. (4th) 111 (1994), 62 (65); Buckley in Green v. Howell, Ch. 1910 (1), 495 (510).

984 Payne, Comp. Law. 21/4 (2000), 133 (134); Young in Tolley, LLP, Appendix 1, Endn. 6. Siehe auch das Muster für ein *Limited Liability Partnership Agreement* von Young in Tolley, LLP, Appendix 1, sec. 11.2 (S. 88), in der diese Frage aufgegriffen wird.

985 Hayton & Marshall, S. 560 f.; Morse, S. 123. In diesem Zusammenhang spielt insbesondere das Verhältnis vom *common law* zum *law of equity* eine Rolle (vgl. Lightman in Don King Productions Inc v.Warren, All E.R. 1998 (2), 608 (633 ff.)). Hierauf soll jedoch nicht näher eingegangen werden; vielmehr soll der Hinweis auf das nebeneinander von *contractual* und *fiduciary relationship*, aus denen sich jeweils eigenständige *fiduciary duties* ergeben können, genügen.

986 Lindley in Lindely & Banks, Rn. 16-08 ff. (S. 486 ff.).

the partnership" handeln müssen[987]. In dem bereits im Zusammenhang mit den Informationsrechten erwähnten Fall *Dockrill v. Coopers & Lybrand Chartered Accountants*[988] wurde aus dem Treueverhältnis abgeleitet, dass das Wissen eines Gesellschafters grundsätzlich auch allen anderen Gesellschaftern zusteht[989]. Dies ist Ausdruck der großen Reichweite der *fiduciary duties*.

b) Gleichbehandlung

Auch im englischen Recht gilt der Grundsatz der Gleichbehandlung. Er kommt insbesondere bei der Gewinn-und Verlustverteilung[990] sowie in dem Verbot, sich Sondervorteile gegenüber den anderen Partnern zu verschaffen[991], zum Ausdruck. Die Partner können jedoch ungleiche Behandlungen vereinbaren, wenn sie dabei die Grenzen des *good faith* beachten [992]. Der eigene Regelungsgehalt des Gleichbehandlungsgrundsatzes ist somit gering. Er kommt vielmehr mittelbar zum Tragen, wenn von der Gleichbehandlung abgewichen werden soll, denn dann werden die einzelnen Gesellschafter über die allgemeinen Grundsätze der *fiduciary duties* geschützt. Im Ergebnis ergibt sich ein Verbot willkürlicher Ungleichbehandlung.

2. Companies

Wenngleich sich die *company* historisch aus dem Recht der *partnership* entwickelt hat[993], wird das Verhältnis der Gesellschafter sehr unterschiedlich behandelt. Im Gegensatz zu den *partnerships* stellt ein Gesellschaftsanteil einer *company* im englischen Recht einen Bestandteil im Vermögen des Gesellschafters dar, mit dem dieser nach freiem Belieben umgehen kann[994].

---

987 Wood in Blisset v. Daniel, Hare 10, 493 (531); siehe auch Warrington in Highley v. Walker, T.L.R. 8 (1909-1910), 685 (686).

988 D.L.R. (4th) 111 (1994), 62 (siehe oben, S. 143).

989 Chipman in Dockrill v. Coopers & Lybrand Chartered Accountants, D.L.R. (4th) 111 (1994), 62 (65).

990 Sec. 24(1) PA: „All the partners are entitled to share equally in the capital and profits of the business, and must contribute equally towards the losses whether of capital or otherwise sustained by the firm." Vgl. für die LLP sec. 7(1) LLPR.

991 Sec. 29(1) PA; dazu Lindley & Banks, Rn. 16-08 (S. 486).

992 Lindley in Lindley & Banks, Rn. 19-19 (S. 540 f.) und Lindley & Banks, Rn. 19-23 f. (S. 542 f.).

993 Hoffmann in O'Neill v. Phillips, All E.R. 1999 (2), 961 (967).

994 Baggallay in North-West Transportation Company, Limited v. Beatty, A.C. 12 (1887), 589 (593).

Deshalb gilt für das Abstimmungsverhalten eines Gesellschafters der Grundsatz, dass er nur den eigenen Interessen verpflichtet ist und keine Rücksicht auf die Gesellschaft und seine Mitgesellschafter nehmen muss. In *Northern Counties Securities Ltd v. Jackson & Steeple Ltd* heißt es:

> „[A] shareholder is voting as a person owing no fiduciary duty to the company."[995]

Dies gilt auch für wirtschaftlich oder auf sonstige Weise nachteilige Beschlüsse, wie in *Re Swindon Town Football Co Ltd* klargestellt wird:

> „The company is entitled to consider lawful resolutions, however silly, and, if thought fit, to pass them, and it is not for the court to tell the company that it should not be silly."[996]

Konsequenterweise ist das Stimmrecht des Gesellschafters – anders als im deutschen Recht – auch nicht ausgeschlossen, wenn eine Interessenkollision zwischen den persönlichen Interessen des Gesellschafters und den Interessen der Gesellschaft besteht[997]. Der geschäftsführende Gesellschafter kann sogar Pflichtwidrigkeiten, die er als *director* begangen hat, in der Gesellschafterversammlung genehmigen[998]. Einschränkend ist darauf hinzuweisen, dass Beschlüsse allerdings nicht gegen zwingendes Recht verstoßen dürfen. So ist beispielsweise eine Verkürzung der Ladungsfristen für die Hauptversammlung wegen der zwingenden Natur der sec. 369 CA unwirksam[999]. Zudem werden von den genannten Grundsätzen sowohl im kodifizierten Recht als auch durch die Rechtsprechung vorsichtig Abweichungen vorgenommen.

a) Prüfungsrecht bei Änderungen des Memorandums

Wie bereits erwähnt ist einer Gesellschafterminderheit nach sec. 5(1), (2)(a), 127 CA die Möglichkeit eingeräumt, Änderungen des Memorandums[1000] einer gerichtlichen Inhaltskontrolle zu unterziehen. Einen Maßstab für die Überprüfung der Änderung gibt der Gesetzestext nicht vor. Vielmehr wird dem

---

995 Walton in Northern Counties Securities Ltd v. Jackson & Steeple Ltd, All E.R. 1974 (2), 625 (635). Siehe auch Megarry in Estmanco (Kilner House) Ltd v. Greater London Council, All E.R. 1982 (1), 437 (444); Harman in Re Swindon Town Football Co Ltd, BCLC 1990, 467 (470). Vgl. Douglas, S.J. 131 (1987), 796.

996 Harman in Re Swindon Town Football Co Ltd, BCLC 1990, 467 (469).

997 Maugham in Caruth v. Imperial Chemical Industries, Limited, A.C. 1937, 707 (765).

998 Baggallay in North-West Transportation Company, Limited v. Beatty, A.C. 12 (1887) 589 (600 f.); Davey in Burland v. Earle, A.C. 1902, 83 (94).

999 Wilkinson, S. 75.

1000 Sec. 5(1) CA.

Gericht ein weiter Entscheidungsspielraum eingeräumt. Das Gericht kann die Änderung ganz oder teilweise bestätigen oder anordnen, dass die Anteile der Minderheitsgesellschafter durch die Gesellschaft selbst oder durch Dritte übernommen werden[1001]. Dies gilt ähnlich für die Änderungen von *class rights*[1002]. Von diesen Rechtsschutzmöglichkeiten wird selten Gebrauch gemacht[1003].

b) *Bona Fide for the Benefit of the Company*

Für Änderungen der *Articles* wird materiell ein Rückgriff auf allgemeine Rechtsgrundsätze vorgenommen, der für den Minderheitenschutz von grundsätzlicher Bedeutung ist. In *Allen v. Gold Reefs of West Africa, Ltd.*, heißt es:

> „[The power conferred on companies to alter articles] must, like all other powers, be exercised subject to those general principles of law and equity which are applicable to all powers conferred on majorities and enabling them to bind minorities."[1004]

Diese allgemeinen Rechtsgrundsätze werden wie folgt näher konkretisiert:

> „It must be exercised, not only in the manner required by law, but also bona fide for the benefit of the company as a whole [...]."[1005]

Ein Verstoß gegen diesen *bona fide*-Grundsatz mit Bezug zum Minderheitenschutz wird unter anderem dann gesehen, wenn eine Änderung der *Articles* insoweit zu einer Diskriminierung der unterlegenen Minderheit führt, als nur der Mehrheit ein unangemessener Sondervorteil eingeräumt wird[1006]. Es wird dann davon ausgegangen, dass sich die Mehrheit von gesellschaftsfremden Erwägungen hat leiten lassen. Was das Wohl der Gesellschaft (*benefit of the company*) beinhaltet, ist primär aus der Sicht der (Mehrheits-) Gesellschafter zu beurteilen[1007]. Soweit die Gesellschafter gutgläubig davon ausgehen dürfen, dass eine Änderung der *Articles* zum Wohle der Gesellschaft ist, handeln sie *bona fide*. Inhaltlich einen vergleichbaren Schutzmaßstab enthält auch die

---

[1001] Sec. 5(4) und (5) CA.

[1002] Sec. 127 CA.

[1003] Boyle & Birds, Kap. 5.16 (S. 125).

[1004] Lindley in Allen v. Gold Reefs of West Africa, Ltd., All E.R. Rep. 1900-1903, 746 (749).

[1005] Lindley in Allen v. Gold Reefs of West Africa, Ltd., All E.R. Rep. 1900-1903, 746 (749).

[1006] Sterndale in Sidebottom v. Kershaw, Leese and Company, Limited, Ch. 1920 (1), 154 (165 ff.).

[1007] Robertson in Cameron v. Glenmorangie Distillery Co., Limited, Sess.C. 23 (1895-1896) 1092 (1097); Bankes in Shuttleworth v. Cox Brothers and Company (Maidenhead), Limited, K.B. 1927 (2), 9 (18 f.); vgl. auch Charlesworth & Morse, S. 65.

Lehre vom *proper purpose*, die entgegen einer Literaturmeinung[1008] jedoch nur bezüglich des Handelns der *directors* Anwendung findet[1009]. Der *bona fide*-Maßstab lässt sich auch auf eine Änderung des *Memorandums*[1010] übertragen.

c) Doctrine of Fraud on the Minority

Inhaltlich und damit in ihrem materiellen Schutzgehalt vergleichbar ist der *bona fide*-Grundsatz mit der *doctrine of fraud on the minority*. Die *doctrine of fraud on the minority* stellt eine der Ausnahmen zur Regel in *Foss v. Harbottle*[1011] dar. Kerngehalt der *doctrine of fraud on the minority* ist, dass der Gesellschafter bei seinen Handlungen die Interessen der Gesellschaft als Ganze beachten muss. Dies allein genügt nach *Megarry* in *Estmanco (Kilner House) Ltd v. Greater London Council* jedoch nicht:

> „It may be in the best interests of the company to deprive the minority of some of their rights [...], yet [this does not give] the majority an unrestricted right to do this."[1012]

Durch den Rückgriff auf die Interessen der Gesellschaft wird das Stimmrecht zugunsten einer Gesellschafterminderheit eingeschränkt. Insoweit ist die *doctrine of fraud on the minority* stark angelehnt an den *bona fide*-Grundsatz. Es besteht jedoch ein bedeutsamer Unterschied. Bei der Anwendung des *bona fide*-Grundsatzes im Zusammenhang mit der Änderung der *Articles* gilt, dass eine eventuelle Benachteiligung einer Minderheit grundsätzlich ohne Auswirkungen auf die Zulässigkeit der Änderung der *Articles* ist, wenn die Änderung *bona fide for the benefit of the company* ist. Die Minderheit wird nur soweit geschützt, wie ihre Interessen mit dem Nutzen der Gesellschaft übereinstimmen. Auf der Grundlage der *doctrine of fraud on the minority* ist eine Handlung der Gesellschaftermehrheit dagegen nicht ohne weiteres dann gerechtfertigt, wenn sie zum Wohle der Gesellschaft erfolgt[1013]. Vielmehr

---

[1008] Mayson, French & Ryon, Para. 14.4.9.4 (S. 394).

[1009] Gower's, S. 605 ff.; vgl. Wilberforce in Howard Smith Ltd v. Ampol Petroleum Ltd, All E.R. 1974 (1), 1126 (1134).

[1010] Foster in Clemens v. Clemens Bros Ltd, All E.R. 1976 (2), 268 (280 f.); siehe dazu auch Burridge, MLR 44 (1981), 40 (57); Pennington, S. 76; Xuereb, Comp. Law. 6/5 (1985), 199 (208).

[1011] Dazu unten S. 234.

[1012] Megarry in Estmanco (Kilner House) Ltd v. Greater London Council, All E.R. 1982 (1), 437 (444).

[1013] Meggary in Estmanco (Kilner House) Ltd v. Greater London Council, All E.R. 1982 (1), 437 (444 ff.); vgl. Kreß, S. 101.

wird die Aufmerksamkeit unmittelbar auf die Interessen der Minderheit gelegt. Ab einem bestimmten Grad der Beeinträchtigung schutzwürdiger Interessen der Minderheit, der mit „*fraud*" beschrieben wird, ist die Handlung der Mehrheit rechtswidrig, auch wenn sie zum Wohle der Gesellschaft erfolgt ist[1014]. Der Begriff *fraud* ist in diesem Zusammenhang nicht rechtstechnisch im Sinne des *common law* zu verstehen. Vielmehr ist der Begriff weit auszulegen und drückt eine unangemessene Benachteiligung der Minderheit oder Machtmissbrauch (*abuse of power*) aus[1015]. In *Daniels v. Daniels* wird der Begriff definiert als:

> „[...] Directors [using] their powers, intentionally or unintentionally, fraudulently[1016] or negligently in a manner which benefits themselves at the expense of the company."[1017]

d) Unfairly Prejudicial Conduct (sec. 459 CA)

Die jeweils beschränkte Anwendung der bisher genannten Instrumente haben 1985 den Gesetzgeber veranlasst, mit sec. 459(1) CA einen für alle Konfliktsituationen anwendbaren *fairness*-Test einzuführen[1018]. Er ist auch für die LLP von Bedeutung[1019]. Sec. 459 bis 461 CA traten an die Stelle der bis 1980 geltenden sec. 210 *Companies Act 1948*[1020] (nachfolgend CA 1948), die als Voraussetzung *oppression*[1021] vorsah und damit restriktiver war. Nach sec. 459(1) CA kann jeder Gesellschafter das Gericht um Maßnahmen ersuchen, wenn die Geschäfte der Gesellschaft auf eine Art und Weise geführt werden,

---

[1014] Buckmaster in Cook v. Deeks, A.C. 1916 (1), 554 (563).

[1015] Megarry in Estmanco (Kilner House) Ltd v. Greater London Council, All E.R. 1982 (1), 437 (445).

[1016] Hier rechtstechnisch (*common law*) zu verstehen.

[1017] Templeman in Daniels v. Daniels, All E.R. 1978 (2), 89 (96). Siehe auch die Analyse bei Müller, ZVglRWiss 96 (1997) 217 (222 f.).

[1018] Zur Bedeutung dieses Tests für den Minderheitenschutz siehe Birds, Comp. Law. 7/3 (1986), 107; Bischoff, S. 158; Hannigan, LMCLQ 1988, 60 (80); Prentice, OxJLS 8 (1988), 55.

[1019] Armour in Tolley, LLP, Para. 3.12 (S. 16); vgl. Whittaker/Machell, sec. 459 ff. CA (as modified) (S. 84 f.).

[1020] Sec. 210 CA 1948 wurde 1980 ersetzt durch sec. 75 *Companies Act 1980* aufgrund der Ergebnisse des *Jenkins Committee*: siehe Boyle & Birds, Kap. 17.12 (S. 568 f.).

[1021] Darunter war in etwa eine Behinderung oder gar Unterdrückung einzelner Gesellschafter zu verstehen. *Oppression* wurde definiert als „*burdensome, harsh and wrongful*": Simonds in Scottish Co-operative Wholesale Society, Ltd. v. Meyer, All E.R. 1958 (3), 66 (71); vgl. auch Buckley in Re Jermyn Street Turkish Baths Ltd, All E.R. 1971 (3), 184 (199).

die *unfairly prejudicial* in Bezug auf die Interessen aller oder einzelner Gesellschafter sind.

(1) Grundlagen

Voraussetzung für einen entsprechenden Antrag ist, dass der Antragsteller in seiner mitgliedschaftlichen Rechtsposition betroffen ist, wobei die Betonung auf mitgliedschaftlich liegt[1022]. Eine Beeinträchtigung sonstiger berechtigter Interessen eines Gesellschafters rechtfertigt ein Vorgehen nach sec. 459 CA nicht. Die Bedeutung dieser Voraussetzung veranschaulicht der Fall in *Re J E Cade & Son Ltd*[1023], in dem ein Gesellschafter gleichzeitig Grundbesitzer einer der Gesellschaft kostenlos überlassenen Farm war. Ein Antrag des Gesellschafters nach sec. 459(1) CA im Zusammenhang mit einem Streit über die Überlassung war erfolglos, da der Antragsteller nicht in seiner Position als Gesellschafter der *company* sondern als Grundsbesitzer der Farm betroffen war[1024].

Mit einem Antrag nach sec. 459(1) CA kann ein Verhalten sanktioniert werden, das *unfairly prejudicial* ist. Dieser Begriff wird im Gesetz nicht näher konkretisiert; vielmehr obliegt die Auslegung den Gerichten[1025], denen dabei weites Ermessen zusteht[1026]. In *Re Bovey Hotel Ventures Ltd* wurden drei Voraussetzungen für *unfairly prejudicial conduct* statuiert, ohne jedoch den Begriff auf diese Merkmale zu beschränken. Danach ist ein Verhalten *unfairly prejudicial*, wenn durch ein Verhalten einer Person, die *de facto* die Kontrolle in der Gesellschaft ausübt, der Wert des Anteils eines Gesellschafters wesentlich vermindert oder gefährdet wird, und dieses Verhalten von einem vernünftigen Dritten (*reasonable bystander*) als unfaire Schädigung angesehen wird[1027].

1022 Instone, J.B.L. 1988, 20 (24 f.).

1023 BCLC 1982, 213.

1024 Warner in Re J E Cade & Son Ltd, BCLC 1992, 213 (232 f.).

1025 Riley, MLR 55 (1992), 782 (793).

1026 Wilkinson, S. 271; Müller, RIW 1997, 994 (996).

1027 Slade in Re Bovey Hotel Ventures Ltd vom 31.07.1981 (unveröffentlicht), zitiert von Nourse in Re R A Noble & Sons (Clothing) Ltd, BCLC 1983, 273 (290 f.): „*[A] member of the company will be able to bring himself within the section if he can show that the value of his shareholding within the company has been seriously diminished or at least seriously jeopardised by reason of a course of conduct of those persons who have had de facto control of the company, which is unfair to the member concerned. The test of unfairness must [...] be an objective one. The test [...] is whether a reasonable bystander [...] would regard it as having unfairly prejudiced the petitioner's interests.*“ Siehe auch Birds, Comp. Law. 7/3 (1986), 107.

Die Schwierigkeit, eine abstrakte Definition zu formulieren [1028], zeigt sich daran, dass sich diese Auslegung wiederum auf den unbestimmten Rechtsbegriff „*unfair*“ bezieht. In *Re R A Noble & Sons (Clothing) Ltd* wird die genannte Definition aus dem *Bovey*-Fall modifiziert, indem es nicht mehr für notwendig erachtet wird, dass der Wert der Beteiligung wesentlich vermindert sei[1029]. In *Re Saul D Harrison & Sons plc* wird der *bystander test* für unergiebig gehalten[1030]. Das Augenmerk wird vielmehr darauf gerichtet, ob ein Verstoß gegen die *Articles* oder gegen andere legitime Erwartungen eines Gesellschafters vorliegt[1031] und ob die Herrschaftsmacht zu einem unerlaubten Zweck statt zum Wohle der Gesellschaft (*benefit of the company*) ausgeübt wird. Einigkeit herrscht allerdings darüber, dass im Rahmen von sec. 459 CA die objektive Wirkung des Handelns einer Mehrheit auf die Minderheit überprüft wird und damit die Mehrheit berechtigte Belange der Minderheit im Auge behalten muss[1032]. Eine subjektive Vorstellung der Mehrheit, dass ihre Handlung zum Wohle der Gesellschaft sei, spielt keine Rolle.

(2) Fallgruppen

Unabhängig von der Schwierigkeit, *unfair prejudice* abstrakt zu definieren, lassen sich im Ergebnis folgende Fallgruppen der Anwendung des sec. 459 CA bilden, die einen Bezug zum Schutz einer Gesellschafterminderheit aufweisen[1033]:

Ausschluss von der Geschäftsführung: Ein Gesellschafter kann sich auf sec. 459 CA berufen, wenn er zu Unrecht von der Geschäftsführung der *company* ausgeschlossen wurde[1034]. Diese Fallgruppe spielt insbesondere eine Rolle bei personalistisch strukturierten *companies*, sogenannten *quasi-partnerships*. Bei diesen ist entgegen der gesetzlichen Konzeption der *com-*

[1028] Griffin, Comp. Law. 13/5 (1992), 83 (88).

[1029] Nourse in Re R A Noble & Sons (Clothing) Ltd, BCLC 1983, 273 (291).

[1030] Hoffmann in Re Saul D Harrison & Sons plc, BCLC 1995 (1), 14 (17).

[1031] Hoffmann und Neill in Re Saul D Harrison & Sons plc, BCLC 1995 (1), 14 (19 f., 31). Der Aspekt der legitimen Erwartungen wird ursprünglich angewendet im Zusammenhang mit der Auflösung der Gesellschaft *on just and equitable grounds*: Ebrahimi v. Westbourne Galleries Ltd, siehe unten S. 211 ff.

[1032] So auch Müller, RIW 1997, 994; Kreß, S. 119.

[1033] Vgl. Wilkinson, S. 272 ff.; Charlesworth & Morse, S. 323 ff.; Bischoff, S. 160 ff.; Hannigan, LMCLQ 1988, 60 (64 ff.).

[1034] Ausführlich Instone, J.B.L. 1988, 20 (22 ff.); Clark, Comp. Law. 10/7 (1989), 153. Kritisch Charlesworth & Morse, S. 323.

panies die Geschäftsführung häufig eng an die Gesellschafterstellung geknüpft[1035]. Begründet wird ein solcher Anspruch auf Beteiligung an der Geschäftsführung mit berechtigten Erwartungen (*legitimate expectations*), die sich auch außerhalb der *Articles* aus Vereinbarungen zwischen den Gesellschaftern ergeben können. Jenseits der *quasi-partnerships* ist allerdings kein Raum für die Anwendung des Instituts der berechtigten Erwartungen[1036].

Missmanagement: Auch Missmanagement durch die Geschäftsführung kann Anlass für einen Antrag nach sec. 459 CA sein. Zwar wurde diese Sichtweise zur alten sec. 210 CA 1948 mit der Begründung abgelehnt, dass es sich zum einen um ein allgemeines Investitionsrisiko handele, wenn eine Geschäftsführung sich als schlecht oder gar unfähig erweise. Zum anderen seien die Gerichte nicht qualifiziert, wirtschaftliche Entscheidungen in diesem Zusammenhang zu bewerten[1037]. Gleichwohl wurde erstmals 1994 in *Re Macro (Ipswich) Ltd* auch Missmanagement als Grund für ein Vorgehen nach sec. 459 CA akzeptiert. In der Entscheidung heißt es:

> „In cases where what is shown is mismanagement, rather than a difference of opinion on the desirability of particular commercial decisions, and the mismanagement is sufficiently serious to justify the intervention by the court, a remedy is available under s 459."[1038]

In diesem Fall hatte der Mehrheitsgesellschafter und alleinige *director* Gelder der Gesellschaft verschwendet, Provisionen kassiert ohne diese an die Gesellschaft abzuführen und die Geschäftsführung teilweise einem unerfahrenen Angestellten überlassen.

Gewinnausschüttung: Auch das Nicht-Ausschütten von Unternehmensgewinnen über einen längeren Zeitraum kann als *unfair prejudice* bewertet werden[1039]. Die unfaire Nichtausschüttung ist dabei jedoch abzugren-

---

[1035] Vinelott in Re a Company, BCLC 1983, 151 (158); Nourse in Re R A Noble & Sons (Clothing) Ltd, BCLC 1983, 273 (288 f.); Hoffmann in Re a Company, BCLC 1986, 362 (366 ff.); Hoffmann in Re a Company, BCLC 1986, 376 (379 f.); Hamilton in Quinlan v. Essex Hinge Co Ltd, BCLC 1996 (2), 417 (426).

[1036] Hoffmann in Re Posgate & Denby (Agencies) Ltd, BCLC 1987, 8 (14 f.); Vinelott in Re Blue Arrow plc, BCLC 1987, 585 (590); Parker in Re Astec (BSR) plc, BCLC 1998 (2), 556 (589 f.); vgl. auch Warner in Re Elgindata Ltd, BCLC 1991, 959 (984 f.).

[1037] Buckley in Re Five Minute Car Wash Service, Ltd., All E.R. 1966 (1), 242 (246 f.); Gibson in Re Sam Weller & Sons Ltd., Ch. 1990, 682 (694); Warner in Re Elgindata Ltd, BCLC 1991, 959 (994 f., 1000).

[1038] Arden in Re Macro (Ipswich) Ltd, BCLC 1994 (2), 354 (405).

[1039] Gibson in Re Sam Weller & Sons Ltd, Ch. 1990, 682 (693); kritisch dagegen Harman in Re a Company, BCLC 1988, 570 (574 ff.).

zen von einfachen Geschäftsführungsentscheidungen, die als legitim und nicht als *unfair prejudice* gegenüber der Minderheit anzusehen sind[1040].

(3) Bedeutung von O'Neill v. Phillips

1999 hatte das *House of Lords* im Fall *O'Neill v. Phillips* Gelegenheit zur Anwendung von sec. 459 CA Stellung zu nehmen. *LJ Hoffmann* lehnt sich bei seiner Interpretation von *unfair prejudice* stark an die Rechtsprechung zur Auflösung der Gesellschaft *on the just and equitable ground*, insbesondere an die Gründe in *Ebrahimi v. Westbourne Galleries Ltd*[1041] an[1042]. Das Gericht kommt zu dem Schluss, dass ein Gesellschafter sich grundsätzlich nicht im Sinne von sec. 459 CA auf Unfairness berufen kann, wenn nicht eine Übereinkunft über die Art und Weise, wie die Geschäfte der Gesellschaft gemäß den *Articles* und etwaigen sonstigen Vereinbarungen zwischen den Gesellschaftern geführt werden sollen, verletzt worden ist. Hierzu macht das Gericht aber eine Ausnahme. Unter Bezugnahme auf die Grundsätze der *equity* hebt es hervor, dass ein Antrag nach sec. 459 CA ausnahmsweise auch dann begründet sein kann, wenn keine Übereinkunft oder Pflicht verletzt worden ist. „*Unfair*" könne eine Handlung nämlich auch dann sein, wenn Gesellschafter zwar im Rahmen ihrer Befugnisse handelten, dieses Verhalten aber gegen den Grundsatz von Treu und Glauben verstoße[1043]. Damit ist ausdrücklich eine Parallele zu den Grundsätzen über die Auflösung der Gesellschaft *on just and equitable grounds* gezogen.

(4) Rechtsfolgen

Im Gegensatz zu sec. 122 IA, der nur die Auflösung der Gesellschaft vorsieht, ist nach sec. 461(1) CA die Wahl der Rechtsfolge in das Ermessen des Gerichts gestellt:

> „[The court] may make such order as it thinks fit for giving relief in respect of the matters complained of."

[1040] Grantchester in Re a Company, All E.R. 1983 (2), 36 (44 ff.).

[1041] Wilberforce in Ebrahimi v. Westbourne Galleries Ltd, All E.R. 1972 (2), 492 (497 ff.).

[1042] Hoffmann in O'Neill v. Phillips, All E.R. 1999 (2), 961 (967); siehe unten S. 211 ff.).

[1043] Hoffmann in O'Neill v. Phillips, All E.R. 1999 (2), 961 (967): „Unfairness may consist in a breach of the rules or in using rules in a manner which equity would regard as contrary to good faith." Dazu Goddard, Comp. Law. 20/10 (1999), 333 (334 f.). Vgl. zum Rückgriff auf die Regeln der equity auch Hoffmann in Re a Company, BCLC 1986, 376 (379).

Das Gericht kann dieses Ermessen extensiv nutzen[1044] und etwa Angelegenheiten der Gesellschaft für die Zukunft regeln[1045], das Unterlassen einer vorgesehenen Handlung anordnen[1046], die Zulässigkeit von Zivilverfahren, die von bestimmten Personen im Namen der Gesellschaft geführt werden, anordnen[1047], Memorandum oder *Articles* der Gesellschaft ändern[1048] oder den Kauf von Gesellschaftsanteilen einzelner Gesellschafter durch andere Gesellschafter oder die Gesellschaft selbst anordnen[1049].

e) *Maßstab aus Clemens v. Clemens Bros Ltd*

In *Clemens v. Clemens Bros Ltd*[1050] ging das Gericht über die bis dahin bekannten Kontrollmaßstäben *bona fide ...*, *fraud on the minority* und *oppression*[1051] hinaus. Es hielt das Stimmverhalten einer Mehrheitsgesellschafterin für unzulässig, obwohl es sich nicht unter diese Kontrollmaßstäben subsumieren ließ, und deutete damit eine über diese hinausgehende, materielle Kontrollmöglichkeit an. Zwar wurde auf die Formulierung eines Rechtsprinzips ausdrücklich verzichtet. Es wurde jedoch hervorgehoben, dass in Einzelfällen Billigkeitserwägungen über die genannten Maßstäbe hinaus eine Beschränkung der Stimmrechtsausübung zur Folge haben können[1052]. Dieser Fall wird teilweise dahingehend interpretiert, dass auch im Recht der *companies* abweichend von der historischen Ausgangsposition Treuepflichten unter den Gesellschaftern bestehen[1053].

1044 Siehe hierzu Bischoff, S. 159 ff.; Prentice, OxJLS 8 (1988), 55 (82).

1045 Sec. 461(2)(a) CA; vgl. Davidson in McGuinness v. Bremner plc, BCLC 1988, 673 (684).

1046 Sec. 461(2)(b) CA; vgl. Jauncey in Whyte, Petitioner, S.L.T. 1984, 330 (331).

1047 Sec. 461(2)(c) CA.

1048 Vgl. sec. 461(4) CA.

1049 Sec. 461(2)(d) CA. Siehe hierzu Prentice, OxJLS 8 (1988), 55 (83).

1050 All E.R. 1976 (2), 268.

1051 *Oppression* war der Maßstab in sec. 210 CA 1948, der Vorgängernorm zur heutigen sec. 459 CA, die sich auf *unfair prejudicial conduct* bezieht.

1052 Foster in Clemens v. Clemens Bros Ltd, All E.R. 1976 (2), 268 (282); ähnlich Pennell, Sutton and Moraybell Securities Ltd. v. Venida Investments Ltd., MLR 44 (1981), 40 ff., mit Anmerkung Burridge (S. 49 ff.).

1053 Douglas, S.J. 131 (1987), 796 (797); Prentice, L.Q.R. 92 (1976), 502 (506).

f) *Just and equitable grounds (sec. 122 IA)*

Ebenfalls dem materiellen Minderheitenschutz zugerechnet werden muss die Möglichkeit, die Gesellschaft aus *just and equitable grounds* aufzulösen. Bei der Bewertung, was *just and equitable* ist, steht dem Gericht insgesamt ein weites Ermessen zu. Die Bedeutung dieses Begriffes wird im Zusammenhang mit den Lösungsmöglichkeiten eines Gesellschafters ausführlich behandelt[1054]. Hier soll der Verweis auf den zentralen Prüfungsmaßstab, wie er von *Lord Wilberforce* in *Ebrahimi v. Westbourne Galleries Ltd*[1055] anschaulich dargelegt wurde, genügen. Dieser besteht in den berechtigten Erwartungen des Minderheitsgesellschafters[1056]. Wegen der starren Rechtsfolge spielt sec. 122 IA im Verhältnis zu sec. 459 CA allerdings nur noch eine untergeordnete Rolle[1057].

g) *Gleichbehandlung*

Auch im englischen Recht der *companies* gilt die Grundannahme, dass mangels abweichender Vereinbarungen im *Memorandum* oder in den *Articles* alle Gesellschafter die gleichen Rechte haben[1058]. Bei *Gower's* heißt es dazu:

> „The initial presumption of the law is that all shares confer the same rights and impose the same liabilites."[1059]

Diese Grundannahme erstreckt sich insbesondere auf die drei bedeutenden Mitgliedsrechte: Beteiligung am Unternehmensgewinn, Rückzahlung des eingezahlten Kapitals bei Auflösung der Gesellschaft und Teilnahme- und Stimmrechte auf den Hauptversammlungen[1060]. Dies ergibt sich auch aus einzelnen gesetzlichen Regelungen wie etwa dem Stimmrecht[1061] oder der Gewinnausschüttung. Auch in der Rechtsprechung findet diese Annahme Berücksichtigung. In *Greenhalgh v. Arderne Cinemas Ltd.* heißt es:

[1054] Siehe unten S. 209.

[1055] Wilberforce in Ebrahimi v. Westbourne Galleries Ltd, All E.R. 1972 (2), 492 (496, 499 ff.).

[1056] Vgl. Kreß, S. 108.

[1057] Palmer's, Rn. 8.1001.

[1058] Wilkinson, S. 111; Blackburn in Oakbank Oil Company v. Crum, A.C. 8 (1882), 65 (75); Fitzgerald in Birch v. Cropper, All E.R. Rep. 1886-1890, 628 (636).

[1059] Gower's, S. 303.

[1060] Gower's, S. 303.

[1061] Sec. 370(6) CA.

> „[A] special resolution of this kind would be liable to be impeached if the effect of it were to discriminate between the majority shareholders and the minority shareholders, so as to give to the former an advantage of which the latter were deprived."[1062]

Nach der ursprünglichen Lehre konnte von dem Grundsatz der Gleichbehandlung nur durch Regelung in der ursprünglichen Gesellschaftsverfassung (*Memorandum*), nicht aber durch nachträgliche Änderung der *Articles* abgewichen werden[1063]. Dieser Grundsatz wurde jedoch in *Andrews v. Gas Meter Co., Ltd.* aufgegeben, so dass eine solche Abbedingung in den *Articles* grundsätzlich möglich ist, sofern sie nicht durch eine ausdrückliche Regelung im *Memorandum* ausgeschlossen ist[1064]. Schließlich ist zu beachten, dass von einer Gleichbehandlung durch die Gestaltung verschiedener *classes of shares* abgewichen werden kann. Eine dahingehende Vermutung, dass alle *classes* gleiche Rechte beinhalten müssen, gibt es nicht[1065]. Der Grundsatz der Gleichbehandlung gilt dann nur für diejenigen Bereiche, in denen nicht ausdrücklich Vorteile eingeräumt sind[1066]. Insgesamt beschränkt sich der Gleichbehandlungsgrundsatz auch im Recht der *companies* auf eine Grundannahme sowie – zusammen mit dem genannten Prüfungsmaßstab des *unfair prejudicial conduct* – auf ein Verbot willkürlicher Ungleichbehandlung.

III. Länderbericht Frankreich

Auch im französischen Recht unterliegen Beschlüsse im begrenzten Umfang einer Inhaltskontrolle. Die Untersuchung hierzu setzt an bei den Gründen, die zur *nullité* eines Beschlusses führen können.

1. Gesetzlich angeordnete Nullité

Grundsätzlich gilt im französischen Recht der Grundsatz, dass Beschlüsse nur dann *nulle* sein können, wenn dies im Gesetz ausdrücklich angeordnet ist. Dabei ist *nullité* nicht mit Nichtigkeit nach deutschem Verständnis gleichzusetzen, da sich die *nullité* nicht bereits aus der Rechtsverletzung selbst ergibt,

---

1062 Evershed in Greenhalgh v. Arderne Cinemas Ltd., Ch. 1951, 286 (291).

1063 Kindersley in Hutton v. The Scarborough Cliff Hotel Company (Limited), L.T. 13 (1865), 56 (58 f.).

1064 Lindley in Andrews v. Gas Meter Co., Ltd., All E.R. Rep. 1895-1899, 1280 (1283 f.). Siehe Gower's, S. 303.

1065 Lindley in Andrews v. Gas Meter Co., Ltd., All E.R. Rep. 1895-1899, 1280 (1282).

1066 Macnaghten in Birch v. Cropper, All E.R. Rep. 1886-1890, 628 (637 f.).

sondern durch ein Gericht ausgesprochen werden muss[1067]. Sie könnte am ehesten mit „Vernichtbarkeit“ übersetzt werden[1068]. Nur ganz ausnahmsweise können Beschlüsse ohne entsprechende gesetzliche Regelungen *nulle* sein und zwar bei Anwendung der Grundsätze des *fraude*[1069] oder der Lehre des *abus de majorité*[1070].

a) Bestimmungen des Code Civil

Fehler, die zur *nullité* führen können, stellen nach der gesetzlichen Regelung Verstöße entweder gegen zwingende gesetzliche Vorschriften aus Artt.1832 bis 1873 CC[1071] oder gegen solche allgemeine vertragsrechtliche Vorschriften, als deren Rechtsfolge ebenfalls *nullité* vorgesehen ist[1072], dar[1073]. Um zwingende gesetzliche Vorschriften handelt es sich dann, wenn der Gesetzgeber sie audrücklich zum *ordre public* rechnet oder wenn er entgegenstehende Vereinbarungen für nicht geschrieben erklärt[1074]. Hierzu gehören im Einzelnen[1075] das Verbot, die Verpflichtungen eines Gesellschafters ohne dessen Zustimmung zu erhöhen[1076], das Verbot, ohne gesetzliche Ermächtigung öffentlich zur Zeichnung von Geschäftsanteilen aufzufordern bzw. Wertpapiere auszugeben[1077], die Unzulässigkeit sogenannter *clauses léonines*[1078], das Recht jedes Gesellschafters, an Kollektiventscheidungen mitzuwirken[1079], sowie die Regelungen über die Pflicht zum Ankauf von Geschäftsanteilen eines Gesellschafters bei fehlender Zustimmung durch die übrigen Gesellschafter zum Erwerb durch Dritte[1080]. Vertragsrechtliche Be-

---

1067 Juris-Classeur (Gibirila), Art. 1832 à 1844-17 CC, Heft 80, Para. 42.

1068 So Leistikow, S. 26.

1069 Siehe unten S.184.

1070 Siehe unten S.184; Kreß, S. 41 f.

1071 „Violation d'une disposition impérative.“

1072 „Violation de l'une des causes de nullité des contrats en général.“

1073 Art. 1844-10 Abs. 3 CC.

1074 Juris-Classeur (Gibirila), Art. 1832 à 1844-17 CC, Heft 80, Para. 38.

1075 Siehe die Aufzählung bei Juris-Classeur (Gibirila), Art. 1832 à 1844-17 CC, Heft 80, Para. 38.

1076 Art. 1836 Abs. 2 CC.

1077 Art. 1841 CC.

1078 Art. 1844-1 Abs. 2 CC.

1079 Art. 1844 Abs. 1 CC.

1080 Artt.1862, 1863 CC.

stimmungen[1081] stellen Mängel bei Abgabe der Willenserklärung (*vice de consentement*)[1082] wie etwa arglistige Täuschung (*dol*)[1083], Irrtum (*erreur*)[1084] oder Gewalt (*violence*)[1085], fehlende Geschäftsfähigkeit (*incapacité*)[1086], Unmöglichkeit (*objet impossible*) oder ein Verstoß gegen ein gesetzliches Verbot (*objet illicite*)[1087] dar.

b) Bestimmungen des Code de Commerce

Für alle Handelsgesellschaften ist die *nullité* von Beschlüssen gesondert geregelt in Artt. L. 235-1 ff. CCom[1088]. Satzungsändernde Beschlüsse sind danach *nulle*, wenn sie gegen eine entsprechende ausdrückliche gesetzliche Vorschrift (*disposition expresse*) des CCom oder gegen eine Vorschrift über die *nullité* von Verträgen verstoßen[1089]. Sonstige Beschlüsse sind *nulle*, wenn sie gegen zwingende Bestimmungen (*disposition impérative*) des CCom oder ebenfalls des Vertragsrechts verstoßen. *Dispositions expresses* sind solche Bestimmungen des CCom, die als Rechtsfolge für ihre Nichtbeachtung oder als Rechtsfolge für einen Verstoß gegen Satzungsbestimmungen ausdrücklich die Nichtigkeit vorsehen[1090]. Entsprechende Regelungen, die allerdings nicht satzungsändernde Beschlüsse betreffen[1091], werden den *dispositions impératives* gleichgesetzt. Um *dispositions impératives* handelt es sich bei solchen Bestimmungen, die der Gesetzgeber zur Durchsetzung des *ordre public* erlassen hat. Ob dies der Fall ist, ist durch Auslegung zu ermitteln. Abzugrenzen sind diese Vorschriften zu bloßen Ordnungsvorschriften, deren Rechtsfolge nicht *nullité* ist[1092].

Für die S.A. werden in Art. L. 225-121 CCom Gründe für die *nullité* von Beschlüssen genannt, wobei zwischen zwingender und möglicher *nullité* unterschieden wird. Zwingend *nulle* sind Beschlüsse der Hauptversamm-

---

1081 Vgl. Leistikow, S. 31 ff.

1082 Art. 1117 CC.

1083 Art. 1116 CC.

1084 Art. 1110 CC.

1085 Art. 1113 CC.

1086 Art. 1124 CC.

1087 Art. 1131 CC.

1088 I.V.m. Artt.252 bis 253-1 D.67-236.

1089 Art. 235-1 Abs. 1 CCom.

1090 Leistikow, S. 28. Siehe bspw. Artt. L. 223-30 Abs. 2., L. 223-43 Abs. 4 CCom.

1091 Bspw. Artt. L. 223-21 Abs. 1, L. 223-25 Abs. 1 CCom.

1092 Leistikow, S. 29 f.

lung[1093], wenn die Vorschriften über die Zuständigkeiten der ordentlichen bzw. außerordentlichen Hauptversammlung verletzt sind[1094], bei Missachtung der Vorschriften über die Beschlussfähigkeit[1095] oder die erforderlichen Mehrheitserfordernisse[1096], bei Verstößen gegen die Vorschriften über die Berichte der Verwaltung[1097], bei Verstößen gegen die Vorschriften zur Tagesordnung[1098] oder zur Anwesenheitsliste[1099]. Weiter ist geregelt, dass Fehler bei der Einberufung zur Hauptversammlung zur Annullierung der Beschlüsse führen können[1100]. Das Handelsgericht entscheidet frei, ob diese Rechsfolge geboten ist[1101]. Eine Klage nach Art. L. 225-104 CCom ist allerdings unzulässig, wenn alle Aktionäre anwesend oder vertreten sind[1102]. Verstöße gegen die Informationspflichten gegenüber den Aktionären[1103] haben ebenfalls nicht zwingend die *nullité* zur Folge[1104].

2. Loi d'Égalité

Der Grundsatz der Gleichbehandlung aller Gesellschafter ist im französischen Gesellschaftsrecht zwar nicht kodifiziert. Jedoch bezieht sich der Gesetzestext an einigen Stellen ausdrücklich darauf[1105] und setzt ihn damit als geltendes Recht voraus[1106]. In der Praxis der Gerichte spielt der Gleichbehandlungsgrundsatz als solcher nur eine untergeordnete Rolle[1107]. Vielmehr findet er im Rahmen der Lehre vom *abus de majorité* Anwendung, insbesondere im Zusammenhang mit dem Merkmal der Schaffung von Sondervortei-

---

1093 Art. L. 225-121 Abs. 1 CCom.

1094 Artt. L. 225-96, L. 225-97 und L. 225-98 Abs. 1 CCom.

1095 Artt. L. 225-98 Abs. 2 CCom.

1096 Art. L. 225-98 Abs. 3 CCom

1097 Art. L. 225-100 Abs. 2 CCom.

1098 Art. L. 225-105 CCom.

1099 Art. L. 225-114 CCom.

1100 Art. L. 225-104 Abs. 1 CCom.

1101 Merle, Rn. 466.

1102 Art. L. 225-104 Abs. 2 CCom.

1103 Artt. L. 225-115 und L. 225-116 CCom.

1104 Art. L. 225-121 Abs. 2 CCom.

1105 Artt. L. 223-34 Abs. 1, L. 225-204 Abs. 1, L. 225-235 Abs. 4 CCom.

1106 Siehe auch Bombrun, S. 195.

1107 Brüls-Dehin, S. 335.

len[1108]. Er beinhaltet die Unzulässigkeit einer willkürlichen Ungleichbehandlung zwischen den Gesellschaftern. Die Grenzen der Bedeutung dieses Grundsatzes werden deutlich bei der Betrachtung einer Entscheidung des *Trib.com. Salon-de-Provence*[1109]. Darin wurde das Verhalten eines von zwei 50 %-Gesellschaftern, der eine für die Gesellschaft vorteilhafte Beschlussvorlage blockierte, als *abus d'égalité* eingestuft. Der Gesellschafter wurden deshalb – gemäß den Grundsätzen zum *abus de minorité*[1110] – zur Zahlung von Schadensersatz verurteilt.

3. Fraude

Daneben kommt die *action en nullité* in den Fällen des *fraude* bzw. *abus de droit* zur Anwendung[1111]. Das Rechtsinstitut des *fraude* wird im französischen Recht enger verstanden als der Begriff des *fraud* im englischen Recht und ist nur auf solche Handlungen der Gesellschafter anwendbar, die in betrügerischer Absicht gefasst werden. Da eine solche Absicht nur schwer nachweisbar ist, findet eine Kontrolle nach diesem Rechtsinstitut praktisch nur geringe Anwendung[1112].

4. Abus de Majorité

Als bedeutendes Instrument des materiellen Minderheitenschutzes hat sich in Frankreich die Lehre vom *abus de majorité* (etwa: Missbrauch der Mehrheitsmacht) herausgebildet. Zwar wurden Bestrebungen, diese Lehre im Gesetz zu verankern, nicht verwirklicht[1113]. Dessen ungeachtet ist sie jedoch in der Rechtsprechung seit langem anerkannt[1114]. Dogmatisch fußt sie auf der Lehre vom *abus de droit* (etwa: Rechtsmissbrauch).

1108 C.App. Paris v. 27.01.1995, Bull.Joly 1995, § 107; vgl. Guilberteau, Rev.soc. 100 (1982), 801 (803 f.).

1109 Vom 29.06.1990, Bull.Joly 1991, § 94.

1110 Siehe zum *abus de minorité* unten S. 256. Zum Verhältnis siehe auch Merle, Rev.jur.comm. 35 (1991), Numéro Spécial, S. 81 (82); Brüls-Dehin, S. 304 und 334 f.

1111 Juris-Classeur (Gibirila), Art. 1832 à 1844-17 CC, Heft 80, Para. 41; Guyon, Para. 455; Leistikow, S. 35.

1112 Noquet, Juriscl. Soc., Fasc. 142 No.89 m.w.N.; Ripert/Roblot/Germain, Para. 1539. Siehe die Entscheidung Cass.com. v. 06.07.1983 (Mineur Bécourt Louvignies), Rev.soc. 102 (1984), 76 (77), die betrügerisches Handeln im Zusammenhang mit der Ladung zu einer Gesellschafterversammlung betrifft.

1113 Leistikow, S. 35; Kreß, S. 44.

1114 Cass.com. v. 18.04.1961 (Piquard), D. 1961, 661.

Ihr heutiges Verständnis in der Rechtsprechung ist erstmals in der *Piquard*-Entscheidung vom 18. Juni 1961[1115] formuliert worden und besagt im Wesentlichen, dass Beschlüsse, die im Widerspruch zum so genannten Gesellschaftswillen und im alleinigen Interesse der Gesellschaftermehrheit zum Schaden der Gesellschafterminderheit gefasst werden, fehlerhaft sind[1116]. In der genannten *Piquard*-Entscheidung ging es um einen Mehrheitsbeschluss in einer S.A., nach dem der gesamte Jahresgewinn in Rücklagen gestellt werden sollte, obwohl die Gesellschaft bereits über erhebliche Rücklagen verfügte. Der *Cour de Cassation* (Kassationshof) war der Ansicht, dass dieses Verhalten keinen *abus de droit*[1117] darstelle. Er definierte jedoch erstmals die zwei wesentlichen Elemente, nach denen ein Mehrheitshandeln als rechtsmissbräuchlich einzustufen ist: der Gesellschaftswille bzw. das Gesellschaftsinteresse (*l'intérêt de la société*) und die Bevorzugung einer Gesellschaftergruppe gegenüber einer anderen[1118]. Gleichzeitig deutete das Gericht eine restriktive Tendenz an, wonach es nicht über Geschäftsführungsfragen als solche entscheidet, sondern nur bei rechtsmissbräuchlichem Handeln tätig wird[1119]. Diskutiert worden ist die Lehre vom *abus de majorité* bisher insbesondere[1120] bei Fragen der Einstellung von Gewinnen in Rücklagen[1121], Ausschluss des Bezugsrechts bei Kapitalerhöhungen[1122], Geschäften zugunsten anderer Ge-

---

1115 Cass.com. v. 18.04.1961, D. 1961, 661.

1116 „Contrairement à l'intérêt général de la société et dans l'unique dessein de favoriser les membres de la majorité au détriment des membres de la minorité": Cass.com. v. 18.04.1961 (Piquard), D. 1961, 661 (662); Cass.com. v. 22.01.1991 (Pyrénées), Bull.civ. 1991 (4), 24 (Nr. 39); Cass.com. v. 06.06.1990 (Huber), Rev.soc. 108 (1990), 606 (607 f.). Siehe schon Bergier, S. 145 ff.; eingehend D. Schmidt, Para. 187 ff.; Tricot, RTD com. 47 (1994), 617; Bombrun, S. 231 ff. Differenzierender Brüls-Dehin, S. 298.

1117 Der Begriff *abus de majorité* war zu diesem Zeitpunkt in der Rechtsprechung noch nicht geprägt (Kreß, S. 43).

1118 Seitdem ständige Rechtsprechung: vgl. Cass.com. v. 06.06.1990 (Huber), Rev.soc. 108 (1990), 606 (607). Siehe auch Reinhard, RTD com. 43 (1990), 590 (592); Tricot, RTD com. 47 (1994), 617 (622 f.). Einschränkend Cass.com. v. 22.04.1976 (Langlois), D. 1977, 4 (5).

1119 Cass.com. v. 18.04.1961 (Piquard), D. 1961, 661 f.; Cass.com. v. 16.10.1963 (Cambier), Rev.soc. 82 (1964), 37 (39 f.); zustimmend Houin, RTD com. 14 (1961), 626 (635); Guilberteau, Rev.soc. 100 (1982), 801 (804); Tricot, RTD com. 47 (1994), 617 (621 ff.); anders Rives-Lange, Rev.jur.comm. 35 (1991), Numéro Spécial, S. 65 (70 f.). Siehe auch Kreß, S. 46; D. Schmidt, Para. 188.

1120 Siehe die zusammenfassende Darstellung bei Kreß, S. 56 ff.

1121 Cass.com v. 18.04.1961 (Piquard), D. 1961, 661 f.; Cass.com. v. 22.04.1976 (Langlois), D. 1977, 4 (5).

1122 Trib.com. Chartres v. 15.01.1991 (Pierrat), Gaz.Pal. 111 (1991), 211 (214 f.); C.App. Paris v. 13.04.1934, D.P. 1936 (2), 121; C.App. Paris v. 15.10.1986 (Est Alu), D. 1987, 136 (137).

sellschaften bei personeller Verflechtung[1123], Genehmigungen zur Übertragung von vinkulierten Geschäftsanteilen[1124] und im Umwandlungsrecht[1125].

IV. Rechtsvergleichende Analyse

Zentraler Ansatzpunkt für einen effektiven Minderheitenschutz ist neben der Ausgestaltung der Einflussnahmemöglichkeiten auch die nachträgliche formale und materielle Beschlusskontrolle. Die Zulässigkeit der materiellen Beschlusskontrolle wird teilweise in Zweifel gezogen[1126]. Zur Begründung heißt es, sofern im Rahmen der formalen Schranken eine Mehrheitskompetenz wirksam begründet sei, würde es die Privatautonomie verbieten, weitere inhaltliche Anforderungen zu stellen. Dieser Einwand ist richtig, soweit man allein die Freiwilligkeit der Unterwerfung des einzelnen Gesellschafters unter die Mehrheitsherrschaft betrachtet. Die durch die Mehrheitsherrschaft erkaufte Steigerung der Flexibilität und Effizienz der Gesellschaft könnte durch eine Übersicherung der Minderheitsgesellschafter zunichte gemacht werden. Dagegen ist jedoch einzuwenden, dass sich die einzelnen Gesellschafter zwar grundsätzlich einer Mehrheitsherrschaft unterwerfen. Dabei haben sie jedoch keine missbräuchlich verwendete Mehrheitsherrschaft vor Augen und unterwerfen sich ihr auch nicht. Schutz vor Missbrauch bedingt daher die Möglichkeit einer Kontrolle der Entscheidungsinhalte. Sie ist ein Mittel zur Durchsetzung des Gerechtigkeitsprinzips innerhalb der privatautonomen Unterwerfung unter das Mehrheitsprinzip.

Eine materielle Kontrolle des Mehrheitshandelns gibt es dementsprechend in allen Gesellschaftsformen, wenngleich auch in unterschiedlicher Ausgestaltung. Die ihr unterliegenden Wertungen sind nicht in starrer Form vorgegeben. Zumeist werden sie in Generalklauseln ausgedrückt, die der Ausfüllung durch richterliches Ermessen bedürfen. Teilweise – so insbesondere im englischen Recht – ist die Bestimmung der Rechtsfolge generell in das Ermessen des Gerichts gelegt.

[1123] Cass.com. v. 29.05.1972 (Pernot), J.C.P. 1973 (II), 17337; Cass.com. v. 08.01.1973 (Maillard), Bull.civ. 1973 (4), 10 f. (Nr. 13)

[1124] Cass.com. v. 21.06.1982 (Saupiquet), Rev.soc. 100 (1982), 852 (853), dazu ausführlich Sievert, S. 135 ff.; Cass.com. v. 24.02.1975 (Castillon du Perron), Rev.soc. 94 (1976), 92 (95 f.).

[1125] Cass.com. v. 11.10.1967 (Clinique Mistral), D. 1968, 136; C.App. Rennes v. 21.05.1963, zitiert nach Rodière, RTD com. 1964, 573 (578); C.App. Paris v. 18.11.1969 (Linguanotto), D. 1970, 170 ff.

[1126] Leenen, FS Larenz, S. 389 f.

Zu den insoweit relevanten Generalklauseln zählen das Verbot willkürlicher Ungleichbehandlung, das Gebot der Rücksichtnahme auf die Interessen der Gesellschaft, der Grundsatz von Treu und Glauben, die Wertungsmaßstäbe „*bona fide*" oder „*just and equitable*", die Unzulässigkeit eines Verhaltens nach den Maßstäben des „*fraud*" oder „*fraude*" sowie des „*abus de droit*" und der „*justes motifes*".

1. Grundsatz: Keine sachliche Kontrolle

Allen Rechtsordnungen ist die Ausgangssituation gemein. Die Gerichte sehen sich grundsätzlich nicht legitimiert, in die Geschäftsführung der Gesellschaften einzugreifen[1127]. Die privatautonome Gestaltungsfreiheit bleibt solange unberührt, wie Gesellschafterentscheidungen die nachfolgend beschriebenen Grundwertungen nicht verletzen. Sogar wirtschaftlich sinnlose oder unzweckmäßige Entscheidungen werden von diesem Grundsatz erfasst. Soweit Mehrheitsentscheidungen zulässig sind, ist die Entscheidung daher auch für die zuletzt genannten Fälle durch das Mehrheitsprinzip legitimiert und für die Minderheit bindend.

(Prinzip 3.1)
Ein Gesellschafter kann in engen Grenzen einen Mehrheitsbeschluss nachträglich auf seine Vereinbarkeit mit formalen und materiellen Beschlussvoraussetzungen überprüfen lassen. Allerdings sind auch sinnlose oder unzweckmäßige Entscheidungen grundsätzlich durch das Mehrheitsprinzip legitimiert, so dass sich die Gerichte nur sehr zurückhaltend in interne Angelegenheiten der Gesellschaft einmischen.[1128]

[1127] Deutschland: BGH v. 28.01.1980, BGHZ 76, 352 (353); BGH v. 01.02.1988 (Linotype), BGHZ 103, 184 (189 f.); England: Eldon in Carlen v. Drury, V. & B. 1, 154 (158); Frankreich: Cass.com. v. 16.10.1963 (Cambier), Rev.soc. 82 (1964), 37 (39 f.).

[1128] Die Kontrolle eines Beschlusses auf seine sachliche Rechtfertigung findet sich nur ausnahmsweise dann, wenn ein besonderer Maßstab wie beispielsweise beim Beschluss über die Auflösung der Gesellschaft oder den Ausschluss eines Gesellschafters (wichtiger Grund, *juste motif, reasonable reason*) vorgegeben ist. Ausnahmsweise werden im deutschen Recht zudem auch Beschlüsse über die Ausschießung des Bezugsrechts auf ihre sachliche Rechtfertigung hin überprüft.

2. Gebot der Gleichbehandlung

In allen Rechtsordnungen lassen sich Wertungen finden, die darauf schließen lassen, dass alle Gesellschafter grundsätzlich gleich zu behandeln sind. Teilweise – wie im deutschen Recht in Form des Gleichbehandlungsgrundsatzes – wird hierin ein fundamentales gesellschaftsrechtliches Prinzip gesehen, aus dem sich Rückschlüsse für den Minderheitenschutz ableiten lassen. Teilweise wird die Gleichbehandlung bloß als besondere Ausprägung des Gesellschaftsverhältnisses verstanden, beispielsweise im französischen Recht im *loi d'égalité* oder im englischen Recht in der *presumption of equality*. Besondere Beachtung hat die Gleichbehandlung durch Art. 42 Zweite RiL für die AG, plc und S.A. gefunden.

Hierbei handelt es sich genauer betrachtet jedoch nicht um ein Wertungskriterium, mit dem eine Überprüfung Mehrheitshandelns wirksam erfolgen kann. In allen Rechtsordnungen handelt es sich – auch wenn es teilweise anders bezeichnet wird – lediglich um eine Grundannahme, die durch entsprechende Vereinbarungen abbedungen werden können. Die Voraussetzungen für eine solche Vereinbarung ist allerdings die Zustimmung aller betroffenen Gesellschafter. Wird also eine Ungleichbehandlung festgestellt, stellt sich zuerst die Frage nach einer möglichen Rechtfertigung durch eine solche Vereinbarung. Fehlt eine solche Rechtfertigung, ist die Ungleichbehandlung unzulässig.

Für den Fall aber, dass eine Rechtfertigung formal besteht, stellt sich anschließend die Frage, ob diese zu einer willkürlichen Ungleichbehandlung führt. In diesem Rahmen wird die rechtfertigende Vereinbarung selbst wertend überprüft. Die Wertungskriterien aber lassen sich nicht mehr dem Gleichheitsgrundsatz unmittelbar entnehmen[1129], sondern sind auf weitere Kriterien zurückzuführen. Dabei ergeben sich regelmäßig Überschneidungen mit Wertungskriterien wie etwa *good faith* oder Treu und Glauben[1130]. Die Bedeutung des Gleichbehandlungsgrundsatzes für den Minderheitenschutz ist deshalb insgesamt eingeschränkt. Insoweit bedeutet die Gleichbehandlung unmittelbar keine normatives Handlungskriterium. Vielmehr liegt die Bedeutung dieser Grundwertung erst zusammen mit weiteren Wertungsmaßstäben darin, willkürliche Ungleichbehandlungen auszuschließen.

1129 Kreß, S. 13.

1130 So auch Staub-Ulmer, § 105 Rn. 253.

(Prinzip 3.2.1)
Ein Gesellschafter kann die materielle Fehlerhaftigkeit eines Beschlusses geltend machen[1131], wenn durch den Beschluss gleichberechtigte Gesellschafter willkürlich ungleich oder nicht gleichberechtigte Gesellschafter willkürlich gleich behandelt werden (Gleichbehandlungsgrundsatz).[1132]

3. Gebot der Rücksichtnahme (Treuegrundsatz)

Zentraler Wertungsmaßstab für eine nachträgliche Überprüfung von Mehrheitshandeln sind in allen Ländern Generalklauseln, die auf den ersten Blick sehr unterschiedlichen Inhalt zu haben scheinen. Im deutschen Recht ist dies der gesellschaftsrechtliche Treuegrundsatz, im französischen Recht das Verbot des *abus de majorité*. Im englischen Recht kommen zahlreiche Generalklauseln zur Geltung, die den Gerichten unterschiedlich weites Ermessen einräumen. Hervorzuheben sind im Recht der *partnerships* die *fiduciary duties*, sowie im Recht der *companies* insbesondere die *doctrine of fraud on the minority*, das Verbot des *unfairly prejudicial conduct* sowie die *just and equitable grounds*, die eine Auflösung der Gesellschaft rechtfertigen.

All diesen Instrumenten ist gemein, dass sie auf die Revision eines Handelns oder einer Entscheidung der Mehrheitsgesellschafter nach normativen Kriterien gerichtet ist. In allen Rechtsordnungen bestehen Schwierigkeiten, die Kriterien für die Anwendung dieser normativen Kriterien zu definieren. Anstelle einer abschließenden gesetzlichen Definition wird es vielmehr den Gerichten überlassen, die Reichweite dieser Kontrollinstrumente abzugrenzen und weiter zu entwickeln. Am wenigsten Probleme bereiten dabei die Gesellschaftsformen, bei den Treuepflichten traditionell eine maßgebliche Rolle spielen. Dies sind insbesondere die deutschen Personengesellschaften und die englischen *partnerships*. Schwieriger dagegen ist die Entwicklung im französischen Recht sowie im deutschen und englischen Kapitalgesellschaftsrecht. Das deutsche Recht ist insofern am übersichtlichsten, als es einfach die Anwendung der Treuepflichten nach und nach auf die Kapitalgesellschaften ausgedehnt hat.

Trotz des unterschiedlichen Ansatzes besteht in allen Rechtsordnungen Einigkeit darin, dass der Maßstab für eine materielle Beschlusskontrolle am

---

[1131] Zur Fehlerhaftigkeit eines Beschlusses bei Verstößen gegen Verfahrensvorschriften siehe bereits oben Prinzip 1.8 (S. 137).

[1132] Der Hinweis auf die gleichgestellten Mitgesellschafter ist insoweit erforderlich, als im Gesellschaftsvertrag die einzelnen Gesellschafter mit ungleichen Rechten und Pflichten ausgestattet sein können.

Gesellschaftsinteresse auszurichten ist[1133]. Das englische Recht bezieht sich ausdrücklich auf das „*interest of the company*“, das französische Recht auf das „*intérêt social*“. Darunter wird ein Interesse verstanden, dass sich von Einzelinteressen der Gesellschafter, aber auch von der Summe ihrer Einzelinteressen unterscheidet[1134]. Es bezieht sich somit auf ein eigenes – fiktives – Interesse des Verbandes, das Maßstab der gesellschaftsrechtlichen Aktivitäten ist. Besondere Beachtung verdient allerdings das englische Recht, wo sich die Gerichte traditionell schwer tun, etwaige Rücksichtnahmepflichten im Recht der *companies* zu implementieren. Dies findet Ausdruck in der gerichtlichen Kontrolle der Änderung der *Articles* nach Maßgabe des *bona fide*-Grundsatzes. Dort wird die Abgrenzung, ob eine Änderung *bona fide for the benefit of the company* erfolgte, aus der Sicht der Gesellschaftermehrheit getroffen. Ist dementsprechend eine Änderung *bona fide*, ist sie auch zulässig. Als nächstes findet der *bona fide*-Grundsatz Anwendung bei der Fallgruppe des *fraud on the minority* im Zusammenhang mit der *derivative action.* Hier genügt es nicht, dass eine Handlung *bona fide* ist, vielmehr ist dies nur notwendige Voraussetzung für die Zulässigkeit einer Handlung. Darüber hinaus wird aber auch der Grad der Beeinträchtigung der Rechte der Minderheit berücksichtigt. Bei der Auflösung *on just and reasonable grounds* schließlich erhält der englische Richter einen Beurteilungsspielraum, der im kontinentaleuropäischen Recht keine Entsprechung findet. Ein solches Vertrauen in die Rechtsprechung und damit in die Richterschaft ist charakteristisches Merkmal des englischen Rechtssystems.

Deutliche Parallelen zwischen den einzelnen Rechtsordnungen gibt es aber schließlich bei einer Betrachtung der sec. 459(1) CA. Danach kann sich ein Gesellschafter gegen solche Handlungen einer Gesellschaftermehrheit wehren, die *unfairly prejudicial* sind. Aus der Anwendung dieser Norm ergibt sich, dass auch ein englischer Kapitalgesellschafter Rücksicht auf seine Mitgesellschafter nehmen muss. Diese können berechtigte Erwartungen haben, die von der Gesellschaftermehrheit zu beachten sind. Aus *Re Macro (Ipswich) Ltd* ergibt sich, dass diese Erwartungen auch auf eine besondere Sorgfalt bei der Führung der Geschäfte durch den geschäftsführenden Mehrheitsgesellschafter gerichtet sein können. Eine entsprechende Rücksichtnahme drückt sich in der französischen Lehre des *abus de majorité* aus. Dort sind die zwei wesentlichen Kriterien für einen Missbrauch ein Verstoß gegen das Gesellschaftsinteresse und die Benachteiligung einer Gesellschafterminder-

---

[1133] Kreß, S. 133. Dazu kritisch Walz in Schäfer/Ott, Unternehmensrecht, S. 63 und 71.

[1134] Kreß, S. 73.

heit. Diese Elemente wiederum sind auch im deutschen Recht die maßgeblichen Kriterien für die Beurteilung einer Treuepflichtverletzung.

Während also im deutschen Recht die Treuepflichten und im französischen Recht die Lehre vom *abus de majorité* darauf gerichtet sind, eine Gesellschafterminderheit vor einem Missbrauch durch die Mehrheit zu schützen, erfüllen im englischen Recht verschiedene Instrumente diese Funktion. Alle diese Instrumente unterliegen jedoch gleichen Wertungsmaßstäben[1135]. Insofern kann festgehalten werden:

(Prinzipien 3.2.2 und 3.2.3)
Ein Gesellschafter kann die Fehlerhaftigkeit eines Beschlusses auch geltend machen, wenn

- **die Gesellschaftermehrheit ihre Entscheidung nicht am Interesse der Gesellschaft ausgerichtet hat (Maßgeblichkeit des Gesellschaftsinteresses) oder**
- **die Gesellschaftermehrheit bei ihrer Entscheidung auf berechtigte Belange der übrigen Gesellschafter nicht angemessen Rücksicht genommen hat, wobei der Grad der Rücksichtnahmepflicht davon abhängt, wie personalistisch die Gesellschaft real strukturiert ist (Rücksichtnahmegebot).**[1136]

D. Schutz der Mitgliedschaft im Besonderen

Im Anschluss an den Aspekt der materiellen Grenzen der Mehrheitsherrschaft verdient die Frage, ob und inwieweit eine Möglichkeit für die Gesellschaft bzw. die Mehrheitsgesellschafter besteht, einzelnen Gesellschaftern ihre Mitgliedschaft ganz zu entziehen, eine besondere Betrachtung, da durch die Möglichkeit eines Ausschlusses die Mitgliedschaft als Ganze betroffen ist. Aus der Sicht des auszuschließenden Gesellschafters ist in diesem Zu-

---

[1135] Siehe Baumgärtner, S. 205 ff. (insbesondere S. 213 und 218); Wellenhofer-Klein, RabelsZ 64 (2000), 564 (576).

[1136] Das Verhältnis dieser beiden Bewertungsmaßstäbe, also der Maßgeblichkeit des Gesellschaftsinteresses und des Rücksichtnahmegebots, ist einer Prinzipienbildung nicht zugänglich, wie ein Blick auf das französische und englische Recht zeigt. Im französischen Recht muss grundsätzlich gegen beide Maßstäbe verstoßen worden sein, um einen *abus de majorité* festzustellen. Im englischen Recht wird eine Änderung der *Articles* für zulässig erachtet, wenn die Gesellschafter gutgläubig davon ausgehen durften, dass sie zum Wohle der Gesellschaft ist. Bei einer Überprüfung einer Mehrheitsentscheidung nach sec. 459 CA dagegen ist ihre objektive Wirkung auf die Minderheit maßgeblich.

sammenhang zu fragen, inwieweit er gegen einen Ausschluss, sofern ein solcher generell zulässig ist, geschützt ist.

I. Länderbericht Deutschland

1. Personengesellschaften

In Deutschland spielt der Ausschluss eines Gesellschafters einer GbR vornehmlich dann eine Rolle, wenn im Gesellschaftsvertrag vereinbart wurde, dass die Gesellschaft bei Ausscheiden eines Gesellschafters unter den übrigen Gesellschaftern fortgeführt wird[1137]. Nur dann können sich Gesellschafter eines anderen Gesellschafters „entledigen"; anderenfalls führt der Ausschluss eines Gesellschafters zur Auflösung der Gesellschaft. Wird die Gesellschaft fortgeführt, besteht ein Ausschließungsrecht in Anlehnung an das Recht zur außerordentlichen Kündigung in § 723 Abs. 1 S.2 BGB[1138]. Demnach ist Voraussetzung für den Ausschluss das Vorliegen eines wichtigen Grundes in der Person des auszuschließenden Gesellschafters[1139]. Nur ganz ausnahmsweise bedarf es eines wichtigen Grundes nicht und zwar etwa dann, wenn ein solches Ausschließungsrecht dazu dient, Altgesellschaftern die Prüfung zu ermöglichen, ob zu einem neuen Partner das notwendige Vertrauensverhältnis aufgebaut werden kann[1140]. Das Ausschließungsrecht steht den übrigen Gesellschaftern gemeinschaftlich zu und bedarf lediglich einer Erklärung gegenüber dem auszuschließenden Gesellschafter[1141]. Der ausgeschlossene Gesellschafter scheidet unmittelbar aus[1142].

Diese Systematik findet sich auch im Recht der Personenhandelsgesellschaften wieder. In Anlehnung an die Auflösungsklage[1143] erfolgt der Ausschluss des Gesellschafters einer OHG und KG in Form der Ausschließungsklage[1144]. Voraussetzung ist auch hier ein entsprechender Antrag der übrigen Gesellschafter sowie ein wichtiger Grund in der Person des auszu-

---

1137 Vgl. § 737 S. 1 BGB.

1138 § 737 S. 1 BGB. Zur außerordentlichen Kündigung nach § 723 Abs. 1 S. 2 BGB siehe oben S. 160.

1139 § 737 S. 1 i.V.m. § 723 Abs. 1 S. 2 BGB.

1140 BGH v. 08.03.2004, BB 2004, 1017.

1141 § 737 S. 2 und 3 BGB.

1142 § 736 BGB.

1143 § 133 Abs. 1 HGB.

1144 § 140 Abs. 1 S. 1 HGB.

schließenden Gesellschafters[1145]. Die Größe des Geschäftsanteils des Auszuschließenden ist unerheblich[1146].

Bei Ausschluss eines Kommanditisten greifen zwar dieselben Grundsätze. Es gelten jedoch strengere Anforderungen an den wichtigen Grund[1147]. Wegen der geringeren persönlichen Verbundenheit ist das Fortführen der Gesellschaft eher zumutbar. Dies ist besonders bei Ausschluss eines Kommanditisten aus einer kapitalistisch strukturierten KG zu berücksichtigen. Zwar gilt auch hier grundsätzlich ein Ausschließungsrecht, jedoch ist die fehlende persönliche Verbundenheit umso stärker zu berücksichtigen[1148]. Diese Grundsätze betreffen insbesondere den Ausschluss eines Gesellschafters einer Publikumsgesellschaft und zwar auch dann, wenn es sich nicht um eine KG handelt[1149].

2. Kapitalgesellschaften

a) GmbH-Recht

Ein allgemeines Ausschlussrecht ist im GmbHG nicht geregelt. Ein Ausschlussverfahren kann aber in der Satzung vorgesehen sein. Nach Ansicht des BGH sind solche Ausschließungsklauseln allgemein zulässig[1150]. Sie sind jedoch unwirksam, wenn sie einen Ausschluss ohne wichtigen Grund oder andere rechtfertigende Umstände vorsehen[1151].

Ohne satzungsmäßige Regelung kann ein Gesellschafter ausgeschlossen werden, wenn in seiner Person ein wichtiger Grund gegeben ist, der ein Verbleiben des Gesellschafters in der Gesellschaft unzumutbar erscheinen lässt[1152]. Grund für dieses richterrechtliche Ausschlussrecht ist in der Natur

---

1145 § 140 Abs. 1 S. 1 i.V.m. § 133 HGB.

1146 Str.; so BGH v. 09.12.1968, BGHZ 51, 204 (207); a.A. BGH v. 14.05.1952, BGHZ 6, 113 (117); Sandrock, JR 1968, 323.

1147 Baumbach/Hopt-Hopt, § 140 Rn. 8.

1148 BGH v. 27.10.1955, BGHZ 18, 350 (361 f.); Baumbach/Hopt-Hopt, § 140 Rn. 8.

1149 Vgl. Reichert/Winter, BB 1988, 981 (985 ff.).

1150 BGH v. 20.06.1983, GmbHR 75 (1984), 74; BGH v. 09.03.1987, GmbHR 78 (1987), 302 (303).

1151 BGH v. 09.07.1990, BGHZ 112, 103 (Leitsatz 1.a.).

1152 RG v. 13.08.1942, RGZ 169, 330 (333 f.); BGH v. 01.04.1953, BGHZ 9, 157 (159 ff.); BGH v. 09.03.1987, GmbHR 78 (1987), 302 (303); BGH v. 13.02.1995, ZIP 1995, 567 (569). Siehe die Analyse bei Schröer, S. 64 ff., insbesondere zur Unzumutbarkeit S. 78 ff.

der Mitgliedschaft als Dauerrechtsverhältnis zu sehen[1153]. Materielle Voraussetzung für den Ausschluss ist ein wichtiger Grund. In verfahrensrechtlicher Sicht setzt der Ausschluss eine Ausschlussklage der Gesellschaft voraus. Über die Erhebung der Ausschlussklage wird durch Gesellschafterbeschluss entschieden[1154]. Nach der Rechtsprechung ist für den Beschluss eine satzungsändernde Mehrheit erforderlich[1155]. In der Satzung kann abweichend vorgesehen sein, dass für den Ausschluss ein Gesellschafterbeschluss ohne Klage ausreichend ist.

b) *Aktienrecht*

Auch im Aktienrecht ist ein allgemeines Ausschlussrecht nicht geregelt. Lediglich in einzelnen Vorschriften ist eine dem Ausschluss vergleichbare Vorgehensweise vorgesehen[1156]. Praktisch ist die Frage des Ausschlusses eines Aktionärs noch nicht relevant geworden, wenngleich der BGH früher angemerkt hat, dass zwischen den Aktionären keine rechtlichen Beziehungen bestünden, die die Grundlage für die Ausschließung eines einzelnen Aktionärs geben könnten[1157]. Nach dieser Argumentation kann ein Bedürfnis nach Ausschluss als *ultima ratio* heute allerdings nicht mehr von vorne herein ausgeschlossen werden. Insbesondere seit Anerkennung der Treuepflicht im Aktienrecht unterliegt das Verhältnis der Aktionäre zur Gesellschaft einer Neubewertung, die sich auch auf die Frage der Ausschlussmöglichkeit auswirken kann. Analog zum GmbH-Recht wären in jedem Fall das Vorliegen eines wichtigen Grundes, ein Hauptversammlungsbeschluss und ein Ausschließungsprozess erforderlich[1158]. Sonderausschlusstatbestände sind dagegen normiert für den Fall, dass Aktionäre ihrer Pflicht zur Einlageleistung nicht nachkommen[1159] oder das Kapital der Gesellschaft durch Amortisation[1160] bzw. Aktienzusammenlegung[1161] herabgesetzt wird.

[1153] K. Schmidt, S. 1061.

[1154] BGH v. 01.04.1953, BGHZ 9, 157 (177); BGH v. 17.02.1955, BGHZ 16, 317 (322).

[1155] BGH v. 01.04.1953, BGHZ 9, 157 (177); in OLG Frankfurt v. 26.06.1979, DB 1979, 2127, war satzungsmäßig für satzungsändernde Beschlüsse Einstimmigkeit vereinbart. Kritisch hierzu K. Schmidt, S. 1062; Baumbach/Hueck-Hueck/Fastrich, Anh. § 34 Rn. 9.

[1156] Vgl. § 64 Abs. 3 AktG (Kaduzierung).

[1157] BGH v. 01.04.1953, BGHZ 9, 157 (163); BGH v. 27.10.1955, BGHZ 18, 350 (365). Ausdrücklich offen gelassen wird die Möglichkeit des Ausschlusses eines Aktionärs in BGH v. 01.02.1988 (Linotype), BGHZ 103, 184 (192).

[1158] K. Schmidt, S. 803; Becker, ZGR 1986, 383 (386 f., 397 ff.); Hommelhoff, ZHR 151 (1987), 493 (516); Baums, S. 104 ff.

[1159] Kaduzierung gemäß § 64 f. AktG; dazu Baums, S. 74 ff.

Anders als der zielgerichtete Ausschluss eines Gesellschafters aus der Gesellschaft ist das Hinausdrängen im Zusammenhang mit unternehmensstrategischen Entscheidungen zu bewerten, auf die an dieser Stelle nicht ausführlich eingegangen werden soll[1162]. Hinzuweisen ist lediglich auf die Möglichkeit im Zusammenhang mit Umstrukturierungen Aktionäre und Aktionärsgruppen aus der Gesellschaft zu drängen. Dies ist auch gegen den Willen der betroffenen Aktionärsminderheit möglich[1163]. Dies wird grundsätzlich damit legitimiert, dass im Vordergrund einer Investition in Aktien als Minderheitsaktionär die Vermögenskomponente und nicht die mit der Mitgliedschaft verbundene Leitungs- und Herrschaftskomponente steht[1164]. Als solche Möglichkeiten bestehen die Mehrheitseingliederung[1165] und die übertragende Auflösung[1166]. Zudem sehen die Regelungen des neuen WÜG[1167] auch im deutschen Recht die Möglichkeit des *squeeze-out* vor[1168], wonach ein Aktionär, dem mindestens 95 % der Anteile einer Gesellschaft gehören, die Möglichkeit erhält, die Minderheitsaktionäre aus der Gesellschaft auszuschließen.

II. Länderbericht England

1. Partnerships

Im Recht der *partnerships* ist ein Ausschluss (*expulsion*) eines Partners grundsätzlich nicht möglich, es sei denn eine solche Möglichkeit wurde ausdrücklich vereinbart[1169]. Dies gilt auch für die LLP[1170]. Eine solche Vereinbarung erfolgt regelmäßig in Form einer Ausschlussklausel (*expulsion clause*). Aber auch in diesem Fall ist ein Ausschluss materiell nur wirksam, wenn ein Grund für den Ausschluss besteht[1171] und die Partner nach Treu und Glauben zum Wohle der Gesellschaft (*bona fide for the benefit of the firm*) handeln. Er

1160 Auch Einziehung, § 237 AktG; dazu Baums, S. 81 ff.

1161 § 222 Abs. 4 S. 1 Nr. 2 AktG; dazu Baums, S. 93 ff.

1162 Ausführlich Baums, S. 34 ff.; Rühland, S. 107 ff.

1163 BVerfG, ZIP 1999, 1436 (1439 f.); BVerfG v. 23.08.2000, ZIP 2000, 1670 (1671).

1164 BVerfG v. 23.08.2000, ZIP 2000, 1670 (1672).

1165 §§ 319, 320 AktG, dazu Baums, S. 35 ff.

1166 § 179a AktG, dazu Baums, S. 47 ff.

1167 Siehe allgemein zum WÜG Zinser, NZG 2001, 391 ff.

1168 Dazu Baums, S. 121 ff.; Rühland, NZG 2001, 448 ff.; K. Schmidt, S. 804.

1169 Sec. 25 PA.

1170 Sec. 8 LLPR.

1171 Vgl. Dillon in Kerr v. Morris, All E.R. 1986 (3), 217 (228), der von einem „*reasonable reason*“ spricht.

ist daher generell unwirksam, wenn die ausschließende Gesellschaftermehrheit nur zum eigenen Wohle handelt[1172].

In der Praxis knüpft eine Ausschlussklausel den Ausschluss eines Gesellschafters häufig an die Erfüllung bestimmter Voraussetzungen. Solche können sowohl formaler Natur sein wie beispielsweise die Unterschrift eines *senior partners*[1173], als auch inhaltlicher Natur wie beispielsweise *professional misconduct* o.ä.[1174]. Prüfungsmaßstab für einen wirksamen Ausschluss ist in jedem Fall, ob die Voraussetzungen für einen Ausschluss überhaupt vorliegen. Darüber hinaus setzt ein wirksamer Ausschluss aber auch die Beachtung materieller Regelungen voraus. Als solche kommen etwa *rules of natural justice* sowie der Grundsätze über die Treuepflicht (*good faith, fiduciary duties*) in Betracht. Auf diese ist an anderer Stelle näher eingegangen worden[1175].

2. Companies

Der Ausschluss eines Gesellschafters aus einer *company* ist gesetzlich nicht ausdrücklich vorgesehen. Die *Articles* können jedoch Bestimmungen enthalten, nach denen ein Gesellschafter unter bestimmten Voraussetzungen verpflichtet wird, seine Gesellschaftsanteile an andere Gesellschafter zu einem festgelegten Preis zu verkaufen. Auf der Grundlage einer solchen Vorschrift können die Gesellschafter den zwangsweisen Verkauf (*compulsory transfer*) beschließen[1176]. Sie müssen dabei jedoch – wie bei der *partnership* – „*bona fide in the interests of the company as a whole*" handeln[1177].

Zudem kann auch hier sec. 459 ff. CA angeführt werden. Wie berichtet ist als Rechtsfolge in sec. 461(2)(d) CA die sogenannte *purchase order* vorgesehen. Danach kann auch ein Minderheitsgesellschafter verpflichtet werden, seine Anteile zu verkaufen. Dies hat die Wirkung eines Ausschlusses aus der Gesellschaft. Dies gilt übrigens nicht nur für Minderheiten; vielmehr

---

1172 Wood in Blisset v. Daniel, Hare 10, 493 (530); Browne-Wilkinson in Walters v. Bingham, FTLR 1988 (1), 260 (267 f.).

1173 Siehe die Sachverhaltsschilderung in Hitchman v. Crouch Butler Savage Associates, S.J. 127 (1983), 441 f.

1174 Siehe die Sachverhaltsschilderung in Re a Solicitor's Arbitration, W.L.R. 1962 (1), 353.

1175 Siehe S. 114 und 168.

1176 Cozens-Hardy in Phillips v. Manufacturers' Securities Limited, L.T. 116 (1917), 290 (295 f.); Sterndale in Sidebottom v. Kershaw, Leese and Company, Limited, Ch. 1920 (1), 154 (162 ff.); Megarry in Gaiman v. National Association for Mental Health, Ch. 1971 (1), 317 (329).

1177 Sterndale in Sidebottom v. Kershaw, Leese and Company, Limited, Ch. 1920 (1), 154 (163 ff.); Boyle & Birds, Kap. 9.2.3 (S. 263).

kann auch die Mehrheit verpflichtet werden, ihre Anteile an die Minderheit zu verkaufen[1178]. Die Möglichkeit eines Ausschlusses besteht zudem auch in England in Form des sogenannten *squeeze-out*. Erwirbt jemand 90 % der Anteile eines Unternehmens im Rahmen einer Unternehmensübernahme, so kann er die restlichen Anteilsinhaber verpflichten, ihre Anteile ebenfalls zu verkaufen[1179]. Den Minderheitsgesellschaftern steht in diesem Fall nur die beschränkte Rechtsschutzmöglichkeit der sec. 430C(1)(a) CA.

III. Länderbericht Frankreich

Zwar ist die Möglichkeit des Ausschlusses eines Gesellschafters im französischen Recht gesetzlich nicht geregelt[1180]. Jedoch wird ein Ausschluss dann für zulässig angesehen, wenn er in den ursprünglichen Statuten vorgesehen oder durch einstimmigen Beschluss der Gesellschafter nachträglich vereinbart worden ist. Für den Ausschluss (*exclusion*) eines Gesellschafters gilt deshalb der Grundsatz:

> „Il n'y a pas d'exclusion sans texte."[1181]

Voraussetzung ist allerdings, dass die möglichen Gründe für einen Ausschluss in der Ausschlussklausel genannt werden[1182]. Schließlich kann ein Ausschluss nur gegen Entschädigung erfolgen[1183]. Hinsichtlich des Verfahrens kann entweder vorgesehen werden, dass der Ausschluss nur durch gerichtlichen Beschluss oder durch Mehrheitsentscheidung gefasst werden kann[1184]. Der einzelne Gesellschafter ist neben der verfahrensrechtlichen

---

[1178] Harman in Re a Company, BCLC 1990, 384 (395); Rattee in Re Brenfield Squash Racquets Club Ltd, BCLC 1996 (2), 184 (190). Dazu Fung, Comp. Law. 18/2 (1997), 59 ff.; Lowry, J.B.L. 1992, 186 ff.; Krämer, S. 199.

[1179] Sec. 429(1) CA; ausführlich Rühland, S. 132 ff.

[1180] Siehe einzelne Ausnahmen im Kapitalgesellschaftsrecht: Artt. L. 227-16 Abs. 1 CCom, L. 228-6 Abs. 1 CCom. Ausführlich hierzu Krämer, S. 200 ff.

[1181] Viandier/Caussain, J.C.P. 1993 (I), 3652 (Para. 9).

[1182] C.App. Orléans v. 26.09.1989, zitiert nach Guyon, Rev.soc. 108 (1990), 643 (644); C.App. Aix-en-Provence v. 26.06.1984, D. 1985, 372 (373); C.App. Rennes v. 03.07.1912 (Commerçants de Nantes), J.S. 1913, 18 (40 ff.); Trib.com. Caen v. 11.04.1927, D.P. 1928 (2), 65 (67 f.); Cass.com. v. 13.12.1994 (ETARCI), J.C.P. éd. E. 1995 (II), 705; Cass.com. v. 12.03.1996 (Nollet), Rev.soc. 114 (1996), 554 (556); C.App. Paris v. 27. März 2001, BRDA 12/01 Nr. 1. Zum Meinungsstreit in der Literatur siehe Bureau, Rev.soc. 114 (1996), 557 (558); Caillaud, S. 240 ff.; Pfitzmann, S. 81. Siehe insbesondere zum Ausschluss eines Aktionärs Martin, Rev.jur.comm. 34 (1990), Numéro Spécial, S. 94; Paclot, J.C.P. éd. E. 1995 (II), 705 (S. 141).

[1183] Cozian/Viandier/Deboissy, Para. 399.

[1184] C.App. Rennes v. 03.07.1912 (Commerçants de Nantes), J.S. 1913, 18 (40 ff.).

Kontrolle durch das Erfordernis des wichtigen Grundes geschützt, das gerichtlich überprüfbar ist[1185].

Ausnahmsweise gesetzlich geregelt ist für die S.A.S., dass in ihrer Satzung Umstände bestimmt werden können, nach denen ein Gesellschafter verpflichtet sein kann, seine Aktien zu verkaufen und die Gesellschaft zu verlassen[1186]. Eine solche Satzungsbestimmung kann ebenfalls nur einstimmig beschlossen oder modifiziert werden[1187]. Hier besteht der Schutz des einzelnen Gesellschafters nur in den materiellen Voraussetzungen der entsprechenden Bestimmung. Bei Gesellschaften mit variablem Kapital besteht zudem grundsätzlich die Möglichkeit einen Gesellschafter auszuschließen[1188]. Voraussetzung für einen Ausschluss ist eine satzungsändernde Mehrheit[1189].

Auch im französischen Recht ist zudem das *squeeze-out* von Minderheitsgesellschaftern (*retrait obligatoire*) im Zusammenhang mit Unternehmensumwandlungen zu berücksichtigen[1190]. Hält ein Gesellschafter nach der Übernahme einer anderen Gesellschaft mindestens 95 % der Stimmrechte an der übernommenen Gesellschaft, hat er das Recht, die Gesellschafterminderheit gegen eine angemessene Abfindung aus der Gesellschaft auszuschließen. Die Höhe der Abfindung wird dabei von einem unabhängigen Sachverständigen überprüft[1191].

IV. Rechtsvergleichende Analyse

Die Möglichkeit, einen Mitgesellschafter aus der Gesellschaft auszuschließen, wird im Recht der Personengesellschaften insgesamt sehr restriktiv gehandhabt. In Deutschland ist der Ausschluss sowohl in der GbR als auch in den Personenhandelsgesellschaften gesetzlich geregelt. Voraussetzung ist das Vorliegen eines wichtigen Grundes. In der GbR genügt für den Ausschluss die Erklärung gegenüber dem Gesellschafter. Bei den Personenhandelsgesellschaften ist eine Ausschließungsklage erforderlich. Maßstab für die Beurteilung der Unzumutbarkeit der Fortsetzung der Gesellschaft mit dem auszuschließenden Gesellschafter ist die persönliche Verbundenheit unter den Ge-

---

[1185] Vgl. Saintourens, Rev.Soc. 116 (1998), 100 (102 f.).

[1186] Art. L. 227-16 Abs. 1 CCom.

[1187] Art. L. 227-19 CCom.

[1188] Art. L. 231-6 Abs. 2 CCom; Cass.com. v. 21.01.1997 (Hutte), Rev.soc. 116 (1998), 99 f.

[1189] Beachte für die S.A. aber Art. L. 231-1 Abs. 1 CCom.

[1190] Gesetz Nr. 93-1444 v. 31.12.1993; dazu Bombrun, S. 255 ff.; Rühland, S. 154.

[1191] Art. 5-6-1 der Regeln des *Conseil des Bourses de Valeurs* (CBV); Bombrun, S. 256.

sellschaftern. Weil Kommanditisten regelmäßig nur kapitalmäßig beteiligt sind, gilt für ihren Ausschluss ein sehr strenger Maßstab.

Im englischen und französischen Recht der Personengesellschaften fehlt eine Kodifizierung. Hier ist ein Ausschluss aber dann möglich, wenn ein solches Recht im Gesellschaftsvertrag vereinbart ist und die Gründe für den Ausschluss genannt sind. Hinzu kommen weitere materielle Voraussetzungen wie etwa im englischen Recht die Prüfung, ob die Gesellschafter zum Wohl der Gesellschaft handeln.

Ein Ausschluss aus Kapitalgesellschaften ist bei der überwiegenden Anzahl der Gesellschaftsformen ebenfalls gesetzlich nicht vorgesehen; lediglich in der GmbH besteht ein Ausschlussrecht und zwar zum einen dann, wenn es in der Satzung vorgesehen ist. Voraussetzung ist auch hier das Vorliegen eines wichtigen Grundes. Zum anderen ist der Ausschluss auch ohne Satzungsbestimmung zulässig, wenn in der Person des auszuschließenden Gesellschafters ein wichtiger Grund gegeben ist, der ein Verbleiben in der Gesellschaft unzumutbar erscheinen lässt. Im Übrigen ist ein Ausschluss nur dann zulässig, wenn er im Gesellschaftsvertrag vorgesehen ist. Im englischen Recht muss der Ausschluss zudem *bona fide in the interests of the company as a whole* sein. Dies setzt voraus, dass ein Grund für den Ausschluss besteht. Das französische Recht ist noch restriktiver. Dort ist der Ausschluss eines Kapitalgesellschafters nur in wenigen Einzelfällen zulässig, etwa bei der S.A.S., bei Gesellschaften mit variablem Kapital sowie bei der S.A.R.L. Sofern ein Ausschluss zulässig ist, setzt dieser einen wichtigen Grund voraus. Kleinster gemeinsamer Nenner ist[1192]:

(Prinzip 4)
Ein Gesellschafter kann gegen seinen Willen nur dann aus der Gesellschaft ausgeschlossen werden, wenn dies im Gesellschaftsvertrag vorgesehen ist, die Gründe für den Ausschluss genannt sind und der Verbleib des Gesellschafters in der Gesellschaft unzumutbar ist.

Zudem gibt es in allen Rechtsordnungen das umwandlungsrechtliche Instrument des *squeeze-out*, gegen das sich ein Minderheitsgesellschafter nur sehr eingeschränkt wehren kann. Da es sich hierbei aber um ein kapitalmarktrechtliches und weniger gesellschaftsrechtliches Rechtsinstitut handelt, soll es einer Prinzipienbildung nicht zugeführt werden[1193].

[1192] Vgl. Krämer, S. 211.

[1193] Siehe oben S. 48.

E. Minderheitenschutz durch Lösungsrechte

Die im vorangegangenen Abschnitt untersuchte Möglichkeit des Ausschlusses eines Gesellschafters dient den übrigen Gesellschaftern dazu, die Gesellschaft ohne den unliebsamen Gesellschafter fortzusetzen und kann damit als Lösungsrecht der Gesellschaft angesehen werden. Spiegelbildlich hierzu ist die Möglichkeit für einzelne Gesellschafter gegeben, sich von ihrer Beteiligung zu lösen. Diese Möglichkeit kommt immer dann in Betracht, wenn sich zur Lösung von Konflikten ein Gesellschafter einerseits mit den von der Gesellschaftermehrheit getroffenen Entscheidungen nicht arrangieren will, andererseits aber diese Entscheidungen intern oder gerichtlich nicht wirksam herausfordern kann[1194].

I. Länderbericht Deutschland

Hinsichtlich der Lösungsmöglichkeiten kann grundsätzlich danach differenziert werden, ob sich ein Gesellschafter frei, d.h. ohne sachliche Begründung, von der Gesellschaft lösen kann, oder ob es eines besonderen Grundes bedarf.

1. Personengesellschaften

a) Ordentliche Kündigung

Ist die Personengesellschaft für unbestimmte Zeit oder für die Lebenszeit eines Gesellschafters[1195] eingegangen, besteht die Möglichkeit einer ordentlichen Kündigung[1196]. Hierfür ist eine entsprechende Erklärung des Gesellschafters ausreichend. Bei der GbR führt sie im gesetzlichen Regelfall zur Auflösung der Gesellschaft[1197]. Im Gesellschaftsvertrag kann allerdings vorgesehen werden, dass die Gesellschaft unter den übrigen Gesellschaftern fortbestehen soll[1198]. Im Unterschied dazu führt die ordentliche Kündigung eines

---

[1194] Vgl. im harmonisierten Recht zum Austrittsrecht eines Aktionärs im Zusammenhang mit der Gründung einer Holding-SE § 9 SEAG sowie Ihrig/Wagner, BB 2004, 1749 (1752). Zur Übertragung von Gesellschaftsanteilen siehe ausführlich die rechtsvergleichende Analyse von Krämer, S. 51 ff.

[1195] §§ 724 BGB, 134 HGB.

[1196] § 723 Abs. 1 S. 1 BGB (GbR); § 132 HGB (OHG); § 161 Abs. 2 i.V.m. § 132 HGB (KG).

[1197] § 723 Abs. 1 S. 1 BGB.

[1198] Vgl. § 736 Abs. 1 BGB.

eines Gesellschafters einer OHG oder KG[1199] mangels abweichender Vereinbarung nur zum Ausscheiden des Gesellschafters[1200] und zur Anwachsung des Gesellschaftsvermögens[1201]. Die Gesellschaft selbst besteht weiter fort[1202]. Das ordentliche Kündigungsrecht ist unabdingbar[1203].

b) Außerordentliche Kündigung bei der GbR

Für die GbR besteht im Übrigen (insbesondere also bei Gesellschaften, die auf bestimmte Zeit eingegangenen sind) ein außerordentliches gesetzliches Kündigungsrecht[1204]. Auch hierfür ist eine entsprechende Erklärung des Gesellschafters ausreichend. Es setzt das Vorliegen eines wichtigen Grundes voraus. Ein solcher liegt insbesondere dann vor, wenn ein anderer Gesellschafter wesentliche gesellschaftsvertragliche Pflichten vorsätzlich oder grob fahrlässig verletzt[1205]. Die Fortsetzung der Mitgliedschaft bis zur nächsten ordentlichen Beendigungsmöglichkeit darf dem Kündigenden dabei nach Treu und Glauben nicht zumutbar sein[1206]. Zur Auflösung der Gesellschaft gilt das zur ordentlichen Kündigung Gesagte. Das außerordentliche Kündigungsrecht ist unbeschränkbar[1207].

c) Auflösungsklage bei den Personenhandelsgesellschaften

Ein außerordentliches Kündigungsrecht ist bei den Personenhandelsgesellschaften im Unterschied zur GbR gesetzlich nicht vorgesehen. Stattdessen besteht die Möglichkeit der Auflösung der Gesellschaft durch gerichtliche Entscheidung[1208]. Sachliche Voraussetzung ist das Vorliegen eines wichtigen Grundes. Ein wichtiger Grund liegt vor, wenn das Zusammenwirken der Ge-

---

1199 § 132 HGB.

1200 § 131 Abs. 3 Nr. 3 HGB.

1201 § 738 Abs. 1 S. 1 BGB.

1202 Vor Inkrafttreten des Handelsrechtsreformgesetzes vom 22. Juni 1998 galt für die Personenhandelsgesellschaften die gleiche Rechtslage wie bei der GbR. Die Gesellschaft wurde mit Kündigung eines Gesellschafters aufgelöst (§ 131 Nr. 6 HGB a.F.).

1203 § 723 Abs. 3 BGB (direkt bzw. analog); siehe BGH v. 16.12.1991, BGHZ 116, 359 (Leitsatz d. und S. 369).

1204 §§ 723 Abs. 1 S. 2 u.3 BGB.

1205 § 723 Abs. 1 S. 3 Nr. 1 BGB.

1206 Palandt-Sprau, § 723 Rn. 4.

1207 §§ 723 Abs. 3 BGB, 133 Abs. 3 HGB.

1208 § 133 Abs. 1 HGB, dazu BGH v. 13.05.1953, BGHZ 10, 44 (51 f.).

sellschafter zur Erreichung des Gesellschaftszwecks beeinträchtigt und dem Kläger die Fortsetzung der Gesellschaft nicht zuzumuten ist[1209]. Allerdings kann im Gesellschaftsvertrag statt der Auflösungsklage die Zulässigkeit einer außerordentlichen Kündigung vereinbart werden[1210].

d) Übertragung des Geschäftsanteils

Neben den genannten Lösungsmöglichkeiten besteht die Möglichkeit der Übertragung eines Gesellschaftsanteils auf einen Dritten. Die generelle Zulässigkeit einer Anteilsübertragung wird heute allgemein bejaht und zwar auch für die GbR[1211]. Sie ist grundsätzlich formlos möglich[1212]. Der wesentliche Unterschied zum Austritt aus der Gesellschaft besteht allerdings darin, dass den übrigen Gesellschaftern eine andere Person als Mitgesellschafter zugemutet wird. Daher muss die Übertragung im Gesellschaftsvertrag entweder vorgesehen sein oder alle Mitgesellschafter müssen dem Gesellschafterwechsel zustimmen[1213]. Dies gilt auch für die Kommanditisten, da ein Wechsel der Mitgesellschafter zu den Grundlagengeschäften gehört[1214].

e) Besonderheiten bei Publikumsgesellschaften

Bei der Publikumskommanditgesellschaft ist die fehlende gesetzliche Möglichkeit der außerordentlichen Kündigung mit Schwierigkeiten verbunden. Das Betreiben der Auflösungsklage ist regelmäßig nicht zweckmäßig, wenn ein wichtiger Grund zur Beendigung der Mitgliedschaft nur einen Gesellschafter trifft[1215]. Daher hat auch ein Anlagegesellschafter statt der Auflösungsklage ein richterrechtlich begründetes einseitiges Austrittsrecht. Dies

---

1209 BGH v. 12.05.1977, BGHZ 69, 160 (169); Baumbach/Hopt-Hopt, § 133 Rn. 5.

1210 BGH v. 17.12.1959, BGHZ 31, 295 (299 f.); vgl. auch Göbel, S. 199.

1211 Anders noch RG v. 28.11.1913, RGZ 83, 312 (314 f.); RG v. 04.03.1930, RGZ 128, 172 (176); so aber jetzt BGH v. 28.04.1954, BGHZ 13, 179 (185); BGH v. 11.04.1957, BGHZ 24, 106 (114); BGH v. 08.11.1965, BGHZ 44, 229 (231 für Personenhandelsgesellschaften); BGH v. 14.05.1986, BGHZ 98, 48 (50); Palandt-Sprau, § 719 Rn. 6; K. Schmidt, S. 1322 f., m.z.w.N. aus der Literatur.

1212 Vgl. BGH v. 31.01.1983, BGHZ 86, 367 (Leitsatz und S. 370 f.).

1213 BGH v.28.04.1954, BGHZ 13, 179 (186); BGH v. 11.04.1957, BGHZ 24, 106 (114); BGH v. 14.11.1960, WM 1961, 303 (304); BGH v. 30.06.1980, BGHZ 77, 392 (395).

1214 BGH v. 11.02.1980, BGHZ 76, 160 (164); Baumbach/Hopt-Hopt, § 114 Rn. 3 und § 164 Rn. 4.

1215 Grundsätzlich Reuter, AcP 181 (1981), 1 (8 f.).

betrifft etwa Fälle der Täuschung beim Erwerb der Kapitalanlage[1216] oder Fälle der Überstimmung bei zentralen Fragen des Gesellschaftsverhältnisses[1217].

2. Kapitalgesellschaften

a) Aktienrecht

Die Aktie verbrieft das Mitgliedschaftsrecht in Form eines Wertpapiers[1218] und ist regelmäßig frei handelbar. Die einfachste Art und Weise des Aktionärs, sich von seiner Mitgliedschaft zu lösen, ist daher der Verkauf der Aktie. Eine Ausnahme von der freien Handelbarkeit besteht lediglich bei vinkulierten Namensaktien. Bei diesen kann die Übertragung an die Zustimmung der Gesellschaft geknüpft werden[1219]. Ihr Zweck ist es, die AG vor Überfremdung zu schützen[1220]. Gleichwohl darf die Vinkulierung nicht zu einer grundsätzlichen Unübertragbarkeit der Aktien auf unabsehbare Zeit führen, denn nach Ansicht des BGH:

> „[darf] niemand auf Dauer in einer AG festgehalten werden."[1221]

Es können sich demnach Umstände ergeben, nach denen die Zustimmung erteilt werden muss. Dabei ist zwar primär das Wohl der Gesellschaft zu berücksichtigen. Jedoch sind daneben auch die berechtigten Belange des Aktionärs zu beachten[1222].

Ein Austrittsrecht steht Aktionären grundsätzlich nicht zu[1223]. Ein einzelner Aktionär oder eine Aktionärsminderheit hat auch nicht die Möglichkeit, wie im Personenhandelsgesellschaftsrecht die Auflösung der Gesellschaft zu verlangen. Eine solche kann nur von der Hauptversammlung mit einer Mehrheit von mindestens drei Vierteln des bei der Beschlussfassung vertretenen Grundkapitals beschlossen werden[1224]. Besondere Austrittsrechte

---

1216 Offen noch BGH v. 14.12.1972, NJW 1973, 1604; so aber BGH v. 19.12.1974, BGHZ 63, 338 (345 f.); BGH v. 27.02.1975, NJW 1975, 1700 (1701); BGH v. 09.02.1976, NJW 1976, 894 f.

1217 Reichert/Winter, BB 1988, 981 (983).

1218 Claussen, § 9 Rn. 124.

1219 § 68 Abs. 2 S. 1 AktG.

1220 Sie spielt daher besonders bei Familiengesellschaften eine Rolle (K. Schmidt, S. 778).

1221 BGH v. 01.12.1986, NJW 1987, 1019 (1020).

1222 BGH v. 01.12.1986, NJW 1987, 1019 (1020). Insgesamt zur Zustimmung Immenga, BB 1992, 2446.

1223 Baums, S. 5.

1224 § 262 Abs. 1 Nr. 2 AktG.

bestehen lediglich im Zusammenhang mit Unternehmensverträgen[1225] und Umwandlungen[1226].

b) GmbH-Recht

(1) Übertragung des Geschäftsanteils

Auch die Geschäftsanteile des GmbH-Gesellschafters sind grundsätzlich frei übertragbar[1227]. Allerdings kann die Abtretung im Gesellschaftsvertrag an bestimmte Voraussetzungen geknüpft werden[1228]. In Betracht kommen hierfür die Genehmigung einzelner oder aller übrigen Gesellschafter, ein Vorkaufsrecht oder sogar der Ausschluss der Abtretbarkeit[1229]. Ein ordentliches Kündigungsrecht, d.h. eine Beendigung der Mitgliedschaft ohne Übertragung des Geschäftsanteils, besteht nicht[1230].

(2) Austritt aus wichtigem Grund

Zudem hat ein GmbH-Gesellschafter auch ohne gesellschaftsvertragliche Regelung das Recht zur außerordentlichen Kündigung seiner Mitgliedschaft[1231]. Voraussetzung ist das Vorliegen eines wichtigen Grundes, der den Verbleib in der Gesellschaft unzumutbar macht. Weitere Voraussetzung für die Zulässigkeit des Austritts ist zudem, dass das Stammkapital erhalten bleibt[1232]. Für den Austritt reicht die formlose Erklärung gegenüber der Gesellschaft. Mit dem Austritt erwirbt der Austretende einen Anspruch auf Abfindung[1233]. Das Recht zum Austritt kann in der Satzung nicht ausgeschlossen oder wesentlich beschränkt werden[1234]. Der wichtige Grund kann sowohl in der Person des kündigenden Gesellschafters als auch im Verhalten der Mitgesellschafter oder den Verhältnissen der Gesellschaft liegen. Entscheidend sind die Um-

---

[1225] §§ 291 Abs. 1, 305 Abs. 1 AktG.

[1226] §§ 29, 125, 176 ff., 179, 196, 207 UmwG; dazu Baums, S. 7 ff. Siehe auch die Regelungen zur Abgabe eines Pflichtangebots im neuen WÜG (Zinser, NZG 2001, 391 (395 f.)).

[1227] § 15 Abs. 1 GmbHG.

[1228] § 15 Abs. 5 GmbHG.

[1229] Baumbach/Hueck-Hueck/Fastrich, § 15 Rn. 37.

[1230] K. Schmidt, S. 1064.

[1231] Baumbach/Hueck-Hueck/Fastrich, Anh. § 34 Rn. 15.

[1232] Baumbach/Hueck-Hueck/Fastrich, Anh. § 34 Rn. 19.

[1233] Baumbach/Hueck-Hueck/Fastrich, Anh. § 34 Rn. 21.

[1234] Baumbach/Hueck-Hueck/Fastrich, Anh. § 34 Rn. 23.

stände des Einzelfalls. Eine wichtige Unterscheidung wird in normativer Hinsicht zwischen personalistisch und kapitalistisch strukturierten Gesellschaften getroffen. Bei letzteren ist es einem Gesellschafter grundsätzlich länger zumutbar, in der Gesellschaft zu verbleiben, da eine enge persönliche Bindung unter den Gesellschaftern nicht besteht und eine bloße Kapitalbeteiligung weniger schutzwürdig ist.

(3) Auflösungsklage

Schließlich kann die Gesellschafterminderheit einer GmbH, deren Geschäftsanteile mindestens dem zehnten Teil des Stammkapitals entspricht, eine Auflösungsklage gegen die Gesellschaft erheben und damit die Auflösung der Gesellschaft betreiben[1235]. Voraussetzung für eine solche Auflösung, die nur durch gerichtliches Urteil erfolgen kann, ist, dass die Erreichung des Gesellschaftszwecks unmöglich wird oder dass andere wichtige Gründe für eine Auflösung vorliegen[1236]. Allerdings soll nach verbreiteter Auffassung die Auflösung als *ultima ratio* nur zulässig sein, wenn dem Gesellschafter oder den Gesellschaftern nicht zugemutet werden kann, gegen eine angemessene Abfindung aus der Gesellschaft auszuscheiden. Insofern besteht ein Vorrang des Austrittsrechts gegenüber der Auflösungsklage[1237].

II. Länderbericht England

Auch im englischen Recht bestehen unterschiedliche Regelungen für *partnerships* und *companies*.

1. Partnerships

a) Lösung ohne besonderen Anlass

Im englischen Recht wird unterschieden zwischen *partnerships*, die für unbestimmte Zeit eingegangen werden (*partnerships at will*) und solchen, die für einen bestimmten Zeitraum oder Zweck eingegangen werden[1238]. Bei der *partnership at will* besteht ein Kündigungsrecht, das entweder sec. 26(1) PA oder sec. 32(c) PA entnommen werden kann. In sec. 26(1) PA heißt es:

[1235] § 61 Abs. 2 GmbHG.

[1236] § 61 Abs. 1 GmbHG.

[1237] K. Schmidt, S. 1198.

[1238] Vgl. sec. 32 PA.

„Where no fixed term has been agreed upon for the duration of the partnership, any partner may determine the partnership at any time on giving notice of his intention so to do to all the other partners."

Sec. 32(c) PA lautet:

„Subject to any agreement between the partners, a partnership is dissolved [...] if entered into for an undefined time, by any partner giving notice to the other or others of his intention to dissolve the partnership."

Die Reichweite dieser sich weitgehend entsprechenden Rechte wurde diskutiert in *Moss v. Elphick*[1239]. In diesem Fall hatten die beiden Partner im *partnership agreement* keine zeitliche Begrenzung vorgesehen. Sie hatten aber vereinbart, dass die *partnership* nur im gegenseitigen Einvernehmen (*„by mutual arrangement only"*) beendet werden könnte. Daraus ergab sich die Frage, ob einer der *partner* die Gesellschaft auch nach sec. 26(1) oder 32(c) PA kündigen konnte. Die Klausel, wonach die Gesellschaft nur im gegenseitigen Einvernehmen beendet werden konnte, hinderte das Gericht an der Anwendung von sec. 26(1) PA. *„No fixed term"* in der Vorschrift bezog sich nach dessen Ansicht nur auf solche Verträge, die überhaupt keine Bestimmung zur Beendigung enthielten. Zudem sah sich das Gericht auch außer Stande, sec. 32(c) PA anzuwenden, da die zwischen den Parteien getroffene Vereinbarung eindeutig eine von sec. 32(c) PA abweichende Vereinbarung war (*„subject to any agreement"*). Beide Vorschriften greifen daher nur, wenn überhaupt keine Regelungen zur Beendigung der Gesellschaft getroffen sind[1240].

Soweit nichts anderes vereinbart ist, ist die Folge der Kündigung die Auflösung der Gesellschaft. Das Gesetz selbst sieht keine Möglichkeit vor, dass ein Partner seine Mitgliedschaft kündigt und die *partnership* unter den übrigen Gesellschaftern fortgeführt wird. Jedoch kann die Fortführung der Gesellschaft vereinbart werden [1241]. Für die *Limited Partnership* gilt dagegen, dass ein *limited partner* die Gesellschaft nicht durch Kündigung auflösen kann[1242].

b) Lösung aus besonderem Anlass

Nach sec. 35 PA kann das Gericht die *partnership* auflösen, wenn einer der *partner* dies beantragt und einer der in den sec. 35 lit.(b) bis (f) PA genannten

---

1239 K.B. 1910 (1), 846.

1240 Farewell in Moss v. Elphick, K.B. 1910 (1), 846 (849 f.); Clauson in Abbott v. Abbott, All E.R. 1936 (3), 823 (826 f.) und Browne-Wilkinson in Walters v. Bingham, FTLR 1988 (1), 260 (266 f.).

1241 Pennington, S. 91.30-7.

1242 Sec. 6(5)(e) LPA.

Gründe vorliegt. Im Zusammenhang mit dem Minderheitenschutz spielen insbesondere lit. (d) und (f) eine Rolle. Nach sec. 35 lit.(d) PA kann das Gericht die *partnership* auflösen, wenn einer der Partner absichtlich gesellschaftsvertragswidrig handelt oder andere in der Person eines Gesellschafters liegende Gründe ein Fortführen der Gesellschaft unzumutbar[1243] erscheinen lassen. Nach lit.(f) ist die Auflösung dann gerechtfertigt, wenn es dem Gericht „*just and equitable*" erscheint. Hierbei handelt es sich um eine Generalklausel, die dem Gericht weites Ermessen einräumt[1244]. Ein Grund für die Auflösung kann daher die Unvereinbarkeit der verschiedenen Gesellschafterinteressen sein[1245]. Allerdings besteht auch die Möglichkeit für das Gericht, einen Verwalter zu bestellen, der die Gesellschaft fortführt[1246].

c) Übertragung des Geschäftsanteils

Hinsichtlich der Übertragung des Geschäftsanteils ist wie folgt zu unterscheiden: Grundsätzlich kann ein Partner seinen Geschäftsanteil frei abtreten („*assignment of share*"). Die Abtretung in diesem Sinne gibt dem Abtretungsempfänger („*assignee*") aber lediglich das Recht, am Gewinn der Gesellschaft beteiligt zu werden[1247]. Der *assignee* hat kein Recht zur Geschäftsführung oder zur Einsichtnahme in die Geschäftsbücher; er ist prinzipiell von allen Teilnahme- und Informationsrechten ausgeschlossen. Insoweit führt ein *assignment of shares* nicht zu einem vollwertigen Gesellschafterwechsel. Hinsichtlich der Übertragung des Geschäftsanteils mit dem Ziel, dass ein Partner durch einen neuen Gesellschafter ersetzt wird („*introduction of [a] new partner as a replacement partner*"[1248]), gilt sec. 24(7) PA. Danach erfordert die Übertragung – soweit im Gesellschaftsvertrag nichts anderes vereinbart ist – die Zustimmung aller übrigen Gesellschafter. Die genannten Grundsätze gelten auch für die *Limited Partnership*, so dass ein *limited partner* sei-

---

1243 „... that it is not reasonably practicable for the other partner [...] to carry on the business with him."

1244 Vgl. unten die Ausführungen zu sec. 122 IA (S. 209 f.).

1245 M'Laren in Symington v. Symingtons' Quarries, Limited, Sess.C. 8 (1905-1906), 121 (130). Der Fall betrifft allerdings ähnlich wie Ebrahimi v. Westbourne Galleries, All E.R. 1972 (2), 492, einen Fall, in dem eine *partnership* in eine *company* umgewandelt wurde.

1246 Morse, S.189.

1247 Sec. 31(1) PA; Lindley & Banks, Rn. 10-91 (S. 207).

1248 Morse, S. 154.

nen Geschäftsanteil nur mit Zustimmung aller Gesellschafter übertragen kann[1249].

2. Companies

a) *Kündigung*

Im Recht der *companies* ist ein Kündigungsrecht gesetzlich nicht vorgesehen. Soweit ein solches in den *Articles* vereinbart wird, ist der Grundsatz der Kapitalerhaltung zu beachten. Daraus ergibt sich, dass in einer *Unlimited Company*, die das Recht hat, ihr Kapital jederzeit zu reduzieren[1250], die Gesellschafter Vereinbarungen über ein Kündigungsrecht frei treffen können. Im Übrigen ist eine Kündigung der Mitgliedschaft grundsätzlich nicht möglich, soweit hierdurch das Kapital reduziert wird[1251]. Eine freiwillige Forfaitierung (*forfeiture*) oder der Rückkauf (*surrender*) ausgegebener Anteile ist nur ausnahmsweise zulässig[1252].

b) *Klage nach sec. 459 CA*

Eine Möglichkeit, sich von der Gesellschaft außerordentlich zu lösen, ist in der Klagemöglichkeit nach sec. 459(1) CA zu sehen. Danach kann sich ein Gesellschafter an das Gericht wenden, wenn die Geschäfte der Gesellschaft auf eine Art und Weise geführt werden, die *unfairly prejudicial* (vereinfacht etwa: unfair schädigend) in Bezug auf die Interessen aller oder einzelner Gesellschafter sind. Auf diese Vorschrift ist an anderer Stelle genauer eingegangen worden, da der Maßstab des *unfairly prejudicial conduct* eine zentrale Rolle im materiellen Minderheitenschutz spielt[1253]. An dieser Stelle sei lediglich erwähnt, dass dem Gericht in sec. 459 CA weites Ermessen eingeräumt wird und es jede Rechtsfolge treffen kann, die es für angemessen hält, um den in Rede stehenden Konflikt zu lösen[1254]. Als mögliche Rechtsfolgen nennt das Gesetz unter anderem ausdrücklich, dass die Gesellschaft ver-

---

[1249] Sec. 6(5)(b) LPA. Das Gesetz spricht hier von *assignment* und zwar mit der Folge, dass der *assignee* mit allen Rechten in die Rechtsposition des Abtretenden eintritt.

[1250] Williams in Re Borough Commercial and Building Society, Ch. 1893 (2), 242 (253 ff.).

[1251] Boyle & Birds, Kap. 12.3 (S. 365).

[1252] Boyle & Birds, Kap. 8.15 (S. 254).

[1253] Siehe 3. Teil: C.II.2. d) Unfairly Prejudicial Conduct (sec. 459 CA) (ab S. 173).

[1254] Sec. 461(1) CA.

pflichtet wird, dem klagenden Gesellschafter alle Gesellschaftsanteile abzukaufen. Wörtlich heißt es[1255]:

> „The court's order may provide for the purchase of the shares of any members of the company by other members or by the company itself [...]."

In diesem Zusammenhang wirkt ein Vorgehen nach sec. 459 ff. CA wie eine Kündigungsklage, deren materielle Voraussetzung *unfair prejudice* ist.

c) Übertragung des Geschäftsanteils

Grundsätzlich hat ein Gesellschafter jederzeit das Recht, seine Geschäftsanteile frei an Dritte zu übertragen[1256]. Die *Articles* der Gesellschaft können den Grundsatz der freien Übertragbarkeit jedoch einschränken[1257]. Gängige Einschränkungen sind etwa die Übertragung von der Zustimmung der *directors* abhängig zu machen oder den übrigen Gesellschaftern ein Vorkaufsrecht (*pre-emption*) einzuräumen. Etwaige Restriktionen sind dabei eng auszulegen. Bei zweideutigen Klauseln gilt die Übertragung im Zweifel als zulässig[1258]. Voraussetzung für eine wirksame Übertragung ist der in der Regel schriftliche Nachweis der Anteilsübertragung. Dies ergibt sich mittelbar aus sec. 183(1) CA, da ohne ein solches *proper instrument of transfer* die Registrierung der Übertragung ausgeschlossen ist. Die Übertragung börsennotierter Aktien erfolgt nach den Regeln des *Stock Transfer Act 1963*.

d) Auflösung der Gesellschaft nach sec. 122 IA

Eine weitere Möglichkeit einer Minderheit, einen Konflikt zwischen der Gesellschaftermehrheit und den eigenen Interessen gerichtlich überprüfen zu lassen, bietet die Generalklausel in sec. 122 IA. Die Vorschrift regelt die Auflösung der Gesellschaft und lautet:

> „A company may be wound up by the court if [...] the court is of the opinion that it is just and equitable that the company should be wound up."[1259]

[1255] Sec. 461(2)(d) CA. Siehe hierzu Prentice, OxJLS 8 (1988), 55 (83).

[1256] Wood in Re Smith, Knight, & Co., Ch. App. 4 (1868-1869), 20 (27); Cozens-Hardy in Re Bede Steam Shipping Company, Limited, Ch. 1917 (1), 123 (132 f.).

[1257] Sec. 182(1)(b) CA.

[1258] Greene in Re Smith and Fawcett, Limited, Ch. 1942, 304 (306); Normand in Moodie v. W. & J. Shepherd (Bookbinders), Ltd., All E.R. 1949 (2), 1044 (1051).

[1259] Die Ursprünge dieser Vorschrift liegen im *partnership law*: siehe Gower's, S. 749 f. und vgl. jetzt sec. 35 lit. (f) PA.

Diese Vorschrift ist auch auf die LLP anwendbar[1260]. Formale Voraussetzung für eine Auflösung der Gesellschaft durch das Gericht ist ein entsprechender Antrag. Diesen Antrag kann jeder Gesellschafter – in sec. 124(1) IA ist die Rede von *contributory* – stellen[1261]. Die *winding-up order* spielt damit auch im Minderheitenschutz eine Rolle[1262]. Einzige materielle Voraussetzung ist die Auffassung des Gerichts, dass die Auflösung nach allgemeinen Gerechtigkeitserwägungen (*just and equitable*) erforderlich sei. Dabei lassen sich insbesondere vier Fallgruppen unterscheiden[1263], wobei diese nicht abschließend sind[1264]:

(1) Der Gegenstand des Unternehmens kann nicht mehr verwirklicht werden[1265].

(2) Bei der Gesellschaft handelt es sich bloß um eine leere Hülle („*bubble*"); einen Geschäftsbetrieb gibt es nicht bzw. soll oder kann es nicht geben.

(3) Die Gesellschaft ist nur mit dem Zweck gegründet worden, in betrügerischer Absicht betrieben zu werden oder illegale Geschäfte zu führen.

(4) Die gegenseitigen Rechte der Gesellschafter sind in den *Articles* nicht hinreichend festgelegt.

Insbesondere die Ziffern (1) und (4) dienen dem Schutz einzelner Gesellschafter und damit auch einer Gesellschafterminderheit. Nach Ziffer (1) kann sich ein Gesellschafter dagegen wehren, gegen seinen Willen an die Gesellschaft gebunden zu bleiben, wenn der vereinbarte Gesellschaftszweck nicht mehr erreichbar ist. Wichtiger Anwendungsfall ist, dass die Gesellschaft nicht gegen den Widerspruch eines einzelnen Gesellschafters mit einem anderen Unternehmensgegenstand fortgeführt werden kann.

Nach Ziffer (4) wird ein Gesellschafter davor geschützt, gegen seinen Willen benachteiligt zu werden, wenn seine Rechte und Pflichten in den *Articles* nicht hinreichend bestimmt und damit einklagbar sind. Wird beispielsweise eine Gesellschaft auf der Grundlage gegenseitigen Vertrauens gegrün-

---

1260 Vgl. Whittaker/Machell, sec. 122 IA (as modified) (S. 268); Armour in Tolley, LLP, Para. 7.8 (S. 56).

1261 Turner in Re National Savings Bank Association, Ch. App. 1 (1865-1866), 547 (550); Kincairney in Walker and Others, Petitioners, S.L.T. 2 (1894), 397. Vgl. Charlesworth & Morse, S. 315.

1262 James in Re Middlesborough Assembly Rooms Company, Ch. 14 (1880), 104 (109).

1263 Siehe Charlesworth & Morse, S. 316 ff.

1264 Wilberforce in Ebrahimi v. Westbourne Galleries Ltd, All E.R. 1972 (2), 492 (496): „*General words should remain general and not to be reduced to the sum of particular instances.*"

1265 Jessel in Re German Date Coffee Company, Ch. 20 (1881-1882), 169 (186); Kinross in Pirie v. Stewart, Sess.C. 6 (1904), 847 (849).

det oder ist vereinbart, dass jeder Gesellschafter an der Geschäftsführung beteiligt ist, ohne dies in den *Articles* festzuschreiben, kann sich ein Gesellschafter auf der Grundlage von Ziffer (4) gegen abweichendes Verhalten der übrigen Gesellschafter schützen. Letzteres ist insbesondere dann relevant, wenn eine *partnership* in eine *company* umgewandelt wird. In *Ebrahimi v. Westbourne Galleries Ltd* befand das *House of Lords*, dass trotz der Umwandlung in eine *company* die Gesellschaft noch immer im Rahmen eines persönlichen Treueverhältnisses geführt werden sollte, auch wenn dies in den *Articles* nicht ausdrücklich erwähnt war[1266]. Da dieses Treueverhältnis verletzt wurde, wurde dem Antrag nach sec. 122(1)(g) IA stattgegeben. Ebenso kann ein Grund für die Auflösung – wie in dem ähnlich gelagerten Fall *Symington v. Symingtons' Quarries, Limited*[1267] – auch die Unvereinbarkeit der verschiedenen Gesellschafterinteressen sein[1268].

Die Anwendung von sec. 122 IA wird nach sec. 125(2) IA wird für den Fall eingeschränkt, dass der Antragsteller angemessenen Rechtsschutz auch anders als mit einem Antrag auf Auflösung der Gesellschaft erreichen könnte. Als andere Rechtsschutzmöglichkeit ist dabei insbesondere sec. 459 CA zu beachten. Zwar sorgt nicht bereits das Vorliegen einer anderen Rechtsschutzmöglichkeit zur Abweisung des Antrags nach sec. 122 IA[1269]. Dies könnte jedoch der Fall sein, wenn das Begehren des Antragstellers mit Blick auf eine andere Rechtsschutzmöglichkeit unverhältnismäßig ist. Sec. 122 IA wird deshalb als *ultima ratio* gesehen[1270].

Sec. 122 IA dient nicht nur dem Minderheitenschutz, sondern kann auch von der Gesellschaftermehrheit gegen die Interessen einer Minderheit gestellt werden. In *Pirie v. Stewart*[1271] verlor eine Reederei ihr einziges Schiff, so dass die Erreichung des vereinbarten Gesellschaftszwecks nicht mehr möglich war. Die Gesellschafterminderheit wollte die Gesellschaft, deren einziger Vermögensgegenstand ein Bankguthaben von GBP 363 war, erhalten. Die Gesellschaft wurde jedoch auf Antrag der Gesellschaftermehrheit nach sec. 122(1)(g) IA aufgelöst[1272]. Daraus wird deutlich, dass es sich bei dieser Vorschrift um eine neutrale Vorschrift handelt, die jeden Gesellschaf-

---

1266 Wilberforce in Ebrahimi v. Westbourne Galleries Ltd, All E.R. 1972 (2), 492 (500 f.).

1267 Sess.C. 8 (1905-1906), 121.

1268 M'Laren in Symington v. Symingtons' Quarries, Limited, Sess.C. 8 (1905-1906), 121 (130).

1269 Warner in Re a Company, BCLC 1989, 579 (585 ff.).

1270 Scott in Re a Company, BCLC 1997 (1), 479 (487).

1271 Sess.C. 6 (1904), 847.

1272 Kinross in Pirie v. Stewart, Sess.C. 6 (1904), 847 (850).

ter und damit sowohl den Mehrheits- als auch den Minderheitsgesellschafter schützen kann.

e) *Austritt nach Unternehmensübernahme*

Ein besonderes Austrittsrecht besteht noch im Zusammenhang mit Unternehmensübernahmen. Erwirbt jemand im Rahmen einer Unternehmensübernahme 90 % der Anteile eines Unternehmens, so kann ihn die verbleibende Gesellschafterminderheit nach sec. 430A(1) CA verpflichten, die restlichen Anteile ebenfalls zu übernehmen. Dieses Recht stellt sich als Pendant zum *squeeze-out* des Übernehmers[1273] dar.

III. Länderbericht Frankreich

1. Sociétés de personnes

a) *Kündigung*

Der Rückzug eines Gesellschafters aus der Gesellschaft (*retrait de l'associé*) ist gesetzlich nur für wenige Ausnahmefälle in der S.Civ. geregelt. Art. 1869 Abs. 1 CC bestimmt, dass sich ein Gesellschafter aus der Gesellschaft zurückziehen kann, wenn dies in den Statuten vorgesehen ist, die Gesellschafter dies einstimmig beschließen oder der Rückzug vom Gericht aus einem wichtigen Grund zugelassen wird (*retrait judicaire pour justes motifs*)[1274]. Voraussetzung ist, dass Rechte Dritter hierdurch nicht gefährdet werden[1275]. Zudem hat nach Art. 1851 Abs. 3 CC ein Gesellschafter, der als Geschäftsführer abberufen wird, das Recht, die Gesellschaft gegen Abfindung zu verlassen. Im Recht der Personenhandelsgesellschaften dagegen sind Kündigungsmöglichkeiten nicht zu finden.

b) *Übertragung des Gesellschaftsanteils*

Gesellschaftsanteile der Personengesellschaften können nicht in handelbaren Wertpapieren verbrieft werden[1276]. Sie sind auch nicht frei übertragbar.

1273 Siehe unten S.197.

1274 Hierzu Hovasse, Dr. & Patr. 12/1998, 42 ff.

1275 „*Sans préjudice des droits des tiers*", Art. 1869 Abs. 1 CC am Anfang.

1276 Vgl. Art. L. 221-13 CCom.

Bei der S.Civ. ist die Übertragung von Geschäftsanteilen (*cession des parts sociales*) grundsätzlich nur mit Zustimmung aller Gesellschafter möglich[1277]. Der Gesellschaftsvertrag kann jedoch vorsehen, dass statt der Zustimmung aller Gesellschafter bereits die Zustimmung einer bestimmten Mehrheit oder die des Geschäftsführers ausreicht[1278]. Ebenso kann die Übertragung an andere Gesellschafter vom Zustimmungserfordernis befreit werden[1279]. Erfolgt keine Zustimmung, so muss die Gesellschaft einen Kauf der Anteile durch andere Gesellschafter oder durch Dritte anbieten[1280]. Kommt die Gesellschaft dieser Pflicht nicht nach, gilt die Zustimmung als erteilt[1281]. Dies gilt allerdings dann nicht, wenn die übrigen Gesellschafter die Auflösung der Gesellschaft beschließen[1282].

Die Übertragung der Gesellschaftsanteile der S.N.C. und der S.C.S. ist ohne Zustimmung der übrigen Gesellschafter nicht möglich[1283]. Für die S.N.C. ist die entsprechende Vorschrift des Art. L. 221-13 Abs.2 CCom zwingend[1284]. Anders als bei der S.Civ. sind die Gesellschaft selbst bzw. die übrigen Gesellschafter bei Ablehnung der Übertragung nicht verpflichtet, die Gesellschaftsanteile zu kaufen.

Bei der S.C.S. können folgende Abweichungen vom Zustimmungserfordernis aller Gesellschafter vereinbart werden: Für die Gesellschaftsanteile der *commanditaires* kann vorgesehen werden, dass diese an andere Gesellschafter frei übertragen werden können[1285] oder jedenfalls das Zustimmungserfordernis auf die Zustimmung aller *commandités* und der Mehrheit der *commanditaires* reduziert wird[1286]. Unter den gleichen Voraussetzungen kann auch die teilweise Übertragung der Anteile eines *commandité* zugelassen werden[1287].

1277 Art. 1861 Abs. 1 CC. Dies gilt nicht für die Übertragung an Eltern oder Kinder, die ohne abweichende Vereinbarung keiner Zustimmung bedarf, Art. 1861 Abs. 2 S. 3 CC.

1278 Art. 1861 Abs. 2 S. 1 CC.

1279 Art. 1861 Abs. 2 S. 2 CC.

1280 Art. 1862 Abs. 1 und 2 CC.

1281 Art. 1863 Abs. 1 CC.

1282 Art. 1863 Abs. 1 CC.

1283 Art. L. 221-13 Abs. 1 CCom (S.N.C.), Art. L. 222-8 Nr. I CCom (S.C.S.).

1284 Art. L. 221-13 Abs. 2 CCom.

1285 Art. L. 222-8 Nr. II-1 CCom.

1286 Art. L. 222-8 Nr. II-2 CCom. Die Mehrheit nach Köpfen und nach Kapitalanteilen zu bestimmen.

1287 Art. L. 222-8 Nr. II-3 CCom.

c) *Auflösung der Gesellschaft*

Ein Gesellschafter kann auch die Auflösung der Gesellschaft betreiben. Dies ist in Art. 1844-7 CC, der für alle Gesellschaftsformen gilt[1288], geregelt. Danach wird die Gesellschaft auf Antrag eine Gesellschafters durch Gerichtsbeschluss aufgelöst, wenn besondere Gründe (*justes motifs*) vorliegen. Als besonderer Grund zählt unter anderem gemäß Art. 1844-7 Nr. 5 CC eine Blockierung der Geschäftstätigkeit der Gesellschaft aufgrund von Uneinigkeit unter den Gesellschaftern. Hierbei handelt es sich um eine der typischen Gefahren der Geltung des Einstimmigkeitsprinzips[1289]. Aber auch andere Gründe, die ein Zusammenwirken unzumutbar erscheinen lassen, fallen unter diese Vorschrift.

2. Sociétés de capitaux

Kündigungs- oder Austrittsrechte sind im französischen Kapitalgesellschaftsrecht nicht bekannt[1290]. Um die Mitgliedschaft zu beenden besteht im Wesentlichen nur die Möglichkeit, den eigenen Geschäftsanteil zu übertragen oder die Gesellschaft aufzulösen:

a) *Sociétés par Actions*

Das Kapital der S.A. ist in Aktien aufgeteilt[1291], bei denen es sich entweder um Inhaber- (*titre au porteur*) oder Namenspapiere (*titre nominatif*) handelt[1292]. Die Aktien sind nach Eintragung der Gesellschaft grundsätzlich frei handelbar[1293], bei börsengängigen Unternehmen (*actions cotées en bourse*) werden sie an den Wertpapierbörsen gehandelt. Die einfachste Möglichkeit für den Aktionär, sich von seiner Beteiligung zu lösen, ist daher der Verkauf der Aktien.

Einschränkungen bezüglich der freien Handelbarkeit können allerdings in den Statuten für Namenspapiere in Form sogenannter Zustimmungsklauseln (*clauses d'agrément*) vorgesehen werden, wonach die Wirksamkeit der Übertragung von der Zustimmung der Gesellschaft abhängig gemacht

---

[1288] Bastian/Germain, S. 30.00-22.

[1289] Bastian/Germain, S. 30.00-22 f.

[1290] Hovasse, Dr. & Patr. 12/1998, 42 (44).

[1291] Art. L. 225-1 CCom.

[1292] Art. L. 228-1 Abs. 1 CCom.

[1293] Art. L. 228-10 Abs. 1 CCom.

wird[1294]. Stimmt die Gesellschaft der Übertragung nicht zu, sind der Verwaltungsrat, der Vorstand oder die Geschäftsführer verpflichtet, die Aktien selbst zu übernehmen, durch Dritte übernehmen zu lassen oder eine Kapitalherabsetzung mit Ankauf der Aktien durch die Gesellschaft selbst durchzuführen[1295].

Die Übertragung von Anteilen einer S.A.S. unterliegt gegenüber derjenigen bei der S.A. einigen Besonderheiten. So kann in der Satzung der S.A.S. bestimmt sein, dass die Aktien für einen Zeitraum von bis zu zehn Jahren nicht übertragbar sind[1296]. Ebenso kann bestimmt sein, dass die Übertragung von der Zustimmung der Gesellschaft abhängig ist[1297]. Bezüglich der Übertragung von Anteilen einer S.C.A. gibt es keine Besonderheiten gegenüber der S.C.S., d.h. die Übertragung von Geschäftsanteilen eines *commanditaire* bedarf der Zustimmung aller übrigen *commanditaires*.

b) S.A.R.L.

Einen Austritt eines Gesellschafters aus der S.A.R.L. kennt das französische Recht nicht. Grundsätzlich einzige Möglichkeit des Gesellschafters, die Gesellschaft zu verlassen, ist daher die Übertragung des Geschäftsanteils. Dabei ist Folgendes zu beachten: Im Gegensatz zur S.A. ist es der S.A.R.L. untersagt, Wertpapiere (*valeurs mobilières*) auszugeben[1298]. Die Übertragung (*cession*) von Geschäftsanteilen ist zudem noch weiter eingeschränkt und ähnelt derjenigen bei der S.Civ.[1299] Dies ist Ausdruck der personalistischen Verfassung der S.A.R.L., aufgrund derer sie lange Zeit den Personengesellschaften zugerechnet wurde. Nur die Übertragung von Geschäftsanteilen unter Gesellschaftern ist grundsätzlich frei[1300], wenngleich auch sie durch Bestimmungen in den Statuten eingeschränkt werden kann[1301].

Die Übertragung an Dritte ist durch das in Art. L. 223-14 CCom vorgesehene Verfahren, das zwingend ist[1302], erschwert. Für eine Übertragung ist danach die Zustimmung einer Mehrheit von drei Vierteln bezogen auf die

---

1294 Art. L. 228-23 CCom.

1295 Art. L. 228-24 Abs. 2 CCom.

1296 Art. L. 227-13 CCom.

1297 Art. L. 227-14 CCom.

1298 Art. L. 223-11 Abs. 1 CCom.

1299 Siehe oben S. 213 f.

1300 Art. L. 223-16 Abs. 1 CCom.

1301 Art. L. 223-16 Abs. 2 CCom.

1302 Art. L. 223-14 Abs. 7 CCom.

Gesellschaftsanteile (*trois quarts des parts sociales*) erforderlich[1303]. Wird die erforderliche Mehrheit nicht erreicht, sind die übrigen Gesellschafter verpflichtet, den Gesellschaftsanteil selbst zu kaufen[1304] oder eine Herabsetzung des Kapitals mit einem Rückkauf der Anteile durch die Gesellschaft zu beschließen[1305].

c) *Auflösung*

Auch für Kapitalgesellschaften gelten die in Art. 1844-7 CC genannten Auflösungsgründe. Danach kann ein Gesellschafter einer S.A.R.L. oder einer S.A. bei Gericht die Auflösung der Gesellschaft beantragen, wenn ein wichtiger Grund (*justes motifs*) vorliegt[1306]. Hierzu gilt das bei den Personengesellschaften Ausgeführte[1307]. Darüber hinaus für die S.A.R.L.[1308] und die S.A.[1309] bestehende weitere Regelungen zur Auflösung spielen für den Minderheitenschutz keine Rolle. Hinzuweisen ist lediglich noch auf die Möglichkeit, dass S.A.R.L. und S.A. aufgelöst werden können, wenn die Gesellschaften durch Verluste die Hälfte ihres Grundkapitals verlieren[1310]. In diesem Fall können die Gesellschafter entscheiden, ob die Gesellschaft aufgelöst werden soll. Werden die Gesellschafter hierzu nicht gehört, kann jeder Gesellschafter beim Gericht die Auflösung beantragen[1311].

IV. Rechtsvergleichende Analyse

Wesentlicher Bestandteil des Minderheitenschutzes ist auch die Frage, unter welchen Voraussetzungen sich ein Gesellschafter von der Gesellschaft lösen kann. Aufgrund ihrer einschneidenden Konsequenzen, nämlich der Beendigung der Mitgliedschaft an sich, stellt sich die Lösung von der Gesellschaft als *ultima ratio* der Instrumente zum Minderheitenschutz dar. Es bestehen aber auch Wechselwirkungen mit den übrigen Schutzinstrumenten[1312]. Je

---

1303 Art. L. 223-14 Abs. 1 CCom.

1304 Art. L. 223-14 Abs. 3 CCom.

1305 Art. L. 223-14 Abs. 4 CCom.

1306 Art. 1844-7 Nr. 5 CC. Zur S.A.R.L. siehe ausführlich Pfitzmann, S. 74 ff.

1307 Siehe oben S. 214.

1308 Art. L. 223-3 S. 3 CCom.

1309 Artt. L. 225-246 ff. CCom.

1310 Art. L. 223-42 Abs. 1 CCom (S.A.R.L.); Art. L. 225-248 Abs. 1 CCom (S.A.).

1311 Art. L. 223-42 Abs. 4 CCom (S.A.R.L.); Art. L. 225-248 Abs. 4 CCom (S.A.).

1312 Vgl. Immenga, S. 301.

mehr Einfluss ein Gesellschafter auf die Gesellschaft ausüben kann, desto weniger wichtig wird für ihn die Lösungsmöglichkeit sein.

Im Personengesellschaftsrecht gibt es für Gesellschaftsanteile grundsätzlich keinen Markt. Zudem sorgen die gesetzlichen oder gesellschaftsvertraglichen Bestimmungen regelmäßig dafür, dass die Anteile an einer Personengesellschaft nur ausnahmsweise veräußert werden können. Der Personengesellschafter kann sich also nur schwierig von der Gesellschaft lösen und sieht sich damit eher einer möglichen Benachteiligung ausgesetzt als der Gesellschafter einer Gesellschaft mit leicht handelbaren Anteilen[1313]. Insoweit besteht eine enge Beziehung zwischen Austrittsrechten und materiellem Minderheitenschutz. Insgesamt gilt jedoch in allen Rechtsordnungen der Grundsatz:

(Prinzip 5.2)
Ein Gesellschafter darf nicht auf unbestimmte Zeit oder wenn ein weiterer Verbleib in der Gesellschaft unzumutbar ist, in der Gesellschaft festgehalten werden.

Dieser Grundsatz ist im Einzelnen wie folgt ausgestaltet:

1. Lösung ohne sachliche Rechtfertigung

Im Kapitalgesellschaftsrecht wird die Übertragung als

> „klassische kapitalgesellschaftliche Form des Ausscheidens eines Mitgliedes aus der Gesellschaft"[1314]

angesehen. Entsprechend ist die Übertragung in allen Rechtsordnungen grundsätzlich einfacher als bei den Personengesellschaften. Bei der GmbH, der AG, den *companies* und der S.A. sind die Gesellschaftsanteile grundsätzlich frei übertragbar, wenngleich das Recht der freien Übertragbarkeit eingeschränkt werden kann. Bei der S.A.R.L. kann eine Übertragung zwar nur bei Zustimmung einer Mehrheit von drei Vierteln der Gesellschaftsanteile erfolgen. Wird die Zustimmung jedoch nicht erteilt, so sind die übrigen Gesellschafter verpflichtet, den Gesellschaftsanteil selbst zu kaufen oder eine Herabsetzung des Kapitals mit einem Rückkauf der Anteile durch die Gesellschaft zu beschließen. Deshalb gilt:

[1313] Prentice, OxJLS 8 (1988), 55 (60 f.).

[1314] Dorscheid, S. 51.

(Prinzip 5.1.3)
Ein Kapitalgesellschafter kann sich von der Gesellschaft grundsätzlich frei lösen, indem er seine Gesellschaftsanteile an andere Gesellschafter oder Dritte überträgt.

(Prinzip 5.2.3)
Die freie Übertragbarkeit der Gesellschaftsanteile kann zwar eingeschränkt werden. Die Einschränkung darf jedoch nicht zu einem völligen Ausschluss der Übertragbarkeit führen.

Ohne Auflösung der Gesellschaft kann sich ein Personengesellschafter von der Gesellschaft lösen, indem er seinen Anteil auf einen Rechtsnachfolger überträgt. In allen untersuchten Ländern ist die Übertragbarkeit jedoch eingeschränkt und setzt die Zustimmung aller übrigen Gesellschafter voraus. Lediglich bei der Frage, ob nicht persönlich haftende Gesellschafter zustimmen müssen, unterscheiden sich die Regelungen. In Deutschland und Frankreich müssen die Kommanditisten zustimmen. In England dagegen haben *limited partner* kein Mitspracherecht. Daraus ergibt sich:

(Prinzip 5.1.1)
Ein Personengesellschafter kann sich von der Gesellschaft durch freie Übertragung der Gesellschaftsanteile an andere Gesellschafter oder Dritte lösen, wenn alle übrigen Gesellschafter zustimmen.[1315]

Insgesamt ergibt sich hieraus:

(Prinzip 5.1)
Insbesondere in den Gesellschaftsformen, bei denen die Person des Gesellschafters eine untergeordnete Rolle spielt (*intuitus pecuniae*), kann sich ein Gesellschafter ohne Zustimmung der Mitgesellschafter von der Gesellschaft frei lösen.

Trotz der persönlichen Verbundenheit der Gesellschafter in den Personengesellschaften sehen die Rechtsordnungen Möglichkeiten für die Gesellschafter vor, sich von der Gesellschaft zu lösen. Im deutschen und englischen Recht besteht für Gesellschaften, die für eine unbestimmte Zeit gegründet

[1315] Lediglich der *limited partner* nach englischem Recht besitzt kein Vetorecht gegen die Übertragung.

wurden, ein ordentliches Kündigungsrecht. Dies hat allerdings für die Gesellschaft selbst teilweise erhebliche Konsequenzen: Bei der GbR und den *partnerships* führt die Kündigung mangels abweichender Vereinbarung zur Auflösung der Gesellschaft. Bei den deutschen Personenhandelsgesellschaften führt die Kündigung nur zum Ausscheiden des Kündigenden.

Der Rückzug eines Personengesellschafters aus der Gesellschaft ohne sachliche Rechtfertigung ist dagegen im französischen Recht nicht vorgesehen. Dabei ist zwar zu beachten, dass das französische Recht formal betrachtet auf unbestimmte Dauer gegründete Gesellschaften – bei denen spielt das Instrument der ordentlichen Kündigung im deutschen und englischen Recht eine Rolle – nicht kennt. Vielmehr beträgt die Dauer einer Gesellschaft, wenn nichts vereinbart wurde, maximal 99 Jahre. Da das französische Recht daher für Gesellschaften, die auf unbestimmte Zeit geschlossen sind, gar keine Regelungen zur ordentlichen Kündigung enthalten kann, könnte allein basierend auf dem deutschen und englischen Recht formal ein Prinzip gebildet werden, das etwa lautet: Ein Gesellschafter einer Personengesellschaft, die für unbestimmte Zeit eingegangen ist, kann sich ohne sachliche Rechtfertigung jederzeit von der Gesellschaft lösen.

Die im französischen Recht geltende Frist von 99 Jahren liegt jedoch auch ohne Verlängerung bereits weit über der Lebenserwartung natürlicher Personen. Mit Blick auf den einzelnen Gesellschafter sind daher, sofern es sich um eine natürliche Person handelt, die französischen Gesellschaften funktional mit denen vergleichbar, die im deutschen und englischen Recht auf unbestimmte Dauer geschlossen worden sind. Das vorgenannte Prinzip wäre daher bei formaler Betrachtung zwar zulässig; unter funktionalen Gesichtspunkten verdient jedoch Beachtung, dass sich nach französischem Recht ein Gesellschafter eben nicht ordentlich von der Gesellschaft durch Kündigung lösen kann. Bei solcher Betrachtung unterscheiden sich letztlich die Rechtsordnungen in diesem Punkt, so dass von der vorgenannten Prinzipienbildung abzusehen ist.

Im Übrigen können Kündigungsmöglichkeiten der Gesellschafter aber im Gesellschaftsvertrag vorgesehen werden. Insofern besteht eine Möglichkeit, den Minderheitenschutz gesellschaftsvertraglich zu erweitern.

(Prinzip 5.1.2)
Ein Personengesellschafter kann sich ohne sachliche Rechtfertigung jedenfalls dann von der Gesellschaft lösen, wenn ein solches Lösungsrecht im Gesellschaftsvertrag vorgesehen ist.[1316]

Dagegen ist dem Kapitalgesellschaftsrecht die Möglichkeit einer Kündigung oder eines Rückzugs aus der Gesellschaft grundsätzlich fremd. Dem steht in allen Rechtsordnungen das Prinzip der Vermögensbindung entgegen[1317].

2. Lösung bei sachlicher Rechtfertigung

Personengesellschafter im deutschen Recht können sich von der Gesellschaft lösen, wenn ein wichtiger Grund vorliegt. Die Ausgestaltung dieses Rechts unterscheidet sich innerhalb der Gesellschaftsformen. Der Gesellschafter einer GbR kann durch einfache Erklärung die Auflösung der Gesellschaft herbeiführen. Personenhandelsgesellschafter können sich von der Gesellschaft lösen, indem sie Klage auf Auflösung der Gesellschaft aus wichtigem Grund erheben. Ein Recht zur außerordentlichen Kündigung ohne gerichtliche Entscheidung oder ohne Auflösung der Gesellschaft besteht nur, wenn dies im Gesellschaftsvertrag vorgesehen ist.

Gesellschafter der englischen *partnerships* können ebenfalls die Auflösung der Gesellschaft bei Gericht beantragen. Gründe sind die Unzumutbarkeit der Fortführung der Gesellschaft oder wenn das Gericht die Auflösung für „*just and equitable*" hält. Substanziell ist damit die Auflösungsklage an die Voraussetzung eines wichtigen Grundes gebunden.

Der Rückzug eines Gesellschafters ist im französischen Recht nur für die S.Civ. geregelt. Bei allen Gesellschaften besteht jedoch die Möglichkeit

---

[1316] (1) Dieses Prinzip gilt allerdings nur unter der Einschränkung, dass die französischen Gesellschaften hier keine Berücksichtigung finden. Formal ist dies dadurch gerechtfertigt, dass in Frankreich die Dauer einer Gesellschaft auf 99 Jahre begrenzt ist (jedoch einmal oder mehrmals verlängert werden kann). Wertet man die Dauer von 99 Jahren funktional als unbegrenzte Dauer, da sie weit über der durchschnittlichen menschlichen Lebenserwartung liegt, hat dieses Prinzip keine Gültigkeit, da eine Kündigung der Mitgliedschaft ohne sachliche Rechtfertigung im französischen Recht unbekannt ist.

(2) Die Folgen der Lösung eines Mitglieds von der Gesellschaft sind sehr unterschiedlich geregelt. Teilweise besteht die Gesellschaft fort (so bei OHG, KG). Teilweise führt der Rückzug eines Gesellschafters nach der gesetzlichen Konzeption zur Auflösung der Gesellschaft (so bei der GbR und den *partnerships*), wenngleich dies abbedungen werden kann.

[1317] Zu diesem Prinzip Baums, S. 6.

eines Gesellschafters, bei Gericht die Auflösung der Gesellschaft „*pour justes motifs*" zu beantragen. Dies ist insbesondere der Fall, wenn Unstimmigkeiten unter den Gesellschaftern die Arbeit der Gesellschaft lähmen. Auch hier ist die Auflösungsklage substanziell an das Vorliegen eines wichtigen Grundes geknüpft. Lässt man die Besonderheiten bei der GbR außer Acht, wonach die Lösung durch einfache Erklärung erfolgen kann, ergibt sich insgesamt:

(Prinzip 5.2.1)
Mit sachlicher Rechtfertigung kann sich ein Personengesellschafter dann von der Gesellschaft lösen, wenn ihm ein Verbleib in der Gesellschaft nicht mehr zuzumuten ist und er die Auflösung der Gesellschaft bei Gericht beantragt.[1318]

Im Kapitalgesellschaftsrecht bestehen zum Teil ähnliche Lösungsmöglichkeiten ohne Übertragung des Gesellschaftsanteils. In der GmbH besteht die Möglichkeit eines Austritts, wenn ein wichtiger Grund vorliegt, der das Verbleiben des Gesellschafters in der Gesellschaft unzumutbar macht. Für die Frage der Zumutbarkeit ist die Struktur der Gesellschaft und die persönliche Bindung unter den Gesellschaftern von Bedeutung. Neben dem Austrittsrecht besteht auch die Möglichkeit für eine Gesellschafterminderheit, die über eine Beteiligung in Höhe von 10 % des Stammkapitals verfügt, eine Auflösungsklage gegen die Gesellschaft zu erheben. Auch hier ist Voraussetzung das Vorliegen eines wichtigen Grundes. In der AG dagegen besteht die Möglichkeit der Kündigung oder des Betreibens der Auflösung der Gesellschaft nicht. Letztere steht lediglich einer qualifizierten Kapitalmehrheit zu. Im englischen Recht gibt es zwei Instrumente, die die Lösung des Gesellschafters von der Gesellschaft bewirken können. Zum einen die Verpflichtung zum Anteilskauf wegen *unfairly prejudicial conduct*. Zum anderen die Auflösung der Gesellschaft, wenn dies *just and equitable* ist. Beide Male handelt es sich um Generalklauseln, die dem Gericht weites Ermessen einräumen. Im französischen Recht bestehen besondere Kündigungs- und Auflösungsgründe nicht. Es greifen jedoch die Auflösungsgründe, die für alle Gesellschaften gelten. Deshalb kann auch ein Gesellschafter einer S.A. oder S.A.R.L. bei Gericht die Auflösung der Gesellschaft „*pour justes motifs*" beantragen. Auch hier ist die Auflösungsklage substanziell an das Vorliegen eines wichtigen Grundes geknüpft. Somit ist die Aktiengesellschaft die einzige Gesell-

[1318] Hierzu bestehen wenige Ausnahmen: In der GbR ist der einzelne Gesellschafter nicht auf die Gerichte angewiesen. In der S.Civ. ist zusätzlich ein individueller Rückzug *pour justes motifs* ohne Auflösung der Gesellschaft möglich.

schaftsform, bei der ein Gesellschafter weder Austreten noch die Auflösung der Gesellschaft betreiben kann. Im Übrigen gilt:

(Prinzip 5.2.2)
Mit sachlicher Rechtfertigung kann sich auch ein Gesellschafter einer solchen Kapitalgesellschaft, die bereits nach ihrer gesetzlichen Konzeption personalistische Züge trägt, aus dem Gesellschaftsverband durch Auflösung der Gesellschaft lösen, wenn ihm ein Verbleib in der Gesellschaft nicht mehr zuzumuten ist und er Klage auf Auflösung der Gesellschaft erhebt.[1319]

F. Minderheitenschutz durch Klagerechte

Unverzichtbarer Bestandteil eines effektiven Minderheitenschutzes ist schließlich die Möglichkeit einzelner Gesellschafter bzw. Gesellschafterminderheiten, Eingriffe in die eigenen Rechtspositionen sanktionieren zu können. Dieser Aspekt wurde bereits im vorangegangenen Abschnitt insoweit berücksichtigt, als dort das Verfahren beleuchtet wurde, nach welchem sich ein Gesellschafter von der Gesellschaft lösen kann wie etwa Erhebung einer Klage auf Auflösung der Gesellschaft.

I. Länderbericht Deutschland

1. Personengesellschaften

a) Individualklagen

Jeder Gesellschafter kann nach den allgemeinen Vorschriften seine Ansprüche gegen die Gesellschaft und die Mitgesellschafter verfolgen. Zu unterscheiden ist zwischen den Sozialverbindlichkeiten der Gesellschaft gegenüber dem klagenden Gesellschafter einerseits sowie andererseits Ansprüchen gegen die Mitgesellschafter. Danach richtet sich auch, gegen wen die Klage zu richten ist. Bei Streitigkeiten über das Gesellschaftsverhältnis selbst ist die Klage gegen die Mitgesellschafter zu richten, so etwa bei der Vereitelung vertraglicher Sonderrechte des Mitglieds durch einen Mitgesellschafter oder

---

[1319] Dies gilt sogar nicht nur für die GmbH, S.A.R.L. und die LLP, sondern darüber hinaus auch für die *companies* und die S.A. Allerdings gilt es für die AG nicht, was einer weiteren Fassung des Prinzips entgegensteht. Bei der AG ist die Auflösung der Gesellschaft nur aufgrund eines qualifizierten Mehrheitsbeschlusses der Hauptversammlung möglich.

durch die Geschäftsführungshandlung eines geschäftsführenden Gesellschafters[1320].

Besondere Bedeutung hat die Möglichkeit, die Fehlerhaftigkeit von Beschlüssen geltend zu machen. Im deutschen Personengesellschaftsrecht sind fehlerhafte Beschlüsse grundsätzlich nichtig[1321] bzw., wenn der Fehler durch Erteilung einer Zustimmung heilbar ist, schwebend unwirksam[1322]. Die Fehlerhaftigkeit kann auf formalen oder auf materiellen Gründen beruhen. Zur Überprüfung eines Beschlusses und zur Geltendmachung der Nichtigkeit kann jeder Gesellschafter gegen die Mitgesellschafter[1323] oder – wenn gesellschaftsvertraglich vorgesehen – gegen die Gesellschaft[1324] Feststellungsklage nach § 256 ZPO mit dem Inhalt erheben, die Nichtigkeit des Beschlusses festzustellen. Voraussetzung ist, dass der Fehler nicht nur in einem Verstoß gegen bloße Ordnungsvorschriften besteht. Zudem ist Kausalität zwischen Fehler und Abstimmungsergebnis erforderlich[1325]. Einstweilige Verfügungen sind möglich, werden aber nur in engen Grenzen zugelassen[1326]. Die Klagebefugnis kann durch Vereinbarung im Gesellschaftsvertrag näher ausgestaltet werden. Sie darf dabei jedoch nicht abbedungen oder eingeschränkt werden. Zulässig sind beispielsweise Regelungen über Fristen oder über ein internes Vorverfahren[1327]. Gegen einzelne Gesellschafter sind auch solche Klagen – etwa Schadensersatzklagen – zu richten, die auf einer Pflichtverletzung des Gesellschafters gegenüber den Mitgesellschaftern beruhen.

Daneben können Ansprüche eines Gesellschafters gegen die Gesamthand bestehen (Sozialansprüche). Hierbei handelt es sich etwa um Ansprüche auf Aufwendungsersatz, Geltendmachung von Informationsrechten, sowie Gewinn-, Entnahme-[1328] und Abfindungsansprüche[1329]. Diese sind gegen die Gesellschaft, vertreten durch die die Geschäftsführer zu richten.

[1320] BGH v. 08.02.1962, BB 1962, 349; allgemein auch Baumbach/Hopt-Hopt, § 109 Rn. 38.

[1321] Baumbach/Hopt-Hopt, § 119 Rn. 31.

[1322] Göbel, S. 193 (dort Fn. 696).

[1323] BGH v. 30.06.1966, WM 1966, 1036; BGH v. 23.10.1967, BB 1968, 145 (146); BGH v. 02.05.1983, WM 1983, 785; Baumbach/Hopt-Hopt, § 109 Rn. 38 ff.

[1324] BGH v. 30.06.1966, WM 1966, 1036 f.

[1325] BGH v. 19.01.1987, NJW 1987, 1262 (1263).

[1326] OLG Frankfurt v. 15.12.1981, BB 1982, 274; OLG Stuttgart v. 20.02.1987, NJW 1987, 2449; Baumbach/Hopt-Hopt, § 119 Rn. 32; von Gerkan, ZGR 1985, 167 (190).

[1327] Wiedemann, S. 465.

[1328] BGH, BB 1955, 1068.

[1329] BGH, WM 1972, 1400.

b) Gesellschafterklage

(1) Grundlagen der actio pro socio

Ausnahmsweise kann ein Gesellschafter einen Anspruch der Gesellschaft für diese geltend machen (*actio pro socio*[1330]). Die *actio pro socio* ist seit 1872 anerkannt[1331]. Ihre Funktion liegt im Minderheitenschutz, da sie nur dann zum Tragen kommt, wenn sich eine Gesellschaftermehrheit der Geltendmachung eines Anspruchs der Gesellschaft in den Weg stellt[1332]. Die *actio pro socio* steht jedem Gesellschafter unabhängig von einer etwaigen Geschäftsführungsbefugnis zu[1333]. Sie kann damit auch von den Kommanditisten geltend gemacht werden[1334].

Mit der *actio pro socio* macht ein einzelner Gesellschafters im eigenen Namen einen Anspruch der Gesellschaft gegen einen anderen Gesellschafter aus dem Gesellschaftsverhältnis (sog. Sozialanspruch) geltend[1335]. Eigentlich stehen diese Sozialansprüche der Gesellschaft selbst zu und müssen deshalb auch von dieser geltend gemacht werden. Unter bestimmten Voraussetzungen steht die Möglichkeit der Geltendmachung dem einzelnen Gesellschafter offen und zwar insbesondere dann, wenn die Gesellschaft die Ansprüche pflichtwidrig nicht verfolgt[1336]. Der klagende Gesellschafter kann die Leistung nicht für sich selbst beanspruchen, sondern sie nur an die Gesellschaft fordern[1337]. Gegenstand der *actio pro socio* können insbesondere Leistung der Beiträge[1338], Rückzahlung von Entnahmen[1339] und Auskunft und Rechnungslegung zur Klärung einer Treuepflichtverletzung[1340] sein. Daneben zählen zu

---

[1330] *Lat.*: „Handeln für den Gesellschafter".

[1331] ROHG v. 10.02.1872, ROHGE 5, 201 (202 f.); RG v. 29.04.1911, RGZ 76, 276 (279 f.); RG v. 01.04.1943, RGZ 171, 51 (53 f.); BGH v. 17.06.1953, BGHZ 10, 91 (101 f.).

[1332] K. Schmidt, S. 631; Immenga, S. 286 ff.; a.A. Roitzsch, S. 164 ff. (allgemeines Mitgliedschaftsrecht).

[1333] RG v. 08.06.1917, RGZ 90, 300 (302); BGH v. 17.06.1953, BGHZ 10, 91 (101); BGH v. 27.06.1957, BGHZ 25, 47 (49 f.).

[1334] MüHdb/KG-Wirth, § 7 Rn. 95.

[1335] Baumbach/Hopt-Hopt, § 109 Rn. 32.

[1336] BGH, NJW 1985, 2831; zur Möglichkeit der Stundung durch Mehrheitsbeschluss siehe aber BGH, BGHZ 25, 49.

[1337] BGH v. 17.06.1953, BGHZ 10, 91 (101).

[1338] BGH v. 29.09.1955, WM 1955, 1585 (1586); BGH v. 05.10.1987, WM 1987, 1515 (1516).

[1339] BGH v. 27.06.1957, BGHZ 25, 47 (49).

[1340] BGH v. 22.02.1971, WM 1971, 723 (Leitsatz 3 und S. 725).

den Sozialansprüchen auch Schadensersatzpflichten eines Gesellschafters wegen pflichtwidriger Geschäftsführung[1341].

(2) Actio pro socio und Drittansprüche

Ansprüche der Gesellschaft gegen Dritte können grundsätzlich nur von der Gesellschaft geltend gemacht werden[1342]. Die Geltendmachung richtet sich dann nach dem Recht der Geschäftsführung[1343]. Bei den Personenhandelsgesellschaften OHG und KG gilt dieser Grundsatz ausnahmslos[1344]. Ein einzelner Gesellschafter einer GbR dagegen kann dann einen Anspruch der Gesellschaft gegen einen Dritten – analog §§ 432, 2039 BGB – einklagen, wenn die anderen Gesellschafter die Geltendmachung gesellschaftswidrig verweigern und der Schuldner am gesellschaftswidrigen Verhalten beteiligt ist[1345]. Dies gilt allerdings nur, soweit über die Geschäftsführung keine Sonderregelung getroffen ist[1346].

2. Kapitalgesellschaften

a) Individualklagen

(1) Allgemeines

Das Begehren eines Gesellschafters kann auf Gewährung einer Leistung, beispielsweise die Zahlung von Schadensersatz, oder Teilhabe, beispielsweise das Einklagen von Leitungsbefugnissen, gerichtet sein[1347]. Gegen wen die Klage zu richten ist, ist ähnlich zu beurteilen wie bei den Personengesellschaften. Beispielsweise kann ein Gesellschafter in seiner Mitgliedschaft durch die Mitgesellschafter durch Verletzung ihrer Treuepflichten gegenüber

---

1341 BGH v. 27.06.1957, BGHZ 25, 47 (49); BGH v. 30.11.1959, BB 1960, 15 f.; BGH v. 02.07.1973, NJW 1973, 2198 (2199); BGH v. 13.05.1985, WM 1985, 1227 (1228).

1342 BGH v. 17.06.1953, BGHZ 10, 91 (103); Baumbach/Hopt-Hopt, § 109 Rn. 33.

1343 BGH v. 10.01.1963, BGHZ 39, 14 (15); BGH v. 30.10.1987, BGHZ 102, 152 (154).

1344 BGH v. 02.07.1973, NJW 1973, 2198 (2199); K. Schmidt, S. 643; kritisch Bork/Oepen, ZGR 2001, 515 (549).

1345 BGH v. 06.06.1955, BGHZ 17, 340 (347 f.); BGH v. 10.01.1963, BGHZ 39, 14 (16 f.); BGH v. 30.10.1987, BGHZ 102, 152 (155).

1346 K. Schmidt, S. 644.

1347 Lutter, AcP 180 (1980), 84 (127 f.). In Betracht kommt etwa eine Leitungsbefugnis als satzungsmäßiges Sonderrecht bei der GmbHK; hierzu Schmidt, S. 602 f.

dem Gesellschafter geschädigt werden. In diesem Fall ist die Schadensersatzklage unmittelbar gegen die betroffenen Mitgesellschafter zu richten[1348]. Mitgliedschaftliche Rechtspositionen können jedoch auch dadurch verletzt werden, dass dem einzelnen Gesellschafter Leistungen, die er von der Gesellschaft erwarten darf, vorenthalten werden. In diesen Fällen kann er die Gesellschaft auf Leistung verklagen. Hierzu gehören beispielsweise Klagen aus Gewinn- oder Abfindungsansprüchen. Dies gilt entsprechend für die Abwehr von Eingriffen ingeschützte Rechtspositionen[1349].

Anders als das GmbHG weist das AktG dem einzelnen Aktionär zahlreiche Klagemöglichkeiten ausdrücklich zu. Diese sind im Zusammenhang mit entsprechenden materiellen Individualrechten kodifiziert. Hierzu gehören[1350] die Klage auf Einleitung einer gerichtlichen Entscheidung über die Zusammensetzung des Aufsichtsrates[1351], auf gerichtliche Bestellung eines Aufsichtsratsmitgliedes[1352], auf gerichtliche Entscheidung über das Auskunftsrecht in der Hauptversammlung[1353] und auf gerichtliche Entscheidung über angemessenen Ausgleich und Abfindung[1354]. Hinzu kommen konzernrechtliche Ansprüche auf Bestellung eines Sonderprüfers[1355].

(2) Aktienrechtliche Minderheitsklagen

Neben den Klagen, die jedem einzelnen Aktionär zustehen, nennt das AktG auch solche, die an eine bestimmte Beteiligungsquote gebunden sind und die daher gegebenenfalls nicht nur einzelnen Aktionären, sondern auch einer Aktionärsminderheit als Gruppe zustehen. Hierzu gehören insbesondere die Klage auf Bestellung von Sonderprüfern[1356] sowie das Recht zur Einberufung der Hauptversammlung[1357].

[1348] MüHdb/GmbH-Schiessl, § 31 Rn. 21.

[1349] BGH v. 25.02.1982 (Holzmüller), BGHZ 83, 122 (133 f.). Zu den Abwehrrechten allgemein K. Schmidt, S. 645 ff.

[1350] Siehe die Auflistung MüHdb/AG-Wiesner, § 18 Rn. 1.

[1351] § 98 Abs. 2 Nr. AktG.

[1352] § 104 Abs. 1 S. 1 AktG.

[1353] §§ 132 Abs. 2, 131, 326 AktG.

[1354] §§ 304 Abs. 4 S. 1, 305 Abs. 1 AktG.

[1355] § 315 S. 1 AktG.

[1356] §§ 142 Abs. 2, 315 S. 2 AktG.

[1357] § 122 Abs. 1 AktG.

(3) *Insbesondere Beschlussanfechtungen*

Eine besondere Beachtung verdient die Abwehrklage in Form der Beschlussanfechtung. Im Kapitalgesellschaftsrecht unterscheidet man im Gegensatz zum Personengesellschaftsrecht zwischen nichtigen und anfechtbaren Beschlüssen[1358]. Wesentliche verfahrensrechtliche Instrumente eines Aktionärs, sich gegen rechtswidrige Beschlüsse zu wehren, sind entsprechend die Anfechtungsklage gemäß § 246 AktG und die Nichtigkeitsklage gemäß § 249 Abs. 1 AktG. Die Nichtigkeitsklage gemäß § 249 Abs. 1 AktG richtet sich dem Gesetzeswortlaut nach auf die Feststellung der Nichtigkeit eines Hauptversammlungsbeschlusses. Die Nichtigkeitsgründe werden in § 241 AktG abschließend genannt. Die Nichtigkeitsklage kann nur von den in § 249 Abs. 1 AktG genannten Personen bzw. Organen erhoben werden.

Die Anfechtungsklage richtet sich dagegen auf Vernichtung eines rechtswidrigen aber nicht nichtigen Beschlusses. Als Anfechtungsgründe kommen sowohl formale als auch materielle Rechtsverstöße bei der Beschlussfassung in Betracht. Zu letzteren zählen insbesondere Verstöße gegen die oben erwähnten materiellen Schranken der Mehrheitsherrschaft, namentlich eine Treuepflichtverletzung[1359] oder ein Verstoß gegen den Gleichbehandlungsgrundsatz[1360]. Erst das Urteil im Anfechtungsprozess führt bei der Anfechtungsklage zur Nichtigkeit[1361]. Auch bei der Anfechtungsklage ist der Kreis der möglichen Kläger eingeschränkt[1362]. Klagegegnerin ist sowohl bei der Nichtigkeits- als auch bei der Anfechtungsklage – darin liegt ein wesentlicher Unterschied zu den Personengesellschaften – die Gesellschaft selbst[1363].

Soweit die aktienrechtliche Sondervorschrift des § 249 AktG (Nichtigkeitsklage) nicht anwendbar ist, kann die Nichtigkeit eines Beschlusses mit der allgemeinen Feststellungsklage gemäß § 256 ZPO geltend gemacht werden. Voraussetzung ist ein besonderes Feststellungsinteresse. Diese Klagemöglichkeit kommt insbesondere in Betracht für Personen, die nicht nach §

1358 Zusätzlich werden noch hier nicht näher behandelte unwirksame Beschlüsse unterschieden.

1359 RG v. 09.01.1931, RGZ 131, 141 (145); RG v. 19.11.1935, RGZ 149, 305 (311 f.); BGH v. 28.01.1953, BGHZ 8, 348 (355); BGH v. 09.06.1954, BGHZ 14, 25 (37 f.); BGH v. 01.02.1988 (Linotype), BGHZ 103, 184 (193 f.).

1360 RG v. 16.09.1927, RGZ 118, 67 (70 ff.); BGH v. 06.10.1960, BGHZ 33, 175; BGH v. 14.05.1990, BGHZ 111, 224 (227); BGH v. 16.12.1991, BGHZ 116, 359 (372).

1361 § 241 Nr. 5 AktG.

1362 § 245 AktG.

1363 §§ 246 Abs. 2 S. 1, 249 Abs. 1 S. 1 AktG.

249 AktG klagebefugt sind. Andererseits kann – auch von den in § 249 AktG genannten Personen – mit der Feststellungsklage die positive Feststellung der Wirksamkeit eines Beschlusses angestrebt werden.

Im GmbHG fehlt – ähnlich wie im Personengesellschaftsrecht – jegliche Regelung zur Geltendmachung von Beschlussfehlern. Im GmbH-Recht werden die Regelungen zu den Anfechtungs- und Nichtigkeitsklagen des AktG herangezogen[1364]. Die Beschlussanfechtung entsprechend § 243 AktG[1365] muss auch im GmbH-Recht innerhalb angemessener Frist geschehen. Dabei gilt die einmonatige Frist des AktG im GmbH-Recht als „Leitbild"[1366]. Die Nichtigkeit kann in Analogie zu § 249 AktG von einem Gesellschafter gegen die Gesellschaft geltend gemacht werden. Daneben steht ihm die allgemeine Nichtigkeitsfeststellungsklage gemäß § 256 ZPO nicht zu[1367].

b) Aktionärsklage gemäß § 147 AktG

Die Funktion, die die *actio pro socio* im Personengesellschaftsrecht ausfüllt, wird im Aktienrecht durch eine Sonderregelung übernommen. Der Aktiengesellschaft können aus den unterschiedlichen Gründen Ersatzansprüche zustehen. Hierfür kommen in Betracht Ansprüche aus der Gründung[1368] gegen die Gründer[1369], den Vorstand und Aufsichtsrat[1370] oder andere Verantwortliche[1371], Ansprüche aus der Geschäftsführung gegen die Verwaltung[1372] oder

---

[1364] Dazu Saenger, GmbHR 88 (1997), 112 ff.

[1365] RG v. 09.10.1914, RGZ 85, 311 (313); RG v. 20.01.1941, RGZ 166, 129 (131); BGH v. 16.12.1953, BGHZ 11, 231 (235); BGH v. 14.12.1961, BGHZ 36, 207 (210 f.); BGH v. 09.12.1968, BGHZ 51, 209 (210); Hachenburg-Raiser, Anh § 47 Rn. 186; MüHdb/GmbH-Wolff, § 40 Rn. 36.

[1366] BGH v. 01.06.1987, BGHZ 101, 113 (117 f.); BGH v. 21.03.1988, BGHZ 104, 66 (71); BGH v. 14.05.1990, BGHZ 111, 224 (Leitsatz 1.a. und S. 226); a.A. Baumbach/Hueck-Zöllner, Anh § 47 Rn. 5.

[1367] BGH v. 23.02.1978, BGHZ 70, 384 (388).

[1368] Dies gilt auch für die Nachgründung, § 53 AktG.

[1369] § 46 Abs. 1 AktG.

[1370] § 48 AktG.

[1371] § 47 AktG.

[1372] In einer Entscheidung zur Schadensersatzpflicht eines Vorstands hat der BGH allerdings ausdrücklich das weite Handlungsermessen des Vorstands bei unternehmerischen Entscheidungen hervorgehoben. In der Entscheidung heißt es: „*Dem Vorstand [ist] für die Leitung der Geschäfte der AG ein weiter Handlungsspielraum [zuzubilligen], ohne den unternehmerisches Handeln schlechterdings nicht denkbar ist*" (Leitsatz b) des Urteils des BGH v. 21.04.1997 (ARAG/Garmenbeck), BGHZ 135, 244).

Schadensersatzansprüche nach § 117 AktG. Die Geltendmachung der genannten Ansprüche kann von einer Minderheit, deren Anteile zusammen den zehnten Teil des Grundkapitals erreichen, verlangt werden. Voraussetzung ist, dass die Minderheit seit mindestens drei Monaten Inhaber der Aktien ist[1373]. Im Unterschied zur *actio pro socio* kann also die Minderheit oder der einzelne Aktionär nicht selbst klagen, sondern nur die Klageerhebung durch die Gesellschaft selbst oder nach § 147 Abs. 2 AktG durch einen besonderen Vertreter erzwingen. Eine Aktionärsklage gegen Organmitglieder wie beispielsweise Mitglieder des Vorstands oder des Aufsichtsrates gibt es nicht. Dies ergibt sich aus der ausdrücklichen gesetzlichen Kompetenzverteilung, die zwingend ist. Ansprüche der Gesellschaft gegen Vorstandsmitglieder sind vom Aufsichtsrat[1374], solche gegen Mitglieder des Aufsichtsrats vom Vorstand[1375] geltend zu machen.

Folgt die Gesellschaft der Aufforderung zur Durchsetzung des Anspruchs nicht, kann eine Minderheit, deren Anteile zusammen den zwanzigsten Teil des Grundkapitals oder einen anteiligen Betrag von EUR 500.000 erreichen, beim Gericht die Bestellung von Vertretern zur Geltendmachung der Ansprüche beantragen, § 147 Abs. 3 AktG [1376]. Damit besteht insoweit zwar ein gegenüber § 147 Abs. 2 AktG reduziertes Mehrheitserfordernis. Materiell aber ist die Voraussetzung eingefügt, dass

> „... der Gesellschaft *durch Unredlichkeiten oder grobe Verletzungen* des Gesetzes oder der Satzung Schaden zugefügt wurde."[1377]

Insgesamt ist anzumerken, dass die Aktionärsklage in Deutschland keine praktische Bedeutung erlangt hat. Dies wird im Wesentlichen auf das „unzumutbare Prozessrisiko" zurückgeführt[1378].

Daneben ist auf die im Recht der verbundenen Unternehmen verankerten Vorschriften der §§ 309 Abs. 4, 317 Abs. 4 und 318 Abs. 4 AktG hinzuweisen, nach denen jeder einzelne Aktionär einen konzernrechtlichen Ersatzanspruch der Gesellschaft geltend machen, dabei jedoch nur Leistung an die

---

1373 § 147 Abs. 1 AktG. Siehe dazu nach der Neufassung durch das KonTraG Sünner, ZHR 163 (1999), 364 (369); Ulmer , ZHR 163 (1999), 290 ff.

1374 § 112 AktG.

1375 § 78 AktG.

1376 Hierzu kritisch Ulmer, ZHR 163 (1999), 290 (292 f.).

1377 § 147 Abs. 3 S. 1 a.E. AktG, Hervorhebung durch den Verfasser.

1378 Siehe § 147 Abs. 2 S. 3 AktG; Planck, S. 132 ff., insbesondere S. 136. Zu einer Reform der Aktionärsklage siehe Ulmer, ZHR 163 (1999), 290. Auf der Grundlage seiner Analyse schlägt er einen § 147a AktG vor, der gegenüber dem aktuellen § 147 Abs. 3 AktG eine Stärkung der Rechte einer Aktionärsminderheit vorsieht: Ulmer, ZHR 163 (1999), 290 (329 ff., insbesondere 341 f.).

Gesellschaft verlangen kann. Dies sind seltene Fälle einer positiven Normierung der Gesellschafterklage. Darüber hinaus hat die Gesellschafterklage (*actio pro socio*) als solche im Aktienrecht keine Bedeutung. Dies ergibt sich aus der für das Aktienrecht streng und zwingend ausgestalteten Zuständigkeitsordnung[1379].

c) *Gesellschafterklage im GmbH-Recht*

Anders als im Aktienrecht ist eine Gesellschafterklage im GmbH-Recht nicht kodifiziert. Vor diesem Hintergrund erlangt die Möglichkeit einer *actio pro socio* entsprechend der richterrechtlichen Regelung im Personengesellschaftsrecht Bedeutung.

(1) *Sozialansprüche*

Zwar besteht auch im GmbH-Recht eine Zuständigkeitsordnung in § 35 und § 46 GmbHG. Nach § 46 obliegt es den Gesellschaftern beispielsweise, Einlagenforderungen[1380], Rückzahlungsansprüche von Nachschüssen[1381] oder die Geltendmachung von Ersatzansprüchen aus Gründung oder Geschäftsführung[1382] geltend zu machen. Die jeweiligen Beschlüsse werden von der Gesellschaftermehrheit getroffen, an deren Entscheidung grundsätzlich auch die Gesellschafterminderheit gebunden ist. Ist die Entscheidung der Gesellschaftermehrheit jedoch treuwidrig, kann dem Minderheitsgesellschafter nicht zugemutet werden, die Mehrheitsentscheidung hinzunehmen. Vielmehr ist anerkannt, dass er dann selbst an Stelle der Gesellschaft auf Leistung an die Gesellschaft klagen kann[1383].

(2) *Ansprüche gegen Nichtgesellschafter*

Diskutiert wird, ob die *actio pro socio* ausnahmsweise auch bei anderen Ansprüchen als Sozialansprüchen greifen und beispielsweise bei Ansprüchen gegen Organe Anwendung finden kann. Im Unterschied zu den Personengesellschaften zählen im GmbH-Recht Schadensersatzansprüche gegen den Ge-

---

[1379] MüHdb/AG-Wiesner, § 18 Rn. 5; Raiser, ZHR 153 (1989) 1 (24 f.); K. Schmidt, S. 641; Zöllner, ZGR 1988, 392 (401 f.). Kritisch Krieger, ZHR 163 (1999), 343 (344 und 354).

[1380] § 46 Nr. 2 GmbHG.

[1381] § 46 Nr. 3 GmbHG.

[1382] § 46 Nr.8 GmbHG.

[1383] BGH v. 24.01.1967, BB 1967, 348.

schäftsführer grundsätzlich nicht zu den Sozialansprüchen, weil der Geschäftsführer nicht Gesellschafter sein muss. Nach dem Wortlaut einer Entscheidung des BGH[1384] kann ein Gesellschafter zwar auch gegen den Geschäftsführer, der die Gesellschaft vorsätzlich geschädigt hat, im Wege der *actio pro socio* vorgehen, wenn die Gesellschaftermehrheit treuwidrig darauf verzichtet, Schadensersatz geltend zu machen. Die genannte Entscheidung betrifft jedoch einen Fall, in der der beklagte Geschäftsführer gleichzeitig Gesellschafter war, so dass von dem geannnten Grundsatz, wonach die *actio pro socio* nur für Sozialansprüche gilt, nicht abgewichen wurde.

Die *actio pro socio* kommt demnach bei Ansprüchen gegen Gesellschafter-Organmitglieder in Betracht, wenn die verletzte Organpflicht auch eine mitgliedschaftliche Pflicht ist[1385]. Darüber hinaus, d.h. dann, wenn kein mitgliedschaftlicher Anspruch besteht, ist eine Anwendung der *actio pro socio* ausgeschlossen. Das bedeutet, dass Forderungen gegen Gesellschafter, bei denen es sich nicht um Sozialforderungen handelt, Ansprüche gegen Dritte und insbesondere auch Ansprüche gegen Geschäftsführer, die nicht Gesellschafter sind, nicht von einzelnen Gesellschaftern geltend gemacht werden können, sondern sich die Geltendmachung nach der Vertretungsordnung der Gesellschaft richtet[1386]. Bezüglich der Ansprüche gegen Geschäftsführer, die nicht Gesellschafter sind, besteht insoweit ein schwächerer Minderheitenschutz als beispielsweise im Aktienrecht.

d) Organstreit

Teilweise wird in der Literatur gefordert, als weitere Klagemöglichkeit den Organstreit zu berücksichtigen. Dieser setzt die eigene Parteifähigkeit einzelner Gesellschaftsorgane voraus. Er ermöglicht dann Klagen von und gegen Organe, beispielsweise eine Klage des Aufsichtsrats gegen den Vorstand[1387]. Nur ansatzweise finden sich im Gesetz organschaftliche Klagemöglichkeiten. Dies ist etwa der Fall bei der Anfechtungsklage des Vorstands gemäß § 245

[1384] BGH v. 24.01.1967, BB 1967, 348: Der Fall weist Parallelen zu der im englischen Recht so bedeutsamen Entscheidung Foss v. Harbottle, Hare 2, 461, auf.

[1385] BGH v. 28.06.1982, WM 1982, 928 f.; Baumbach/Hueck-Hueck/Fastrich, § 13 Rn. 34; MüHdb/GmbH-Schiessl, § 31 Rn. 24; Saenger, GmbHR 88 (1997), 112 (120).

[1386] BGH v. 28.06.1982, WM 1982, 928 f.; BGH v. 14.06.1993, DStR 1993, 1111 f.; Baumbach/Hueck-Hueck/Fastrich, § 13 Rn. 34; Lutter/Hommelhoff, § 13 Rn. 5; Scholz-Emmerich, § 13 Rn. 44 und 47 f.; Zöllner, ZGR 1988, 392 (408 f.); a.A. Grunewald, S. 89 f.; Hachenburg-Raiser, § 14 Rn. 46; Scholz-K. Schmidt, § 46 Rn. 161.Wiedemann, S. 462.

[1387] Vgl. K. Schmidt, S. 421 ff.

Nr. 4 AktG. Im Übrigen gibt es eine das Organ betreffende Klagemöglichkeit nicht[1388].

II. Länderbericht England

Die klageweise Geltendmachung von Rechtspositionen wird im englischen Recht pragmatischer gehandhabt als im deutschen. Eine umfangreich kodifizierte Differenzierung zwischen materiellem Recht (*substantive law*) und Verfahrensrecht (*adjective law*) findet sich in dieser Form im englischen Recht nicht wieder. Von prozessrechtlicher Bedeutung sind die *rules of court*, insbesondere die *Rules of the Supreme Court* (RSC)[1389].

1. Companies

Die genannten Minderheiten- und Abwehrrechte können im Rahmen der jeweiligen Bestimmungen von den Gesellschaftern als Individualrechte geltend gemacht werden (*personal actions*). Darüber hinaus erkennt das englische Recht Klagen der Gesellschafter, in denen diese auch fremde Rechte geltend machen können. In diesem Zusammenhang wird unterschieden, ob die Gesellschafter Individualrechte (*representative actions*) oder Rechte der Gesellschaft (*derivative actions*) geltend machen.

a) Personal und Representative Actions

Wie bereits angedeutet kann ein Gesellschafter die Verletzung eigener Rechte (*individual rights, personal rights*) jederzeit gerichtlich geltend machen[1390]. Dies kann er entweder im eigenen Namen tun oder – wenn einzelne Gesellschafter im Namen einer größeren Gruppe von Gesellschaftern auftreten und alle Gesellschafter das gleiche rechtliche Interesse verfolgen – im Wege der *representative action*. Individuelle Rechte sind beispielsweise das Stimm-

---

[1388] Siehe aber Wiedemann, DB 1993, 141 (146).

[1389] Prozessrechtliche Regeln im englischen Recht werden aus mehreren Quellen abgeleitet und sind regelmäßig flexibler als kontinentaleuropäische Regelungen. Sie werden zum großen Teil von den *Rules of the Supreme Court* (RSC) beeinflusst. Dabei handelt es sich um kodifizierte Regeln, denen die Prozesse vor dem *Supreme Court of Judicature* (vgl. den *Supreme Court Act 1970*) unterliegen. Diese Regeln werden in regelmäßigen Abständen vom sogenannten *Rule Committee* unter Leitung des *Lord Chancellor* überarbeitet und im *Annual Practice* („*The White Book*") veröffentlicht. Ähnliche Regeln gibt es in den *County Courts* und werden im *County Court Practice* veröffentlicht. Siehe hierzu James, S. 32 ff., 63 f.

[1390] Blackburne in Giles v. Rhind, BCLC 2001 (2), 582 (594); Bastin, J.B.L. 1977, 17 (21).

recht[1391] oder etwaige persönliche Schadensersatzansprüche des einzelnen Gesellschafters[1392]. Zwar schulden *directors* eine Reihe von *fiduciary duties* sowie von vertraglichen und satzungsmäßigen Pflichten grundsätzlich nur der Gesellschaft[1393]. Ausnahmsweise können diese Pflichten aber gegenüber einzelnen Gesellschaftern bestehen, woraus direkte und individuelle Schadensersatzansprüche entstehen können[1394]. Solche *fiduciary duties* ergeben sich insbesondere bei personalistisch strukturierten Gesellschaften[1395]. Ebenso können einzelne Gesellschafter klagen, um zu verhindern, dass die Gesellschaft illegale oder *ultra vires* Geschäfte vornimmt[1396] oder dass Beschlüsse durchgesetzt werden, für die die erforderliche Mehrheit nicht zustande gekommen ist[1397].

Die *representative action* ist unzulässig für die Fälle, in denen ein Gesellschafter geltend macht, er hätte aufgrund von Fehlverhalten der Geschäftsführung einen Verlust dadurch erlitten, dass seine Anteile an der Gesellschaft einen geringeren Wert hätten oder seine Gewinnaussichten nun schlechter seien. Der erlittene Verlust ist ein Verlust der Gesellschaft selbst; der Verlust des einzelnen Gesellschafters unterscheidet sich davon nicht. Deshalb ist in diesen Fällen grundsätzlich nur die Gesellschaft zur Geltendmachung von Schadensersatzansprüchen berechtigt[1398].

b) Derivative Action

Die Ausgangsbasis für die Frage, inwieweit Gesellschafter Ansprüche der Gesellschaft gelten machen können, stellt im englischen Gesellschaftsrecht die sogenannte *Rule in Foss v. Harbottle*[1399] dar[1400].

[1391] Jessel in Pender v. Lushington, Ch. 6 (1877), 70 (74 ff.).

[1392] Bischoff, S. 153.

[1393] Blackburne in Giles v. Rhind, BCLC 2001 (2), 582 (594). Siehe hierzu auch unten „*derivative action*".

[1394] Zuletzt Mackie in Platt v. Platt, BCLC 1999 (2), 745 (755 f.); Neuberger in Peskin v. Anderson, BCLC 2000 (2), 1 (14 ff.); im Zusammenhang mit Informationsrechten Brightman in Gething v. Kilner, W.L.R. 1972 (1), 337 (341 f.).

[1395] Arsalidou, Comp. Law. 23/2 (2002), 61 ff.

[1396] Campbell in Simpson v. Westminster Palace Hotel Company, H.L.C. 8, 712 (717 f.); Jessel in Russell v. Wakefield Waterworks Company, L.T. 32 (1875), 685 (688 f.). Teilweise sind diese Fälle nun auch im *Companies Act 1985* geregelt: vgl. sec. 35(3) und 35A(4).

[1397] Siehe Fn. 1422 (S.237).

[1398] Vinelott in Prudential Assurance Co Ltd v. Newman Industries Ltd (No 2), All E.R. 1980 (2), 841 (859).

(1) Rule in Foss v. Harbottle

Die Regel enthält zwei grundsätzliche Elemente des englischen Gesellschaftsrechts: die *proper plaintiff rule* und die *majority rule*. In *Foss v. Harbottle*[1401] wurde entschieden, dass einzelne Gesellschafter nicht befugt sind, die Geschäftsführung im Falle der Veruntreuung von Gesellschaftsvermögen zu verklagen, da hierfür die Gesellschaft selbst zuständig sei (*proper plaintiff rule*). Regelmäßig wird die Klageführungsbefugnis der Gesellschaft auf die Geschäftsführung, also den *board of directors* übertragen. In diesem Fall haben die Gesellschafter bzw. die Hauptversammlung grundsätzlich kein Recht mehr, die Klageführungsbefugnis des Boards zu beschränken[1402]. Zwar kann die Hauptversammlung ausnahmsweise eingreifen[1403]. Aus *Foss v. Harbottle* ergibt sich jedoch, dass dann, wenn die Gesellschaftermehrheit eine solche Klage nicht verfolgen will, auch die Gesellschafterminderheit kein Recht dazu hat[1404] (*majority rule*). Bei der Klage handelt es sich um einen Akt der Gesellschaft, auf den die Gesellschaftermehrheit wirksam verzichten kann.

(2) Ausnahmen (derivative actions)

Zum Schutz der Gesellschafterminderheit haben sich jedoch im *equity*-Recht Ausnahmen zur *common law*-Regel in *Foss v. Harbottle* herausgebildet, die regelmäßig unter dem Stichwort *derivative actions* zusammengefasst werden[1405]. Seit 1994 sind *derivative actions* auch in den *Rules of the Supreme*

1399 Wigram in Foss v. Harbottle, Hare 2, 461 (490 ff.).

1400 Vgl. Knox in Smith v. Croft (No 2), BCLC 1987, 206 (208).

1401 Wigram in Foss v. Harbottle, Hare 2, 461 (490 ff.). Bestätigt wurde die Regel von Cottenham in Mozley v. Alston, Phillips 1, 790 (800 f.).

1402 Greer in John Shaw and Sons (Salford), Limited v. Shaw, K.B. 1935 (2), 113 (133 f.).

1403 Neville in Marshall's Valve Gear Company, Limited v. Manning, Wardle & Co., Limited, Ch. 1909 (1), 267 (272 ff.). Hierzu der nachstehende Abschnitt.

1404 Wigram in Foss v. Harbottle, Hare 2, 461 (490 ff.); so auch Jenkins in Edwards v. Halliwell, All E.R. 1950 (2), 1064 (1066); Vinelott in Prudential Assurance Co Ltd v. Newman Industries Ltd (No 2), All E.R. 1980 (2), 841 (860 f.); Blackburne in Giles v. Rhind, BCLC 2001 (2), 582 (594).

1405 Die *derivative action* ist im schottischen Recht unbekannt. Dort muss der betroffene Minderheitsgesellschafter eine Klage im eigenen Namen anstreben (Charlesworth & Morse, S. 308 Fn. 42). Zur angestrebten Reform der *derivative action* durch die *Law Commission* siehe Boyle,

Court[1406] berücksichtigt (RSC *Order* 15 *Rule* 12A). Häufige Situation bei der *derivative action* ist, dass Geschäftsführung (*directors*) und Gesellschaftermehrheit personenidentisch sind und so ein Fehlverhalten der Geschäftsführung durch die von der Gesellschaftermehrheit dominierte Gesellschafterversammlung nicht sanktioniert wird[1407]. Typischerweise klagt also bei der *derivative action* ein Gesellschafter im eigenen Namen für die Gesellschaft gegen den Geschäftsführer und gegen die Gesellschaft selbst[1408].

Richtet sich die Klage gegen ein schädigendes Verhalten einer Gesellschaftermehrheit, so ist die Klage im eigenen Namen und im Namen der übrigen Minderheitsgesellschafter gegen die Gesellschaft als solche zu richten[1409]. Richtet sich die Klage also auch gegen einen oder mehrere Gesellschafter, muss sie vom Kläger für sich und alle anderen Gesellschafter außer dem oder den Beklagten vorgebracht werden[1410]. Beklagte sind somit zum einen derjenige oder diejenigen Gesellschafter, gegen den oder die effektiv vorgegangen werden soll. Sie richtet sich aber immer auch gegen die Gesellschaft selbst als *nominal defendant*[1411]. Letzteres ist notwendig, damit das Urteil auch für die Gesellschaft Rechtskraft entfaltet[1412].

Die Klage muss auf Leistung an die Gesellschaft gerichtet sein[1413]. Besonders hervorzuheben ist zudem, dass der klagende Gesellschafter in England das Recht auf Entschädigung bzw. Schadloshaltung bezüglich des Kostenrisikos (*right to an indemnity*) trägt[1414].

Verschiedene Gründe können Anlass für eine *derivative action* und damit eine Ausnahme zu *Foss v. Harbottle* sein. Sie lassen sich in den Fallgruppen *fraud on the minority* und *ultra vires* zusammenfassen.

Comp. Law. 18/8 (1997), 256 ff. Zum Verhältnis zu anderen Rechtsschutzmöglichkeiten siehe Gray, Comp. Law. 18/4 (1997), 121.

1406 Siehe oben Fn. 1389 (S. 227).

1407 Charlesworth & Morse, S. 310.

1408 Denning in Wallersteiner v. Moir (No. 2), Q.B. 1975, 373 (391); vgl. zu dieser Konstellation Müller, ZVglRWiss 96 (1997), 217 (222).

1409 James in Menier v. Hooper's Telegraph Works, Ch. App. 9 (1873-1874), 350 (353 f.); Megarry in Estmanco (Kilner House) Ltd v. Greater London Council, All E.R. 1982 (1), 437 (443 ff.). Hierzu Müller, ZVglRWiss 96 (1997), 217 (222).

1410 Chitty in Spokes v. The Grosvenor and West End Railway Terminus Hotel Company, Limited, Q.B. 1897 (2), 124 (128 f.).

1411 Boyle & Birds, Kap. 17.8 (S. 562 f.).

1412 Chitty in Spokes v. The Grosvenor and West End Railway Terminus Hotel Company, Limited, Q.B. 1897 (2), 124 (128).

1413 RSC *Order* 15 *Rule* 12A (1).

1414 Denning in Wallersteiner v. Moir (No. 2), Q.B. 1975, 373 (391).

(i) Fraud on the Minority

Zum einen stellt die bereits erwähnte[1415] Fallgruppe des *fraud on the minority* einen Grund für eine *derivative action* dar. Ein Minderheitsgesellschafter kann danach immer dann mit der *derivative action* vorgehen, wenn sich die Gesellschaftermehrheit auf Kosten der Gesellschaft – und damit mittelbar auf Kosten der Gesellschafterminderheit – bereichert. Hierunter fallen beispielsweise[1416]:

- die Aufteilung des Gesellschaftsvermögens durch die Mehrheit unter Ausschluss der Minderheit[1417],
- persönliche Bereicherung der Direktoren durch Ausnutzen der Geschäftschancen der Gesellschaft[1418],
- die Gewährung unvertretbar hoher Direktorengehälter[1419] und
- die Einstellung von Prozessen gegen andere Gesellschaften, an denen die Mehrheit beteiligt ist[1420].

(ii) Handeln ultra vires

Zum anderen können sich die Gesellschafter dann an das Gericht wenden, wenn eine von der Mehrheit getragene Handlung illegal oder *ultra vires* ist[1421]. Die Begründung dafür war bisher, dass die Mehrheit die Handlung in diesen Fällen nicht billigen konnte. Eine entsprechende Mehrheitsentscheidung ist für die Minderheit nicht verbindlich und kann diese daher auch nicht davon abhalten, Klage in Form der *derivative action* zu erheben[1422].

In sec. 35(3) CA ist allerdings nunmehr vorgesehen, dass ein *ultra vires*-Geschäft durch *special resolution* gebilligt werden kann. Ebenso kann die Haftung des *director* durch *special resolution* aufgehoben werden, solange dies ausdrücklich erfolgt. Sofern also eine solche *special resolution* vorliegt, ist zu erwarten, dass eine entsprechende *derivative action* abgewiesen wird.

1415 Siehe oben c) Doctrine of Fraud on the Minority (S. 172).

1416 Siehe die Auflistung bei Müller, ZVglRWiss 96 (1997), 217 (222 f.).

1417 James in Menier v. Hooper's Telegraph Works, Ch. App. 9 (1873-1874), 350 (353).

1418 Buckmaster in Cook v. Deeks, A.C. 1916 (1), 554 (563).

1419 Peterson in Foster v. Foster, All E.R. Rep. 1916-1917, 856 (865).

1420 Megarry in Estmanco (Kilner House) Ltd v. Greater London Council, All E.R. 1982 (1), 437 (443 ff.).

1421 Jessel in Re Exchange Banking Company, Ch. 21 (1882), 519 (533 f.).

1422 Vgl. Jenkins in Edwards v. Halliwell, All E.R. 1950 (2), 1064 (1067); nach a.A. greifen in diesen Fällen die Regeln über die *representative action*, vgl. Charlesworth & Morse, S. 314.

Nur wenn ebenfalls die Voraussetzungen des *fraud on the minority* vorliegen, verspricht in diesen Fällen eine Klage Aussicht auf Erfolg. Zudem ist die *derivative action* auch dann weiterhin zulässig, wenn die in Rede stehende Handlung nur durch eine qualifizierte Mehrheit gebilligt werden konnte, es zu einer solchen Billigung jedoch entweder überhaupt nicht oder nicht in der erforderlichen Form, beispielsweise lediglich durch einfache Mehrheit, gekommen ist.

(iii) Ansprüche gegen Dritte

Mit der *derivative action* können grundsätzlich nur Ansprüche gegen andere Gesellschafter bzw. *directors* geltend gemacht werden. Ansprüche gegen außenstehende Dritte können mit der *derivative action* nur verfolgt werden, wenn diese mit den Mehrheitsgesellschaftern kollusiv zusammenwirken[1423].

c) Rechtsschutz gegen rechtswidrige Beschlüsse

Das englische Recht kennt kein der deutschen Anfechtungsklage oder der französischen *action en nullité* entsprechendes Rechtsinstitut als solches, das auf die Vernichtung von Gesellschafterbeschlüssen zielt. Eine gerichtliche Kontrolle ist – wie bereits erwähnt – ausdrücklich nur bei Kapitalherabsetzungen[1424], Änderungen des *Memorandums*[1425] oder von *class rights*[1426] vorgesehen. Dies bedeutet jedoch nicht, dass eine Beschlussanfechtung nicht möglich ist. Vielmehr kann jedes Mitglied bei Verletzung individueller Rechte im Rahmen der *personal action* hiergegen vorgehen. Erfolgt die Rechtsverletzung durch Beschluss, so ist eben dieser Beschluss Gegenstand der *personal action*[1427]. Unter anderem kann deshalb auf die Regelung in sec. 459 CA zurückgegriffen werden[1428]. Wichtig ist in diesem Zusammenhang die Unterscheidung danach, ob die Rechtsverletzung tatsächlich individuelle Rechte betrifft – dann ist eine *personal action* zulässig – oder ob Rechte der

---

[1423] Chitty in Spokes v. The Grosvenor and West End Railway Terminus Hotel Company, Limited, Q.B. 1897 (2), 124 (128).

[1424] Sec. 136(1) CA.

[1425] Sec. 5 CA.

[1426] Sec. 127(2) CA.

[1427] Jenkins in Edwards v. Halliwell, All E.R. 1950 (2), 1064 (1067); vgl. Kreß, S. 82.

[1428] Harman in Re a Company, BCLC 1985, 80 (81 f.); Lawton in Re Cumana Ltd, BCLC 1986, 430 (435 f.); vgl. Gower's, S. 665 ff.; Hannigan, LMCLQ 1988, 60 (75 f.); Prentice, OxJLS 8 (1988), 55 (71 f.); Rixon, MLR 49 (1986), 446 (471 ff.).

Gesellschaft verletzt sind – dann greift die Regel aus *Foss v. Harbottle* mit der Folge, dass eine Klage eines einzelnen Gesellschafters grundsätzlich ausgeschlossen ist[1429].

2. Partnerships

a) *Personal action*

Dass *partnerships* im Gegensatz zu *companies* und zur LLP keine eigene Rechtspersönlichkeit besitzen, wirkt sich auf ihre Stellung vor Gericht aus. Bedeutende Änderungen hinsichtlich der prozessrechtlichen Stellung der *partnerships* haben sich allerdings aus den *Judicature Acts 1873* und *1875* ergeben, die sich nun in den RSC wiederfinden. *Order* 81 der RSC sieht vor, dass die Partner einer *partnership* im Namen der Gesellschaft (*firm-name*) klagen und verklagt werden können. Ebenso kann ein Urteil gegen die *partnership* ergehen. Dies gilt nicht für den Fall, dass ein Partner gegen einen anderen Partner klagt[1430].

Sofern also Klagen unter Beteiligung Dritter in Betracht kommen, wird die Eigenständigkeit der Gesellschaft für prozessuale Zwecke fingiert[1431]. Dem Grundsatz folgend, dass jeder Partner das Recht hat, die Gesellschaft zu vertreten[1432], kann auch jeder Partner für die Gesellschaft prozessrechtlich tätig werden. Das bedeutet, dass jeder Partner im eigenen Namen und im Namen seiner Mitgesellschafter auch ohne deren Einverständnis gesellschaftsrechtliche Ansprüche geltend machen kann[1433]. Tut er dies ohne Einverständnis seiner Mitgesellschafter, muss er diese allerdings von etwaigen Kosten freihalten[1434]. Ebenso kann jeder Partner einen Prozess etwa durch Verzicht (*release*) beenden, solange dies nicht aufgrund Kollusion oder Be-

---

[1429] Smith, MLR 41 (1978), 147 ff.

[1430] Vgl. die kanadische Entscheidung von Steele in Re Unical Properties and 784688 Ontario Ltd., D.L.R. (4th) 73 (1990), 761 (763 ff.).

[1431] Fraser in Deacons v. Bridge, All E.R. 1984 (2), 19 (20 ff.); Morse, S. 82.

[1432] Sec. 5 PA.

[1433] Bayley in Whitehead v. Hughes, Cr. & M. 2, 318 (319); Esher in Court v. Berlin, Q.B. 1897 (2), 396 (399).

[1434] Bayley in Whitehead v. Hughes, Cr. & M. 2, 318 (319); Rigby in Tomlinson v. Broadsmith, Q.B. 1896 (1), 386 (392); Bigham in Cullen v. Knowles and Birks, Q.B. 1898 (2), 380 (381 f.).

nachteiligungsabsicht (*fraudulent*) gegenüber der *Partnership* bzw. den übrigen Partnern geschieht[1435].

Für Rechtsstreitigkeiten innerhalb der Gesellschaft kommt die Regel, dass die Gesellschaft selbst keine Rechtspersönlichkeit besitzt, in vollem Umfang zur Geltung. Das bedeutet, dass derjenige oder diejenigen Partner, die ein Recht für sich beanspruchen, den oder diejenigen Partner, gegen die sich der Anspruch richtet, verklagen können und müssen[1436]. Zugleich ist allerdings zu beachten, dass die Gerichte sehr zurückhaltend sind, was die Einmischung in Angelegenheiten der Gesellschaft angeht[1437].

Als mögliche Sanktionen können Partner wegen Vertragsverletzung (*breach of contract*) klagen, die Bestellung eines Verwalters[1438] oder die Auflösung *on the just and equitable ground*[1439] beantragen. Eine Generalklausel ähnlich sec. 459 CA gibt es im PA zum Schutz einer Gesellschafterminderheit dagegen nicht. Besonders hervorzuheben ist, dass die Gerichte trotz wirksamen Gesellschaftsvertrages eine Partei nicht dazu verurteilen würden, Partner einer *partnership* zu werden. Eine derartige Klage auf Erfüllung scheitert daran, dass die Gerichte es nicht für sinnvoll halten, eine Partei gegen ihren Willen in eine *partnership* zu zwingen:

> „To compel an unwilling person to become a partner with another would not be conducive to the welfare of the latter, any more than to compel a man to marry a woman he did not like would be for the benefit of the lady."[1440]

Vielmehr kann eine solche Klage nur auf Schadensersatz gerichtet sein. Darin kommt zum Ausdruck, dass die Verurteilung zu einem bestimmten Verhalten (*specific performance*) im *common law* lange Zeit hinter der Verurteilung zur Zahlung von Schadensersatz (*damages*) zurückstand[1441]. Gleichwohl ste-

---

[1435] Ellenborough in Henderson and Smith v. Wild, Camp. 2, 561 (562); Denman in Farrar, Calverley v. Hutchinson, A. & E. 9, 641 (643).

[1436] Lyndhurst in Hills v. Nash, Phillips 1, 594 (598 f.); siehe auch Lindley & Banks, Rn. 23-04 ff. (S. 598 ff.).

[1437] Eldon in Marshall v. Colman, J. & W. 2, 266 (268 f.); Graham in Lawson v. Morgan, Price 1, 303; Davey in Burland v. Earle, A.C. 1902, 83 (93); Harman in Re Swindon Town Football Co Ltd, BCLC 1990, 467 (469); Arden in Re Macro (Ipswich) Ltd, BCLC 1994 (2), 354 (404). Vgl. auch Lindley & Banks, Rn. 23-15 (S. 605).

[1438] Morse, S. 189.

[1439] Sec. 35 lit. (f) PA.

[1440] Lindley in Lindley & Banks, Rn. 23-43 (S. 617).

[1441] Siehe zur traditionellen Zurückhaltung der Gerichte, zu einem bestimmten Verhalten zu verurteilen, Wilberforce in Shiloh Spinners Ltd. v. Harding, A.C. 1973, 691 (724); Megarry in Tito v. Waddell (No. 2), Ch. 1977, 106 (321 ff.); Slade in Gravesham Borough Council v. British Railways Board, Ch. 1978, 379 (404).

hen den Partnern, wenn gegenseitige partnerschaftliche Pflichten erst einmal wirksam begründet sind, auch andere Rechsfolgen als nur die Zahlung von Schadensersatz zu. Neben der bedeutenden Rechtsfolge der Auflösung der Gesellschaft gehören hierzu beispielsweise die Erfüllung von Informationspflichten[1442].

b) *Derivative Action*

Anders stellt sich die Situation dann dar, wenn die Partner mehrheitlich beschließen, einen Anspruch nicht verfolgen zu wollen. Intern sind an diesen Beschluss alle Partner gebunden und verlieren damit die Befugnis, für die Gesellschaft – genauer gesagt für sich und die übrigen Partner in Angelegenheiten der Gesellschaft – vor Gericht aufzutreten. Insoweit entspricht diese Rechtsfolge derjenigen, die sich für das Recht der *companies* aus der Regel aus *Foss v. Harbottle* ergibt. Die fehlende Rechtspersönlichkeit der *partnerships* führt in diesen Fällen jedoch zu einigen Unsicherheiten. Wie beschrieben gilt im Recht der *companies* die Regel aus *Foss v. Harbottle*, wonach eine Gesellschafterminderheit grundsätzlich kein Recht hat, eine Klage zu verfolgen, wenn die Gesellschaftermehrheit dies nicht will. Die Regel fußt darauf, dass *companies* eine eigene Rechtspersönlichkeit besitzen[1443] und damit als solche Partei eines Rechtsstreits sind.

Eine *partnership* ist aber trotz *Order* 81 der RSC nicht rechtsfähig. Wie weit die Konsequenzen aus der Regelung in *Order* 81 der RSC reichen, d.h., ob die Grundsätze aus *Foss v. Harbottle* gleichwohl auf *partnerships* Anwendung finden, mussten englische Gerichte bisher nicht entscheiden. In Kanada dagegen wird die Regel aus *Foss v. Harbottle* auch auf *partnerships* angewendet: In *Watson v. Imperial Financial Services Ltd.*[1444] hat ein *limited partner* eine Bank auf Schadensersatz verklagt, obwohl die *general partners* einen solchen Anspruch nicht verfolgen wollten. Hintergrund war, dass die *general partner* und die beklagte Bank kollusiv zum Schaden der *partnership* zusammen gewirkt haben. Das Gericht wandte auf diesen Fall grundsätzlich die Regel aus *Foss v. Harbottle* an. In der Entscheidung heißt es:

[1442] Lindley & Banks, Rn. 23-70 ff. (S. 632 ff.).

[1443] Morse, S. 83.

[1444] Watson v. Imperial Financial Services Ltd., D.L.R. (4th) 111 (1994), 643.

„I do not think it would be open to those partners to individually commence an action against the bank. [...] This claim, in substance, is one of the partnership and not the individual partners.“[1445]

Gleichwohl wies es die Klage nicht als unzulässig ab, da eine der Ausnahmen zur Regel vorläge und deshalb die Klage in Form der *derivative action*[1446] zulässig sei[1447]. Insgesamt ist angesichts der Tatsachen, dass *partnerships* in anderen Ländern des *common law* – namentlich in Schottland – eine eigene Rechtspersönlichkeit besitzen und in England durch die *Judicature Acts* die Position der englischen *partnerships* geändert wurde, ist von einer Geltung der in *Watson v. Imperial Financial Services Ltd.* genannten Grundsätze auch im englischen Recht auszugehen[1448]. Ob diese auch für Streitigkeiten unter den Partnern gelten, wird allerdings bezweifelt, da hierfür mit Blick auf die Möglichkeit der *personal action* kein Bedarf bestehe[1449].

III. Länderbericht Frankreich

1. Action en Nullité

Wie beschrieben können Fehler der Beschlussfassung zur *nullité* des Beschlusses führen. *Nullité* wird mit der *action en nullité* geltend gemacht. Beschlüsse sind *nulle*, wenn sich dies aus der materiellen gesetzlichen Regelung ergibt[1450]. Daneben führen auch *fraude* und *abus de majorité* zur *nullité*[1451].

Wer eine *action en nullité* erheben kann, hängt von der Unterscheidung zwischen *nullités absolues* und *nullités relatives* ab. Von *nullités absolues* spricht man, wenn der Mangel absolute Geltung beansprucht. In diesem Fall kann jeder, der ein legitimes Interesse vorweisen kann, die Klage geltend machen. *Nullité relative* liegt dagegen dann vor, wenn die entsprechende Norm, auf die die *nullité* gestüzt wird, Einzelinteressen schützt. In diesem

---

[1445] Hollinrake in Watson v. Imperial Financial Services Ltd., D.L.R. (4th) 111 (1994), 643 (652).

[1446] Siehe hierzu näher oben S. 233.

[1447] Hollinrake in Watson v. Imperial Financial Services Ltd., D.L.R. (4th) 111 (1994), 643 (653 ff.).

[1448] Vgl. Morse, S. 83 f.

[1449] Morse, S. 84.

[1450] Siehe oben S. 180 ff.

[1451] Siehe Rives-Lange, Rev.jur.comm. 35 (1991), Numéro Spécial, S. 72.

Fall kann nur der betroffene Personenkreis die *nullité* geltend machen[1452]. Die Klage richtet sich immer gegen die Gesellschaft[1453].

2. Action en Régularisation

Droht die *nullité* deshalb, weil die Statuten nicht alle erforderlichen Angaben enthalten oder formelle Vorschriften nicht eingehalten wurden, kann statt der *action en nullité* im Wege der *action en régularisation* vorgegangen werden[1454]. Sie kann von jedem Betroffenen (*tout intéressé*) geltend gemacht werden. Hierzu zählen Gesellschafter, *dirigeants* (etwa: leitende Direktoren), Rechnungsprüfer, Angestellte etc. Ziel der *action en régularisation* ist die Heilung des Fehlers. Nach Heilung kann eine *action en nullité* nicht mehr erhoben werden. Gleichwohl steht die *action en régularisation* Schadensersatzklagen nicht entgegen[1455].

3. Schadensersatz und andere Leistungsansprüche

Neben der Möglichkeit, gegen fehlerhafte Beschlüsse vorzugehen, besteht auch im französischen Recht die Möglichkeit, bestimmte Handlungen oder Schadensersatz (*dommages-intérêts*) für entstandene Schäden zu verlangen. Insbesondere haften die Geschäftsführungsorgane der Personengesellschaften gegenüber der Gesellschaft[1456]. Handlungen eines Verwaltungsorgans, die eine Schadensersatzpflicht auslösen können, bestehen etwa in einer Verletzung der Statuten, Missachtung gesetzlicher Vorschriften, Kompetenzüberschreitung oder fehlerhafter Geschäftsführung (*faute de gestion*)[1457]. Theoretisch kann auch ein *abus de majorité* eine Schadensersatzpflicht der Gesellschaftermehrheit auslösen, wenngleich dies in den meisten Fällen an der Bestimmung einer angemessenen Geldsumme scheitern wird[1458].

Bei der Geltendmachung von Schadensersatz kann es zu Interessenwidersprüchen innerhalb der Gesellschaftsordnung kommen, da bei allen Gesellschaftsformen die Organe auch Ansprüche der Gesellschaft gerichtlich

---

1452 Juris-Classeur (Gibirila), Art. 1832 à 1844-17 CC, Heft 80, Para. 46.

1453 Juris-Classeur (Gibirila), Art. 1832 à 1844-17 CC, Heft 80, Para. 48.

1454 Art. 1839 Abs. 1 und 2 CC.

1455 Juris-Classeur (Gibirila), Art. 1832 à 1844-17 CC, Heft 80, Para. 57.

1456 Art. 1850 Abs. 1 CC.

1457 Art. 1850 Abs. 1 CC; siehe auch Mercantal/Janin, Rn. 3943 und 5430 ff.; Planck, S. 34 ff.

1458 Tricot, RTD com. 47 (1994), 617 (624).

geltend machen[1459]. Einzelne Gesellschafter dagegen haben grundsätzlich nicht das Recht, vor Gericht im Namen der Gesellschaft aufzutreten[1460]. Daher hat sich im französischen Recht für alle Gesellschaftsformen das Institut der *action sociale ut singuli* (etwa: Klage für die Gesellschaft) herausgebildet, das von individuellen Klagen der Gesellschafter (*actions individuelles* oder *actions personelles*) aus der Verletzung eigener Rechte unterschieden wird.

a) Action Individuelle

Im Wege der *action indviduelle* kann ein Gesellschafter solche Schäden geltend machen, die ihm persönlich entstanden sind[1461]. Im Unterschied zur *action sociale* verfolgt er bei der *action individuelle* eigene Rechte. Schadensersatzpflichtige Handlungen sind etwa die Nichtbeachtung maßgeblicher gesetzlicher oder satzungsmäßiger Bestimmungen sowie eine fehlerhafte Geschäftsführung (*faute de gestion*)[1462]. Nicht ausreichend für eine Klage ist dabei allerdings, dass der Wert des Geschäftsanteils aufgrund schlechten Managements gesunken ist.

b) Action Sociale ut Singuli im Personengesellschaftsrecht

In Art. 1843-5 CC[1463] ist geregelt, dass dann, wenn ein *gérant* der Gesellschaft einen Schaden zufügt, ein oder mehrere Gesellschafter im Wege der *action sociale* von diesem *gérant* Schadensersatz verlangen können. Man spricht dann von einer *action sociale ut singuli.* Dieser Begriff wird teilweise von der *action sociale ut universi*, die nicht von Art. 1843-5 CC erfasst wird und bei der eine Klage der Gesellschaft gegen bisherige *gérants* durch neue *gérants* geltend gemacht wird, abgegrenzt[1464]. Bei der *action sociale ut universi* wird die allgemeine Vertretungsordnung beachtet. Eines Rückgriffs auf Art. 1843-5 CC bedarf es daher nicht.

1459 Mercantal/Janin, Rn. 1775.

1460 Cass.com. v. 06.12.1977 (Feugier-Sappey), Rev.soc. 97 (1979), 373 f.; CA Paris v. 14.05.1991, Bull.Joly 1991, 728.

1461 Bombrun, S. 227.

1462 Vgl. Art. L. 225-251 Abs. 1 CCom.

1463 Eingeführt aufgrund des Gesetzes Nr.88-15 vom 05. Januar 1988.

1464 Zu den Begriffen siehe Merle, Rn. 141 und 199; Mercadal/Janin, Rn. 3944; etwas anders scheinbar Cozian/Viandier/Deboissy, Para. 363, die die Begriffe *action sociale* und *action ut singuli* gleichzusetzen scheinen; siehe dann aber Para. 746. Anders Wiedemann, S. 456.

Im Falle der Verurteilung wird der Schadensersatz der Gesellschaft und nicht dem klagenden Gesellschafter gewährt[1465]. Eine Satzungsbestimmung, wonach die Gesellschafterklage von einer vorherigen Anhörung oder Zustimmung der Gesellschafterversammlung abhängig gemacht wird oder die einen Verzicht darauf enthält, gilt als nicht geschrieben[1466]. Die Bestimmung des Art. 1843-5 Abs. 1 CC gilt für alle Personengesellschaften[1467].

c) *Action Sociale ut Singuli bei S.A.R.L. und S.A.*

Für die Kapitalgesellschaften finden sich Regelungen zur *action sociale* im CCom. Für die S.A.R.L. ist in Art. L. 223-22 Abs. 3 CCom geregelt, dass ein Gesellschafter allein oder eine Gruppe von Gesellschaftern, die mindestens über ein Zehntel des Gesellschaftskapitals verfügt[1468], im Wege der *action sociale (ut singuli)* im Namen und für Rechnung der Gesellschaft[1469] vorgehen kann. Sie sind damit nicht an die allgemeine Vertretungsordnung der Gesellschaft gebunden. Die Regelungen über die *action sociale ut singuli* sind unabdingbar[1470]. Für die S.A. bestimmt Art. L. 225-252 CCom, dass sich Aktionäre entsprechend gegen Schädigungen durch die *administrateurs* oder den *directeur général* wenden können. Bei der S.A. ist hierfür eine Gruppe von Aktionären, die über mindestens ein Zwanzigstel des Gesellschaftskapitals verfügt[1471], erforderlich. Beträgt das Gesellschaftskapital mehr als EUR 750.000, reduziert sich der für eine *action sociale* nötige Anteilsbesitz entsprechend den Bestimmungen des Art. 200 Abs. 2 D.67-236. Die Regelungen über die Haftung der Organe der S.A. gelten im Übrigen entsprechend für die S.A.S.[1472] Nicht von Artt. L. 223-22 bzw. L. 225-252 CCom erfasst ist wiederum eine Schadensersatzklage, die von einem originär zuständigen Vertretungsorgan der Gesellschaft beispielsweise gegen die bisherige Verwaltung geltend gemacht wird (*action sociale ut universi*[1473]).

Zu beachten ist, dass die *action sociale ut singuli* einen Eingriff in die originäre Kompetenzordnung der Gesellschaft bedeutet. Aus diesem Grund

---

1465 Art. 1843-5 Abs. 1 CC.

1466 Art. 1843-5 Abs. 2 CC.

1467 Art. 1834 CC; vgl. Mercadal/Janin, Rn. 3944 (S.N.C.), Rn. 4780 (S.C.S.).

1468 Art. 45 Abs. 1 D.67-236.

1469 Cozian/Viandier/Deboissy, Para. 746 (für die S.A.).

1470 Art. L. 223-22 Abs. 4 CCom.

1471 Art. L. 225-252 S. 1 i.V.m. Art. L. 225-120 CCom, Art. 200 Abs. 1 D.67-236.

1472 Art. 227-8 CCom.

1473 Merle, Rn. 410.

ist sie gegenüber der *action sociale ut universi* subsidiärer Natur. Dies hat im französischen Recht jedoch insoweit nur wenig Konsequenzen, als die Zulässigkeit der *action social ut singuli* nicht voraussetzt, dass die Gesellschaft selbst bzw. ihre Vertreter aufgefordert worden sind, Klage zu erheben[1474]. Eine einmal erhobene Klage wird zudem nicht dadurch unzulässig, dass die Gesellschaft ebenfalls – danach – Klage erhebt[1475]. Insgesamt hat die Gesellschafterklage allerdings nur geringe praktische Bedeutung. Dies wird insbesondere mit dem Kostenrisiko begründet[1476].

d) Haftung des Dirigeant de Fait

Neben der gesellschaftsrechtlichen Haftung des *gérant* gegenüber der Gesellschaft wurde in der Rechtsprechung das Institut des *gérant de fait* bzw. *dirigeant de fait* entwickelt, die inzwischen für alle Gesellschaftsformen gilt[1477]. Man versteht darunter jeden, der auf die Geschäftsleitung der Gesellschaft Einfluss nimmt. Dies kann offen oder versteckt, direkt oder indirekt geschehen[1478]. Die Einflussnahme ist dabei jedoch von der bloßen Beratung sowie von der zulässigen Kontrolle der Geschäftsleitung – beispielsweise durch die Gesellschafter – zu unterscheiden. Einflussnahme liegt dann vor, wenn der eigentlichen Geschäftsleitung kein eigener Entscheidungsspielraum verbleibt[1479].

Der *dirigeant de fait* haftet nicht nach den gesellschaftsrechtlichen Haftungstatbeständen[1480], sondern nach allgemeinen vertraglichen und deliktischen Haftungsvorschriften aus Artt.1147, 1382 ff. CC[1481]. Art. 1147 CC regelt dabei die vertragliche, Art. 1382 CC die deliktische Haftung. Beide

---

[1474] Trib.com. Lyon v. 28.06.1912 (Garnier), J.S. 1917, 201 (204 f.); C.App. Rennes v. 18.02.1907 (Navigation française), J.S. 1909, 171; C.App. Paris v. 20.03.1901 (Annales politiques), J.S. 1902, 351 (352 ff.).

[1475] Planck, S. 46 f.

[1476] Planck, S. 75 f.; Ulmer, ZHR 163 (1999), 290 (301).

[1477] Becker, S. 115.

[1478] Vgl. Art. L. 241-9 CCom: „*Les dispositions des articles L. 241-2 à L. 241-7 sont applicables à toute personne qui, directement ou par personne interposée, aura, en fait, exercé la gestion d'une société à responsabilité limitée sous le couvert ou au lieu et place de son gérant légal.*“ Siehe auch Cass.com. v. 02.05.1977 (Sogebat), Rev.soc. 95 (1977), 736 (737).

[1479] Terboven, S. 13.

[1480] Cass.com. v. 06.10.1981 (Satherm), D. 1983, 133; Cass.com. v. 21.03.1995, D. 1995, I.R. 112; anders noch C.App. Rouen v. 23.05.1978, J.C.P. 1979 (II), 19235.

[1481] Zum Verhältnis der vertraglichen zur deliktischen Haftung siehe Cass.com. v. 04.10.1976 (Tissages), Bull. civ. 1976 (4), 210 (Nr. 245).

Haftungstatbestände setzen eine schuldhafte, d.h. vorsätzliche oder fahrlässige Handlung (*faute*), einen Schaden (*dommage*), und Kausalität zwischen Handlung und Schaden (*lien de causalité*) voraus[1482].

IV. Rechtsvergleichende Analyse

Effektiver Minderheitenschutz kann sich nicht darauf beschränken, die formale und materielle Rechtsposition der Minderheit zu gestalten. Vielmehr ist es notwendig, die Minderheit mit solchen Klagesmöglichkeiten auszustatten, die eine Durchsetzung ihrer Rechte gewährleisten. Dabei sind zum einen solche Instrumente zu berücksichtigen, die einen direkten Schutz gewähren. Hierzu zählen die Klagen auf Gewährung mitgliedschaftlicher Leistungen oder Abwehr etwaiger beeinträchtigender Handlungen. Zum anderen sind solche Klagemöglichkeiten von Bedeutung, die auf bloße Kompensation erlittener Schäden zielen. Schließlich verdient die Möglichkeit einzelner Gesellschafter, alleine oder in einer Gruppe Ansprüche der Gesellschaft durchzusetzen, besondere Beachtung. Zu unterscheiden ist deshalb jeweils zwischen Ansprüchen, die ein Gesellschafter wegen der Verletzung individueller Rechte geltend macht (Individualklagen), und Ansprüchen der Gesellschaft, die von einzelnen Gesellschaftern geltend gemacht werden können (Gesellschafterklagen).

Die Klagen können entweder auf Vermögensschutz oder auf Schutz der unternehmerischen Mitgestaltung gerichtet sein. Während ersteres bei kapitalistischen Gesellschaften im Vordergrund steht, ist letzteres bei den personalistischen Gesellschaften eher zu berücksichtigen, was insoweit auch als Prinzip formuliert werden kann.

1. Individualklagen

Als völlig unproblematisch ist in allen Rechtsordnungen die Möglichkeit eines Gesellschafter anzusehen, ihm zustehende Leistungen – etwa die Auszahlung der Gewinnausschüttung – gerichtlich einzuklagen. Diese Klagen können insgesamt als individuelle Klagen bezeichnet werden, da der Gesellschafter ein ihm persönlich zustehendes Recht geltend macht. Unterschiede bestehen lediglich in der Person des Klagegegners. Diese sind auf die unterschiedliche Rechtsfähigkeit der Gesellschaftsformen zurückzuführen, also darauf, ob die Gesellschaft eine von den Gesellschaftern unabhängige Person ist.

[1482] Siehe Terboven, S. 28.

Neben dem Anspruch auf Leistungen kann auch ein Bedürfnis bestehen, rechtswidrige Eingriffe in Rechtspositionen der Gesellschafter abzuwehren. Diese Eingriffe können zum einen auf Beschlüsse, zum anderen aber auch auf sonstiges Handeln der übrigen Gesellschafter oder der Gesellschaft zurückzuführen sein. In allen Rechtsordnungen ist als bedeutendstes Abwehrrecht deshalb die Möglichkeit für einzelne Gesellschafter bzw. Gesellschaftergruppen vorgesehen, sich gegen fehlerhafte Beschlüsse zur Wehr zu setzen und diese gegebenenfalls zu Fall zu bringen. Eine besondere Ausprägung hat dies im deutschen Recht in den Instituten der Anfechtungs- und Nichtigkeitsklagen, im französischen Recht im Institut der *action en nullité* gefunden. Im englischen Recht erfüllt – wiederum – sec. 459 CA diese Funktion, die in ihren Rechtsfolgen den Gerichten einen weiten Ermessensspielraum einräumt. Des besonderen Instituts einer Beschlussanfechtungsklage bedarf es insoweit nicht. Insgesamt ergibt sich:

Wird einem Gesellschafter durch die Gesellschaft oder einen anderen Gesellschafter unmittelbar ein Schaden zugefügt, so kann der Gesellschafter Schadensersatz durch Individualklage geltend machen. Der Klagegegner ist der Schadensverursacher.

(Prinzip 6.1)
Ein Gesellschafter kann die Verletzung individueller Rechtspositionen durch eine entsprechende Individualklage gegen den oder die Schädiger geltend machen. Als Schädiger kommen sowohl die übrigen Gesellschafter als auch die Gesellschaft selbst in Betracht. Insbesondere kann jeder einzelne Gesellschafter fehlerhafte Beschlüsse angreifen.[1483]

2. Ansprüche der Gesellschaft

Spannender ist die Frage, ob und wie ein Gesellschafter geschützt wird, wenn ein der Gesellschaft zustehender Anspruch von dieser nicht geltend gemacht wird. Die Frage ist eng verknüpft mit den Problemen der Vermögenszuordnung und Rechtsfähigkeit, also ob die Gesellschaft selbst Rechte erwerben kann. Dies ist jedenfalls bei den Kapitalgesellschaften, bei denen es sich immer um Gesellschaften mit eigener Rechtspersönlichkeit handelt, zu bejahen. Im Übrigen sind nur die französischen Personengesellschaften rechtsfähig. Im deutschen Recht handelt es sich bei den Personengesellschaften um Ge-

[1483] Der Begriff „beseitigen“ bezieht sich hier sowohl auf die Feststellung der Nichtigkeit als auch auf ihre Herbeiführung.

samthandsgemeinschaften, deren Rechtsentwicklung noch immer im Fluss ist. Im Innenverhältnis wird nach der Gesamthandslehre das Vermögen der Personengesellschaften von den Vermögen der Gesellschafter getrennt behandelt. Für die OHG und KG ist gesetzlich geregelt, dass sie unter ihrer Firma Rechte erwerben und Verbindlichkeiten eingehen können; hierbei handelt es sich demnach um eine gesetzlich angeordnete Rechtsfähigkeit ohne eigene Rechtspersönlichkeit. Dieser Ansatz wurde vom BGH auf die GbR ausgedehnt.

Die englische *partnership* dagegen ist nicht in der Lage, selbst Rechte zu erwerben, obgleich die Beschreibung der Vermögenszuordnung in der *partnership* mit dem deutschen Gesamthandsprinzip vergleichbar ist. Gleichwohl sieht *Order* 81 der RSC, was die Geltendmachung von Rechten anbetrifft, vor, dass die Partner einer *partnership* im Namen der Gesellschaft (*firm-name*) klagen und verklagt werden können. Hierbei handelt es sich jedoch im Gegensatz zum deutschen Recht lediglich um eine prozessrechtliche Fiktion, da Inhaber der geltend zu machenden Rechte alle Gesellschafter bleiben. Zudem greift *Order* 81 der RSC nicht in Fällen, in denen ein Partner gegen einen anderen Partner klagt[1484].

Hinsichtlich der möglichen Ansprüche der Gesellschaft ist es hilfreich, danach zu differenzieren, gegen wen sich diese richten. Zu Unterscheiden sind Ansprüche gegen die Gesellschafter (Sozialansprüche), Ansprüche gegen die Geschäftsführer und Ansprüche gegen Dritte:

a) Ansprüche gegen Dritte

Ausgangssituation ist in allen Rechtsordnungen, dass sich die Geltendmachung von Ansprüchen gegen Dritte grundsätzlich nach der Geschäftsführungsregelung der Gesellschaft richtet. Lediglich im englischen Recht der *companies* kann ausnahmsweise ein Gesellschafter einen Anspruch gegen Dritte im Wege der *derivative action* verfolgen, wenn dieser mit der Gesellschaftermehrheit kollusiv zusammen gewirkt hat. Im englischen Recht der *partnership* ist dieser Fall noch nicht relevant geworden. In Anlehnung an eine kanadische Entscheidung ist jedoch von einer vergleichbaren Rechtslage auszugehen. In Deutschland und Frankreich kann ein einzelner Gesellschafter Ansprüche gegen Dritte nicht verfolgen.

[1484] Vgl. die kanadische Entscheidung von Steele in Re Unical Properties and 784688 Ontario Ltd., D.L.R. (4th) 73 (1990), 761 (763 ff.).

b) *Ansprüche gegen Gesellschafter (Sozialansprüche)*

Hinsichtlich der Ansprüche gegen andere Gesellschafter greifen im englischen *company law* die Grundsätze über die *derivative action*. Das beinhaltet, dass ein Gesellschafter einen Anspruch der Gesellschaft gegen einen anderen Gesellschafter für die Gesellschaft ausnahmsweise dann verfolgen kann, wenn ein Fall des *fraud on the minority* vorliegt. Im deutschen Personengesellschafts- und GmbH-Recht greifen in diesen Fällen die Grundsätze über die *actio pro socio*. Auch hier kann ein einzelner Gesellschafter ausnahmsweise dann Sozialansprüche geltend machen, wenn die Gesellschaft diese Ansprüche pflichtwidrig nicht verfolgt. Im deutschen Aktienrecht und im französischen Recht finden sich vergleichbare Regelungen zu Sozialansprüchen nicht. Im englischen Recht der *partnership* stellt sich das Problem nicht, da dort Ansprüche der Gesellschafter untereinander immer Individualansprüche sind. Einen Anspruch der Gesellschaft selbst gegen einen einzelnen Gesellschafter ist unbekannt. Wie erwähnt greift *Order* 81 der RSC nicht in den Fällen, in denen ein Partner gegen einen anderen Partner klagt.

c) *Ansprüche gegen Geschäftsführer*

Besondere Bedeutung haben die Fälle, in denen die Geschäftsführer der Gesellschaft einen Schaden zufügen. Da auch die Fälle, in denen die Geschäftsführung einen Anspruch gegen Dritte pflichtwidrig nicht geltend macht, zu einem Schaden der Gesellschaft führen können, kommt auch für diese Fälle eine mittelbare Sanktionierung durch einen Schadensersatzanspruch gegen die Geschäftsführer in Betracht. Zur Geltendmachung von Schadensersatzansprüchen der Gesellschaft gegen die Geschäftsführung durch einzelne Gesellschafter gibt es im französischen Recht für alle Gesellschaftsformen gesetzliche Regelungen (*action sociale ut singuli*). Die Fälle, in denen ein Geschäftsführer der Gesellschaft einen Schaden zufügt, werden auch im englischen *company law* von der *derivative action* erfasst. Anders dagegen ist die Rechtslage im deutschen Recht. Im Personengesellschafts- und GmbH-Recht können Ansprüche gegen einen Geschäftsführer von einem einzelnen Gesellschafter nur dann geltend gemacht werden, wenn es sich gleichzeitig um einen Sozialanspruch handelt. Ein hiervon unabhängigen Anspruch gegen die Geschäftsführung ist im Rahmen der *actio pro socio* nicht vorgesehen. Das bedeutet, dass die *actio pro socio* nur dann als Klagemöglickeit gegen einen Geschäftsführer in Betracht kommt, wenn der Geschäftsführer auch Gesellschafter ist. Bei den Personengesellschaften ist dies allerdings immer der Fall, so dass diese Differenzierung nur in der GmbH relevant wird. Im deutschen Aktienrecht gelten die Grundsätze über die *actio pro socio* nicht. Stattdessen enthält das AktG ausdrückliche Regelungen, wonach Schadensersatzansprüche aus der Gründung, aus der Geschäftsführung oder nach § 117 AktG von einer Aktionärsminderheit, die über mindestens 10 % des Grundkapitals verfügt, geltend gemacht werden können. Im englischen *partnership law* gilt das zu den Ansprüchen gegen Gesellschafter Gesagte.

d) Zusammenfassung

In allen Rechtsordnungen wird die Problematik, dass eine Gesellschaft Ansprüche zu Lasten der Gesellschaft pflichtwidrig nicht geltend macht, erkannt. Lediglich im englischen Recht der *partnership* spielt diese Problematik eine untergeordnete Rolle, da die *partnership* als solche nicht in der Lage ist, Rechte gegenüber den Partnern zu erwerben. Somit stellen sich die im Zusammenhang mit der Gesellschafterklage dargestellten Fälle (mit Ausnahme der Ansprüche gegen Dritte) im englischen *partnership law* als Fälle der Individualansprüche der Gesellschafter dar. Zum Schutz der Gesellschafterminderheit können in allen Rechtsordnungen einzelne Gesellschafter bzw. eine Gesellschafterminderheit Ansprüche der Gesellschaft geltend machen. Allen Rechtsordnungen ist gemein, dass ein Gesellschafter einen Anspruch, der eigentlich der Gesellschaft zusteht, unter bestimmten Voraussetzungen selbst für die Gesellschaft geltend machen kann, ohne die Zuständigkeitsordnung der Gesellschaft für solche Klagen zu beachten. Die Nichtbeachtung der Zuständigkeitsordnung der Gesellschaft wird damit gerechtfertigt, dass diejenige Partei, die die Klage eigentlich geltend machen müsste – regelmäßig also die mit der Geschäftsführung betraute Person –, sich durch widerstreitende Interessen daran gehindert sieht.

Der Anwendungsbereich der jeweiligen Instrumente ist dabei jedoch sehr unterschiedlich. Überwiegende Gemeinsamkeiten bestehen darin, dass Ansprüche der Gesellschaft gegen Dritte – mit wenigen Ausnahmen im englischen Recht – von einzelnen Gesellschaftern nicht geltend gemacht werden können. Während im französischen Recht mit der *action sociale ut singuli* und im deutschen Aktienrecht mit der Minderheitsklage nach § 147 AktG Schadensersatzansprüche gegen die Verwaltung im Mittelpunkt stehen, erfasst die im deutschen Personengesellschafts- und GmbH-Recht geltende *actio pro socio* nur Ansprüche gegen Gesellschafter. Die *derivative action* erfasst beide Fallgruppen. Insgesamt gibt es jedoch Überschneidungen, ein „*common core*", die sich am leichtesten anhand folgender Übersicht erkennen lassen:

Abbildung 9: Übersicht über die Gesellschafterklagen

Gesellschaft	Rechtliche Grundlage	Anspruchsinhalt	Geltendmachung
dt. Personengesellschaften	actio pro socio (Richterrecht)	Sozialansprüche einschließlich Schadensersatzansprüche gegen geschäftsführende Gesellschafter aus der Geschäftsführung	einzelne Mitglieder
GmbH	actio pro socio (Richterrecht)	Sozialansprüche einschließlich Schadensersatzansprüche gegen geschäftsführende Gesellschafter	einzelne Mitglieder
AG	Aktionärsklage (§ 147 AktG)	Schadensersatzansprüche aus der Gründung, aus der Geschäftsführung oder nach § 117 AktG	Aktionärsminderheit, die über mindestens 10 % des Grundkapitals verfügt
alle französischen Gesellschaften	*action sociale ut singuli* (Art. 1843-5 CC; Artt. L.223-22, L.225-252 CCom)	Schadensersatzansprüche aus der Geschäftsführung gegen die *gérants*	S.A.R.L.: einzelne Mitglieder oder Minderheit mit mindestens 10 % des Gesellschaftskapitals; S.A.: Minderheit mit mindestens 5 % des Gesellschaftskapitals
Companies	derivative action (Richterrecht)	Schadensersatzansprüche aus der Geschäftsführung gegen die *directors* sowie Ansprüche gegen *shareholders*	einzelne Mitglieder
Partnerships	u.U. *derivative action*, bisher im englischen Recht nicht relevant	u.U. wie *companies*; kein Bedarf für die *derivative action* bei Streitigkeiten unter Partnern	u.U. einzelne Mitglieder

Als auffallendes Merkmal zeigt sich, dass in allen Gesellschaftsformen die Gesellschafterklage dazu dienen kann, um Schadensersatzansprüche der Gesellschaft gegen die mit der Geschäftsführung betraute Person geltend zu machen. Dies ist auch nicht überraschend, betrachtet man ihre Funktion, die darin besteht, Interessenwidersprüche, die zwischen demjenigen, der den Anspruch nach der Geschäftsführungs- und Vertretungsordnung der Gesellschaft eigentlich geltend machen muss, und dem Anspruchsgegner vorhanden sind, zu überwinden. Offensichtlich hat der Geschäftsführer einer Gesellschaft kein Interesse daran, im Namen der Gesellschaft sich selbst zu verklagen. Letztlich kann verallgemeinernd formuliert werden:

(Prinzip 6.2)
Ausnahmsweise besteht für einen Gesellschafter bzw. eine Gesellschafterminderheit die Möglichkeit, Schadensersatzansprüche der Gesellschaft aus der Geschäftsführung im Namen der Gesellschaft gegen den oder die Geschäftsführer geltend zu machen.

Da hierbei jedoch die Besonderheiten des *partnership law* außer Acht gelassen werden, handelt es sich nur um ein sehr schwaches Prinzip.

Bei den Personengesellschaften – unter Beachtung des Vorbehalts für das englische Recht der *partnerships* – ist zur Geltendmachung jeder Gesellschafter berechtigt. Bei den Kapitalgesellschaften bestehen erhebliche Unterschiede. Im englischen Recht der *companies*, im deutschen GmbH-Recht und im französischen Recht der S.A.R.L. ist jeder Gesellschafter zur Gesellschafterklage befugt. Für die S.A.R.L. ist dieses Recht zudem als Minderheitenrecht ausgestaltet, d.h. eine Gruppe von Minderheitsgesellschaftern kann ebenfalls auf diesem Wege vorgehen. Dagegen verlangen das französische Recht der S.A. und das deutsche Aktienrecht eine qualifizierte Minderheit. Bedeutender Unterschied des deutschen Aktienrechts zu den übrigen Regelungen ist zudem, dass in Deutschland kein unmittelbares Klagerecht gegen den Anspruchsgegner besteht. Vielmehr können die Aktionäre zum einen die zuständigen Organe zur Geltendmachung des Anspruchs auffordern oder besondere Vertreter bestellen. Die Bestellung eines besonderen Vertreters können sie zudem bei Gericht beantragen. Kommen die zuständigen Organe trotz Aufforderung der Geltendmachung nicht nach, dann steht den nach § 147 Abs.3 AktG berechtigten ebenfalls das Recht zu, bei Gericht die Bestellung eines Vertreters zu beantragen.

Unterschiede bestehen zudem bezüglich der weiteren Voraussetzungen. Im deutschen Personengesellschaftsrecht wird die Geltendmachung der Gesellschafterklage an keine weiteren Voraussetzungen geknüpft, während im GmbH-Recht mindestens ein entgegenstehender Gesellschafterbeschluss Voraussetzung ist. Im englischen Recht ist die Geltendmachung nur in den Fällen der anerkannten Ausnahmen zur Regel in *Foss v. Harbottle* zulässig. Im französischen Recht steht die Klage gleichberechtigt neben der Gesellschaftsklage. Die Frage, ob Voraussetzung der Gesellschafterklage ist, dass der Anspruchsgegner auch Gesellschafter ist, stellt sich lediglich im deutschen GmbH-Recht. Dies rührt daher, dass die Gesellschafterklage sich historisch aus dem Personengesellschaftsrecht entwickelt hat und auf Sozialansprüche beschränkt war. Diese Beschränkung auf Sozialansprüche wird den Interessenlagen in der GmbH nicht gerecht, gilt jedoch auch dort.

(Prinzip 6.2.1)
Bei den Personengesellschaften hat jeder Gesellschafter das Recht zur Geltendmachung von Schadensersatzansprüchen der Gesellschaft aus der Geschäftsführung im Namen der Gesellschaft gegen den oder die Geschäftsführer.

(Prinzip 6.2.2)
Bei denjenigen Kapitalgesellschaften, die nach der gesetzlichen Konzeption personalistisch ausgestaltet sind, steht dieses Recht jedem Gesellschafter wenigstens dann zu, wenn sich der Anspruch gegen einen Geschäftsführer richtet, der auch Gesellschafter ist.

(Prinzip 6.2.3)
Bei den übrigen Kapitalgesellschaften steht dieses Recht mindestens einer Gesellschafterminderheit zu.

Bedeutsam für die Geltendmachung des Rechts ist auch die Frage der Kostentragung. Während im deutschen und französischen Recht grundsätzlich der klagende Gesellschafter das Kostenrisiko trägt, wird in England das Recht auf eine Kostenübernahme bzw. Entschädigung anerkannt. Voraussetzung hierfür ist, dass der Kläger die Klage nicht treuwidrig (*in good faith*) erhebt.

G. Grenzen der Ausübung von Minderheitsrechten

Aus den voranstehenden Ausführungen ergibt sich, dass ein Gesellschafter oder eine Gesellschafterminderheit über eine Vielfalt an Instrumenten verfügt, eigene Interessen zu schützen. Dies fängt bei etwaigen Widerspruchsrechten im Zusammenhang mit der Geschäftsführung an und endet mit der Anfechtung von Beschlüssen. Im Zusammenhang mit den Ausführungen zu den materiellen Grenzen der Mehrheitsherrschaft wurde aber auch deutlich, dass der Maßstab für die Frage, wann ein Verhalten der Mehrheit sanktionsfähig ist, das Gesellschaftsinteresse ist. Diese Ausrichtung gilt in gleichem Maße für die Gesellschafterminderheit, was – wie nachfolgend aufgezeigt wird – einschließt, dass sich im Einzelfall auch für einen Minderheitsgesellschafter besondere Verhaltensgebote oder -verbote ergeben können[1485].

I. Länderbericht Deutschland

Im deutschen Recht können sich solche Verhaltensgebote oder -verbote aus der Treuepflicht ergeben. Dies hat der BGH im Girmes-Urteil[1486], das das Aktienrecht betraf, ausdrücklich deutlich gemacht. Dort heißt es:

> „Auch dem Minderheitsaktionär obliegt eine Treuepflicht gegenüber seinen Mitaktionären. Sie verpflichtet ihn, seine Mitgliedsrechte [...] unter angemessener Berücksichtigung der gesellschaftsbezogenen Interessen der anderen Aktionäre auszuüben."[1487]

Streitgegenstand war eine sinnvolle und mehrheitlich angestrebte Sanierung der Gesellschaft. Hierzu sollte das Grundkapital im Verhältnis 5:2 herabgesetzt werden. Eine Gesellschafterminderheit, die über 42,39 % der Stimmen verfügte, verhinderte die erforderliche Beschlussfassung. Die Besonderheit an diesem Urteil ist, dass es die Entwicklung im Aktienrecht konsequent fortschreibt.

Nach deutschem Recht kann eine rechtsmissbräuchlich handelnde Minderheit verpflichtet werden, einem Beschluss zuzustimmen[1488]. Rechtstechnisch wird dabei die Zustimmung durch ein entsprechendes Urteil ersetzt[1489]. Ebenfalls als Rechtsfolge in Betracht kommt im Rahmen der an anderer Stelle genannten Grundsätze der Ausschluss des missbräuchlich handelnden Gesellschafters[1490]. Schließlich können auch die aufgrund eines durch die Minderheit ausgeübten Machtmissbrauchs gefassten Beschlüsse angefochten werden[1491]. Eine von der Minderheit rechtsmissbräuchlich erho-

1485 Zum Missbrauchsverbot und der gesellschaftsrechtlichen Teuepflicht als Grenzen der Informationsrechte siehe Wendt, S. 88 ff.

1486 BGH v. 20.03.1995 (Girmes), BGHZ 129, 136.

1487 BGH v. 20.03.1995 (Girmes), BGHZ 129, 136 (Leitsatz a.).

1488 BGH v. 29.05.1967, BGHZ 48, 163 (174); BGH v. 25.09.1986, BGHZ 98, 276 (278). Vgl. Henze, ZHR 162 (1998), 186 (191 ff.).

1489 § 894 Abs. 1 ZPO.

1490 BGH v. 01.04.1953, BGHZ 9, 157 (162 ff.); BGH v. 09.03.1987, GmbHR 78 (1987), 302 (303). Zur AG Becker, ZGR 1986, 383 (387 ff.).

1491 RG v. 09.10.1928, RGZ 122, 102 (107); RG v. 09.01.1931; BGH v. 28.01.1953, BGHZ 8, 348 (355); BGH v. 26.10.1983, BGHZ 88, 320 (328 f.); BGH v. 21.03.1988, BGHZ 104, 66 (69 f.).

bene Anfechtungs- oder Nichtigkeitsklage kann abgewiesen werden[1492]. Ob dagegen die Mehrheit rechtsmissbräuchlich abgegebene Stimmen – vergleichbar einem Selbsthilferecht – ignorieren kann, erscheint zweifelhaft, da darin jedenfalls im Kapitalgesellschaftsrecht eine Umgehung der gesetzlichen Zuständigkeitsordnung gesehen werden könnte[1493]. Im Personengesellschaftsrecht wird dies von den Gerichten zugelassen[1494].

II. Länderbericht England

Auch im englischen Recht bestehen Schranken für die Ausübung formal bestehender Minderheitsrechte. Im Recht der *partnerships* ergeben sich diese bereits aus den *fiduciary duties*, da diese selbstverständlich nicht nur seitens der Gesellschaftermehrheit gegenüber der Minderheit geschuldet werden, sondern allgemeiner Bestandteil der Beziehungen unter den Gesellschaftern ist. Im Recht der Kapitalgesellschaften können diese Schranken – wie beschrieben – nicht aus *fiduciary duties* hergeleitet werden. Gleichwohl lassen sich auch hier als Spiegelbild der Pflichten der Gesellschaftermehrheit Grenzen aus allgemeinen Rechtsgrundsätzen ziehen[1495]. Zum einen kann sich ein Gesellschafter nicht gegen ein Handeln der Gesellschaftermehrheit wenden, wenn er selbst an der Handlung beteiligt war (sogenannte *clean hands doctrine*)[1496]. Zum anderen muss sich auch das Handeln der Gesellschafterminderheit am Gesellschaftsinteresse ausrichten. In *Nurcombe v. Nurcombe* heißt es:

> „Whoever comes forward to start the proceedings must be doing so for the benefit of the company and not for some other purpose."[1497]

Daraus ergibt sich auch als Voraussetzung für die Geltendmachung einer *derivative action* nach *Gibson* in *Barrett v. Duckett*, dass die Kläger *„bona fide on behalf of the company"*[1498] handeln müssen. Dies ist beispielsweise dann

[1492] RG v. 27.06.1940, RGZ 164, 257 (262); BGH v. 23.02.1981, BGHZ 80, 346 (349); ebenso eine Auflösungsklage: BGH v. 15.04.1985, NJW 1985, 1901 (1902).

[1493] Vgl. Bellinghausen, S. 132.

[1494] BGH v. 17.12.1959, BGH, NJW 1960, 434 f.; BGH v. 28.05.1979, WM 1979, 1058 (1059 f.); BGH v. 05.11.1984, NJW 1985, 974; BGH v. 29.09.1986, WM 1986, 1556 (1557).

[1495] Vgl. Kinross in Pirie v. Stewart, Sess.C. 6 (1904), 847 (850).

[1496] Williams in Towers v. African Tug Company, Ch. 1904 (1), 558 (567); Lawton in Nurcombe v. Nurcombe, W.L.R. 1985 (1), 370 (376 f.).

[1497] Lawton in Nurcombe v. Nurcombe, W.L.R. 1985 (1), 370 (376); siehe auch Gibson in Barrett v. Duckett, BCLC 1995 (1), 243 (250).

[1498] Gibson in Barrett v. Duckett, BCLC 1995 (1), 243 (256).

nicht der Fall, wenn nur persönliche Motive Anlass für die Klageerhebung sind[1499] oder wenn auch ein klagender Minderheitsgesellschafter am Fehlverhalten beteiligt ist[1500].

Im englischen Recht bestehen aufgrund der weitgehenden Kompetenzen der Gerichte zahlreiche Sanktionsmöglichkeiten, die an die oben genannten Grundsätze anknüpfen. Zum einen kann eine missbräuchlich handelnde Minderheit nach allgemeinen Grundsätzen zum Schadensersatz verurteilt werden. Ein von der Minderheit angestrengtes gerichtliches Verfahren – beispielsweise eine rechtsmissbräuchliche Beschlussanfechtung – kann zu Lasten der Minderheit beendet werden. Zudem kann ein solches Verhalten einen Ausschluss aus wichtigem Grund rechtfertigen, wenn ein solcher nach Gesetz oder Gesellschaftsvertrag zulässig ist. Auch die Auflösung der Gesellschaft *on the just and equitable grounds* kommt als Rechtsfolge in Betracht. Schließlich kann ein durch die Minderheit rechtsmissbräuchlich zustande gekommener Beschluss aufgehoben werden. Insoweit ergeben sich keine Unterschiede zu den Sanktionsmöglichkeiten zugunsten der Minderheit.

III. Länderbericht Frankreich

1. Inhalt der Lehre des Abus de Minorité

Auch im französischen Recht bestehen Grenzen für die Ausübung von Rechten für die Minderheit[1501]. Diese Grenzen stellen das Spiegelbild zur bereits vorgestellten Lehre des *abus de majorité* dar. Ebenso wie das Handeln einer Gesellschaftermehrheit im Wesentlichen am Interesse der Gesellschaft ausgerichtet wird, können auch formal bestehende Rechte einer Gesellschafterminderheit im Gegensatz zum Interesse der Gesellschaft stehen. Diese Lehre vom *abus de minorité* greift dann, wenn ein Handeln der Gesellschafterminderheit im Widerspruch zu den Interessen der Gesellschaft steht, indem eine für die Gesellschaft wesentliche Handlung zum eigenen Nutzen der Gesellschafterminderheit und zum Schaden der Gesellschaftermehrheit verhindert

[1499] Gibson in Barrett v. Duckett, BCLC 1995 (1), 243 (255 f.).

[1500] Charlesworth & Morse, S. 309.

[1501] Zuerst C.App. Besançon v. 05.06.1957 (Tuileries Clavey), D. 1957, 605 (606 f.); höchstrichterlich Cass.com. v. 14.01.1992 (Vitama), J.C.P. éd. E. 1992 (II), 301; zur S.Civ. siehe TGI Paris v. 05.05.1982 (Consorts Valette), zitiert nach Alfandari/Jeantin, RTD com. 36 (1983), 244 f. Ausführlich zum *abus de minorité* siehe Bellinghausen, S. 5 ff.; Brüls-Dehin, S. 257 ff.; Bombrun, S. 235 ff.

wird[1502]. Dies ist etwa der Fall bei der Blockierung wesentlicher Beschlüsse, die das Unternehmen als solches gefährden[1503], oder bei einer missbräuchlichen Berufung auf den Grundsatz der Gleichbehandlung[1504]. Eine andere Fallgruppe stellt die Ausübung unangemessenen Druckes durch überhöhte Schadensersatzklagen dar[1505]. Entsprechend wird unterschieden zwischen einem *abus positif* und einem *abus negatif.* Beim *abus positif* handelt der Gesellschafter – entweder in den Gremien der Gesellschaft oder vor Gericht – aktiv zum Nachteil der Gesellschaft[1506]. Beim *abus negatif* dagegen verweigert eine Minderheit ihre notwendige Mitwirkung bei etwaigen Beschlussfassungen[1507].

2. Sanktionen

Hinsichtlich der Rechtsfolgen eines *abus positif* zeigen sich Parallelen zur Lehre des *abus de majorité.* Das bedeutet, dass ein von der Minderheit gefasster Beschluss für nichtig erklärt, eine rechtswidrig erhobene Klage abgewiesen wird. Zudem kann die rechtswidrig handelnde Minderheit zum Schadensersatz verpflichtet sein[1508]. Anders ist es beim *abus negatif.* Übliche Rechtsfolge ist die Verpflichtung zum Ersatz des Schadens, der durch das missbräuchliche Verhalten verursacht wurde[1509]. Wird durch das Verhalten der Minderheit allerdings die Existenz der Gesellschaft gefährdet, kann das Gericht einen Verwalter (*administrateur provisoire*) ernennen, der die Geschäfte der Gesellschaft vorübergehend leitet[1510]. Die rechtswidrige Verwei-

---

1502 „*[Une attitude des associés minoritaires] contraire à l'intérêt général de la société en ce qu'il aurait interdit la réalisation d'une opération essentielle pour celle-ci, et dans l'unique dessein de favoriser ses propres intérêts au détriment de l'ensemble des autres associés*“: Cass.com. v. 09.03.1993 (Alarme Service), D. 1993, 363; Cass.com. v. 15.07.1992 (Tapisseries de France), J.C.P. 1992 (II), 21944; Cass.com. v. 14.01.1992 (Vitama), J.C.P. éd. E. 1992 (II), 301; siehe auch D. Schmidt, Para. 208; Merle, Rev.jur.comm. 35 (1991), Numéro Spécial, S. 81 (83 ff.).

1503 C.App. Lyon v. 20.12.1984 (Palthey), D.1986, 506 f.; C.App. Bordeaux v. 07.12.1989, Bull.Joly 1990, 284; Cass.com. v. 14.01.1992 (Vitama), J.C.P. éd. E. 1992 (II), 301; C.App. Paris v. 18.12.1985 (Delaroche), Rev.jur.comm. 32 (1988), 89 (92).

1504 C.App. Lyon v. 25.06.1987, zitiert nach Reinhard, RTD com. 41 (1988), 70 (71).

1505 C.App. Paris v. 01.12.1992 (CNM), D. 1993, 301 (302 f.).

1506 Bellinghausen, S. 6 ff.; Merle, Rev.jur.comm. 35 (1991), Numéro Spécial, S. 81 (82).

1507 Bellinghausen, S. 14 ff.; Merle, Rev.jur.comm. 35 (1991), Numéro Spécial, S. 81 (82).

1508 Bellinghausen, S. 55; Merle, Rev.jur.comm. 35 (1991), Numéro Spécial, S. 81 (88).

1509 Vidal, Rev.jur.comm. 32 (1988), 95 (110 f.).

1510 C.App. Paris v. 22.05.1965 (Fruehauf), D.1968, 147 f.; Cass.com. v. 26.04.1982, D.1982, I.R. 355.

gerung der Mitwirkung an einem wichtigen Beschluss kann das Innenverhältnis der Gesellschaft sogar derart negativ beeinflussen, dass eine Auflösung der Gesellschaft nach Art. 1844-7 Nr. 5 CC als angemessene Rechtsfolge erscheint[1511].

Unzulässig ist im französischen Recht die naheliegende Möglichkeit, die Minderheit zur Zustimmung zu dem blockierten Beschluss zu verurteilen. Ebenso würde eine Ignorierung des rechtswidrigen Verhaltens der Minderheit durch die Mehrheit – also eine Art Selbsthilfe[1512] – durch die Gerichte nicht nachträglich legitimiert. Entsprechend wurde eine Nichtigkeitsklage der missbräuchlich handelnden Minderheit nicht abgewiesen[1513]. Dies widerspricht dem höher zu bewertenden Prinzip der freien Stimmrechtsausübung[1514]. Ebenso kommt ein Ausschluss der blockierenden Minderheit grundsätzlich nicht in Betracht, wenn die Satzung eine solche Möglichkeit nicht vorsieht. Umstritten[1515] ist dagegen das jedenfalls in seiner Wirkung den vorgenannten Instrumenten entsprechende *jugement valant adoption*. Danach könnte ein gerichtliches Urteil die Beschlussfassung ersetzen und die Annahme des blockierten Beschlusses verfügen[1516]. Auch diese Rechtsfolge wird vom *Cour de Cassation* allerdings abgelehnt[1517].

IV. Rechtsvergleichende Analyse

Im Rahmen der bisherigen Analyse stand der Schutz der Gesellschafterminderheit im Mittelpunkt. Erkennbar ist dabei, dass die Rechtsordnungen nicht alle Schutzrechte zu Gunsten einzelner Gesellschafter allein gewähren. Teilweise wird die Geltendmachung solcher Rechte an bestimmte Mindestbeteiligungen oder eine (Minderheits-) Gruppe von Gesellschaftern geknüpft

---

1511 C.App. Dijon v. 16.11.1983 (Elane), Gaz.Pal. 103 (1983), 740; C.App. Lyon v. 25.06.1987, zitiert nach Reinhard, RTD com. 41 (1988), 70 (71); C.App. Lyon v. 20.12.1984 (Palthey), D.1986, 506 f.

1512 Bellinghausen, S. 62.

1513 Cass.com. v. 15.07.1992 (Tapisseries de France), J.C.P. 1992 (II), 21944.

1514 Trib.com. Nanterre v. 01.12.1987, zitiert nach Bellinghausen, S. 58 f.

1515 Zum Meinungsstand Bellinghausen, S. 64 ff.

1516 Erstmals Trib.com. Pointe-à-Pitre v. 09.01.1987, zitiert nach Guyon, Rev.soc. 105 (1987), 283 (285); später C.App. Lyon v. 25.06.1987, zitiert nach Reinhard, RTD com. 41 (1988), 70; C.App. Pau v. 21.01.1991 (Alarme Service), Rev.soc. 110 (1992), 46 (48 f.); ähnlich ersetzt auch C.App. Versailles v. 20.09.1990 (Tedy), Rev.soc. 109 (1991), 80 (81 f.) eine Entscheidung der Hauptversammlung (Geschäftsführervergütung). Vidal, Rev.jur.comm. 32 (1988), 95 (108 ff.).

1517 Zweideutig noch Cass.com. v. 14.01.1992 (Vitama), J.C.P. éd. E. 1992 (II), 301; jetzt aber Cass.com. v. 09.03.1993 (Alarme Service), D.1993, 363.

(Gruppenrechte). Diese Beschränkung soll – in Anlehnung an das historische Verständnis zur Richtigkeit von Entscheidungen[1518] – einer irrtümlichen oder gar querulatorischen Geltendmachung von Schutzrechten entgegenwirken, indem eine gewisse Berechtigung im Sinne von Richtigkeit des geltend gemachten Anliegens gewährleistet wird.

Insbesondere aber wurde die besondere Stellung des materiellen Minderheitenschutzes durch generalklauselartige Wertungsregelungen hervorgehoben. Diese sind insbesondere die Treuepflichten im deutschen Recht, die *fiduciary duties* im Recht der *partnerships* bzw. ihre mildere Ausprägung im Recht der *companies* in Gestalt der Fallgruppen des *fraud on the minority* u.a. sowie die Grundsätze des *abus de majorité*. Ihr Inhalt ist im Wesentlichen die Betonung des Gesellschaftsinteresses und eine damit verbundene Pflicht zur Rücksichtnahme auf die Interessen der Minderheit.

Zu beachten ist in diesem Zusammenhang, wie eingangs der Untersuchung betont wurde[1519], dass eine Funktion des Minderheitenschutzes der Ausgleich zwischen den verschiedenen Interessen, dem Gesellschaftsinteresse, dem Mehrheitsinteresse und dem Minderheitsinteresse, ist. Insbesondere die Ausgleichsfunktion erfordert deshalb ein Korrektiv zur Möglichkeit der Geltendmachung von Minderheitsrechten. Diesem Erfordernis wird ebenfalls in allen Rechtsordnungen und zwar auf strukturell sehr ähnliche Weise genügt. Den oben genannten Wertungsregelungen zu Gunsten der Gesellschafterminderheit werden entsprechende Regelungen zu Gunsten der Gesellschaftermehrheit entgegen gestellt. So wird die Ausübung von Minderheitsrechten im deutschen Recht ebenfalls durch die Treuepflicht begrenzt, da diese nicht nur der Mehrheit gegenüber der Minderheit sondern auch umgekehrt obliegt. Im englischen Recht finden ebenfalls die gleichen Institute, die zum Schutz der Minderheit dienen, auch umgekehrt Anwendung. Und schließlich findet sich im französischen Recht eine dem *abus de majorité* entsprechende Lehre vom *abus de minorité*. Daraus ergibt sich insgesamt[1520]:

(Prinzip 7)
Die Gesellschafter bzw. eine Gesellschafterminderheit können formal bestehende Rechte nicht grenzenlos geltend machen. Vielmehr müssen auch sie

- **ihre Entscheidungen am Interesse der Gesellschaft ausrichten und**

[1518] Siehe oben S. 52 ff. (Legitimation des Mehrheitsprinzips).

[1519] S. 56 ff. (Funktion des Minderheitenschutzes).

[1520] Siehe auch den Schluss von Wendt, S. 95 f., in Bezug auf die Informationsrechte.

- **angemessen auf berechtigte Belange der Gesellschaftermehrheit Rücksicht nehmen.**[1521]

[1521] Die für die Gesellschaftermehrheit geltenden Schranken spiegeln sich damit in der Pflichtenbindung der Gesellschafterminderheit wieder. Im deutschen Recht wird diese Funktion wiederum durch die Treuepflichten übernommen. Im französischen Recht greift die Lehre vom *abus de minorité*. Im englischen Recht der *partnerships* greifen die *fiduciary duties* und im Recht der *companies* gelten die Grundsätze des *unfairly prejudicial conduct*.

4. Teil: Zusammenfassende Würdigung

Die Untersuchung hat gezeigt, dass in allen untersuchten Rechtsordnungen – und teilweise entgegen den gesetzlichen Konzeptionen – in der Praxis das Mehrheitsprinzip eine überragende Bedeutung hat[1522]. Die Instrumentarien des Minderheitenschutzes zeigen allerdings auch, dass die Leitungsmacht einer Gesellschaftermehrheit grundsätzlich nicht schrankenlos ist. Vielmehr finden sich zahlreiche Regelungen zur Begrenzung des Mehrheitshandelns, insbesondere durch Steuerung der Beschlussfassung sowie deren nachträgliche Kontrolle.

Wie sich aus der parallelen Betrachtung der verschiedenen Aspekte des Minderheitenschutzes ebenfalls gezeigt hat, bestehen maßgebliche Konvergenzen bezüglich der Aspekte, bei denen die Instrumente zum Schutz von Gesellschafterminderheiten ansetzen. Es lässt sich in allen untersuchten Rechtsordnungen gleichermaßen eine Abstufung dieser Instrumente aufzeigen:

- Der stärkste Minderheitenschutz findet sich immer dort, wo ein Gesellschafter zwingend an einer Entscheidung der Gesellschaft zu beteiligen ist (zwingende unmittelbare Mitentscheidungskompetenz).
- Je geringer diese Form der Beteiligung ausfällt, desto ausgeprägter muss die mittelbare Mitbestimmung ausgestaltet sein, die sich durch eine Mitgestaltung der Gesellschaft im Rahmen der kollektiven Willensbildung ausdrückt (mittelbare Mitentscheidungskompetenz).
- Diese setzt eine hinreichende Information der Gesellschafter über die Belange der Gesellschaft voraus (Informationsbeschaffungsrechte).
- Sollten trotz formal ordnungsgemäßer Beteiligung aller Gesellschafter Beschlüsse gegen das Gebot der Gerechtigkeit verstoßen, muss dem einzelnen Gesellschafter die Möglichkeit zustehen, die Beschlüsse vor Gericht prüfen zu lassen (nachträgliche Beschlusskontrolle).
- Dies gilt in besonderem Maße für Beschlüsse, die zur Beendigung der Mitgliedschaft eines Gesellschafters gegen dessen Willen führen sollen (Schutz vor Ausschluss aus der Gesellschaft).
- Andererseits muss ein Gesellschafter die Möglichkeit haben, sich von der Gesellschaft zu lösen, wenn ihm ein Verbleib unzumutbar ist (Recht zur Beendigung der Mitgliedschaft).
- Schließlich ist es unabdingbare Voraussetzung effektiven Gesellschafterschutzes, dass dem einzelnen Gesellschafter bzw. der Gesellschaftermin-

---

1522 Vgl. Kreß, S. 125 („erste wichtige Gemeinsamkeit“).

derheit prozessuale Möglichkeiten zur Durchsetzung geschützter Rechtspositionen zustehen (Klagemöglichkeiten).

A. Ordnungsregeln und nachträgliche Beschlusskontrolle

Die Gesetzgeber steuern in allen untersuchten Rechtsordnungen die Kompetenz- und Machtverteilung innerhalb der verschiedenen Gesellschaftsformen durch die Definition eines Ordnungsrahmens, insbesondere also der Festlegungen der wesentlichen Züge der Gesellschaftsverfassungen. Dabei bestimmen sie die Reichweite mitgliedschaftlicher Kompetenzen durch die Ausgestaltung der Leitungsmacht und die Gewährung individueller Rechte sowie die Regeln einer ordnungsgemäßen Beschlussfassung. Insoweit bewirkt bereits die in der gesetzlich vorgesehenen Gesellschaftsverfassung festgelegte Mitwirkungsstruktur, dass Mehrheitsentscheidungen nicht über das vorhersehbare Maß hinaus in Gesellschafterrechte eingreifen können. Maßgebliches Differenzierungskriterium für die Gesetzgeber ist der Idealtypus der jeweiligen Gesellschaftsform.

Das zweite wesentliche Instrument des Minderheitenschutzes ist die nachträgliche materielle Kontrolle des Mehrheitshandelns. Sie gelangt dann zur Geltung, wenn formal zulässige Mehrheitsentscheidungen gegen objektive Grundwertungen der Rechtsordnung verstoßen. Die Grundlage für die nachträgliche materielle Beschlusskontrolle bilden Generalklauseln. Substantiell beinhalten die Generalklauseln eine Verpflichtung der Gesellschafter, die Interessen der Gesellschaft zu beachten und auf die Interessen ihrer Mitgesellschafter angemessen Rücksicht zu nehmen. Rechtssystemtisch hervorzuheben ist, dass durch die Verwendung dieser Generalklauseln die Gesetzgeber aller untersuchten Rechtsordnungen die materielle Beschlusskontrolle in weitem Umfang in die Hände der Gerichte legen.

Schließlich – und darin liegt nichts weiter als eine konsequente Umsetzung der zuvor genannten Schutzmechanismen – finden sich in den Rechtsordnungen Sanktionsmöglichkeiten, die der gerichtlichen Geltendmachung von geschützten Minderheitspositionen, wie sie durch den Ordnungsrahmen vorgegeben bzw. durch die Generalklauseln betont werden, dienen. Damit können Gesellschafter die aus dem formalen und materiellen Minderheitenschutz resultierenden Ansprüche auch durchsetzen. Gleichermaßen anerkannt ist auf der anderen Seite allerdings auch, dass der Minderheitenschutz nicht zu einer einseitigen Privilegierung der Minderheit führen darf. Er stellt nur eine Schranke des Mehrheitsprinzips, nicht aber seine Umkehrung dar. Die Gesellschafterminderheit darf daher ihr formal zustehende Rechte nicht rechtsmissbräuchlich geltend machen.

Beurteilungsmaßstab für das Handeln der Gesellschafter – und zwar sowohl der Gesellschaftermehrheit, als auch der Gesellschafterminderheit – ist letztlich das Gesellschaftsinteresse[1523]. Betrachtet man die gesammelten Regelungen zum Minderheitenschutz, so lässt sich über die Rechtsordnungen hinweg daher ein funktionaler Dreiklang aus präventiven Ordnungsregeln, nachträglicher materieller Kontrolle mehrheitlichen Handelns sowie damit korrespondierenden Klagerechten erkennen, dessen Basis das Gesellschaftsinteresse ist.

Abbildung 10: Funktionaler Dreiklang des Minderheitenschutzes

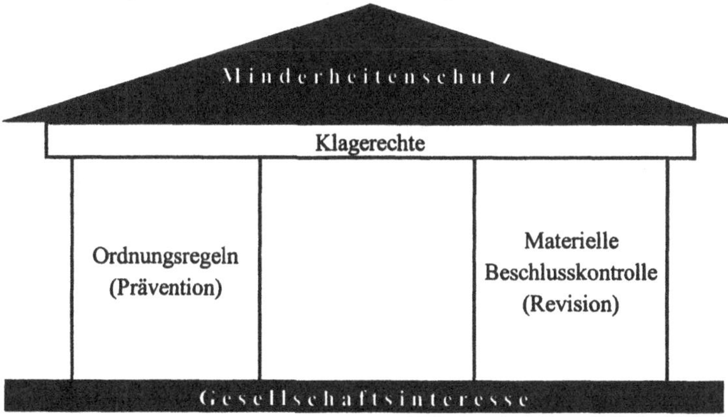

B. Formalstruktur und Realstruktur

Die beiden wesentlichen Strukturelemente des Minderheitenschutzes, d.h. die Festlegung eines Ordnungsrahmens durch die Gesetzgeber und die nachträgliche Kontrolle des Mehrheitshandelns durch die Gerichte, haben unterschiedliche Orientierungspunkte. Die Ausgestaltung der Ordnungsregeln wird im Wesentlichen durch die Gesellschaftsform und die persönliche Haftung der Gesellschafter bestimmt. Der Gesetzgeber legt seiner Ausgestaltung des Ordnungsrahmens eine Idealvorstellung der jeweiligen Personen- bzw. Kapitalgesellschaft zu Grunde. Dabei lassen sich länderübergreifende Parallelen entdecken, die mit der Typisierung als Personen- bzw. Kapitalgesellschaft übereinstimmen und im Wesentlichen das Risiko einer persönlichen Gesellschafterhaftung als Anknüpfungspunkt zu haben scheinen. Beispiels-

[1523] Siehe oben S. 58.

weise erachtet es der Gesetzgeber in allen Personengesellschaften[1524] als notwendig, persönlich haftende Gesellschafter dadurch zu schützen, dass er sie an der Geschäftsführung beteiligt. Gleichzeitig wird ein solcher Schutz für nicht persönlich haftende Gesellschafter nicht vorgesehen, teilweise, d.h. in den Personengesellschaften, in denen eine Beschränkung der persönlichen Gesellschafterhaftung möglich ist, ist eine organschaftliche Geschäftsführung für diese sogar ausgeschlossen. Bei der Ausgestaltung der Informationsrechte ist eine solche Differenzierung – allerdings nur eingeschränkt im französischen Recht – ebenfalls zu erkennen. Personengesellschafter haben überwiegend sehr weite Informationsbefugnisse. Bei den Kapitalgesellschaften sind sie dagegen eingeschränkt.

Die Untersuchung hat aber auch gezeigt, dass die grobe Differenzierung zwischen Personen- und Kapitalgesellschaftern nicht immer angemessen ist. Bezüglich der Informationsrechte etwa steht im deutschen Recht die GmbH den Personengesellschaften näher als der Aktiengesellschaft[1525]. Auch die Möglichkeit eines GmbH-Gesellschafters, die Gesellschaft durch Auflösungsklage zu beenden, ist Ausdruck einer personalistischen Ordnung[1526]. Ähnliches lässt sich auch im französischen Recht entdecken, wo die S.A.R.L. bereits rechtssystematisch überwiegend aus dem Vergleichspaar Personen- / Kapitalgesellschaft herausgenommen und als Hybridgesellschaft betrachtet wird. Selbst im englischen Recht, wo nach der gesetzlichen Konzeption ursprünglich eine gegenüber dem deutschen und französischen Recht strengere Trennung zwischen *partnerships* und *companies* herrschte, ist diese Unterscheidung durch Einführung der LLP erst kürzlich aufgeweicht worden. Bei letzterer handelt es sich ähnlich wie bei der GmbH und S.A.R.L. um eine Hybridgesellschaft[1527].

Insoweit zeigt sich, dass es in allen Rechtsordnungen nicht nur jeweils eine Ausgestaltung der Personen- und Kapitalgesellschaft gibt. Vielmehr unterscheiden bereits die gesetzlichen Konzeptionen deutlich zwischen OHG und KG, GmbH und AG, S.N.C. und S.C.S., S.A.R.L. und S.A., *Partnership* und *Limited Partnership* und zwischen den *companies* und der LLP. Während es sich bei der GbR, OHG, S.Civ., S.N.C. und der *Partnership* um Personengesellschaften handelt, in denen personalistische Strukturelemente deutlich überwiegen, weisen die KG, S.C.S. und die *Limited Partnership* bereits von ihrer gesetzlichen Konzeption her gewisse körperschaftliche Struk-

---

[1524] Mit Ausnahme der S.Civ.

[1525] Zu den personalistischen Momenten der GmbH siehe Schröer, S. 13 f.

[1526] Immenga, S. 74.

[1527] Payne, Comp. Law. 21/4 (2000), 133 (134).

turen auf, bedingt dadurch, dass sie eine bloß kapitalmäßige Beteiligung an der Gesellschaft ermöglichen und daher von ihrem Ansatz her zu einer Öffnung für einen großen Kreis von Gesellschaftern einladen.

Auf der anderen Seite sind GmbH, S.A.R.L. und LLP bereits nach dem gesetzlichen Leitbild personalistischer ausgestaltet als die AG, die S.A. und die *companies*[1528]. Da sich diese Form der Unterdifferenzierung aus der jeweiligen gesetzlichen Konzeption und eben nicht aus der Realstruktur ergibt, kann man insoweit unter dem Blickwinkel des Minderheitenschutzes innerhalb der Personen- und Kapitalgesellschaften jeweils „konzeptionell personalistische" und „konzeptionell kapitalistische" Gesellschaftsformen unterscheiden. Konzeptionell personalistische Personengesellschaften sind danach GbR, OHG, *Partnership*, S.Civ. und S.N.C.; kapitalistische Personengesellschaften sind dagegen KG, *Limited Partnership* und S.C.S. Personalistische Kapitalgesellschaften sind GmbH, S.A.R.L. und auch die LLP. Kapitalistische Kapitalgesellschaften sind AG, S.A. und die *companies*. Innerhalb dieser Klassifizierung ergeben sich über die Ländergrenzen hinaus gemeinsame Strukturen.

Abbildung 11: Gesetzlich-konzeptionelle Differenzierung der Personen- und Kapitalgesellschaften

Oberflächliche Differenzierung	Gesetzlich-konzeptionelle Differenzierung	D	UK	F
Personen-gesellschaften	Personalistische Personengesellschaften	– GbR – OHG	Partner-ship	– S.Civ. – S.N.C.
	Kapitalistische Personengesellschaften	KG	LP	S.C.S.
Kapital-gesellschaften	Personalistische Kapitalgesellschaften	GmbH	LLP	S.A.R.L.
	Kapitalistische Kapitalgesellschaften	AG	Companies	S.A.

Im Gegensatz zum Gesetzgeber, der nur ein statisches Konzept für eine Gesellschaftsform bereitstellen kann, haben Gerichte, die anders als der Gesetzgeber retrospektiv und einzelfallbezogen entscheiden können, die Möglichkeit, sich über die formale Gesellschaftsform hinwegzusetzen und auf die

[1528] Anders Immenga, S. 72 ff., der die Verwirklichung des personalistischen Elements erst in der realen Ausgestaltung erblickt. Nach ihm, S. 113 ff., habe der Gesetzgeber „die kleine personenbezogene Gesellschaft [...] nicht zum Leitbild des gesetzlichen Normaltypus erhob[en]."

Realstruktur der Gesellschaft zu reagieren. Unter Gerechtigkeitsgesichtspunkten können sie daher den vom Gesetzgeber gesetzten Ordnungsrahmen einzelfallbezogen ergänzen. Beispielsweise im deutschen Recht der Personengesellschaften, wo gesetzliche Regelungen zum Mehrheitsprinzip fehlen, werden Zugeständnisse an die vom Idealtypus abweichende Realstruktur einer Gesellschaft gemacht. So wurde zwar der Bestimmtheitsgrundsatz ursprünglich für alle Personengesellschaften richterrechtlich eingeführt. Für die Publikumspersonengesellschaften, insbesondere die Publikums-KG, findet er jedoch keine Anwendung.

Die Möglichkeit, sich an der Rechtswirklichkeit[1529] anstatt an einem gesetzlichen Leitbild zu orientieren, erweist sich als eine besondere Charakteristik der nachträglichen materiellen Beschlusskontrolle durch die Gerichte. Dort besteht aufgrund von Generalklauseln die Möglichkeit, den Besonderheiten des jeweiligen Einzelfalls Rechnung zu tragen. Dies beinhaltet, dass man der originären Rechtsformwahl aus dem *numerus clausus* der Gesellschaftsformen diejenige Struktur der Gesellschaft gegenüberstellen kann, die ihr die Gesellschafter faktisch gegeben haben. In diesem Sinne kann beispielsweise eine GbR als Beteiligungsgesellschaft mit einer großen Anzahl von Mitgliedern real durchaus kapitalistischere Strukturen erlangen als beispielsweise eine GmbH. Besondere Berücksichtigung in der wissenschaftlichen Diskussion finden in diesem Zusammenhang die sogenannten personalistischen Kapitalgesellschaften[1530], wobei sich in diesem Zusammenhang das „personalistisch" auf die Realstruktur und nicht auf die gesetzliche Konzeption bezieht. Löst sich die Realstruktur einer Gesellschaft insoweit von dem – vom Gesetzgeber vorgesehenen – Ordnungsrahmen, wird auch von atypischen oder typenfremden Gesellschaften gesprochen.

Wegen des retrospektiven Ansatzes der Gerichte kann den Besonderheiten von atypischen Gesellschaften Rechnung getragen werden[1531]. Aus dem deutschen Recht sind als Beispiele etwa die kapitalistisch organisierte Publikums-KG, die personalistische GmbH oder die kleine Familien-AG zu nennen, deren tatsächliche Ausgestaltungen bei der Bestimmung der Reichweite von Treuepflichten berücksichtigt werden können. Im englischen Recht

---

[1529] Zur „Rechtswirklichkeit" der GmbH etwa Dreher, S. 79; Schröer, S. 14.

[1530] Immenga, S. 18, 72 ff.; MüHdb/GmbH-Grziwotz, § 1 Rn. 30 ff.; Pfitzmann, S. 26 f.; Dorscheid, S. 7 f.

[1531] Vgl. Kreß, S. 140 f.; Baumgärtner, S. 220.

findet die vom Idealtypus abweichende Realstruktur beispielsweise Berücksichtigung bei der „*quasi-partnership company*“[1532], die *Morse* beschreibt als

> „[...] a company which, although legally a company, is in economic and management terms a partnership [...].“[1533]

Hierin ist ein Konzept zum Minderheitenschutz zu sehen, das verhindern soll, dass Rechte der Gesellschafter einer *partnership* im substantiellen Sinn durch die formale Wahl der Rechtsform einer *company* ausgehöhlt werden[1534]. In Frankreich wird nicht ganz so offensichtlich auf die Realstruktur abgestellt. Allerdings lassen sich in den materiellen Begründungen der Entscheidungen zum *abus de majorité* entsprechende Ansätze entdecken. So war im Fall *Huber*[1535], bedeutsam, dass die Gesellschaftsanteile der S.A.R.L. nur eingeschränkt übertragbar waren. Dieses personalistische Prinzip hinderte die Minderheitsgesellschafter daran, den steigenden Unternehmenswert durch die Einstellung von Gewinnen in Rücklagen zu realisieren[1536], weshalb letzteres als *abus de majorité* bewertet wurde. In Bezug auf den Minderheitenschutz ist es daher als maßgebliches länderübergreifendes Konzept anzusehen, unter Gerechtigkeitsgesichtspunkten die formale Organisationsform erforderlichenfalls außer Acht zu lassen und die Realstruktur der jeweiligen Gesellschaft zum Gegenstand der Betrachtung zu machen.

C. Status Quo und Ausblick

Die rechtsvergleichende Analyse hat gezeigt, dass die Frage des Minderheitenschutzes in den Rechtsordnungen funktional auf sehr ähnliche Weise mit Leben gefüllt wird. Bei den Wertungen, die den einzelnen Instrumenten unterliegen, finden sich grundlegende Parallelen. Dabei zeigt sich als bedeutendste Gemeinsamkeit die Anwendung von Generalklauseln im Zusammen-

---

[1532] Siehe Wilberforce in Ebrahimi v. Westbourne Galleries Ltd, All E.R. 1972 (2), 492 (500), der gegen den Begriff „*quasi-partnership*“ allerdings Bedenken äußert; auch Templeman in Pennell, Sutton and Moraybell Securities Ltd. v. Venida Investments Ltd., Berry, Farr, McLelland, Macphail and Nationwide Homes Ltd., MLR 44 (1981), 40 (42).

[1533] Morse, S. 23. Der Begriff der „*quasi-partnership company*“ unterscheidet sich von der in s.8A(3) CA definierten *partnership company*, bei der es sich um eine *company* handelt, deren Anteile im Wesentlichen von den Angestellten gehalten werden.

[1534] Siehe auch Hannigan, LMCLQ 1988, 60 (62 ff.).

[1535] Cass.com. v. 06.06.1990, Rev.soc. 108 (1990), 606.

[1536] Cass.com. v. 06.06.1990 (Huber), Rev.soc. 108 (1990), 606 (607 f.).

hang mit der normativen Beschlusskontrolle. Die Bedeutung dieses Ansatzpunktes hat *Wiedemann* bereits 1980 wie folgt beschrieben[1537]:

> „Der Mehrheits-Minderheits-Konflikt bedarf einer Generalklausel, mit der dem herrschenden Gesellschafter Loyalitätspflichten abverlangt werden; einzelne, notwendig statisch verfaßte Sonder- oder Individualrechte sind gegenüber den vielfältigen Einflussmöglichkeiten des herrschenden Gesellschafters auf die Beschlussfassung, die Geschäftsleitung und den eigenen Anteilsbesitz wirkungslos."

Insgesamt zeigt die Untersuchung, dass sich trotz zahlreicher Reformen des Gesellschaftsrechts und zunehmenden Einflusses ökonomischer Ansätze – insbesondere auf der Grundlage der amerikanischen *corporate theory* – der Minderheitenschutz nur langsam entwickelt und neue Ansätze nicht erkennbar sind. Die Instrumente, namentlich die differenzierte Ausgestaltung von Mehrheitserfordernissen, die Einflussnahme auf die Gesellschafterversammlungen, das Verbot willkürlicher Ungleichbehandlung, die Verpflichtung der Mehrheit auf das Gesellschaftsinteresse sowie schließlich die Klagemöglichkeiten insbesondere in Bezug auf die Beschlussanfechtung und die Geltendmachung von Ersatzansprüchen, wurden auch vor 25 Jahren schon rechtsvergleichend als maßgeblich benannt[1538]. Positiv lässt sich allerdings anmerken, dass die in den Grundstrukturen übereinstimmenden Lösungsansätze innerhalb der verschiedenen Rechtsordnungen darauf hinweisen, dass entsprechend der Prognose des *Forum Europaeum Konzernrecht* im Minderheitenschutz in der Tat

> „die nationale Nabelschau, wie sie in vielen EU-Mitgliedsstaaten von manchen (dort) führenden Gesellschaftsrechtlern betrieben wird, [...] Sache des [...] vergangenen Jahrhunderts [ist]."[1539]

Das Ergebnis der vorliegenden Analyse kann – so wenig überraschend es in weiten Teilen auch sein mag – nur einen erster Schritt zu einem integrierten gesellschaftsrechtlichen Minderheitenschutz darstellen. Bevor es zu einer solchen Lösung kommen kann, bedarf es weiterer Schritte. Zum einen ist es erforderlich, die übrigen Rechtsordnungen der EU auf ihre Kompatibilität mit den vorgenannten Prinzipien zu überprüfen. Zum anderen setzt die Übereinstimmung der Regelungen nicht notwendig voraus, dass es sich auch um die bestmöglichen Regelungen handelt. Dies kommt insbesondere dort in Betracht, wo ein Prinzip nur den kleinsten gemeinsamen Nenner der Rechtsordnungen widerspiegelt. Insofern sind die Prinzipien in einem weiteren Schritt mit Blick auf ihre ökonomische und rechtspolitische Sinnhaftigkeit zu bewer-

[1537] Wiedemann, S. 409.

[1538] Siehe Behrens in Hachenburg (7. Aufl.), Einl. Rn. 684.

[1539] Forum Europaeum Konzernrecht, ZGR 1998, 672 (683).

ten. Dabei wird insbesondere die ökonomische Analyse des Rechts einen wertvollen Beitrag leisten können[1540], wie sich beispielsweise aus der parallelen Betrachtung des *principal-agent* Modells im Zusammenhang mit der *corporate governance* ergibt. Die bisher gefundenen Ergebnisse bieten für die Kodifizierung eines europarechtlichen Standards des Minderheitenschutzes somit zwar lediglich eine Diskussionsgrundlage[1541]. Sie können jedoch zu einem grundsätzlicheren Verständnis der Problematik und der Lösungsansätze des Minderheitenschutzes beitragen.

[1540] Siehe beispielsweise Walz in Schäfer/Ott, Unternehmensrecht, S. 50 ff.

[1541] Siehe auch den Entwurf einer EU-Richtlinie zum Minderheitsgesellschafterschutz bei Busch, S. 225 ff.

5. Teil: Zusammenfassende Darstellung der Prinzipien

Nachfolgend werden die im vorangegangenen Teil der Untersuchung im Einzelnen gefundenen Prinzipien noch einmal zusammenfassend dargestellt. Dabei ist anzumerken, dass in allen untersuchten Rechtsordnungen das Mehrheitsprinzip eine herausragende Rolle spielt. Da hiernach Kollektiventscheidungen auch gegen den entgegenstehenden Willen einer Minderheit getroffen werden können, wird ein Schutzbedürfnis zu Gunsten der Minderheit erkannt. Das Mehrheitsprinzip gilt folglich nicht schrankenlos. Vielmehr werden die Interessen der jeweiligen Gesellschafterminderheiten durch formale und materielle Anforderungen an die Ausübung der Leitungsmacht geschützt. Es lassen sich dabei folgende Ansatzpunkte für den Minderheitenschutz erkennen:

- Mitentscheidungsbefugnisse (nachstehend 1.),
- Informationsbeschaffung (2.),
- (nachträgliche) materielle Beschlusskontrolle (3.),
- besonderer Schutz der Mitgliedschaft als solcher (4.),
- Lösungsrechte (5.) sowie
- Klagerechte (6.).

Als Schranke des Minderheitenschutzes wiederum gilt der Grundsatz, dass eine Gesellschafterminderheit die ihr formal zustehenden Rechte nicht rechtsmissbräuchlich geltend machen darf (nachstehend 7.). Zu den Prinzipien im Einzelnen:

1. Minderheitenschutz durch Mitentscheidungsbefugnisse
   - 1.1 Soweit ein Gesellschafter persönlich für die Gesellschaftsverbindlichkeiten haftet, hat er das Recht zur Geschäftsführung und zur Vertretung der Gesellschaft.
   - 1.2 Sollen Geschäftsführungs- und Vertretungsbefugnis auf einen oder mehrere Gesellschafter übertragen werden, müssen mindestens alle persönlich haftenden Gesellschafter zustimmen.
   - 1.3 Jeder geschäftsführende Gesellschafter hat das Recht, einer Maßnahme eines anderen geschäftsführenden Gesellschafters zu widersprechen.
   - 1.4 In den Personengesellschaften bedürfen mindestens Grundlagengeschäfte der Zustimmung aller Gesellschafter. Grundlagengeschäfte sind solche, die die Gesellschaftsverfassung oder Änderungen in der personellen Zusammensetzung der Gesellschaft betreffen.
   - 1.5 Sofern das Einstimmigkeitsprinzip gesetzlich vorgesehen ist, kann es zwar abbedungen werden. Die Abbedingung kann je-

doch nicht ohne die Zustimmung aller Gesellschafter erfolgen. Bei mehrheitlichen Entscheidungen im Anschluss an die Abbedingung des Einstimmigkeitsprinzips ist sicher zu stellen, dass die Vereinbarung über die Zulässigkeit von Mehrheitsentscheidungen den zur Entscheidung stehenden Beschlussgegenstand erfasst.

1.6 Jeder betroffene Gesellschafter hat das Recht, dass ohne seine Zustimmung seine wesentlichen Rechte nicht verkürzt oder seine Pflichten nicht erhöht werden. Dies gilt auch für solche Gesellschafter, die nur kapitalmäßig an der Gesellschaft beteiligt sind.

1.7 Sofern ein Tatbestand der notwendigen Mitentscheidungskompetenzen einzelner oder aller Gesellschafter nicht betroffen ist, hat ein Gesellschafter das Recht, auf die Geschicke der Gesellschaft durch die Mitwirkung bei Beschlüssen im Rahmen der kollektiven Willensbildung Einfluss zu nehmen. Die kollektive Willensbildung erfolgt regelmäßig im Rahmen von Gesellschafterversammlungen. Hierzu gilt im Einzelnen:

1.7.1 Jedem Gesellschafter steht ein Teilnahme- und Stimmrecht zu.

1.7.2 Die Teilnahmemöglichkeit der Gesellschafter an Gesellschafterversammlungen ist durch Verfahrensregeln wie Ladungsfristen und Mitteilungspflichten sichergestellt.

1.7.3 In den Personengesellschaften regeln Vereinbarungen zwischen den Gesellschaftern den Grad der Einflussnahme auf die Einberufung und den Gegenstand von Gesellschafterversammlungen.

1.7.4 In den Kapitalgesellschaften steht einer Gesellschafterminderheit das Recht zu,

- die Einberufung einer Gesellschafterversammlung unter Angabe ihres Zwecks und
- die Aufnahme eigener Beschlussvorschläge in die Tagesordnung

zu verlangen. Voraussetzung hierfür ist regelmäßig eine Mindestkapitalbeteiligung der Minderheit zwischen fünf und zehn Prozent.

1.7.5 In einer Kapitalgesellschaft kann eine qualifizierte Minderheit bei besonders wichtigen Beschlussgegen-ständen die Beschlussfassung blockieren. Bei solchen wichtigen Beschlussgegenständen handelt es sich mindestens um Änderungen der Gesellschaftsverfassung, insbesondere kapitaländernde Beschlüsse und Auflösungsbeschlüsse.

1.8 Bei einem Verstoß gegen Verfahrensvorschriften bei der Beschlussfassung kann ein Gesellschafter die Fehlerhaftigkeit des Beschlusses dann geltend machen, wenn sich der Verstoß im Beschluss selbst widerspiegelt.

2. Minderheitenschutz durch Informationsbeschaffungsrechte

2.1 Jeder Gesellschafter hat regelmäßige Einsichts- und Auskunftsrechte, um über die Geschicke der Gesellschaft ausreichend informiert zu sein. Hierzu gilt im Einzelnen:

2.1.1 Jeder Personengesellschafter hat das Recht, wenigstens einmal im Jahr die Bücher und alle Unterlagen der Gesellschaft einzusehen und Auskunft über Angelegenheiten der Gesellschaft zu verlangen. Dieses Recht besteht unabhängig von einer Beteiligung an der Geschäftsführung und gilt insbesondere auch für die nicht persönlich haftenden Gesellschafter.

2.1.2 Jeder Kapitalgesellschafter hat das Recht, sich über Angelegenheiten der Gesellschaft mindestens durch Einsichtnahme in den Jahresabschluss und die Berichte der Verwaltungsorgane zu informieren.

2.1.3 Jedem Kapitalgesellschafter steht ein Auskunftsanspruch derart zu, mindestens im Zusammenhang mit der Gesellschafterversammlung Fragen stellen zu können. Die zuständigen Verwaltungsorgane müssen diese Fragen während der Gesellschafterversammlung beantworten.

2.1.4 Bei solchen Kapitalgesellschaften, die nach ihrer gesetzlichen Konzeption personalistische Züge tragen, haben die einzelnen Gesellschafter weitergehende Informationsrechte.

2.2 In den Kapitalgesellschaften kann eine Gesellschafterminderheit eine Sonderprüfung durch Dritte veranlassen, wenn hierfür ein begründeter Anlass besteht. Voraussetzung ist eine Mindestkapitalbeteiligung der Minderheit zwischen fünf und zehn Prozent.

3. Minderheitenschutz durch materielle Beschlusskontrolle

3.1 Ein Gesellschafter kann in engen Grenzen einen Mehrheitsbeschluss nachträglich auf seine Vereinbarkeit mit formalen und materiellen Beschlussvoraussetzungen überprüfen lassen. Allerdings sind auch sinnlose oder unzweckmäßige Entscheidungen grundsätzlich durch das Mehrheitsprinzip legitimiert, so dass sich die Gerichte nur sehr zurückhaltend in interne Angelegenheiten der Gesellschaft einmischen.

3.2 Ein Gesellschafter kann die materielle Fehlerhaftigkeit eines Beschlusses geltend machen[1542], wenn

3.2.1 durch den Beschluss gleichberechtigte Gesellschafter willkürlich ungleich oder nicht gleichberechtigte Gesellschafter willkürlich gleich behandelt werden (Gleichbehandlungsgrundsatz);

3.2.2 die Gesellschaftermehrheit ihre Entscheidung nicht am Interesse der Gesellschaft ausgerichtet hat (Maßgeblichkeit des Gesellschaftsinteresses);

3.2.3 die Gesellschaftermehrheit bei ihrer Entscheidung auf berechtigte Belange der übrigen Gesellschafter nicht angemessen Rücksicht genommen hat, wobei der Grad der Rücksichtnahmepflicht davon abhängt, wie personalistisch die Gesellschaft real strukturiert ist (Rücksichtnahmegebot).

4. Insbesondere Schutz der Mitgliedschaft

Ein Gesellschafter kann gegen seinen Willen nur dann aus der Gesellschaft ausgeschlossen werden, wenn dies im Gesellschaftsvertrag vorgesehen ist, die Gründe für den Ausschluss genannt sind und der Verbleib des Gesellschafters in der Gesellschaft unzumutbar ist.

5. Minderheitenschutz durch Lösungsrechte

5.1 Insbesondere in den Gesellschaftsformen, bei denen die Person des Gesellschafters eine untergeordnete Rolle spielt (*intuitus pecuniae*), kann sich ein Gesellschafter ohne Zustimmung der Mitgesellschafter von der Gesellschaft frei lösen. Im Einzelnen gilt:

5.1.1 Ein Personengesellschafter kann sich von der Gesellschaft durch freie Übertragung der Gesellschaftsanteile an andere Gesellschafter oder Dritte lösen, wenn alle übrigen Gesellschafter zustimmen.

5.1.2 Im Übrigen kann sich ein Personengesellschafter ohne sachliche Rechtfertigung jedenfalls dann von der Gesellschaft lösen, wenn ein solches Lösungsrecht im Gesellschaftsvertrag vorgesehen ist.

[1542] Zur Fehlerhaftigkeit eines Beschlusses bei Verstößen gegen Verfahrensvorschriften siehe bereits oben Prinzip 1.8 (S. 273).

5.1.3 Ein Kapitalgesellschafter kann sich von der Gesellschaft grundsätzlich frei lösen, indem er seine Gesellschaftsanteile an andere Gesellschafter oder Dritte überträgt.

5.2 Ein Gesellschafter darf nicht auf unbestimmte Zeit oder wenn ein weiterer Verbleib in der Gesellschaft unzumutbar ist, in der Gesellschaft festgehalten werden.

5.2.1 Mit sachlicher Rechtfertigung kann sich ein Personengesellschafter dann von der Gesellschaft lösen, wenn ihm ein Verbleib in der Gesellschaft nicht mehr zuzumuten ist und er die Auflösung der Gesellschaft bei Gericht beantragt.

5.2.2 Mit sachlicher Rechtfertigung kann sich auch ein Gesellschafter einer solchen Kapitalgesellschaft, die bereits nach ihrer gesetzlichen Konzeption personalistische Züge trägt, aus dem Gesellschaftsverband durch Auflösung der Gesellschaft lösen, wenn ihm ein Verbleib in der Gesellschaft nicht mehr zuzumuten ist und er Klage auf Auflösung der Gesellschaft erhebt.

5.2.3 In den Kapitalgesellschaften kann die freie Übertragbarkeit der Gesellschaftsanteile zwar eingeschränkt werden. Die Einschränkung darf jedoch nicht zu einem völligen Ausschluss der Übertragbarkeit führen.

6. Minderheitenschutz durch Klagerechte

6.1 Ein Gesellschafter kann die Verletzung individueller Rechtspositionen durch eine entsprechende Individualklage gegen den oder die Schädiger geltend machen. Als Schädiger kommen sowohl die übrigen Gesellschafter als auch die Gesellschaft selbst in Betracht. Insbesondere kann jeder einzelne Gesellschafter fehlerhafte Beschlüsse angreifen.

6.2 Ausnahmsweise besteht für einen Gesellschafter bzw. eine Gesellschafterminderheit die Möglichkeit, Schadensersatzansprüche der Gesellschaft aus der Geschäftsführung im Namen der Gesellschaft gegen den oder die Geschäftsführer geltend zu machen. Im Einzelnen gilt:

6.2.1 Bei den Personengesellschaften hat jeder Gesellschafter das Recht zur Geltendmachung solcher Schadensersatzansprüche.

6.2.2 Bei denjenigen Kapitalgesellschaften, die nach der gesetzlichen Konzeption personalistisch ausgestaltet sind, steht dieses Recht jedem Gesellschafter wenigstens dann zu, wenn sich der Anspruch gegen einen Geschäftsführer richtet, der auch Gesellschafter ist.

6.2.3 Bei den übrigen Kapitalgesellschaften steht dieses Recht mindestens einer Gesellschafterminderheit zu.

7. Grenzen des Minderheitenschutzes

Die Gesellschafter bzw. eine Gesellschafterminderheit können formal bestehende Rechte nicht grenzenlos geltend machen. Vielmehr müssen auch sie

- ihre Entscheidung am Interesse der Gesellschaft ausrichten;
- angemessen auf berechtigte Belange der Gesellschaftermehrheit Rücksicht nehmen.

Literaturverzeichnis

Alexy, Argumentation: Alexy, R., Theorie der juristischen Argumentation (Diss., 1978).

Alexy, Grundrechte: Alexy, R., Theorie der Grundrechte (1985).

Alfandari/Jeantin: Alfandari, E. / Jeantin, M., Sociétés Civiles (Rechtsprechungsübersicht), RTD com. 36 (1983), 244.

Altmeppen: Altmeppen, H., Anmerkung [zu BGH v. 27.09.1999, ZIP 1999, 1755 = NJW 1999, 3483], ZIP 1999, 1758.

Altmeppen: Altmeppen, H., Schutz vor „europäischen" Kapitalgesellschaften, NJW 2004, 97.

Arminjon/Nolde/Wolff: Arminjon, P. / Nolde, B. / Wolff, M., Traité de Droit Comparé, Band I (1950).

Arsalidou: Arsalidou, D., Directors' fiduciary duties to shareholders: the *Platt* and *Peskin* cases, Comp. Law. 23/2 (2002), 61.

Baltzer: Baltzer, J., Der Beschluß als rechtstechnisches Mittel organschaftlicher Funktion im Privatrecht (1965).

Bastian/Germain: Bastian, M. / Germain, M., Frankreich, in: Jura Europae, Das Recht der Länder der Europäischen Gemeinschaft, Gesellschaftsrecht, Band II (1994).

Bastin: Bastin, N.A., The Enforcement of a Member's Rights, J.B.L. 1977, 17.

Baumbach/Hopt-Bearbeiter: Hopt, K.J. / Merkt, H. / Baumbach, A., Handelsgesetzbuch, 31. Auflage (2003).

Baumbach/Hueck-Bearbeiter: Baumbach, A. / Hueck, A., GmbH-Gesetz, 17. Auflage (2000).

Baumgärtner: Baumgärtner, T., Rechtsformübergreifende Aspekte der gesellschaftsrechtlichen Treuepflicht im deutschen und angloamerikanischen Recht (Diss., 1990).

Baums: Baums, P.A., Ausschluss von Minderheitsaktionären (Diss., 2001).

Bayles: Bayles, M.D., Legal Principles, Rules and Standards, in: H. Hubien [Hrsg.], Le Raisonnement Juridique, Akten des Weltkongresses für Rechts- und Sozialphilosophie, Brüssel, 30. August bis 03. September 1971 (1971), S.223 ff.

Becker: Becker, M., Der Ausschluß aus der Aktiengesellschaft, ZGR 1986, 383.

Becker: Becker, P., Die zivilrechtliche Haftung des Mehrheitsgesellschafters einer GmbH (Diss., 2002).

Behrens: Behrens, P., Das Gesellschaftsrecht im Europäischen Binnenmarkt, EuZW 1990, 13.

Behrens: Behrens, P., Das Internationale Gesellschaftsrecht nach dem Centros-Urteil des EuGH, IPRax 1999, 323.

Behrens: Behrens, P., Das Internationale Gesellschaftsrecht nach dem Überseering-Urteil des EuGH und den Schlussanträgen zu Inspire Art, IPRax 2003, 193.

Behrens: Behrens, P., Die Europäisierung des Gesellschaftsrechts, GmbHR 84 (1993), 129.

Behrens: Behrens, P., Gemeinschaftliche Grenzen der Anwendung inländischen Gesellschaftsrechts auf Auslandsgesellschaften nach Inspire Art, IPRax, 2004, 20.

Behrens in Hachenburg (7. Aufl.): Behrens, P., Einleitung, in: Hachenburg, M., Gesetz betreffend die Gesellschaften mit beschränkter Haftung, Erster Band, 7. Auflage (1976) [siehe auch Behrens, P., Die Gesellschaft mit beschränkter Haftung im internationalen und europäischen Recht, 2. Auflage (1997)].

Behrens, GesR: Behrens, P., Gesellschaftsrecht, Kapitel E. III. in: Dause, M.A. [Hrsg.], Handbuch des EU-Wirtschaftsrechts (Stand: Mai 2001).

Behrens, GmbH: Behrens, P. [Hrsg.], Die Gesellschaft mit beschränkter Haftung im internationalen und europäischen Recht, 2. Auflage (1997).

Bellinghausen: Bellinghausen, R., Der Missbrauch von Minderheitsrechten in den Kapitalgesellschaften – eine rechtsvergleichende Darstellung des französischen und deutschen Rechts (Diss., 1994).

Berger: Berger, K.P., Formalisierte oder „schleichende" Kodifizierung des transnationalen Wirtschaftsrechts (1996).

Bergier: Bergier, J., L'Abus de Majorité dans les Sociétés Anonymes (1933).

Birds: Birds, J., Increasing Success for Minority Petitions, Comp. Law. Vol. 7 No. 3 (1986), 107.

Bischoff: Bischoff, F.C., England and Wales, in: Campbell, D. / Buckley, S. [Hrsg.], Protecting Minority Shareholders (1996), S. 123 ff.

Bischoff: Bischoff, T., Sachliche Voraussetzungen von Mehrheitsbeschlüssen in Kapitalgesellschaften, BB 1987, 1055.

Blair: Blair, M.M., Ownership and Control – Rethinking Corporate Governance for the Twenty-First Century, 1995.

Blanpain/Geens: Blanpain, R. / Geens, K. [Hrsg.], International Encyclopaedia of Laws, Corporations and *Partnerships*, 27. Ergänzungslieferung (Stand: Juli 2000).

Blenske: Blenske, H., Die Haftung der Gesellschafter einer GbR mbH, NJW 2000, 3170.

Böhm: Böhm, W., Über Aktionärschutz nach deutschem, englischem und französischem Recht (1910).
Bombrun: Bombrun, N., France, in: Campbell, D. / Buckley, S. [Hrsg.], Protecting Minority Shareholders (1996), S. 195 ff.
Bork/Oepen: Bork, R. / Oepen, K., Einzelklagebefugnis des Personengesellschafters, ZGR 2001, 515.
Bos/Brownlie: Bos, M., / Brownlie, I. (Hrsg.), Liber Amicorum for The Rt. Hon. Lord Wilberforce (1987).
Boucourechliev: Boucourechliev, J., Die Harmonisierung des Gesellschaftsrechts in der Europäischen Union: Erreichtes und Perspektiven, RIW 1999, 1.
Boyle: Boyle, A.J., The New Derivative Action, Comp. Law. Vol. 18 No. 8 (1997), 256.
Boyle & Birds: Birds, J. / Ferran, E. / Villiers, C. / Boyle, A.J., Boyle & Birds' Company Law, 4. Auflage (2000).
Brüls-Dehin: Brüls-Dehin, C., Die Schranken von Mehrheitsmacht und Minderheitsrechten im Kapitalgesellschaftsrecht (Diss., 1999).
Bungert: Bungert, H., Die Liberalisierung des Bezugsrechtsausschlusses im Aktienrecht [Anmerkung zu BGH v. 23.06.1997], NJW 1998, 488.
Bureau: Bureau, D., Anmerkung zu Cass.com. v. 12.03.1996, Rev.soc. 114 (1996), 557.
Burridge: Burridge, S.J., Wrongful Rights Issues, MLR 44 (1981), 40.
Busch: Busch, K., Minderheitsgesellschafterschutz in GmbH's und *private companies* (Diss., 2000).
Bydlinski: Bydlinski, F., System und Prinzipien des Privatrechts (1996).

Caillaud: Caillaud, B., L'Exclusion d'un Associé dans les Sociétés (1966).
Campbell/Buckley: Campbell, D. / Buckley, S. [Hrsg.], Protecting Minority Shareholders (1996).
Canaris: Canaris, C.-W., Systemdenken und Systembegriff in der Jurisprudenz, 2. Auflage (1983).
Carbonneau: Carbonneau, T.E. [Hrsg.], *Lex Mercatoria* and Arbitration (1990).
Caussain: Caussain, J.-J., Akquisitionen und Übernahmen in Frankreich, ZVglRWiss 91 (1992), 383.
Charlesworth & Morse: Morse, G. / Marshall, E.A. / Morris, R. / Crabb, L. [Hrsg.], Charlesworth & Morse, Company Law, 16. Auflage, 1999.
Chartier: Chartier, Y., Droit des affaires, 2 / Sociétés commerciales (1985).
Clark: Clark, A., Unfair Prejudice and the Corporate Quasi-Partnership, Comp. Law. Vol. 10 No. 7 (1989), 153.

Coing, Bd.I: Coing, H., Europäisches Privatrecht, Band I: Älteres Gemeines Recht (1500 bis 1800) (1985).

Coing, Bd.II: Coing, H., Europäisches Privatrecht, Band II: 19. Jahrhundert (1989).

Coleman/Lange: Coleman, J. / Lange, J. [Hrsg.], Law and Economics – Volume II (1992).

Cozian/Viandier/ Deboissy: Cozian, M. / Viandier, A. / Deboissy, F., Droit des Sociétés, 14. Auflage (2001).

Dahl: Dahl, R.A., Democracy in the United States: Promise and Performance, 3. Auflage (1976).

Dause: Dause, M.A. [Hrsg.], Handbuch des EU-Wirtschaftsrechts (Stand: Mai 2001).

Deckert: Deckert, M.R., Zu Harmonisierungsbedarf und Harmonisierungsgrenzen im Europäischen Gesellschaftsrecht, RabelsZ 64 (2000), 478.

Ditz: Ditz, R., Essers letzter Kampf, Spiegel-Online vom 31. März 2000, http://www.spiegel.de/wirtschaft/ 0,1518,71163,00.html.

Dorscheid: Dorscheid, P., Austritt und Ausschluß eines Gesellschafters aus der personalistischen Kapitalgesellschaft (Diss., 1984).

Douglas: Douglas, G.R., What are the voting duties of company members?, S.J. 131 (1987), 796.

Dreher: Dreher, F., Die Gesellschaft mit beschränkter Haftung (1931).

Dreher: Dreher, M., Treuepflichten zwischen Aktionären und Verhaltenspflichten bei der Stimmrechtsbündelung, ZHR 157 (1993), 150.

DTI: DTI, Company Law and Investigations, Limited Liability Partnerships (LLP) Act 2000, http://www.dti.gov.uk/cld/ llpbill/index.htm (Stand: 21.02.2001).

Ebenroth/Boujong/Joost-Bearbeiter: Ebenroth, C.T. / Boujong, K. / Joost, D., Handelsgesetzbuch, Band 1: §§ 1-342a (2001).

Ehricke: Ehricke, U., Die Überwindung von Akzeptanzdefiziten als Grundlage zur Schaffung neuer supranationaler Gesellschaftsformen in der EU – Ein Beitrag zur Entwicklung einer sog. Société Fermée Européenne (Europäische Privatgesellschaft), RabelsZ 64 (2000), 497.

Einmahl: Die Verantwortlichkeit der Mitglieder von Geschäftsführungs- und Aufsichtsorganen im Innenverhältnis (Diss., 2004).

Esser: Esser, J., Grundsatz und Norm in der richterlichen Fortbildung des Privatrechts, 3. Auflage (1974), unveränderte Neuauflage des 1956 erschienenen Werkes.

Fischer: Fischer, C.E., Minderheiten-Vertreter im Aufsichtsrat, NJW 1958, 1265.

Fleischer: Fleischer, H., Ungeschriebene Hauptversammlungszuständigkeiten im Aktienrecht: Von „Holzmüller“ zu „Gelatine“, NJW 2004, 2335.

Forum Europaeum Konzernrecht: Forum Europaeum Konzernrecht, Konzernrecht für Europa, ZGR 1998, 672.

Fung: Fung, E.T.S., Buy-Out Order and Shareholdrs' Agreement – Re Brenfield Sqaush Racquets Club Ltd, Comp.Law. 18/2 (1997), 59.

von Gerkan: von Gerkan, H., Gesellschafterbeschlüsse, Ausübung des Stimmrechts und einstweiliger Rechtsschutz, ZGR 1985, 167.

Geßler/Hefermehl-Bearbeiter: Geßler, E. / Hefermehl, W. / Eckardt, U. / Kropff, B. u.a., Aktiengesetz, Kommentar, Band IV: §§ 179-240 (1994).

von Gierke: von Gierke, O., Das deutsche Genossenschaftsrecht (1868 bis 1913).

von Gierke: von Gierke, O., Über die Geschichte des Mehrheitsprinzips, Schmollers Jahrbuch 39 (1915), 565 (= Zweites Heft, S.7).

Göbel: Göbel, R., Mehrheitsentscheidungen in Personengesellschaften (1992).

Goddard: Goddard, R., O'Neill v. Phillips: Closing the Categories of Unfair Prejudice?, Comp. Law. 20/10 (1999), 333.

Goldman/Mann: Goldman, B. / Mann, F.A., Introduction, in: Carbonneau, T.E. [Hrsg.], *Lex Mercatoria* and Arbitration (1990).

Gower's: Davies, P.L. / Prentice, D.D., Gower's Principles of Modern Company Law, 6. Auflage (1997).

Gray: Gray, J., A Derivative Action by Way of s 459? Lowe v Fahey, Comp. Law. Vol. 18 No. 4 (1997), 121.

Gretton: Gretton, G., Annex B: OPINION anent legal personality of a partnership under the law of Scotland, in: Major (Inspector of Taxes) v. Brodie, S.T.C. 1998, 491 (S.501 ff.).

Griffin: Griffin, S., The Statutory Protection of Minority Shareholders: Section 459 of The Companies Act 1985, Comp. Law. Vol. 13 No. 5 (1992), 83.

Großfeld/Beckmann: Großfeld, B. / Beckmann, R., Rechtskultur und Internationales Gesellschaftsrecht, ZVglRWiss 91 (1992), 351.

Großkomm./AktG-Bearbeiter: Hopt, K.J. / Wiedemann, H. [Hrsg.], Aktiengesetz, Großkommentar, 4. Auflage, 6. Lieferung: §§ 241-255 (1996).

Grunewald: Grunewald, B., Zum Informationsrecht in der GmbH & Co. KG, ZGR 1989, 545.

Guilberteau: Guilberteau, M., Note [Anmerkung zu Trib.com. Paris v. 29.06.1981], Rev.soc. 100 (1982), 801.
Guyon: Guyon, Y., Die Société par Actions Simplifiée (SAS) – eine neue Gesellschaftsform in Frankreich, ZGR 1994, 551.
Guyon: Guyon, Y., Droit des Affaires, Band 1: Droit commercial général et Sociétés, 8. Auflage (1994).
Guyon: Guyon, Y., Sommaires de Jurisprudence, Rev.soc. 105 (1987), 283.
Guyon: Guyon, Y., Sommaires de Jurisprudence, Rev.soc. 108 (1990), 643.

Hachenburg-Bearbeiter: Ulmer, P. [Hrsg.], Gesetz betreffend die Gesellschaften mit beschränkter Haftung [von Staub begründeter und Hachenburg bis zur 5. Auflage (1926) fortgeführter Großkommentar]:
Erster Band: §§ 1-34, 8. Auflage (1992);
Zweiter Band: §§ 35-52, 8. Auflage (1997);
Dritter Band: §§ 53-85, 8. Auflage (1997).
Hall: Hall, R., Ungeschriebene Zuständigkeit der Hauptversammlung nur bei Berührung ihrer Kernkompetenz zur Bestimmung über die Verfassung der AG („Gelatine"), jurisPR-BGHZivilR 26/2004 v. 02.07.2004, Anm. 1.
Hallstein: Hallstein, W., Die Gesellschaft mit beschränkter Haftung in den Auslandsrechten, verglichen mit dem deutschen Recht, RabelsZ 12 (1938-39), 341.
Hamilton: Hamilton, R.W., Cases and Materials on Corporations, including Partnerships and Limited Partnerships, 5. Auflage (1994).
Hannigan: Hannigan, B., Section 459 of the Companies Act 1985 – a Code of Conduct for the Quasi-Partnership?, LMCLQ 1988, 60.
Hayton & Marshall: Marshall, O.R., Hayton and Marshall (ursprünglich Nathan and Marshall), Cases and Commentary on the Law of Trusts, 8. Auflage (1986).
Helms: Helms, D., Auf dem Weg zur Europäischen Privatgesellschaft. Bericht über die Heidelberger Expertenrunde zu dem Verordnungsentwurf für eine "EPG", GmbHR 90 (1999), 963.
Helms: Helms, D., Nochmals: Auf dem Weg zur Europäischen Privatgesellschaft. Bericht über ein Kolloquium zum Gesellschaftsrecht im Europa des 21. Jahrhunderts, GmbHR 91 (2000), 125.
Hennerkes/Binz: Hennerkes, B.-H. / Binz, M.K., Abschied vom Bestimmtheitsgrundsatz – Zur Zulässigkeit von Mehrheitsbeschlüssen bei Personengesellschaften, BB 1983, 713.
Henze: Henze, H., Treupflichten der Gesellschafter im Kapitalgesellschaftsrecht, ZHR 162 (1998), 186.

Hermanns: Hermanns, M., Bestimmtheitsgrundsatz und Kernbereichslehre – Mehrheit und Minderheit in der Personengesellschaft (zugleich Anmerkung zu BGH ZIP 1994, 1942), ZGR 1996, 103.
Hesselink: Hesselink, M.W., The Principles of European Contract Law: Some Choices Made by the Lando Commission, in: Hesselink, M.W. / de Vries, G.J.P., Principles of European Contract Law (2001), S.9 ff.
Hesselink/de Vries: Hesselink, M.W. / de Vries, G.J.P., Principles of European Contract Law (2001).
Hill: Hill, R., A Businessman's View of the UNIDROIT Principles, J.Int.Arb. 13 (1996), 163.
Hirte: Hirte, H., Die Europäische Aktiengesellschaft, NZG 2002, 1.
Hirte: Hirte, H., Zur Eintragung de Zweitniederlassung einer in einem anderen Mitgliedstaat gegründeten Gesellschaft – Inspire Art, EWS 2003, 521.
HM Treasury: HM Treasury, Pre-Budget Report: Nov 2000, http://www.hm-treasury.gov.uk/pbr2000/report/contents.htm (Stand: 22.02.2001).
Hommelhoff: Hommelhoff, P., 100 Bände BGHZ: Aktienrecht, ZHR 151 (1987), 493.
Hommelhoff: Hommelhoff, P., Die „Société fermée européenne" – eine supranationale Gesellschaftsform für kleine und mittlere Unternehmen im Europäischen Binnenmarkt, WM 1997, 2101.
Hommelhoff/Helms: Hommelhoff, P. / Helms, D., Weiter auf dem Weg zur Europäischen Privatgesellschaft, GmbHR 90 (1999), 53.
Houin: Houin, R., Sociétés par actions [Rechtsprechungsübersicht], RTD com. 14 (1961), 626.
Hovasse: Hovasse, H., Le retrait d'associé et la gestion du patrimoine, Dr. & Patr. 12/1998, 42.
Hubien: Hubien, H. [Hrsg.], Le Raisonnement Juridique / Legal Reasoning / Die Juristische Argumentation, Akten des Weltkongresses für Rechts- und Sozialphilosophie, Brüssel, 30. August bis 03. September 1971 (1971).

Ihrig/Wagner: Ihrig, H.-C. / Wagner, J., Das Gesetz zur Einführung der Europäischen Gesellschaft (SEEG) auf der Zielgeraden, BB 2004, 1749.
Immenga: Immenga, U., Die Minderheitsrechte des Kommanditisten, ZGR 1974, 385.
Immenga: Immenga, U., Die personalistische Kapitalgesellschaft (1970).
Immenga: Immenga, U., Mehrheitserfordernisse bei einer Abstimmung der Hauptversammlung über die Übertragung vinkulierter Namensaktien, BB 1992, 2446.
Instone: Instone, R., Unfair Prejudice: An Interim Report, J.B.L. 1988, 20.

Jackson: Jackson, J.H., Restructuring the GATT System (1990).
Jauernig: Jauernig, O., Zur Rechts- und Parteifähigkeit der Gesellschaft bürgerlichen Rechts, Verfahrensrechtliche Bemerkungen zu BGH, NJW 2001, 1056, und Karsten Schmidt, NJW 2001, 993, NJW 2001, 2231.
Jensen/Meckling: Jensen, M.C. / Meckling, W.H., Theory of the Firm: Managerial Behavior, Agency Costs and Ownership Structure, Journal of Financial Economics 3 (1976), 305; hier Nachdruck in Coleman, J. / Lange, J. [Hrsg.], Law and Economics – Volume II, 139.
Jestaz: Jestaz, P., Les sources du droit: le déplacement d'un pôle à un autre, RTD civ. 1996, 299.
Jura Europae: Jura Europae, Das Recht der Länder der Europäischen Gemeinschaft, Gesellschaftsrecht, Bände II (siehe Bastian/Germain) und IV (siehe Pennington; Stand: 1994).
Juris-Classeur (Bearbeiter): Charbonnier, M.-È. [Hrsg.], Collection des Juris-Classeur, Civil (Stand: 1999).

Kadner: Kadner, T., IPR-Gesetze in Europa (Buchbesprechung), RabelsZ 63 (1999), 178.
Kappus: Kappus, A., „*Lex Mercatoria*" in Europa und Wiener UN-Kaufrechtskonvention 1980 (1990).
Koerfer/Selzner: Koerfer, R. / Selzner, H., Minderheitenschutz beim Abschluß von GmbH-Beherrschungsverträgen, GmbHR 88 (1997), 285.
Krämer: Krämer, S., Der Wechsel von Gesellschaftern bei Personen- und Kapitalgesellschaften in Deutschland, England und Frankreich (Diss., 2004).
Kreß: Kreß, S., Gerichtliche Beschlußkontrolle im Kapitalgesellschaftsrecht – Eine rechtsvergleichende Untersuchung zum deutschen, französischen und englischen Recht (Diss., 1996).
Krieger: Krieger, G., Aktionärsklage zur Kontrolle des Vorstands- und Aufsichtsratshandelns, ZHR 163 (1999), 343.
Kühn: Kühn, W., Probleme mit Minderheitsaktionären in der Aktiengesellschaft, BB 1992, 291.

Lando/Beale: Lando, O. / Beale, H. [Hrsg.], Principles of European Contract Law, Parts I and II (2000).
Larenz: Larenz, K., Methodenlehre der Rechtswissenschaft, 6. Auflage (1991).

The Law Commission / The Scottish Law Commission: The Law Commission / The Scottish Law Commission, Partnership Law, A Joint Consultation Paper, 31.07.2000.

Lehmann: Lehmann, J., Die gesetzlichen Minderheitenrechte in Aktiengesellschaften, AG 1983, 113.

Leistikow: Leistikow, W.M., Fehlerhafte Gesellschafterbeschlüsse der GmbH im französischen, belgischen, italienischen und deutschen Recht (Diss., 1987).

Lindley & Banks: Banks, R.C.I., Lindley & Banks on Partnership, 17. Auflage (1995).

Löffler: Löffler, J., Der Kernbereich der Mitgliedschaft als Schranke für Mehrheitsbeschlüsse bei Personengesellschaften, NJW 1989, 2656.

Lowry: Lowry, J.P., Companies (in general) [Anmerkung zu Re Nuneaton Borough Association Football Club Ltd. (No.2)], J.B.L. 1992, 186.

Lutter: Anmerkung [zu BGH v. 16.02.1976 (NSU), JZ 1976, 561], JZ 1976, 562.

Lutter: Lutter, M., Die Treuepflicht des Aktionärs, Bemerkung zur Linotype-Entscheidung des BGH, ZHR 153 (1989), 446.

Lutter: Lutter, M., Europäisches Unternehmensrecht, 4. Auflage (1996).

Lutter: Lutter, M., Theorie der Mitgliedschaft, AcP 180 (1980), 84.

Lutter: Lutter, M., Treupflichten und ihre Anwendungsprobleme, ZHR 162 (1998), 164.

Lutter: Lutter, M., Zum Informationsrecht des Gesellschafters nach neuem GmbH-Recht, ZGR 1982, 1.

Lutter: Lutter, M., Zur inhaltlichen Begründung von Mehrheitsentscheidungen, ZGR 1981, 171.

Lutter/Hommelhoff: Lutter, M. / Hommelhoff, P., GmbH-Gesetz, Kommentar, 16. Auflage (2004).

Macfarlanes: Macfarlanes, Limited Partnerships and Property (2000).

Magnus: Magnus, U., UN-Kaufrecht, in: Julius v. Staudingers Kommentar zum Bürgerlichen Gesetzbuch, 13. Bearbeitung (2. Auflage, 1999).

Martens: Die GmbH und der Minderheitenschutz, GmbHR 75 (1984), 265.

Meier-Schatz: Meier-Schatz, C.J., Managermacht und Marktkontrolle, ZHR 149 (1985), 76.

Mercadal/Janin: Mercadal, M.B. / Janin, M.P., Mémento Pratique: Sociétés Commerciales – 2002, Éd. Francis Lefebvre (2001).

Merkt: Merkt, H., US-amerikanisches Gesellschaftsrecht (1991).

Merle: Merle, P., Droit Commercial, Sociétés Commerciales, 7. Auflage (2000).

Merle: Merle, P., L'Abus de Minorité, Rev.jur.comm. 35 (1991), Numéro Spécial: La Loi de la Majorité (F. Terré [Hrsg.]), S.81.
Morse: Morse, G., Partnership Law, 4. Auflage (1986).
MüHdb/AG-Bearbeiter: Hoffmann-Becking, M. [Hrsg.], Münchener Handbuch des Gesellschaftsrechts, Band 4: Aktiengesellschaft, 2. Auflage (1999).
MüHdb/GmbH-Bearbeiter: Priester, H.-J. / Mayer, D. [Hrsg.], Münchener Handbuch des Gesellschaftsrechts, Band 3: Gesellschaft mit beschränkter Haftung, 2. Auflage (2003).
MüHdb/KG-Bearbeiter: Riegger, B. / Weipert, L. [Hrsg.], Münchener Handbuch des Gesellschaftsrechts, Band 2: Kommanditgesellschaft – Stille Gesellschaft, 2. Auflage (2004).
MüKo/AktG-Bearbeiter: Kropff, B. / Semler, J. [Hrgs.], Münchener Kommentar zum Aktiengesetz, Band 7: §§ 222-277, 2. Auflage (2001).
MüKo-Bearbeiter: Rebmann, K. / Säcker, F.J. / Rixecker, R. [Hrsg.], Münchener Kommentar zum Bürgerlichen Gesetzbuch:
Band 1: Allgemeiner Teil, §§ 1-240, 4. Auflage (2001);
Band 5: Schuldrecht, Besonderer Teil III, §§ 705-853, 4. Auflage (2004).
Müller: Müller, H.-F., Die actio pro socio im englischen Recht – Zur derivative action und ihrer Reform, ZVglRWiss 96 (1997), 217.
Müller: Müller, H.-F., Minderheitenschutz im englischen Kapitalgesellschaftsrecht nach ss. 459 ff. CA 1985, RIW 1997, 994.
Murray: Murray, J., Annex A: OPINION in relation to Scottish Partnerships (Mr & Mrs S E Brodie, Skeldon estate), in: Major (Inspector of Taxes) v. Brodie, S.T.C. 1998, 491 (S.499 ff.).
Mustill: Mustill, M.J. (Lord Mustill), The New *Lex Mercatoria*: The First Twenty-five Years, Kapitel 11 in Bos, M., / Brownlie, I. (Hrsg.), Liber Amicorum for The Rt. Hon. Lord Wilberforce (1987).
Mustill/Boyd: Mustill, M.J. / Boyd, S.C., The Law and Practice of Commercial Arbitration in England, 2. Auflage (1989).

Neuling: Neuling, J., Deutsche GmbH und englische private company (1998).
Neye: Neye, H.-W., Die Europäische Wirtschaftliche Interessenvereinigung – eine Zwischenbilanz, DB 1997, 861.

Ott: Ott, C., Recht und Realität der Unternehmenskorporation (1977).

Paclot: Paclot, Y., Note. – Clause d'agrément et clause d'éxclusion d'un actionnaire dans les statuts d'une SA [Anmerkung zu Cass.com. v. 13.12.1994], J.C.P. éd. E. 1995 (II), 705.
Palandt-Bearbeiter: Palandt, O., Bürgerliches Gesetzbuch, 64. Auflage (2005).
Partikel: Partikel, A.M., Gesellschafter minderen Rechts im Recht der Personenhandelsgesellschaften (1993).
Payne: Payne, J., The Limited Liability Partnership Bill: A New Legal Entity Poised to Enter onto the Commercial Stage, Comp. Law. 21/4 (2000), 133.
Peitsmeyer: Die Vererbung von Gesellschaftsanteilen an Personen- und Kapitalgesellschaften in Deutschland, Frankreich und England (Diss., 2004).
Pennington: Pennington, R.R., United Kingdom, in: Jura Europae, Das Recht der Länder der Europäischen Gemeinschaft, Gesellschaftsrecht, Band IV (1994).
Penski: Penski, U., Rechtsgrundsätze und Rechtsregeln, JZ 1989, 105.
Pettet: Pettet, B., United Kingdom, in: Blanpain, R. / Geens, K. [Hrsg.], International Encyclopaedia of Laws, Corporations and Partnerships, 27. Ergänzungslieferung (Stand: Juli 2000).
Pfitzmann: Pfitzmann, H.-J., Ausschluss und Austritt aus der personalistischen Kapitalgesellschaft (1974).
Planck: Planck, M., Aktionärsklagen im französischen und deutschen Recht unter Einbeziehung der neueren Rechtsentwicklung in Belgien (Diss., 1995).
Prentice: Prentice, D.D., Restraints on the Exercise of Majority Shareholder Power [Anmerkung zu Clemens v. Clemens Bros Ltd], L.Q.R. 92 (1976), 502.
Prentice: Prentice, D.D., The Theory of the Firm: Minority Shareholder Oppression: Sections 459-461 of the Companies Act 1985, OxJLS 8 (1988), 55.

Raisch: Raisch, P., Juristische Methodenlehre (1995).
Raiser: Raiser, T., Das Recht der Gesellschafterklagen, ZHR 153 (1989), 1.
Redfern/Hunter/Smith: Redfern, A. / Hunter, M. / Smith, M., Law and Practice of International Commercial Arbitration, 2. Auflage (1991).
Rehbinder: Rehbinder, E., Minderheiten- und Gläubigerschutz im faktischen GmbH-Konzern, AG 1986, 85.
Reichert/Winter: Reichert, J. / Winter, M., Die „Abberufung" und Ausschließung des geschäftsführenden Gesellschafters der Publikums-

Personengesellschaft – zugleich Besprechung der BGH-Entscheidung vom 9.11.1987 - II ZR 100/87, BB 1988, S. 159, BB 1988, 981.
Reimann: Reimann, M., Conflict of Laws in Western Europe, A Guide Through the Jungle (1995).
Reinhard: Reinhard, Y., Sociétés par actions (Rechtsprechungsübersicht), RTD com. 41 (1988), 70.
Reinhard: Reinhard, Y., Sociétés par Actions (Rechtsprechungsübersicht), RTD com. 43 (1990), 590.
Reuter: Reuter, D., Die Bestandssicherung von Unternehmen – ein Schlüssel zur Zukunft des Handelsgesellschaftsrechts, AcP 181 (1981), 1.
Riehmer/Schröder: Riehmer, K. / Schröder, O., Der Entwurf des Übernahmegesetzes im Lichte von Vodafone/Mannesmann, NZG 2000, 820.
Riley: Riley, C.A., Contracting Out of Company Law: Section 459 of the Companies Act 1985 and the Role of the Courts, MLR 55 (1992), 782.
Ripert/Roblot/
Germain: Ripert, G. / Roblot, R. / Germain, M., Traité de Droit Commercial, Band 1: [...] Sociétés Commerciales, 16. Auflage (1996).
Rives-Lange: Rives-Lange, J.L., L'Abus de Majorité, Rev.jur.comm. 35 (1991), Numéro Spécial: La Loi de la Majorité (F. Terré [Hrsg.]), S.65.
Rivkin: Rivkin, D.W., Enforceability of Arbitral Awards Based on *Lex Mercatoria*, Arb.Int. 1993, 67.
Rodière: Rodière, R., Sociétés en général (Rechtsprechungsübersicht), RTD com. 17 (1964), 573.
Roitzsch: Roitzsch, F., Der Minderheitenschutz im Verbandsrecht (1981).
Rühland: Rühland, P., Der squeezeout nach dem RefE zum Wertpapiererwerbs- und Übernahmegesetz vom 12.3.2001, NZG 2001, 448.
Rühland: Rühland, P., Der Ausschluss von Minderheitsaktionären aus der Aktiengesellschaft (Diss., 2004).

Saenger: Saenger, I., Minderheitenschutz und innergesellschaftliche Klagen bei der GmbH, GmbHR 88 (1997), 112.
Saintourens: Saintourens, B., Note. – Clause statuaire d'exclusion et abus de droit [Anmerkung zu Cass.com. v. 21.01.1997], Rev.soc. 116 (1998), 100.
von Savigny: von Savigny, F.K., System des heutigen römischen Rechts, Band 2 (1840); hier verwendet ist der Neudruck der Ausgabe Berlin 1840 (1973).
Schäfer/Ott, Lehrbuch: Schäfer, H.-B. / Ott, C., Lehrbuch der ökonomischen Analyse des Zivilrechts, 3. Auflage (2000).

Schäfer/Ott, Unternehmensrecht: Schäfer, H.-B. / Ott, C. [Hrsg.], Ökonomische Analyse des Unternehmensrechts – Beiträge zum 3. Travemünder Symposium zur ökonomischen Analyse des Rechts (1993).

Schlegelberger-Bearbeiter: Geßler, E. / Hefermehl, W. / Hildebrandt, W. / Schröder, G. / Martens, K.-P. / Schmidt, K. [Hrgs.], Schlegelberger – Handelsgesetzbuch:
Band III, 1. Halbband: §§ 105-160, 5. Auflage (1992);
Band III, 2. Halbband: §§ 161-177a u.a., 5. Auflage (1986).

D. Schmidt: Schmidt, D., Les Droits de la Minorité dans la Société Anonyme (1970).

K. Schmidt: Schmidt, K., Die BGB-Außengesellschaft: rechts- und parteifähig, Besprechung des Grundlagenurteils II ZR 331/00 vom 29.1.2001, NJW 2001, 993.

K. Schmidt: Schmidt, K., Gesellschaftsrecht, 4. Auflage (2002).

Schmidt-Rimpler: Schmidt-Rimpler, W., Grundfragen einer Erneuerung des Vertragsrechts, AcP 147 (1941), 130.

Schmidt-Tiedemann: Geschäftsführung und Vertretung im Gesellschaftsrecht Deutschlands, Frankreichs und Englands (Diss., 2004).

Schneider: Schneider, U.H., Die Änderung des Gesellschaftsvertrages einer Personengesellschaft durch Mehrheitsbeschluß – Ein Beitrag zur Funktion und zum Umfang des Minderheitenschutzes bei Personengesellschaften, ZGR 1972, 357.

Schneider: Schneider, U.H., Mehrheitsprinzip und Mitwirkungserfordernis bei Gesellschafterbeschlüssen, AG 1979, 57.

Scholz-Bearbeiter: Scholz, F., Kommentar zum GmbH-Gesetz: mit Nebengesetzen und dem Anhang Konzernrecht:
Band I: §§ 1-44, 9. Auflage (2000);
Band II: §§ 45-87, 9. Auflage (2002).

Schön: Schön, W., Das Bild des Gesellschafters im Europäischen Gesellschaftsrecht, RabelsZ 64 (2000), 1.

Schröer: Schröer, H., Der wichtige Grund für den Ausschluß eines Gesellschafters aus der GmbH (1995).

Schumann/Emcke: Schumann, H. / Emcke, C., Protest gegen die Ohnmacht der Mächtigen, Spiegel-Online vom 23. Juli 2001, http://www.spiegel.de/politik/ausland/0,1518,146534,00.html.

Schwanna: Die Gründung von Gesellschaften in Deutschland, Frankreich und Großbritannien (Diss., 2002).

Schwarz: Schwarz, G.C., Europäisches Gesellschaftsrecht (2000).

Semler: Semler, J., Minderheitenschutz in Kapitalgesellschaften, AnwBl 1991, 440.

Shaw: Shaw, J., European Community Law (1993).

Sievert: Sievert, M., Unternehmensgedanke und Kapitalinteressen im neuen französischen Gesellschaftsrecht (Diss., 1972).

Soergel-Bearbeiter: Siebert, W. [Hrsg.], Bürgerliches Gesetzbuch mit Einführungsgesetz und Nebengesetzen (begründet von H.T. Soergel), Band 1: §§ 1-103, 13. Auflage (2000).

Solle: Solle, B., Le Domaine de la Loi de la Majorité dans les Groupements de Droit Privé, Rev.jur.comm. 35 (1991), Numéro Spécial: La Loi de la Majorité (F. Terré [Hrsg.]), S.40.

Spiegel-Online vom 05. Juni 2000: Esser bereut nichts, Spiegel-Online vom 05. Juni 2000, http://www.spiegel.de/wirtschaft/0,1518,79446,00.html.

Spiegel-Online vom 27. September 1999: Fusionsfieber: Ära der Elefantenhochzeiten, Spiegel-Online vom 27. September 1999, http://www.spiegel.de/wirtschaft/0,1518,43968,00.html.

Spindler: Spindler, G., Kapitalmarktreform in Permanenz – Das Anlegerschutzverbesserungsgesetz, NJW 2004, 3449.

Staub-Bearbeiter: Canaris, C.-W. / Schilling, W. / Ulmer, P. [Hrsg.], Handelsgesetzbuch, Großkommentar (begründet von Hermann Staub), 4. Auflage (12. Lieferung: §§ 105-113, 1989).

Staudinger-Bearbeiter: Beitzke, G. [Hrsg.], J. von Staudingers Kommentar zum Bürgerlichen Gesetzbuch: mit Einführungsgesetz und Nebengesetzen:

Erstes Buch. Allgemeiner Teil: §§ 21-103, Dreizehnte Bearbeitung (1995);

Wiener UN-Kaufreicht (CISG), Dreizehnte Bearbeitung (1994), Neubearbeitung (1999).

Steck/Schmitz: Steck, K.-U. / Scmitz, R., Die Investmentaktiengesellschaft mit veränderlichem und fixem Grundkapital, AG 2004, 658.

Stein: Stein, U., *Lex Mercatoria*: Realität und Theorie (1995).

Sünner: Sünner, E., Aktionärsklage zur Kontrolle des Vorstands- und Aufsichtsratshandelns, ZHR 163 (1999), 364.

Swart: Swart, M., Preface, in: Campbell, D. / Buckley, S. [Hrsg.], Protecting Minority Shareholders (1996), S. ix ff.

Terboven: Terboven, J., Zivilrechtliche Geschäftsleiterhaftung bei Kapitalgesellschaften in Frankreich (Diss., 1993).

Terré: Terré, F., Fondements Historiques et Philosophiques de la Loi de la Majorité, Rev.jur.comm. 35 (1991), Numéro Spécial: La Loi de la Majorité (F. Terré [Hrsg.]), S.9.

Timm: Timm, W., Minderheitenschutz und unternehmerische Entscheidungsfreiheit im Mutterunternehmen, ZHR 153 (1989), 60.

Timm: Timm, W., Treuepflichten im Aktienrecht, WM 1991, 481.

Timmermann: Timmermann, W.A., Die europäische Rechtsangleichung im Gesellschaftsrecht, RabelsZ 48 (1984), 1.
Tolley, Handbook: Smith & Williamsen, Chartered Acountants, Tolley's Professional Partnership Handbook, 3. Auflage (2000).
Tolley, LLP: Armour, D. / Young, S., Tolley's Limited Liability Partnerships: The New Legislation (2001).
Trebilcock/Howse: Trebilcock, M.J. / Howse, R., The Regulation of International Trade (1995).
Tricot: Tricot, D., Abus de Droits dans les Sociétés – Abus de majorité et Abus de Minorité, RTD com. 47 (1994), 617.
Triebel: Triebel, V., Limited Liability Partnerships Act 2000 – maßgeschneiderte Rechtsform für freie Berufe?, RIW 2001, 1.

Ulmer: Ulmer, P. Die höchstrichterlich „enträtselte" Gesellschaft bürgerlichen Rechts, ZIP 2001, 585.
Ulmer: Ulmer, P., Die Aktionärsklage als Instrument zur Kontrolle des Vorstands- und Aufsichtsratshandelns, ZHR 163 (1999), 290.
Underhill & Hayton: Hayton, D.J., Underhill and Hayton, Law Relating to Trusts and Trustees, 15. Auflage (1995).
The Uruguay Round: GATT Sekretariat / WTO (Hrsg.), The Results of the Uruguay Round of Multilateral Trade Negotiations (The Legal Texts), (1994/1995).

Viandier/Caussain: Viandier, A. / Caussain, J.-J., Droit des sociétés: chronique d'actualité, J.C.P. éd. E. 1987 (I), 16122.
Viandier/Caussain: Viandier, A. / Caussain, J.-J., Droit des sociétés: chronique d'actualité, J.C.P. éd. E. 1987 (I), 16644.
Viandier/Caussain: Viandier, A. / Caussain, J.-J., Droit des sociétés: chronique, J.C.P. 1993 (I), 3652.
Vidal: Vidal, D., Note (Anmerkung zu C.App. Lyon v. 20.12.1984 und C.App. Paris v. 18.12.1985), Rev.jur.comm. 32 (1988), 95.

Wagner: Wagner, G., Rechtsschutz- und Kostenfragen des Minderheitenschutzes bei der AG und beim bürgerlich-rechtlichen Verein, ZZP 105 (1992), 294.
Walz: Walz, R., Privatautonomie oder rechtliche Intervention bei der Ausstattung und Änderung von Gesellschafterrechten? in: Schäfer, H.-B. / Ott, C. [Hrsg.], Ökonomische Analyse des Unternehmensrechts (1993), S.50.
Weiß: Weiß, D.M., Aktienoptionspläne für Führungskräfte (1999).

Wellenhofer-Klein: Wellenhofer-Klein, M., Treupflichten im Handels-, Gesellschafts- und Arbeitsrecht – Eine Untersuchung zum deutschen, ausländischen und europäischen Recht, RabelsZ 64 (2000), 564.

Wendt: Die Kontrolle der Geschäftsführung in Personen- und Kapitalgesellschaften in Deutschland, Frankreich und England (Diss., 2004).

Westermann: Westermann, H.P., Erste Folgerungen aus der Anerkennung der Rechtsfähigkeit der BGB-Gesellschaft, NZG 2001, 289.

Whittaker/Machell: Whittaker, J. / Machell, J., Limited Liability Partnerships: Legislation Handbook (2001).

Wiedemann: Wiedemann, H., Entwicklungen im Kapitalgesellschaftsrecht, DB 1993, 141.

Wiedemann: Wiedemann, H., Gesellschaftsrecht, Band I: Grundlagen (1980).

Wiedemann: Wiedemann, H., Kapitalerhöhung in der Publikums-KG [Besprechung der Entscheidung BGHZ 66, 82], ZGR 1977, 690.

Wiedemann: Wiedemann, H., Rechtsethische Maßstäbe im Unternehmens- und Gesellschaftsrecht, ZGR 1980, 147.

Wilkinson: Wilkinson, J. [Hrsg.], Company Law, 2. Auflage (2000).

Xuereb: Xuereb, P.G., The Limitation on the Exercise of Majority Power, Comp. Law. Vol. 6 No. 5 (1985), 199.

Zechlin: Zechlin, L., Minderheitenschutz im deutschen und französischen Aktienrecht (Diss., 1971).

Zinser: Zinser, A., Der britische City Code on Takeovers and Mergers in der Fassung vom 9.3.2001, RIW 2001, 481.

Zinser: Zinser, A., Der RefE eines „Gesetzes zur Regelung von öffentlichen Angeboten zum Erwerb von Wertpapieren und von Unternehmensübernahmen“ vom 12.3.2001, NZG 2001, 391.

Zöllner: Zöllner, W., Die sogenannten Gesellschafterklagen im Kapitalgesellschaftsrecht, ZGR 1988, 392.

Zweigert/Kötz: Zweigert, K. / Kötz, H., Einführung in die Rechtsvergleichung, 3. Auflage (1996).

Nützliche Internetadresssen

Amtsblatt der EU:
http://europa.eu.int/lex/lex/JOIndex.do?ihmlang=de

Deutsche Gesetze:
http://www.bundesregierung.de/Gesetze/-,7214/Gesetze-A-Z.htm

Englische Gesetze:
http://www.legislation.hmso.gov.uk/acts.htm

Entscheidungen des Bundesgerichtshofs:
http://www.bundesgerichtshof.de/

Europäische Rechtsquellen und Entscheidungen:
http://europa.eu.int/lex/lex/de/index.htm

Französische Rechtsquellen und Gerichtsentscheidungen:
http://www.legifrance.gouv.fr/

Register der gerichtlichen und schiedsgerichtlichen Entscheidungen

Abbatt v. Treasury Solicitor (Re Conveyances dated 13th June 1933, 17th August 1933 and 2nd September 1950), 24.07.1969, All E.R. 1969 (3), 1175 (C.

Abbott v. Abbott, 02.12.1936, All E.R. 1936 (3), 823 (Ch.D.)

Alexander Ward & Co Ltd v. Samyang Navigation Co Ltd, 16.04.1975, All E.R. 1975 (2), 424 (H.L.)

Allen v. Gold Reefs of West Africa, Ltd., 19.02.1900, All E.R. Rep. 1900-1903, 746 (C.A.)

Andrews v. Gas Meter Co., Ltd., 06.02.1897, All E.R. Rep. 1895-1899, 1280 (C.A.)

Automatic Self-Cleansing Filter Syndicate Company, Limited v. Cuninghame, 22.03.1906, Ch. 1906 (2), 34 (C.A.)

Barnes v. Youngs, 04.02.1898, Ch. 1898 (1), 414 (Ch.D.)

Barrett v. Duckett, 27.07.1994, BCLC 1995 (1), 243 (C.A.)

Barron v. Potter (und Potter v. Berry), 13.03.1914, Ch. 1914 (1), 895 (Ch.D.)

BayObLG, 04.07.1985, NJW 1986, 140

BayObLG, 27.10.1988, WM 1988, 1789

Bentley-Stevens v. Jones, 18.03.1974, W.L.R. 1974 (1), 638 (Ch.D.)

Bevan v. Webb, 24.04.1901, All E.R. Rep. 1900-1903, 206 (C.A.)

BFH, 27.06.1989, NJW 1990, 2086

BGH, 14.05.1952, BGHZ 6, 113

BGH, 12.11.1952, BGHZ 8, 35

BGH, 28.01.1953, BGHZ 8, 348

BGH, 01.04.1953, BGHZ 9, 157

BGH, 13.05.1953, BGHZ 10, 44

BGH, 17.06.1953, BGHZ 10, 91

BGH, 16.12.1953, BGHZ 11, 231

BGH, 28.04.1954, BGHZ 13, 179

BGH, 09.06.1954, BGHZ 14, 25

BGH, 14.07.1954, BGHZ 14, 264

BGH, 17.02.1955, BGHZ 16, 317

BGH, 04.05.1955, BGHZ 17, 181

BGH, 06.06.1955, BGHZ 17, 340

BGH, 27.06.1955, BGHZ 17, 392

BGH, 29.09.1955, WM 1955, 1585

BGH, 27.10.1955, BGHZ 18, 350

BGH, 23.04.1956, BGHZ 20, 281

BGH, 14.05.1956, BGHZ 20, 363
BGH, 12.07.1956, BGHZ 21, 242
BGH, 11.04.1957, BGHZ 24, 106
BGH, 27.06.1957, BGHZ 25, 47
BGH, 30.11.1959, BB 1960, 15
BGH, 17.12.1959, BGHZ 31, 295
BGH, 17.12.1959, NJW 1960, 434
BGH, 06.10.1960, BGHZ 33, 175
BGH, 14.11.1960, WM 1961, 303
BGH, 14.12.1961, BGHZ 36, 207
BGH, 22.01.1962, BGHZ 36, 292
BGH, 08.02.1962, BB 1962, 349
BGH, 12.07.1962, BGHZ 37, 381
BGH, 10.01.1963, BGHZ 39, 14
BGH, 08.11.1965, BGHZ 44, 229
BGH, 17.01.1966, NJW 1966, 826
BGH, 02.05.1966, BGHZ 45, 338
BGH, 30.06.1966, WM 1966, 1036
BGH, 24.01.1967, BB 1967, 348
BGH, 29.05.1967, BGHZ 48, 163
BGH, 23.10.1967, BB 1968, 145
BGH, 24.10.1968, BGHZ 51, 30
BGH, 04.11.1968, NJW 1969, 131
BGH, 09.12.1968, BGHZ 51, 198
BGH, 09.12.1968, BGHZ 51, 204
BGH, 09.12.1968, BGHZ 51, 209
BGH, 22.02.1971, WM 1971, 723
BGH, 14.12.1972, NJW 1973, 1604
BGH, 02.07.1973, NJW 1973, 2198
BGH, 30.09.1974, WM 1974, 1151
BGH, 19.12.1974, BGHZ 63, 338
BGH, 27.02.1975, NJW 1975, 1700
BGH, 14.04.1975, BGHZ 64, 238
BGH, 05.06.1975, BGHZ 65, 15 (ITT)
BGH, 24.11.1975, BGHZ 66, 82
BGH, 09.02.1976, NJW 1976, 894
BGH, 16.02.1976, JZ 1976, 561 (NSU)
BGH, 04.03.1976, BB 1976, 526
BGH, 10.05.1976, BB 1976, 948
BGH, 12.05.1977, BGHZ 69, 160
BGH, 13.10.1977, BGHZ 69, 334

BGH, 19.12.1977, BGHZ 70, 117
BGH, 23.02.1978, BGHZ 70, 384
BGH, 13.03.1978, BGHZ 71, 40 (Kali + Salz)
BGH, 13.03.1978, BGHZ 71, 53
BGH, 05.02.1979, NJW 1980, 231 (Gervais)
BGH, 28.05.1979, WM 1979, 1058
BGH, 28.01.1980, BGHZ 76, 352
BGH, 11.02.1980, BGHZ 76, 160
BGH, 30.06.1980, BGHZ 77, 392
BGH, 06.10.1980, BGHZ 71, 337 (Ferienhotel)
BGH, 16.02.1981, BGHZ 80, 69 (Süssen)
BGH, 23.02.1981, BGHZ 80, 346
BGH, 25.02.1982, BGHZ 83, 122 (Holzmüller)
BGH, 28.06.1982, WM 1982, 928
BGH, 15.11.1982, BGHZ 85, 350
BGH, 31.01.1983, BGHZ 86, 367
BGH, 07.02.1983, BGHZ 87, 1
BGH, 02.05.1983, WM 1983, 785
BGH, 20.06.1983, GmbHR 75 (1984), 74
BGH, 20.06.1983, WM 1983, 910
BGH, 26.10.1983, BGHZ 88, 320
BGH, 05.12.1983, BGHZ 89, 162
BGH, 16.01.1984, BB 1984, 1273
BGH, 05.11.1984, NJW 1985, 974
BGH, 19.11.1984, NJW 1985, 972
BGH, 15.04.1985, NJW 1985, 1901
BGH, 13.05.1985, WM 1985, 1227
BGH, 08.07.1985, NJW 1986, 844
BGH , 23.09.1985, NJW 1986, 584
BGH, 11.11.1985, NJW 1986, 1033
BGH, 14.05.1986, BGHZ 98, 48
BGH, 25.09.1986, BGHZ 98, 276
BGH, 29.09.1986, WM 1986, 1556
BGH, 01.12.1986, NJW 1987, 1019
BGH, 19.01.1987, NJW 1987, 1262
BGH, 09.03.1987, GmbHR 78 (1987), 302
BGH, 01.06.1987, BGHZ 101, 113
BGH, 05.10.1987, WM 1987, 1515
BGH, 30.10.1987, BGHZ 102, 152
BGH, 09.11.1987, BGHZ 102, 172
BGH, 01.02.1988, BGHZ 103, 184 (Linotype)

BGH, 21.03.1988, BGHZ 104, 66
BGH, 11.07.1988, NJW 1989, 225
BGH, 10.10.1988, NJW-RR 4 (1989), 542
BGH, 05.02.1990, NJW 1990, 2684
BGH, 14.05.1990, BGHZ 111, 224
BGH, 09.07.1990, BGHZ 112, 103
BGH, 10.06.1991, GmbHR 82 (1991), 362
BGH, 16.12.1991, BGHZ 116, 359
BGH, 16.03.1992, BGHZ 117, 323
BGH, 23.03.1992, NJW 1992, 1890
BGH, 09.11.1992, BGHZ 120, 141
BGH, 14.06.1993, DStR 1993, 1111
BGH, 07.03.1994, BGHZ 125, 239 (Deutsche Bank)
BGH, 13.02.1995, ZIP 1995, 567
BGH, 20.03.1995, BGHZ 129, 136
BGH, 21.04.1997, BGHZ 135, 244 (ARAG/Garmenbeck)
BGH, 23.06.1997, NJW 1997, 2815 (Siemens)
BGH, 05.07.1999, BGHZ 142,167
BGH, 27.09.1999, NJW 1999, 3483
BGH, 29.01.2001, NJW 2001, 1056
BGH, 01.07.2002, GmbHR 2002, 1021
BGH, 13.03.2003, NJW 2003, 1461
BGH, 08.03.2004, BB 2004, 1017
BGH, 26.04.2004, NJW 2004, 2335 (Gelatine)
BGH, 20.09.2004, AG 2004, 670
Birch v. Cropper (Re Bridgewater Navigation Co., Ltd.), 09.08.1889, All E.R. Rep. 1886-1890, 628 (H.L.)
Blisset v. Daniel, 29.07.1853, Hare 10, 493 (Nachdruck in R.R. 90, 454)
Boardman v. Phipps, 03.11.1966, All E.R. 1966 (3), 721 (H.L.)
British Petroleum Company (Libya) Ltd. v. The Government of the Libyan Arab Republic, 10.10.1973, YbCA Vol. V (1980), 143 (Schiedsgericht)
Burland v. Earle, 09.11.1901, A.C. 1902, 83 (P.C.)
Bushell v. Faith, 21.02.1969, All E.R. 1969 (1), 1002 (C.A.)
Butt v. Kelson (Re Butt), 19.12.1951, All E.R. 1952 (1), 167 (C.A.)
BVerfG, 07.08.1962, BVerfGE 14, 263
BVerfG, 01.03.1979, BVerfGE 50, 290
BVerfG, 23.08.2000, ZIP 2000, 1670

C.App. Aix-en-Provence, 26.06.1984, D. 1985, 372
C.App. Besançon, 05.06.1957, D. 1957, 605 (Tuileries Clavey)
C.App. Dijon, 16.11.1983, Gaz.Pal. 103 (1983), 740 (Elane)

C.App. Lyon, 20.12.1984, D. 1986, 506 (Palthey)
C.App. Lyon, 25.06.1987, zitiert nach Reinhard, RTD com. 41 (1988), 70
C.App. Orléans, 26.09.1989, zitiert nach Guyon, Rev.soc. 108 (1990), 643 (644)
C.App. Paris, 20.03.1901, J.S. 1902, 351 (Annales politiques)
C.App. Paris, 13.04.1934, D.P. 1936 (2), 121
C.App. Paris, 28.02.1959, D. 1959, 353 (Piquard)
C.App. Paris, 22.05.1965, D. 1968, 147 (Fruehauf)
C.App. Paris, 18.11.1969, D. 1970, 170 (Linguanotto)
C.App. Paris, 18.12.1985, Rev.jur.comm. 32 (1988), 89 (92) (Delaroche)
C.App. Paris, 26.03.1986, Rev.jur.comm. 30 (1986), 332 (Prot)
C.App. Paris, 26.09.1986, zitiert nach Viandier/Caussain, J.C.P. éd. E. 1987 (I), 16122 (Para.14)
C.App. Paris, 15.10.1986, D. 1987, 136 (Est Alu)
C.App. Paris, 01.12.1992, D. 1993, 301 (CNM)
C.App. Pau, 21.01.1991, Rev.soc. 110 (1992), 46 (Alarme Service)
C.App. Rennes, 18.02.1907, J.S. 1909, 171 (Navigation française)
C.App. Rennes, 03.07.1912, J.S. 1913, 18 (Commerçants de Nantes)
C.App. Rennes, 21.05.1963, zitiert nach Rodière, RTD com. 17 (1964), 573 (577 f.)
C.App. Rouen, 23.05.1978, J.C.P. 1979 (II), 19235
C.App. Versailles, 03.12.1986, zitiert nach Viandier/Caussain, J.C.P. éd. E. 1987 (I), 16644 (Para.16)
C.App. Versailles, 20.09.1990, Rev.soc. 109 (1991), 80 (Tedy)
Cameron v. Glenmorangie Distillery Co., Limited, 17.07.1896, Sess.C. (*4th Series*) 23 (1895-1896), 1092 (C.S.)
Cane v. Jones, 19.12.1979, W.L.R. 1980 (1), 1451 (Ch.D.)
Carlen v. Drury, 24.12.1812, V. & B. 1, 154 (Nachdruck in E.R. 35, 61)
Caruth v. Imperial Chemical Industries, Limited, 15.03.1937, A.C. 1937, 707 (H.L.)
Cass.civ., 04.06.1946, J.C.P. 1947 (II), 3518 (Teinture)
Cass.com., 18.04.1961, D. 1961, 661 (Piquard)
Cass.com., 16.10.1963, Rev.soc. 82 (1964), 37 (Cambier)
Cass.com., 11.10.1967, D. 1968, 136 (Clinique Mistral)
Cass.com., 29.05.1972, J.C.P. 1973 (II), 17337 (Pernot)
Cass.com., 08.01.1973, Bull.civ. 1973 (4), 10 (Nr. 13, Maillard)
Cass.com., 24.02.1975, Rev.soc. 94 (1976), 92 (Castillon du Perron)
Cass.com., 22.04.1976, D. 1977, 4 (Langlois)
Cass.com. , 04.10.1976, Bull.civ. 1976 (4), 210 (Nr. 245, Tissages)
Cass.com., 02.05.1977, Rev.soc. 95 (1977), 736 (Sogebat)
Cass.com., 06.12.1977, Rev.soc. 97 (1979), 373 (Feugier-Sappey)

Cass.com., 06.10.1981, D. 1983, 133 (Satherm)
Cass.com., 26.04.1982, D. 1982, I.R. 355
Cass.com., 21.06.1982, Rev.soc. 100 (1982), 852 (Saupiquet)
Cass.com., 06.07.1983, Rev.soc. 102 (1984), 76 (Mineur Bécourt Louvignies)
Cass.com., 06.06.1990, Rev.soc. 108 (1990), 606 (Huber)
Cass.com., 22.01.1991, Bull.civ. 1991 (4), 24 (Nr.39, Pyrénées)
Cass.com., 14.01.1992, J.C.P. éd. E. 1992 (II), 301 (Vitama)
Cass.com., 15.07.1992, J.C.P. 1992 (II), 21944 (Tapisseries de France)
Cass.com., 09.03.1993, D. 1993, 363 (Alarme Service)
Cass.com., 13.12.1994, J.C.P. éd. E. 1995 (II), 705 (ETARCI)
Cass.com. , 21.03.1995, D. 1995 I.R., S.112.
Cass.com., 12.03.1996, Rev.soc. 114 (1996), 554 (Nollet)
Cass.com., 21.01.1997, Rev.soc. 116 (1998), 99 (Hutte)
Channel Tunnel Group Ltd v. Balfour Beatty Construction Ltd, 22.01.1992, All E.R. 1992 (2), 609 (Schiedsgericht)
Clegg v. Edmondson, 17.03.1857, De G. M. & G. 8, 787 (Nachdruck in R.R. 114, 336)
Clemens v. Clemens Bros Ltd, 20.02.1976, All E.R. 1976 (2), 268 (Ch.D.)
Colman v. The Eastern Counties Railway Company, 23.12.1846, Beav. 10, 1 (Nachdruck in R.R. 76, 78)
Const v. Harris, 19.02.1824, All E.R. Rep. 1824-1834, 311 (Ch.C.)
Cook v. Deeks, 23.02.1916, A.C. 1916 (1), 554 (P.C.)
Cotman v. Brougham, 06.05.1918, All E.R. Rep. 1918-1919, 265 (H.L.)
Court v. Berlin, 04.08.1897, Q.B. 1897 (2), 396 (C.A.)
Cullen v. Knowles and Birks, 30.06.1898, Q.B. 1898 (2), 380 (Q.B.D.)

Daniels v. Daniels, 21.07.1977, All E.R. 1978 (2), 89 (Ch.D.)
Deacons (a firm) v. Bridge, 26.03.1984, All E.R. 1984 (2), 19 (P.C.)
Dockrill v. Coopers & Lybrand Chartered Accountants, 28.01.1994, D.L.R. (4th) 111 (1994), 62 (N.S.C.A.)
Don King Productions Inc v. Warren, 27.03.1998, All E.R. 1998 (2), 608 (Ch.D.)

Ebrahimi v. Westbourne Galleries Ltd, 03.05.1972, All E.R. 1972 (2), 492 (H.L.)
Edwards v. Halliwell, 02.11.1950, All E.R. 1950 (2), 1064 (C.A.)
Elf Aquitaine Iran v. National Iranian Oil Company, 14.01.1982, YbCA Vol. XI (1986), 97 (Schiedsgericht)
Estmanco (Kilner House) Ltd v. Greater London Council, 18.09.1981, All E.R. 1982 (1), 437 (Ch.D.)

EuGH, 27.09.1988, C-81/87 (Daily Mail)
EuGH, 09.03.1999, C-212/97; NJW 1999, 2027 (Centros)
EuGH, 05.11.2002, C-208/00; NJW 2002, 3614 (Überseering)
EuGH, 30.09.2003, C-167/01, NJW 2003, 3331 (Inspire Art)

Farrar, Calverley v. Hutchinson, 23.02.1839, A. & E. 9, 641 (Nachdruck in E.R. 112, 1355)
Foss v. Harbottle, 25.03.1843, Hare 2, 461 (Nachdruck in R.R. 62, 185)
Foster v. Foster, 31.01.1916, All E.R. Rep. 1916-1917, 856 (Ch.D.)

Gaiman v. National Association for Mental Health, 25.03.1970, Ch. 1971 (1), 317 (Ch.D.)
Gething v. Kilner, 10.11.1971, W.L.R. 1972 (1), 337 (Ch.D.)
Government of the State of Kuwait v. The American Independent Oil Company (AMINOIL), 24.05.1982, YbCA Vol. IX (1984), 71 (Schiedsgericht)
Gravesham Borough Council v. British Railways Board (und Port of London Authority v. Same), 24.06.1977, Ch. 1978, 379 (Ch.D.)
Green v. Howell, 11.03.1910, Ch. 1910 (1), 495 (C.A.)
Greenhalgh v. Arderne Cinemas, Ltd., 10.11.1950, All E.R. 1950 (2), 1120 (C.A.)

Helmore v. Smith, 08.03.1887, Ch. 35 (1887), 436 (C.A.)
Henderson and Smith v. Wild, 16.02.1811, Camp. 2, 561 (Nachdruck in E.R. 170, 1252)
Highley v. Walker, 29.07.1910, T.L.R. 26 (1909-1910), 685 (Ch.D.)
Hills v. Nash, 20.12.1845, Phillips 1, 594 (Nachdruck in R.R. 65, 462)
Hitchman v. Crouch Butler Savage Associates, 26.05.1983, S.J. 127 (1983), 441
Howard Smith Ltd v. Ampol Petroleum Ltd, 14.02.1974, All E.R. 1974 (1), 1126 (P.C.)
Hutton v. The Scarborough Cliff Hotel Company (Limited), 24.07.1865, L.T. 13 (1865), 56

ICC Case No. 4761 (1984), 1984, Clunet 113 (1986), 1137 (Schiedsgericht)
ICC Case No. 4761 (1987), 1987, Clunet 114 (1987), 1012 (Schiedsgericht)
ICC Case No. 6149 (1990), 1990, YbCA Vol. XX (1995), 41 (Schiedsgericht)

J. H. Rayner (Mincing Lane) Ltd. v. Department of Trade and Industry (und Maclaine Watson & Co. Ltd. v. Department of Trade and Industry;

Maclaine Watson & Co. Ltd. v. International Tin Council), 26.10.1989, A.C. 1990 (2), 418 (H.L.)
John Shaw and Sons (Salford), Limited v. Shaw , 01.03.1935, K.B. 1935 (2), 113 (C.A.)

Kaye v. Croydon Tramways Company, 23.02.1898, Ch. 1898 (1), 358 (C.A.)
Kendall v. Hamilton, 28.07.1879, All E.R. Rep. 1874-1880, 932 (H.L.)
Kerr v. Morris, 15.05.1986, All E.R. 1986 (3), 217 (C.A.)
KG, 23.12.1987, GmbHR 79 (1988), 221
Knowles v. Zoological Society of London, 20.03.1959, W.L.R. 1959 (1), 823 (C.A.)

Law v. Law, 05.12.1904, All E.R. Rep. 1904-1907, 526 (C.A.)
Lawson v. Morgan, 04.03.1815, Price 1, 303 (Nachdruck in R.R. 145, 1410)
LG Düsseldorf, 15.03.1989, DB 1989, 1077
Libyan American Oil Company (LIAMCO) (USA) v. Government of the Libyan Arab Republic, 12.04.1977, YbCA Vol. VI (1981), 89 (Schiedsgericht)

Major (Inspector of Taxes) v. Brodie, 13.03.1998, S.T.C. 1998, 491 (Ch.D.)
Marshall v. Colman, 05.12.1820, J. & W. 2, 266 (Nachdruck in R.R. 22, 116)
Marshall's Valve Gear Company, Limited v. Manning, Wardle & Co., Limited, 13.11.1908, Ch. 1909 (1), 267 (Ch.D.)
McGuinness v. Bremner plc, 24.12.1987, BCLC 1988, 673 (C.S.)
Menier v. Hooper's Telegraph Works, 24.02.1874, Ch. App. 9 (1873-1874), 350
Moodie v. W. & J. Shepherd (Bookbinders), Ltd. , 01.12.1949, All E.R. 1949 (2), 1044 (H.L.)
Moss v. Elphick, 11.04.1910, K.B. 1910 (1), 846 (C.A.)
Mozley v. Alston, 28.04.1847, Phillips 1, 790 (Nachdruck in R.R. 65, 520)

Natusch v. Irving, 1824, Coop. temp. Cott. 2, 358 (Nachdruck in R.R. 76, 54)
Northern Counties Securities Ltd v. Jackson & Steeple Ltd, 28.03.1974, All E.R. 1974 (2), 625 (Ch.D.)
North-West Transportation Company, Limited v. Beatty, 21.07.1887, A.C. 12 (1887), 589 (P.C.)
Nurcombe v. Nurcombe, 24.07.1984, W.L.R. 1985 (1), 370 (C.A.)

O'Neill v. Phillips (Re a Company No 00709 of 1992), 20.05.1999, All E.R. 1999 (2), 961 (H.L.)
Oakbank Oil Company v. Crum, 12.12.1882, A.C. 8 (1882-1883), 65 (H.L.)

OLG Frankfurt, 26.06.1979, DB 1979, 2127
OLG Frankfurt, 15.12.1981, BB 1982, 274
OLG Hamburg, 11.05.1965, MDR 1965, 666
OLG Hamm, 21.11.1977, BB 1978, 120
OLG Hamm, 29.06.1992, ZIP 1993, 119 (Hippenstiel-Imhausen)
OLG München, 27.10.1982, WM 1984, 260
OLG Stuttgart, 08.02.1983, ZIP 1983, 306
OLG Stuttgart, 20.02.1987, NJW 1987, 2449
OLG Zweibrücken, 18.11.1974, OLGZ 1975, 402

Page v. Cox, 20.04.1852, Hare 10, 163 (Nachdruck in R.R. 90, 314)
Pender v. Lushington, 02.03.1877, Ch. 6 (1877), 70 (Ch.D.)
Pennell, Sutton and Moraybell Securities Ltd. v. Venida Investments Ltd., Berry, Farr, McLelland, Macphail and Nationwide Homes Ltd., 25.07.1974, zitiert nach Burridge, MLR 44 (1981), 40
Peskin v. Anderson, 07.12.1999, BCLC 2000 (2), 1 (Ch.D.)
Petroleum Development (Qatar) Ltd. v. Ruler of Qatar, April 1950, I.L.R. 18 (1951), 161 (Schiedsgericht)
Phillips v. Manufacturers' Securities Limited, 25.01.1917, L.T. 116 (1917), 290 (C.A.)
Pirie v. Stewart, 28.06.1904, Sess.C. (*5th Series*) 6 (1904), 847 (C.S.)
Platt v. Platt, 19.07.1999, BCLC 1999 (2), 745 (Ch.D.)
Popat v. Shonchhatra, 25.06.1997, All E.R. 1997 (3), 800 (C.A.)
Prudential Assurance Co Ltd v. Newman Industries Ltd (No 2), 19.02.1980, All E.R. 1980 (2), 841 (Ch.D.)

Quinlan v. Essex Hinge Co Ltd, 17.07.1996, BCLC 1996 (2), 417 (Ch.D.)

R. v. Wimbledon Local Board, 21.02.1882, Q.B. 8 (1881-1882), 459 (C.A.)
Rattee in Re Brenfield Squash Racquets Club Ltd, 08.12.1995, BCLC 1996 (2), 184 (Ch.D.)
Rayfield v. Hands, 02.04.1958, Ch. 1960, 1 (Ch.D.)
Re a Company, 12.11.1982, All E.R. 1983 (2), 36 (Ch.D.)
Re a Company, 18.03.1983, BCLC 1983, 151 (Ch.D.)
Re a Company, 14.05.1984, BCLC 1985, 80 (Ch.D.)
Re a Company, 21.03.1986, BCLC 1986, 376 (Ch.D.)
Re a Company, 15.05.1986, BCLC 1986, 362 (Ch.D.)
Re a Company, 22.01.1997, BCLC 1997 (1), 479 (Ch.D.)
Re a Company (No 00370 of 1987), ex parte Glossop, 21.06.1988, BCLC 1988, 570 (Ch.D.)

Re a Company (No 00789 of 1987), ex parte Shooter, (und Re a Company (No 3017 of 1987), ex parte Broadhurst), 31.07.1989, BCLC 1990, 384 (Ch.D.)

Re a Company, ex parte S-P, 27.07.1988, BCLC 1989, 579 (Ch.D.)

Re a Solicitor's Arbitration, 16.02.1962, W.L.R. 1962 (1), 353 (Ch.D.)

Re Astec (BSR) plc, 07.05.1998, BCLC 1998 (2), 556 (Ch.D.)

Re Barry Artist Ltd., 03.04.1985, W.L.R. 1985 (1), 1305 (Ch.D.)

Re Bede Steam Shipping Company, Limited, 18.10.1916, Ch. 1917 (1), 123 (C.A.)

Re Blue Arrow plc, 06.03.1987, BCLC 1987, 585 (Ch.D.)

Re Borough Commercial and Building Society, 14.02.1893, Ch. 1893 (2), 242 (Ch.D.)

Re Bovey Hotel Ventures Ltd, 31.07.1981, zitiert nach Nourse in Re R A Noble & Sons (Clothing) Ltd, BCLC 1983, 273 (290 f.)

Re Cumana Ltd, 25.03.1986, BCLC 1986, 430 (C.A.)

Re Duomatic Ltd., 13.11.1968, Ch. 1969 (2), 365 (Ch.D.)

Re Elgindata Ltd, 28.01.1991, BCLC 1991, 959 (Ch.D.)

Re English, Scottish, and Australian Chartered Bank, 13.07.1893, Ch. 1893 (3), 385 (C.A.)

Re Exchange Banking Company (Flitcroft's Case), 26.07.1882, Ch. 21 (1882), 519 (C.A.)

Re Five Minute Car Wash Service, Ltd., 21.12.1965, All E.R. 1966 (1), 242 (Ch.D.)

Re German Date Coffee Company, 24.02.1882, Ch. 20 (1881-1882), 169 (C.A.)

Re J E Cade & Son Ltd, 25.03.1991, BCLC 1992, 213 (Ch.D.)

Re Jermyn Street Turkish Baths Ltd, 05.05.1971, All E.R. 1971 (3), 184 (C.A.)

Re London and New York Investment Corporation, 23.07.1895, Ch. 1895 (2), 860 (Ch.D.)

Re London and Southern Counties Freehold Land Company, 04.12.1885, Ch. 31 (1886), 223

Re Macro (Ipswich) Ltd (und Re Earliba Finance Co Ltd; Macro and others v. Thompson and others), 29.03.1994, BCLC 1994 (2), 354 (Ch.D.)

Re Middlesborough Assembly Rooms Company, 22.03.1880, Ch. 14 (1880), 104 (C.A.)

Re Moorgate Mercantile Holdings Ltd., 26.06.1979, W.L.R. 1980 (1), 227 (Ch.D.)

Re National Savings Bank Association, 02.08.1866, Ch. App. 1 (1865-1866), 547

Re Posgate & Denby (Agencies) Ltd, 20.06.1986, BCLC 1987, 8 (Ch.D.)

Re R A Noble & Sons (Clothing) Ltd, 20.04.1983, BCLC 1983, 273 (Ch.D.)
Re Sam Weller & Sons Ltd (auch Re a Company (No 823 of 1987)), 13.07.1989, Ch. 1990, 682 (Ch.D.)
Re Saul D Harrison & Sons plc, 25.03.1994, BCLC 1995 (1), 14 (C.A.)
Re Smith and Fawcett, Limited, 27.03.1942, Ch. 1942, 304 (C.A.)
Re Smith, Knight, & Co. (Weston's Case), 06.11.1868, Ch. App. 4 (1868-1869), 20
Re St Piran Ltd, 07.07.1981, All E.R. 1981 (3), 270 (Ch.D.)
Re Swindon Town Football Co Ltd, 15.12.1989, BCLC 1990, 467 (Ch.D.)
Re Unical Properties and 784688 Ontario Ltd., 25.09.1990, D.L.R. (4th) 73 (1991), 761 (O.C.)
Re Yenidje Tobacco Co., Ltd., 28.07.1916, All E.R. Rep. 1916-1917, 1050 (C.A.)
RG, 23.10.1896, RGZ 38, 14
RG, 20.04.1904, RGZ 58, 55
RG, 08.04.1908, RGZ 68, 235 (Hibernia)
RG, 29.04.1911, RGZ 76, 276
RG, 28.11.1913, RGZ 83, 312
RG, 09.10.1914, RGZ 85, 311
RG, 08.06.1917, RGZ 90, 300
RG, 23.11.1917, RGZ 91, 166
RG, 15.10.1926, RGZ 114, 393
RG, 16.09.1927, RGZ 118, 67
RG, 09.10.1928, RGZ 122, 102
RG, 04.03.1930, RGZ 128, 172
RG, 09.01.1931, RGZ 131, 141
RG, 31.03.1931, RGZ 132, 149 (Victoria)
RG, 03.05.1932, RGZ 136, 236
RG, 19.11.1935, RGZ 149, 305
RG, 03.04.1936, RGZ 151, 86
RG, 15.05.1936, RGZ 151, 321
RG, 21.09.1938, RGZ 158, 248
RG, 22.10.1938, RGZ 158, 302
RG, 23.12.1938, RGZ 159, 272
RG, 13.04.1940, RGZ 163, 385
RG, 27.06.1940, RGZ 164, 257 (262)
RG, 20.01.1941, RGZ 166, 129
RG, 24.04.1941, RGZ 167, 65
RG, 13.08.1942, RGZ 169, 330
RG, 04.02.1943, RGZ 170, 358
RG, 01.04.1943, RGZ 171, 51

ROHG, 10.02.1872, ROHGE 5, 201
ROHG , 15.09.1879, ROHGE 25, 344
Russell v. Wakefield Waterworks Company, 28.05.1875, L.T. 32 (1875), 685

S.B.A. Properties, Ltd. v. Cradock, 05.04.1967, All E.R. 1967 (2), 610 (Ch.D.)
Sadler v. Whiteman, 18.03.1910, K.B. 1910 (1), 868 (C.A.)
Salomon v. Salomon & Co., Ltd. / Salomon & Co., Ltd. v. Salomon, 16.11.1896, All E.R. Rep. 1895-1899, 33 (H.L.)
Scottish Co-operative Wholesale Society, Ltd. v. Meyer, 24.07.1958, All E.R. 1958 (3), 66 (H.L.)
Shiloh Spinners Ltd. v. Harding, 13.12.1972, A.C. 1973, 691 (H.L.)
Shuttleworth v. Cox Brothers and Company (Maidenhead), Limited, 09.11.1926, K.B. 1927 (2), 9 (C.A.)
Sidebottom v. Kershaw, Leese and Company, Limited, 07.11.1919, Ch. 1920 (1), 154 (C.A.)
Simpson v. Westminster Palace Hotel Company, 07.08.1860, H.L.C. 8, 712 (Nachdruck in R.R. 125, 296)
Smith v. Croft (No 2), 13.11.1986, BCLC 1987, 206 (Ch.D.)
Smith v. Jeyes, 23.12.1841, Beav. 4, 503 (Nachdruck in R.R. 55, 149)
Spokes v. The Grosvenor and West End Railway Terminus Hotel Company, Limited, 27.05.1897, Q.B. 1897 (2), 124 (C.A.)
Symington v. Symingtons' Quarries, Limited, 21.11.1905, Sess.C. (*5th Series*) 8 (1905-1906), 121 (C.S.)

Texaco Overseas Petroleum Co. (US), California Asiatic Oil Company (US) v. The Government of the Libyan Arab Republic, 19.01.1977, YbCA Vol. IV (1979), 177 (Schiedsgericht)
TGI Paris, 05.05.1982, zitiert nach Alfandari/Jeantin, RTD com. 1983, 244 (Consorts Valette)
The Gramophone and Typewriter, Limited v. Stanley, 27.03.1908, K.B. 1908 (2), 89 (C.A.)
The Great Western Railway Co. v. Rushout, 24.02.1852, De G. & Sm. 5, 310 (Nachdruck in R.R. 90, 87)
Thompson's Trustee v. Heaton, 18.10.1973, All E.R. 1974 (1), 1239 (Ch.D.)
Tito v. Waddell (No. 2) (und Tito v. Attorney-General), 29.07.1977, Ch. 1977, 106 (Ch.D.)
Tomlinson v. Broadsmith, 20.02.1896, Q.B. 1896 (1), 386 (C.A.)
Towers v. African Tug Company, 01.03.1904, Ch. 1904 (1), 558 (C.A.)
Trib.com. Caen, 11.04.1927, D.P. 1928 (2), 65
Trib.com. Chartres, 15.01.1991, Gaz.Pal. 111 (1991), 211 (Pierrat)

Trib.com. Lyon, 28.06.1912, J.S. 1917, 201 (Garnier)
Trib.com. Nanterre, 01.12.1987, zitiert nach Bellinghausen, S.58
Trib.com. Pointe-à-Pitre, 09.01.1987, zitiert nach Guyon, Rev.soc. 105 (1987), 283 (285)

Walker and Others, Petitioners, 29.09.1894, S.L.T. 2 (1894-1895), 397 (C.S.)
Wall v. London and Nothern Assets Corporation, 27.07.1898, Ch. 1898 (2), 469 (C.A.)
Wallersteiner v. Moir (No. 2), 29.01.1975, Q.B. 1975, 373 (C.A.)
Walters v. Bingham, 17.12.1987, FTLR 1988 (1), 260 (Ch.D.)
Ward v. Newalls Insulation Co Ltd , 19.02.1998, T.L.R. 1998, 131 (C.A.)
Watson v. Imperial Financial Services Ltd., 08.02.1994, D.L.R. (4th) 111 (1994), 643 (B.C.C.A.)
Welton v. Saffery, 08.04.1897, A.C. 1897, 299 (H.L.)
Whitehead v. Hughes, 1834, Cr. & M. 2, 318 (Nachdruck in R.R. 39, 783)
Whyte, Petitioner, 22.03.1983, S.L.T. 1984, 330 (E.D.)
Wood v. Odessa Waterworks Company, 22.06.1889, Ch. 42 (1889), 636 (Ch.D.)

Young v. Ladies' Imperial Club, Limited, 10.03.1920, K.B. 1920 (2), 523 (C.A.)

Europäische Integration
und internationale Wirtschaftsbeziehungen
Rechtswissenschaftliche Studien

Herausgegeben von Peter Behrens

Band 1 Hella Kinder: Die Außenindustriepolitik der Europäischen Gemeinschaft dargestellt am Beispiel von Antidumpingmaßnahmen. 1996.

Band 2 Stefan Flach: Rechtsbindung einer industriepolitischen Instrumentalisierung öffentlicher Aufträge. 1996.

Band 3 Nicolas Baron von Behr: Multinationale Unternehmen und Exportkontrollen. Völkerrechtliche Zulässigkeit und Grenzen extraterritorialer Ausfuhrbeschränkungen. With an English Summary. 1996.

Band 4 Andreas Pense: Die personalistische Eurokapitalgesellschaft als Instrument der Unternehmenskooperation in der EU. Ein Entwurf auf rechtsvergleichender Grundlage. 1997.

Band 5 Marcus Mackensen: Institutionelle Anleger im Unternehmensrecht Deutschlands und der USA. 2000.

Band 6 André Schwanna: Die Gründung von Gesellschaften in Deutschland, Frankreich und Großbritannien. Gemeineuropäische Prinzipien des Gesellschaftsrechts. 2002.

Band 7 Ulfert Frenzel: Die Beurteilung von Forschungs- und Entwicklungskooperationen zwischen Herstellern und Zulieferern in der deutschen Automobilindustrie nach europäischem und deutschem Kartellrecht. 2003.

Band 8 Fabian Stancke: Einstweilige Anordnungen im dezentralen Vollzug des Gemeinschaftsrechts. Einstweilige Anordnungen und die Kohärenz des gemeinschaftlichen Rechtsschutzsystems bei der Anwendung des Gemeinschaftsrechts durch deutsche Verwaltungs- und Zivilgerichte. 2004.

Band 9 Katerina Buchtova: Marktstrukturelle Kriterien bei der kartellrechtlichen Beurteilung vertikaler Bindungen im europäischen und im tschechischen Kartellrecht. 2004.

Band 10 Katja Koch: Handelspräferenzen der Europäischen Gemeinschaft für Entwicklungsländer. Typologie, Konditionierungen, WTO-Konformität. 2004.

Band 11 Julia Richter: Gatekeeper Positionen in der europäischen Fusionskontrolle. Marktabschottungsgefahren bei Zusammenschlüssen im Informations- und Kommunikationssektor. 2004.

Band 12 Ulrike Schmidt-Tiedemann: Geschäftsführung und Vertretung im Gesellschaftsrecht Deutschlands, Frankreichs und Englands. Eine rechtsvergleichende Untersuchung zur Feststellung gemeineuropäischer Prinzipien des Gesellschaftsrechts. 2004.

Band 13 Kerstin Dittmann: Öffnung von Märkten durch kartellrechtlichen Kontrahierungszwang. Eine Analyse von § 20 Abs. 1 GWB und Art. 82 EG unter Berücksichtigung der *essential facilities-doctrine*. 2004.

Band 14 Susanne Wendt: Die Kontrolle der Geschäftsführung in Personen- und Kapitalgesellschaften in Deutschland, Frankreich und England. Eine rechtsvergleichende Untersuchung zur Ermittlung gemeinsamer Prinzipien des Gesellschaftsrechts. 2004.

Band 15 Britta Noack: Industrielle Zulieferverträge und Art. 81 EGV. Unter besonderer Berücksichtigung der Gruppenfreistellungsverordnung 2790/99 für vertikale Vereinbarungen. 2004.

Band 16 Sven Krämer: Der Wechsel von Gesellschaftern bei Personen- und Kapitalgesellschaften in Deutschland, England und Frankreich. Eine rechtsvergleichende Untersuchung zur Ermittlung gemeinsamer gesellschaftsrechtlicher Prinzipien. 2004.

Band 17 Philip Peitsmeyer: Die Vererbung von Gesellschaftsanteilen an Personen- und Kapitalgesellschaften in Deutschland, Frankreich und England. Eine rechtsvergleichende Untersuchung zur Ermittlung gemeinsamer Prinzipien des Gesellschaftsrechts. 2004.

Band 18 Jörg Arzt-Mergemeier: Der gesellschaftsrechtliche Minderheitenschutz in Deutschland, England und Frankreich. Eine rechtsvergleichende Untersuchung zur Ermittlung gemeinsamer Prinzipien des europäischen Gesellschaftsrechts. 2006.

Band 19 Christian Rosner: Staatliche Ausgleichsleistungen für gemeinwirtschaftliche Verpflichtungen im Spannungsfeld zwischen Wettbewerb und Daseinsvorsorge. 2006.

Christoph Holthusen

Der Nordirlandkonflikt

Geschichte, zentrale Aspekte und Lösungsmodelle unter völkerrechtlicher Betrachtung

Frankfurt am Main, Berlin, Bern, Bruxelles, New York, Oxford, Wien, 2005.
378 S., 2 Abb., 5 Tab.
Schriften zum Staats- und Völkerrecht. Herausgegeben von Dieter Blumenwitz.
Bd. 116
ISBN 3-631-54030-2 · br. € 56.50*

Der Konflikt zwischen der katholisch-irischen und der protestantisch-britischen Bevölkerungsgruppe im nur 1,7 Mio. Einwohner großen Nordirland forderte seit 1968 annähernd 4.000 Todesopfer; 50.000 Menschen wurden verletzt. Auch wenn in jüngerer Zeit eine Beruhigung des Konflikts eingetreten ist, so wurde eine dauerhafte Lösung noch nicht erreicht. Dieses Buch stellt die Geschichte des weit in der Vergangenheit wurzelnden Nordirlandkonflikts unter besonderer Berücksichtigung völkerrechtlicher Aspekte dar. Untersucht wird das Selbstbestimmungsrecht der Völker, insbesondere das Prinzip des Minderheitenschutzes in Bezug auf Nordirland. Der Terrorismus seitens katholischer und protestantischer paramilitärischer Gruppen, vor allem der IRA, wird in einen völkerrechtlichen Kontext gestellt. Außerdem erfolgt ein Vergleich des Konflikts in Nordirland mit Zypern, Gibraltar, Palästina und dem Baskenland, bevor abschließend verschiedene Lösungsmodelle in völkerrechtlicher und praktisch-politischer Hinsicht diskutiert werden.

Aus dem Inhalt: Geschichte des Konflikts und völkerrechtliche Bewertung · Das Selbstbestimmungsrecht der Völker und der Minderheitenschutz im Nordirlandkonflikt · Terrorismus in Nordirland · Vergleich mit Zypern, Gibraltar, Palästina und dem Baskenland · Lösungsmodelle unter völkerrechtlicher und politischer Betrachtung

FSC
www.fsc.org
MIX
Papier | Fördert
gute Waldnutzung
FSC® C083411

Kolibri 360 GmbH
Ferdinand-Jühlke-Straße 7
99095 Erfurt, Deutschland
produktsicherheit@kolibri360.de

Druck:
CPI Druckdienstleistungen GmbH
im Auftrag der
Kolibri 360 GmbH
Ferdinand-Jühlke-Str. 7
99095 Erfurt